후재집

이 책은 2021년도 정부(교육부)의 재원으로 한국고전번역원의 지원을 받아
수행된 '권역별거점연구소협동번역사업'의 결과물임.

This work was supported by Institute for the Translation of Korean Classics - Grant funded by the Korean Government.

한국고전번역원 한국문집번역총서/단국대학교 동양학연구원

후재집 7

厚齋集

김간 지음
金幹

최예심 옮김
이라나
장유승

일러두기

1. 이 책의 번역은 한국고전번역원에서 간행한 한국문집총간 155~156집 소재《후재집(厚齋集)》을 대본으로 하였다. 번역 대본의 원문 텍스트와 원문 이미지는 한국고전종합DB(http://db.itkc.or.kr)에서 확인할 수 있다.
2. 내용이 간단한 역주는 간주(間註)로, 긴 역주는 각주(脚註)로 처리하였다.
3. 대본의 본문과 원주의 구분이 명확하지 않은 경우는 역자가 임의로 조정하였다.
4. 한자는 필요한 경우 이해를 돕기 위하여 넣었으며, 운문(韻文)은 원문을 병기하였다.
5. 맞춤법과 띄어쓰기는 한글 맞춤법과 표준어 규정을 따랐다.
6. 이 책에서 사용한 부호는 다음과 같다.
   - ( ) : 번역문과 음이 같은 한자를 묶는다.
   - 〔 〕: 번역문과 뜻은 같으나 음이 다른 한자를 묶는다.
   - " " : 대화 등의 인용문을 묶는다.
   - ' ' : " " 안의 재인용 또는 강조 문구를 묶는다.
   - 「 」: ' ' 안의 재인용을 묶는다.
   - 『 』: 「 」 안의 재인용을 묶는다.
   - 《 》: 책명 및 각주의 전거(典據)를 묶는다.
   - 〈 〉: 책의 편명 및 운문·산문의 제목을 묶는다.

차례

제문祭文

후재집 제43권

묘지 墓誌

묘갈 墓碣

후재집 제44권

후재집 제45권

후재집 제46권

행장 行狀

시장 諡狀

전 傳

후재집

제40권

序서 記기 跋발

銘명 箴잠 贊찬

婚書혼서 上樑文상량문

서序

향호로 돌아가는 외종형 이중실 영부 을 전송하는 서문
送外兄李仲實 永敷 歸香湖序

동정호(洞庭湖) 7백 리와 감호(鑑湖) 3백 경(頃)은 예로부터 명승으로 천하에 이름나 속세를 떠난 선비들이 종종 그곳에 노닐었다. 우리나라 강릉군(江陵郡)에 향호가 있는데, 세상 사람들이 호수에 침향(沈香)이 있다고 전하므로 향호라고 한다. 남북으로 1리, 동서로 수리이며 둘레는 또 7, 8리이다. 앞으로는 동해를 마주하고 뒤로는 금강산과 이웃하였으며, 백사장의 해당화와 언덕의 소나무가 좌우에 어리비친다. 모래톱의 새와 물속의 고기가 마음껏 날고 헤엄치며, 물결빛이 맑고 푸르러 경치를 형용하기 어려우니, 이는 7백 리가 못 되는 동정호이며 3백 경이 못 되는 감호이다. 그러나 예로부터 지금까지 수백 년 동안 한 사람도 속세를 떠나 그곳에서 소요하였다는 말을 듣지 못하였다.

나의 외종형 이중실 씨는 전의(全義) 사람으로 고(故) 신암공(新菴公) 이준민(李俊民)의 현손이다. 젊어서부터 걸출하여 시속을 따르지 않았다. 올해 여름, 시세를 걱정하고 민폐를 불쌍히 여겨 충성스러운 마음을 쏟아 상소를 지어 삼가 대궐 아래에서 두 번 절하고 바쳤다.[1]

그리하여 시론을 크게 거슬러 마침내 이해 겨울, 처자를 데리고 세상사를 잊은 채 이 호수의 물가로 가서 살려고 한다. 수백 년 동안 없던 사람이 지금 홀연 생겼으니, 이른바 속세를 떠난 선비가 아니겠는가. 아, 중실 씨의 행위는 탁월하다고 하겠다.

지금 떠나는 그를 전송하는 친지와 벗들은 모두 시속과 맞지 않아 떠난다며 탄식한다. 그러나 내가 생각하기에 중실 씨가 시속과 맞지 않는 것은 본디 맞지 않으려는 뜻이 있어서가 아니다. 이쪽은 곧고 저쪽은 굽었으며, 이쪽은 바르고 저쪽은 삿되며, 이쪽은 공론이고 저쪽은 사심이며, 이쪽은 선한 무리이고 저쪽은 소인이다. 이와 같은데 어찌 서로 맞을 수 있겠는가. 더구나 중실 씨는 남다른 자질로 집안의 가르침을 받아 약관에 이미 사마시에 합격하여 높은 명성을 떨쳤다. 지금 이 상소 한 통도 음험하고 사악한 이들의 간담을 깨뜨리고 사문(斯文)의 기세를 돋우며 사림에 명성을 알리고 후세에 논의를 전하기에 충분하니, 구구하게 한때 시속과 맞지 않는 것이 어찌 중실 씨를 위해 탄식할 일이겠는가.

중실 씨가 떠나면 호숫가에 초가를 짓고 물고기와 새에게 흥취를 담으며 언덕을 깎아 구름 속에서 밭 갈고 배를 수리하여 달빛 아래 낚시할 것이다. 창문을 열고 물가의 맑은 바람을 들이고 고개를 들어 동쪽에서 뜨는 해를 바라보며 유유자적 노닐고 왁자지껄 즐기며 여유롭게 배회하며 모두 마음에 맞을 것이다. 복잡한 속세와 분분한 시비를

1 올해……바쳤다 : 1677년(숙종3) 4월 8일, 이영부가 상소하여 연분(年分)이 균등하지 못하고 과거가 공정하지 못하며 사면을 받지 못한 최신(崔愼) 등의 일을 말한 사실을 가리킨다. 《肅宗實錄 3年 4月 8日》

돌아보면 모두 이미 잊었으니, 중실 씨가 이 호수에 노니는 것이 어찌 즐겁지 않겠는가. 비록 그렇지만 중실 씨가 오늘의 행위에 자랑스레 만족하고, 또 한갓 산수의 승경에 마음을 두고 아름다운 경물에 뜻을 빼앗겨 사물을 관찰하여 자신을 살피며 반성하여 나아지기를 구하는 공부에 힘쓰지 않는다면, 비록 이 호수의 풍물이 7백 리의 동정호와 3백 경의 감호보다 훨씬 뛰어나더라도 중실 씨가 이곳에서 얻는 것은 강호의 어부와 낚시꾼 늙은이의 일에 불과할 것이다. 어찌 내가 말한 속세를 떠난 선비가 되기를 중실 씨에게 바랄 수 있겠는가.

반드시 외물을 사모하는 마음을 끊고 이익과 욕심을 버리며, 분수에 따라 몸을 편안히 하고 경치와 사물을 실컷 즐겨야 한다. 강산의 승경을 감상하며 내 흉금을 넓히고, 산수의 시원한 기운을 거두어 내 심성을 길러야 한다. 때때로 한가로이 경서를 보면서 조용히 훈고를 따져서 아는 것이 더욱 나아지고 터득하는 것이 더욱 많아져 나의 마음이 투철하고 환해져 한 점의 얽매임도 없어진다면 안개와 달, 고기 잡고 낚시하는 즐거움이 모두 우리에게 도움이 될 것이니, 비록 얕은 개울과 좁은 도랑에 살더라도 만족하기 충분하다. 더구나 동정호와 감호 못지 않은 이 빼어난 호수에서는 어떻겠는가. 그러한 뒤에야 이번에 떠나는 것에 부끄럽지 않고, 이 호수를 저버리지 않을 수 있다. 이것이 내가 이른바 속세를 떠난 선비이니, 실로 중실 씨가 힘써야 할 것이다. 과연 여기에 뜻이 있는지 모르겠다. 부귀를 먼지처럼 보고 벼슬을 진흙처럼 여기는 것은 중실 씨가 이미 아는 것이므로 지금 다시 말하지 않는다.

금강산을 유람하는 족제 사긍 구 을 전송하는 서문
送族弟士肯 構 遊楓嶽序

공자가 말하기를 "지혜로운 사람은 물을 좋아하고 어진 사람은 산을 좋아한다." 하였다. 어진 사람이 산을 좋아하고 지혜로운 사람이 물을 좋아하는 것은 시원하게 흐르고 우뚝 솟은 점을 취해서 그런 것만은 아니다. 두루 흘러 막힘없는 본체가 지혜와 비슷하고, 두텁고 무거워 움직이지 않는 본체가 어짊과 비슷한 점을 특별히 취하였기 때문이다. 그러므로 산수는 기약하지 않아도 어진 사람과 지혜로운 사람의 즐길 거리가 되고, 어진 사람과 지혜로운 사람은 저절로 산수를 즐기지 않을 수 없다.

나의 종제(宗弟) 사긍은 평소 아름다운 산수를 좋아하기를 맛있는 고기보다 더하였으니, 산수를 즐긴다고 하겠다. 그러나 사긍의 즐거움이 단지 산수에 있을 뿐인지, 아니면 산수의 본체에 있는지 모르겠다. 내가 보니 사긍은 세속에서 빼어난 자질로 집안의 가르침을 받았으니, 어짊과 지혜에 대한 이야기를 이미 익숙히 듣고 몹시 기뻐할 것이다. 그 즐거움이 비단 산수에 있지 않다는 것을 알 수 있다.

아, 사긍이 평소 지내며 아침저녁으로 마주하는 것은 모두 산수이니, 어진 사람과 지혜로운 사람의 즐거움을 필시 많이 배양하였을 것이다. 그러나 사긍은 이것으로 만족하지 않고, 이번 가을에 승려 한 사람, 종 한 사람, 말 한 필과 함께 훌쩍 강원도의 금강산으로 유람을 떠난다. 예전에 듣기로 이 산은 조물주가 재주를 부린 곳으로, 만 이천 봉우리가 바닷가에 높이 솟아 웅혼하고 거대하며 복잡하고 넓으며, 산등성이가 높이 솟고 바위가 기이하고 장대하니, 연꽃 같고 백옥 같으며, 창칼이 들쭉날쭉한 것 같고 사자와 코끼리가 뛰어오르는 것 같고, 고상한 선비가 오만하여 굴하지 않는 것 같고, 사나운 장수가 용맹을 뽐내며 적에게 가는 것 같고, 띠를 차고 홀을 든 선비가 서로 읍하고 사양하는 것 같고, 머리를 장식하고 화장한 미녀가 좌우에 늘어선 것 같고, 신선들이 모여 술을 마시는 것 같고, 부처들이 모여 강론하는 것 같다고 한다. 귀신이 만든 것처럼 천태만상이니, 참으로 조물주가 몰래 숨긴 곳이자 신선의 소굴이다. 아마도 사긍이 가면 비로봉(毗盧峯)과 망고봉(望高峯)에 오르고 구룡연(九龍淵)과 만폭동(萬瀑洞)에 가며, 동쪽에서 뜨는 해를 굽어보고 신선이 사는 울릉도를 마주보며 속세를 벗어나 세상을 어루만지고 시원한 바람을 타고 혼돈을 나갈 것이다. 안목은 갑절로 커지고 기상은 절로 달라질 것이며, 감개가 그치지 않고 즐거움도 끝이 없을 것이니, 평소 마주하는 산수와 우열이 어떠하겠는가. 그리고 어진 사람과 지혜로운 사람의 즐거움을 얻은 정도 역시 어떠하겠는가.

아, 그간 이곳을 유람한 세상 사람들이 어찌 끝이 있겠는가. 그러나 경물에 마음이 부림을 당한 사람이 많고, 마음으로 경물을 부린 사람은 드물다. 누가 막힘없이 두루 흐르며 두텁고 무거워 움직이지 않는 본체를 잘 살펴서 어진 사람과 지혜로운 사람의 즐거움에 부끄럽지 않을 수 있겠는가. 사긍은 힘쓸지어다.

비록 그렇지만 산수는 형체가 있는 물건이고, 어짊과 지혜는 형체가 없는 물건이다. 형체가 있으므로 산수의 즐거움은 한계가 있고, 형체가 없으므로 어진 사람과 지혜로운 사람의 즐거움은 끝이 없다. 한계가 있는 것은 다할 때가 있지만, 끝없는 것이 또 어찌 그 지극함을 다할 수 있겠는가. 지금 사공은 바야흐로 끝없는 즐거움으로 한계가 있는 물건을 보러 가니, 나는 사공이 거대한 풍악산을 품을 수 있지만 풍악산은 사공의 지극함을 다할 수 없는 줄 알겠다.

또 나는 이로 인하여 느끼는 바가 있다. 풍악산은 율곡(栗谷) 선생이 예전에 유람한 곳이다. 산수에 은둔한 선비 중에 필시 선생의 학문을 전수받아 어짊과 지혜로움의 본체를 즐기는 자가 있을 것이다. 사공은 가거든 찾아보고 시험삼아 내 말을 전하면 약속하지 않고도 뜻이 맞을 것이다. 어떤 사람은 사공의 이번 여행이 장차 물외에 노닐며 속세를 벗어나 영랑(永郎)과 안상(安詳)[2]이 남긴 자취를 찾고자 한다고 말하지만, 이는 내가 사공에게 바라는 바가 아니다. 사공은 힘쓸지어다.

2 영랑(永郎)과 안상(安詳) : 신라 시대의 국선(國仙)으로, 강원 고성 삼일포에서 놀았다고 전한다.

기記

신경재기

信敬齋記

민성로(閔星老) 군-이름은 수창(壽昌)이다.- 은 황해도 신천군(信川郡)에 우거하며 자기 재실에 신경재라는 편액을 붙였다. 하루는 나를 찾아와 청하였다.

"그대가 이 재실에 편액을 쓴 뜻을 한 마디 기록하여 아침저녁으로 경계하고 성찰하게 해 주십시오."

내가 물었다.

"그대가 말한 신경은 무슨 뜻인가?"

성로가 말하였다.

"이는 공자의 '말은 충성스럽고 신의 있게 하며, 행실은 독실하고 공경스럽게 하라.'라는 가르침을 취하여 띠에 써서 잊지 않는 뜻을 대신한 것입니다."

내가 듣고서 감탄하였다.

"좋구나. 재실에 편액을 쓴 뜻이 이를 바꿀 만한 것이 없을 듯하다. 그 말이 충성스럽고 신의 있으며 그 행실이 독실하고 공경스러우면 비록 오랑캐 나라라도 갈 수 있다. 말이 충성스럽고 신의 있지 않으며 행실이 독실하고 공경스럽지 않다면 가까운 고을인들 갈 수 있겠는가. 말은 간략하지만 이치가 구비되고, 말은 천근하지만 뜻은 원대하니, 참으로 채찍질하여 내면으로 가까이하여 자신에게 절실한 것이다. 지금 성로가 이것으로 호를 내걸고 스스로 경계하였으니, 그 뜻을 터득하였다고 하겠다.

다만 옛사람의 재실 이름은 즐기는 바로 뜻을 담은 경우도 있고, 단점을 스스로 경계한 경우도 있다. 성로가 기왕 '신경' 두 글자에 감동하였는데, 즐기는 바에 뜻을 담은 것인지, 아니면 단점을 스스로 경계한 것인지 모르겠다. 이는 성로가 스스로 알 것이며, 다른 사람은 관여할 수 없다. 다만 한때 감동한 것이 이처럼 좋은 생각이라도 조금 지나면 마음이 해이해져 홀연 잊어버리고 끝내는 인순하고 태만해지니, 이것은 한갓 재실의 문미에 표시하기 위한 것일 뿐, 실제로 터득하는 데는 도움이 되지 않는다. 이것이 어찌 경계할 만한 점이 아니겠는가.

내가 보니 성로는 말이 자세하면서 함부로 하지 않고, 행실이 신중하면서 게으른 기색이 없다. 이는 신경의 뜻에 마음을 둔 것이니, 인순하고 태만해지지 않으리라는 점을 알 수 있다. 만약 성로가 이를 계기로 더욱 힘써서 실제로 공부를 하고, 격물치지의 학문에 종사하고 존양성찰의 공부에 더욱 뜻을 두어 이 재실에 있으면 상제가 위에 있는 것처럼 두려워하고, 이 편액을 마주하면 엄한 스승이 앞에 있는 것처럼 조심하여 항상 눈으로 보면서 늘 마음으로 경계하여 한 마디 말도 감히 신의 없게 하지 않고, 한 가지 행실도 감히 공경스럽지 않게 하지 않아, 가는 곳마다 유념하여 잊지 않는다면 이른바 늘 곁에 있는 듯한 효과를 저절로 이룰 수 있을 것이다. 이와 같은 뒤에야 이 이름에 부끄럽지 않다고 하겠다."

직재기

直齋記

벗 동양(東陽) 신명윤(申明允 신경(申暻))은 우리 남계(南溪 박세채(朴世采)) 노선생의 외손이다. 15세부터 이미 이 일에 힘쓸 줄 알아 약관이 되기 전에 사우 사이에 명성이 높았다. 하루는 내게 편지를 보내 알렸다.

"제게 작은 재실이 있는데 직(直)자로 편액을 달았습니다. 그 뜻은 공자가 이른바 '사람이 살아가는 이치는 곧음이다.'라는 말과 맹자가 이른바 '곧게 기르고 해치지 않는다.'라는 말과 주자가 이른바 '천지가 만물을 낳고 성인이 만사에 응하는 방법은 곧음 뿐이다.'라는 말을 취한 것입니다. 그대가 이 세 성현의 말씀을 부연하여 글을 지어 저를 경계해줄 수 있겠습니까. 저는 장차 이곳에서 독서하고 이곳에서 지내며 명심하고자 합니다."

내가 생각하기에 공자의 말씀은 천지가 끊임없이 낳는 이치가 본디 곧으므로 이 이치를 타고난 사람도 곧다는 말이다. 맹자의 말씀은 천지의 바른 기운을 사람이 얻어서 태어나니, 만약 곧게 기르고 해치지 않으면 본체가 손상되지 않는다는 말이다. 주자의 말씀은 천지가 만물을 낳을 적에 각기 성명(性命)을 바르게 하고, 성인이 만사에 응수할 적에 두루 마땅하게 응하는 것이 모두 곧음이라는 말이다. 훌륭하도다. 곧음의 뜻이 여기서 다하였다.

옛사람의 재실 이름은 취한 뜻이 한결같지 않으니, 어떤 이는 자신이 경계하는 뜻을 담았고, 어떤 이는 옛사람이 스스로 충고한 뜻을 담았으며, 어떤 이는 살고 있는 땅으로 이름을 짓기도 하였다. 지금 명윤은 지명을 쓰지 않고 충고하는 말을 쓰지 않으며 오직 '직'자에서 취하였으니, 이는 세 성현의 말씀에 감동하여 스스로 경계하는 뜻을 깊이 담은 것이다. 재실에 편액을 건 뜻이 이보다 나을 수 있겠는가.

곧음은 굽음의 반대이다. 반드시 곧게 올라가고 곧게 내려와 정정당당하여 터럭만큼도 굽은 것이 섞이지 않은 뒤에야 곧다고 할 수 있다. 만약 조금이라도 굽은 곳이 있거나 곧고 굽은 것이 서로 절반이거나 곧은 곳이 많고 굽은 곳이 적거나 굽은 것이 많고 곧은 곳이 적으면 모두 곧다고 할 수 없으니, 비록 이것으로 재실의 편액을 삼더라도 문미의 장식이 될 뿐이다. 나의 곧은 도와 무슨 관계가 있겠는가.

가만 보니 명윤은 바탕이 순수하고 기운이 맑으며, 성품이 방정하고 지조가 확고하다. 한 마디 언행과 한 번의 동정까지도 부지런히 힘써 게을리하지 않고 지키는 것은 오직 직자 하나 뿐이다. 이미 몸으로 체행하고 또 재실에 편액하여 앉으나 누우나 이를 돌아보며 아침 저녁으로 경계하고 반성할 바탕으로 삼았으니, 이는 세 성현이 말씀하신 뜻을 참으로 이미 음미하고 그 경지를 엿본 것이다.

비록 그렇지만 내가 명윤에게 바라는 것은 여기에 그치지 않는다. 나에게 있는 곧음을 다하고, 또 미루어나가 남의 곧음에 이르며, 자신으로부터 집안에 이르고, 집안으로부터 나라에 이르러 장차 온 세상을 곧게 만든다면 그 효과가 어찌 넓지 않겠는가. 힘쓰는 방법으로 말하자면 모두 〈문언전(文言傳)〉에 있으니 이른바 '경으로 안을 곧게 한다. 〔敬以直內〕' 네 글자이다. 명윤은 힘쓸지어다.

연평부 평원당 중수기

延安府平遠堂重修記

황해도 염주(鹽州 연안(延安)) 객관의 남쪽에 평원당이 있다. 평원당은 해평(海平) 윤두수(尹斗壽) 공이 이 고을의 수령으로 왔을 때 창건한 것이며 율곡(栗谷) 이 선생(李先生)의 기문이 있다.[3] 백여 년 뒤, 완산(完山) 최석정(崔錫鼎) 공이 또 이 고을의 수령이 되어 중수하였고, 우리 남계(南溪) 박 선생(朴先生)이 그 일을 기록하였으니,[4] 이 당이 황해도에 명성을 떨친 것이 어찌 지세가 평평하고 넓어 일컬을 만하기 때문이겠는가. 실로 두 선생의 기문이 벽에 걸려 있어 당시에 자랑하고 후세에 빛나기 충분하기 때문이다.

지금 평산 신성하(申聖夏) 후(侯)가 지금 성상 아무 해 아무 달에 이 땅을 지키러 나왔는데, 최공의 시대와 간격이 수십 년에 불과하지만 당이 또 무너졌다. 후는 여가에 이곳에 올라 둘러보며 탄식하였다.

> "이 당은 두 공의 경영을 거쳤으며 두 선생의 기문이 있다. 그러나 지금 무너져 쑥이 자라고 꿀을 먹이는 곳이 되려 하니, 어찌 개탄스럽고 애석하지 않겠는가."

마침내 정사가 시행되고 사람들이 화합한 뒤에 관찰사에게 보고하

3 율곡(栗谷)……있다 : 《율곡전서(栗谷全書) 권13에 실려 있는 〈평원당기(平遠堂記)〉를 말한다.

4 우리……기록하였으니 : 《남계집南溪集》 정집(正集) 권67에 실려 있는 〈연안부평원당중수기(延安府平遠堂重修記)〉를 말한다.

고 고을 백성과 의논하여 자재를 모으고 장인을 모아 힘들이지 않고 일을 이루었다. 검게 썩어 부러진 용마루와 들보, 서까래, 부서지고 빠진 기와와 섬돌, 흐릿하여 선명하지 않은 붉은 색과 흰 색을 모두 바꾸어 새롭게 하였으니, 그 공로가 최공에 비해 더욱 빛난다.

몇 달이 지나 공사가 끝나자 후는 멀리서 나에게 편지를 보내 부탁하였다.

"그대가 한 마디 말씀으로 기문을 지어 주십시오. 돌아가신 우리 스승께서 이곳에 예전에 기문을 지었으니 그대가 어찌 감히 사양하겠습니까."

나는 두려워하며 일어나 말하였다.

"후의 말이 옳다. 다만 나는 한양에서 나고 자라 이른바 평원당이라는 것을 보지 못하였다. 또 이미 몹시 노쇠하고 글도 서투르니, 내가 그 일을 기록하고 널리 알려 후의 간곡한 부탁을 따르려 한들 할 수 있겠는가. 비록 그렇지만 두 선생이 지은 기문을 살펴보면 근거삼아 말할 수 있다.

율곡 선생의 말에 '이 당은 먼 들판을 똑바로 마주하고 멀리 강과 바다에 이어져 있으며 넓은 못의 반짝이는 물결과 먼 산의 짙푸른 색이 자리에 모인다.' 하였고, 또 '바깥 경치의 승경은 수양을 보조하는 것이고, 조존성찰(操存省察)은 수양하는 근본적인 법이다. 그 보조적인 것에 힘쓰면서 근본적인 것을 소홀히 한다면 참된 수양이 아니다.' 하였다. 남계 선생의 말에 '이름을 얻은 뜻은 다음과 같다. 평(平)으로 말하자면 만 이랑의 좋은 밭이 높은 언덕과 평평한 늪에 가지런하여 어지럽지 않으니, 군자가 살면 공정하고 조화로운 마음을 보존할 수 있다. 원(遠)으로 말하자면 천 리의 넓은 파도가 하늘과 땅끝까지 끝없이 넘실거리니, 군자가 살면 넓고 통달한 앎을 기를 수 있다.' 하였고, 또 '평은 서(恕)와 부합하고, 원은 명(明)의 결과이다.' 하였다. 아, 이 당의 광경과 의미가 여기서 다하였다. 내가 어찌 감히 그 말을 새롭게 하겠는가.

만약 이 당에 오른 사람이 두 선생의 기문을 깊이 체득하고 평평하고 먼 지세를 바라보아 그 흉금을 넓히고 안목을 키우며, 평원당이라고 이름지은 뜻을 돌아보고 공정하게 수양하며 오랫동안 지킨다면, 장차 정령이 공평해지고 백성이 은택을 입으며, 지업이 원대해지고 사람들은 그 아름다움을 칭송할 것이다. 이 당에서 얻는 것이 어찌 크지 않겠는가.

아, 이 당은 황해도의 명승이며 두 선생의 기문은 이 당의 승경이다. 지금 신후의 청으로 그 사이에 이름을 넣었으니 나에게도 다행이다. 참람함을 잊고 감히 두 선생의 말을 부연하여 대략 기문을 짓는다."

우산재사기
紆山齋舍記

완성(完城) 우동(紆洞)은 상산 송씨(常山宋氏 진천 송씨(鎭川宋氏))의 여러 대 선영이 있는 곳이다. 동쪽과 서쪽 두 언덕에 묘소들이 있고, 가운데 언덕 하나에 관찰사 표옹(瓢翁 송영구(宋英耈)) 선생을 장사지냈다. 문중에서 상의하여 입안(立案)을 만들고 따로 묘소의 종을 정하여 오래도록 수호할 바탕으로 삼았다. 또 묘소 앞에 재사(齋舍)를 설치하여 명절 제사를 지낼 때 자손들이 모여 제사지낼 곳으로 삼았다.

묘소라는 것은 선조의 체백(體魄)이 의지한 곳이다. 그러므로 자손이 모두 여기에 마음을 다하여 묘역을 수리하고 소나무와 잣나무를 길러 먼 조상을 추모하고 근본에 보답하는 정성을 다한다. 만약 조금이라도 부지런하지 않은 점이 있어 성묘를 소홀히 하고 북돋기를 소홀히 하면 세월이 조금 지난 뒤에 제사를 지내지 못할 때가 있거나 묘소가 헐벗는 우환이 생길 것이다. 선조에게 지각이 있다면 내게 후손이 있다고 말하겠는가. 이것이 송씨 재사를 설치하고 입안을 만든 이유이다. 내가 그 입안을 보니 수백 자가 이어졌는데 그 대략은 이렇다.

"지금부터 노비가 수십 명을 넘더라도 일을 시키지 말고, 오직 벌목을 금지하고 묘소 소제를 일삼게 한다. 받들어 행하려 하지 않는 자손이 있으면 문중 사람들이 모두 묘정(墓庭)에 모여 불효로 논죄한다."

또 그 입안을 책 하나에 쓰고 쇠로 장정하여 철책전서(鐵冊傳書)라고 하였다. 또 그 입안을 판각하여 재사의 벽에 걸었다. 또 제사지낼 때 따로 도기(到記)를 만들어 그 성명을 쓰고, 제사를 마친 뒤 부지런한지 태만한지 논의하여 상벌을 시행하였다. 그 제도가 자세하면서도 정확하다고 하겠다.

세월이 오래되어 금지 조항이 점차 해이해지고 재사가 무너지자 식견 있는 사람들이 모두 한탄하며 애석해 하였다. 표옹의 현손 수회(秀會)가 한양에서 내려와 묘소에서 참배한 뒤 개탄하는 마음이 일어나 둘러보며 탄식하였다.

"이는 내 책임이다."

그리하여 예전 것을 바탕으로 새로 중수하였다. 칸을 늘리고 규모를 확장하니 방이 2칸, 청사가 2칸, 희생을 살피고 음식을 마련하는 곳이 또 3칸으로 배치가 완벽하고 제도가 완전하였다. 우산정사(紆山精舍)라고 명명하였으니, 주부자의 한천정사(寒泉精舍)의 뜻을 취한 것이었다. 또 예전에 판각한 것을 다시 벽에 걸어 선조가 창립한 규약이 하루아침에 찬란히 다시 새로워지게 하였으니, 선조의 업적을 잘 계승하였다고 하겠다. 그 자손으로 이곳에 와서 모인 자가 이 재사에 들어가 추모하는 정성을 더욱 가다듬고, 이 입안을 열람하고서 보고 감동하는 마음을 다시 일으키며 그 훈계를 따라 지키며 실추시키지 않는다면, 조상을 높이고 보답하는 의리에 큰 보탬이 될 것이다.

아, 인사는 변하여 흥폐가 무상하니, 몇 세대 뒤에 이 재사가 다시 무너지지 않을 줄 어찌 알겠는가. 또 오늘날처럼 중수하여 대대로 그 입안을 지키며 시종일관 변하지 않을 줄 어찌 알겠는가. 이는 실로 송씨 자손이 힘써야 할 바이다.

나의 벗 노첨(魯瞻 송수태(宋秀泰)), 진숙(鎭叔 송수형(宋秀衡)) 형제 역시 표옹의 현손이다. 새로운 재사가 완성되고 옛 입안이 폐지되지 않은 것을 기뻐하여 한 마디 말로 그 일을 기록해달라고 요구하기를 그간 몹시 부지런히 하였다. 나는 누차 사양하였으나 허락받지 못하여 이에 감히 참람함을 잊고 대략 기문을 짓는다.

수곡사에 우재 이공을 추후에 배향한 기문
秀谷祠迂齋李公追享記

우재(迂齋)는 완남(完南) 이 상공(李相公 이후원(李厚源))의 사적인 호이다. 효종께서 한번은 어떤 일 때문에 "이 아무개는 우활하다."라고 하교하셨으므로 공이 취하여 문미를 빛낼 것으로 삼았다. 인조께서 중흥할 적에 가장 먼저 중대한 계책을 세웠고, 세 조정을 차례로 섬기며 세도를 부지하여 한 시대 유림의 종주가 되었으니, 일이 우암(尤菴) 선생의 시장(諡狀)[5]에 자세하다. 숭정 아무 해에 여러 선비가 상소하여 수곡사에 배향하기를 청하였다. 수곡사는 동은(峒隱) 이 선생(李先生 이의건(李義健))과 창강(滄江) 조 선생(趙先生 조속(趙涑))의 영령을 모신 곳이다. 두 선생은 모두 석담(石潭 이이(李珥))과 파산(坡山 성혼(成渾))의 제자로 산수에 은거하여 태평성대의 일민(逸民)이 되었다.

공은 동은의 종손(從孫)으로 사계(沙溪 김장생(金長生)) 선생에게 수업하고, 이후 과거에 급제하여 조정에 올랐다. 평소 출처와 행장이 비록 다르기도 하였지만, 사우에게 얻은 것은 다름이 없었으니, 여러 선비들이 배향하기를 청하고 조정에서 윤허한 것이 마땅하다. 젊어서는 우암, 동춘(同春) 두 선생과 친하였으니, 그 큰 기대는 사마단명(司馬端明 사마광(司馬光))이 정자(程子)에게 인정받은 것보다 더하였다. 마침내 등용되던 날 힘을 다해 밀어주어 천리를 밝히고 인심을 바로잡

5 우암(尤菴) 선생의 시장(諡狀) : 《송자대전(宋子大全)》 권204에 실려 있는 〈우재 이공 시장(迂齋李公諡狀)〉을 말한다.

으며 내수외양(內修外攘)하는 우리 효종의 다스림을 도왔다. 굴신과 영욕이 대부분 서로 관계되고 사문을 보호한 공로가 또 이처럼 탁월하였다.

주부자가 '방현령(房玄齡)과 두여회(杜如晦)는 단지 시골 재상일 뿐이다.'라고 하였는데, 저 두 사람의 훈업이 어찌 성대하지 않겠는가. 다만 그 행적을 따져보면 모두 공리(功利)와 권모(權謀)에 있었으므로 주자가 폄하한 것이다. 지금 공의 업적과 언행은 모두 사우와 평소 강론한 중에서 나온 것으로 모두 순수하여 볼만하니, 어찌 요행히 공명을 이루어 시골 재상이 된 자와 비교하여 논할 수 있겠는가.

사당은 공의 선영과 가까운 곳에 있다. 공은 예전에 이곳으로 물러나 살았는데, 공이 묻힌 곳도 이곳에 있으니, 함께 배향하는 일을 뒤늦게 거행하는 것은 실로 여러 선비들의 공통된 논의이다. 동은과 창강을 사당에 제향할 적에 우암 선생이 실로 기문을 지었는데,[6] 공은 추후에 배향하였으므로 기문에 들어가지 못하였기에 사당의 선비 이단보(李端輔)와 안구(安衢)가 내게 기문을 지어달라고 요구하였다. 나는 한창 몹시 늙고 병들었으며 적임자도 아니라고 사양하였으나 더욱 힘껏 청하기에 끝내 사양하지 못하였다. 또 그 사이에 이름을 의탁하는 것을 다행으로 여겨 감히 참람함을 잊고 대략 기문을 짓는다.

6 우암……지었는데 : 《송자대전》 권145에 실려 있는 〈광주수곡사우기(廣州秀谷祠宇記)〉를 말한다.

발跋

숭정 황제가 피로 쓴 조서 뒤에 삼가 쓰다
敬題崇禎皇帝血詔後

> 짐이 등극한 지 17년 동안 위로 하늘의 벌을 재촉하여 오랑캐에게 땅을 빼앗기고, 세 차례 역적이 곧장 황성을 핍박하였으니, 신하들이 나를 그르친 것이다. 짐은 지하에서 선제를 뵐 낯이 없으니 머리카락을 풀어 얼굴을 가리고 적이 짐의 시신을 찢도록 내버려둔다. 문무 백관은 모두 죽여도 되지만 능침은 무너뜨리지 말고 우리 백성은 한 사람도 다치게 하지 말라.

대명 숭정 17년(1644) 황성이 도적에게 함락당하자 황제가 매산(煤山)에서 스스로 목을 매며 죽음을 앞두고 손가락의 피로 조서를 썼다. 아, 황제의 이 조서를 보고서도 눈물을 흘리지 않는 자는 사람의 마음이 없는 것이다.

《초사》[7] 뒤에 쓰다

題樵史後

천계(天啓) 황제가 16세에 즉위하여 안으로는 유모 객씨(客氏)에게 미혹되고 밖으로는 태감 위충현(魏忠賢)에게 정사를 맡겨 당시의 올바른 군자와 현명한 재상, 좋은 장수가 전부 제거되어 청나라 오랑캐가 창궐하고 도적이 교만하게 횡행하며 강역이 날로 줄어들고 종묘사직이 위태로워졌다. 비록 현명한 숭정황제가 그 뒤를 이었으나 구제할 수 없었으니, 어찌 통한이 아니겠는가.

7 초사(樵史) : 명말의 역사를 다룬 소설 《초사통속연의(樵史通俗演義)》를 말하는 듯하다.

재차 《초사》 뒤에 쓰다

再題樵史後

내가 《초사》를 보다가 위충현의 일에 이르러 팔뚝을 휘두르며 분개하여 탄식하지 않은 적이 없다. 그가 어린 군주를 속이고 조롱하며 충성스러운 신하와 좋은 장수를 해치고 죽인 것은 한(漢)나라의 조절(曹節)보다 심하였고, 권세를 농단하고 백성을 병들게 하며 나라를 해친 것은 진(秦)나라의 조고(趙高)보다 심하였다. 생사당을 세우고 구천세(九千歲)를 외치게 한 일로 말하자면 조고와 조절도 하지 않은 일이다.

아, 한 사람의 조고가 진나라의 종묘사직을 뒤엎기에 충분하였고, 한 사람의 조절이 한나라의 천하를 잃기에 충분하였다. 하물며 위충현은 조고와 조절의 악을 겸하고 또 그보다 심한 점이 있었으니, 명나라가 비록 망하지 않으려 한들 할 수 있겠는가.

소재의 〈심성정도〉에 대한 현석 선생의 발문 뒤에 쓰다
題玄石先生跋履素齋心性情圖後

내가 얼마 전 소재(素齋) 이공(李公 이중호(李仲虎))이 지은 〈심성정도(心性情圖)〉와 시설(詩說)을 공의 후예 이이정(李以鼎) 씨가 보관하던 것에서 얻었는데, 친필이었다. 삼가 우리 선생께 바치고 청하였다.

“그 뒤에 발문을 써 주시기 바랍니다.”

얼마 후 선생이 장황하고 보수하였으며 또 그 아래를 비우고 도설의 차이와 득실을 써서 돌려주었다. 내가 삼가 받들어 읽으니 그림의 뜻을 드러낸 것이 더 이상 빠진 것이 없었다. 이것이 어찌 비단 공의 자손에게만 다행이겠는가. 후학에게 베푼 은혜가 크다.

삼가 이 그림을 살펴보니 옛현인이 밝히지 못한 점이 있다. 만약 도를 환하게 보고 용감히 앞으로 곧장 나아가며 조금도 의심하지 않은 사람이 아니라면 어찌 이 경지에 이르겠는가. 그러나 퇴로(退老 이황)는 이에 대해 ‘도학의 정밀하고 은미한 곳에 대해서는 함부로 비길 수 없다.’라고 말하였으니 어째서인가. 이에 대해서는 우리 선생의 설명에서 남김없이 다 논하였다.

다만 내 소견으로 중간의 그림 하나는 허(虛)를 본체로 삼고 영(靈)을 작용으로 삼았으며, 지각(知覺)을 또 영 뒤에 두었다. 이는 허, 영, 지각을 세 가지로 나눈 것이다. 정(情)은 위에 있고 기(幾)는 아래에 있으며, 의(意)가 또 그 사이에 있으니, 이는 정, 의, 기를 세 가지로 나눈 것이다. 신독(愼獨)은 원래 성찰(省察)의 일인데 같은 곳에 두지 않았고, 측은(惻隱), 사양(辭讓), 시비(是非), 수오(羞惡)는 원래 정

(情)인데 또 그 자리를 달리하였다. 예컨대 사단(四端)은 이(理)의 움직임이고 칠정(七情)은 기(氣)의 움직임이라는 설은 예전에 경전에서 들은 것과는 대체로 차이가 있으니, 이에 의혹이 없을 수 없다. 비록 그러하나 감히 나의 견해를 옳다고 여겨 교묘히 선현을 비난하여 스스로 바르지 않은 죄를 지을 수는 없으니, 단지 우선 의심을 기록하였다가 선생과 어른에게 질정하여 가르침을 받고자 한다.

또 이로 인하여 느낀 바가 있다. 공이 세상을 떠난 뒤로 이 그림이 전해진 지 지금 백여 년이 되었으나, 우리 선생이 한 것처럼 완상하고 아끼며 드러내어 알려 이 그림의 차이와 득실이 각기 그 뜻을 다하도록 한 사람이 없다. 만약 공에게 지각이 있다면 필시 세대가 멀리 떨어졌다고 여기지 않고 아마도 저승에서 묵묵히 마음에 들어할 것이니, 어찌 당시 퇴로를 만나지 못한 것을 한스러워하겠는가. 이 또한 훌륭하도다. 이에 참람함을 잊고 내 소견을 간략히 기록하여 선생의 발문 뒤에 붙인다.

《소학차기》 뒤에 쓰다

題小學箚記後

벗과 강론할 적에는 억지로 달리해서도 안 되고, 구차히 같게 해서도 안 된다. 의리는 정밀하고 끝이 없으며, 견해의 깊이가 다르기 때문이다. 그러므로 가부를 변론하는 사이에 저절로 피차가 같고 다른 차이가 없을 수 없다. 그러나 다른 이유는 신기한 논의에 힘써 반드시 다르기를 구해서가 아니고, 같은 이유 역시 우선 승낙하는 말을 하여 반드시 같기를 구해서가 아니다. 각기 자기 견해가 미치는 곳에 나아가 말한 것에 불과하다.

기미년(1679, 숙종5) 여름, 벗 완산(完山) 이사수(李士秀 이정영(李挺英))가 광릉(廣陵) 운곡(雲谷)의 여막으로 나를 찾아왔다가 며칠 동안 묵으면서 아우 중고(仲固 김재(金栽))와 함께 《소학》을 강론하였다. 훈고의 잘잘못과 의리의 차이를 모두 연구하였는데, 내가 옳다고 한 것을 사수는 틀리다고 하고, 사수가 옳다고 한 것을 중고는 틀리다고 하였다. 중고와 사수는 같은데 내가 다른 경우도 있었고, 나와 사수는 같은데 중고가 다른 경우도 있었다. 처음에는 같다가 끝내는 달라진 경우도 있었고, 처음에는 다르다가 나중에 같아진 경우도 있었다. 이른바 의리는 끝이 없고 견해는 같지 않다는 말이 아니겠는가.

이어서 보니, 사수는 순수하고 정확한 견해가 있었으며, 중고는 해박하고 뛰어난 지식이 있었다. 나는 어리석고 거친 자질로 그 사이에 끼어 아침저녁으로 강론하는 사이에 보고 감동하며 깨우친 것이 많았다. 다만 생각하다가 도로 막히고 오래되면 쉬이 잊을까 두려워 터득하는대로 여기에 기록하였다. 한 글자의 해석과 한 구절의 논쟁까지도 같고 다름을 막론하고 모두 수록하였다. 시비와 득실로 말하자면 훗날 아는 자를 기다려 알게 될 것이다.

남원 윤공 계 이 자유(소철)의 시에 차운하여 이아체를 본떠 경성으로 가는 진보를 전송한 시 뒤에 쓰다
題南原尹公 棨 次子由韻 效爾雅體 送進甫赴鏡城詩後

큰 선비가 속세에 사니	鴻儒處流俗
거센 파도가 절로 몰아치네	頹波自舂撞
사람들은 미인을 미워하지만	人妬蛾眉好
나는 고집스런 중선을 아끼네[8]	我愛仲宣戇
천리마를 다루지 못하니	騏驥不在御
세도는 날마다 추락하네	世道日以降
붕새는 먼 하늘 나는 날개를 접고	鵬垂九天翼
백 리 고을에 자벌레처럼 움츠렸네	蠖屈百里虹
변방 사람들이 훌륭한 후손 알아보고	邊人識鳳麟
그대 따르며 골목에서 노래하리	從公歌于巷
백성에게 송아지를 찼다고 가르치고[9]	教民須佩犢
이치에 따라 홍수 다스린 일 본받으라[10]	順理法治洚

8 나는……아끼네 : 중선은 후한(後漢)의 왕찬(王粲)이다. 《삼국지(三國志)》 배송지(裴松之) 주에 "중선은 지나치게 살찌고 고집스럽다.〔仲宣傷於肥戇〕"이라 하였다.

9 백성에게……가르치고 : 한(漢)나라 공수(龔遂)가 발해 태수(渤海太守)로 부임하여 칼을 차고 있는 백성에게 "어찌하여 소를 지니고 송아지를 차느냐."라고 하여 칼을 팔아 농사를 짓게 하였다. 《漢書 循吏傳 龔遂》 여기서는 백성에게 농사를 권장하라는 뜻이다.

10 이치에……본받으라 : 우(禹)임금이 물길을 터서 치수에 성공한 일을 말한다.

수리를 쏘아잡은 이광은 없고[11] 射鵰無李廣
오랑캐와 화친한 위강만 있네[12] 和戎有魏絳
묵묵히 용도와 호도[13]를 운용하여 默運龍虎韜
날뛰는 오랑캐를 가만히 없애리라 坐息天驕鬨

이상은 남원 윤공의 시 8구이니, 그의 친필이다. 구법이 근엄하고 먹색이 짙으며, 그 시어 또한 모두 변방을 안정시키고 백성을 아끼는 뜻이니, 열람하면 참으로 아낄 만하다. 공은 병자년(1636, 인조14) 겨울 남양 부사(南陽府使)로 있다가 청나라 도적이 갑자기 오자 군사를 일으켜 근왕하려 하였으나 적에게 붙잡히자 의리를 지켜 항거하며 굴하지 않다가 죽었다. 아! 공의 순수한 충성과 큰 절개는 세상에 빛나니, 중요하지 않은 글씨는 공에게 대단한 점이 되지 못한다. 그러나 시는 뜻을 말하는 것이고 글씨는 마음의 그림이니, 이를 보면 공의 평생을 알 수 있다. 세 번 읽고 감탄하며 나도 모르게 눈물을 흘린다. 마침내 삼가 쓴다.

11 수리를……없고 : 이광은 흉노를 정발한 한나라 장군이다. 여기서는 청나라와 맞서 싸울 장수가 없다는 뜻으로 쓰인 듯하다.

12 오랑캐와……있네 : 위강은 춘추시대 진(晉)나라 대부로 산융(山戎)과 화친하였다.《春秋左氏傳 襄公 4年》 여기서는 청나라와의 화친을 주장한 신하를 말하는 듯하다.

13 용도와 호도 :《육도(六韜)》의 편명으로 여기서는 병법을 말한다.

퇴계 선생이 쓴 〈경재잠〉 뒤에 쓰다
題退溪先生書敬齋箴後

예전에 김 하서(金河西 김인후)가 퇴계 선생을 전송한 시에,

선생은 영남의 뛰어난 인물　　夫子嶺之秀
이백과 두보의 문장에 왕희지와 조맹부의 글씨　　李杜文章王趙筆

하였다. 나는 '왕희지와 조맹부의 글씨〔王趙筆〕'라는 세 글자는 한때 지나치게 칭찬한 말이라고 여겼다. 근래에 장인 댁에서 선생의 친필을 얻었는데, 선생이 쓴 〈경재잠〉이었다. 태반은 흩어지고 단지,

일을 만나면 마음을 보존하고　　當事而存
다른 곳으로 가서는 안 된다　　靡他其適
마음을 둘로 하지 말고　　勿貳以二
마음을 셋으로 하지 말라　　勿參以三

라는 4구 16자만 남았다. 자획이 정밀하고 먹빛이 뚜렷하니, 이른바 '왕희지와 조맹부의 글씨'라는 말이 과연 거짓이 아니다. 그러나 그 법도가 치밀하고 기상이 근엄하기는 또 평범한 서예가에 비할 바가 아니다. 정부자(程夫子)가 말하기를,

"나는 글씨를 쓸 때 몹시 공경한다."

하였는데, 지금 선생의 필적을 보니 역시 '경'자에서 터득한 듯하다.

장차 열 겹으로 싸서 소중히 보관하여 대대로 전할 보배로 삼는다.

후학 청풍 김간이 삼가 쓰다.

안평대군의 친필 뒤에 쓰다

題安平大君親筆後

세상에서 전하기를, 안평대군이 처음에는 글씨가 몹시 서툴렀는데, 한번은 길을 가다가 기름을 파는 사람이 높은 누각 위에서 동이에 담은 기름을 누각 아래 작은 병에 붓는 것을 보았다. 대군이 보고 기이하게 여기며,

"이는 필시 많은 공부가 있었을 것이다."

하고는 마침내 집으로 돌아와 발분하여 글씨를 익히느라 거의 먹고 자는 것도 잊을 정도였다. 훗날 과연 정묘한 경지에 들어갔다. 중국 사신이 보고 칭찬하기를,

"이 사람은 동방의 조맹부(趙孟頫)이다."

하였다. 아, 서법은 작은 재주인데도 이처럼 공을 들여야 성취할 수 있다. 더구나 서법보다 더 중대한 것은 어떻겠는가. 세상의 학자들은 이를 거울삼아 힘쓸 줄 알기 바란다.

《화담선생집》 뒤에 쓰다

題花潭先生集後

화담 서 선생은 우리 인종, 명종조의 큰 선비이다. 젊어서부터 산림에 자취를 감추고 이치의 근원을 탐색하였다. 오랫동안 고요히 지내자 물욕이 다 없어져 팔 베고 자며 물 마시고 부귀를 뜬구름처럼 여기는 뜻이 있었으니, 참으로 우리 공자께서 말씀하신 일민(逸民)이다. 그러다가 박 슬한재(朴瑟僩齋 박민헌(朴民獻))가 편찬한 선생의 비문을 보니, 덕을 살피고 시대를 논하는 감회가 더욱 일어났다.

이후 선생의 문집을 구해 얻었는데, 그가 지은 글과 내세운 주장은 대체로 기(氣)를 위주로 하는 학문이었다. 〈원이기(原理氣)〉, 〈이기설(理氣說)〉, 〈태허설(太虛說)〉, 〈귀신사생론(鬼神死生論)〉 등의 글은 모두 기를 이(理)로 여겼다. 그가 말하기를,

> "깨끗한 본체로 말하자면 일기(一氣)이고, 혼연한 작용으로 말하자면 태일(太一)이다. 염계(濂溪 주돈이(周敦頤))는 이에 대해 어쩌지 못하고 단지 '무극이태극(無極而太極)'이라고만 하였다."

하였으니, 이것은 깨끗하고 혼연한 기를 가리켜 태극이라고 한 것이다. 또 말하기를,

> "이는 기보다 앞서지 않는다. 기는 시작이 없고, 이는 본디 시작이 없다. 만약 이가 기보다 앞선다고 한다면, 이것은 기에 시작이 있는 것이다."

하였으니, 이것은 이와 기를 하나의 물건으로 뭉뚱그려 선후가 전혀 없으니, 이가 먼저고 기가 나중이라는 주자의 설과 다르다. 또 말하

기를,

"태허는 기이다. 태허는 끝도 없고 밖도 없으니 기 역시 끝도 없고 밖도 없다."

하였으니 이것은 완전히 노자와 장자의 면모이다. 또 말하기를,

"기가 모이고 흩어짐에 은미하고 드러나고 느리고 빠른 차이가 있으니, 비록 미미한 초목이라도 그 기 역시 끝내 흩어지지 않는다. 더구나 크고 오래 모이는 사람의 정신과 지각은 어떻겠는가."

하였고, 또 말하기를,

"사람이 흩어지는 것은 형체와 혼백이 흩어지는 것일 뿐, 깨끗하고 맑게 모인 것은 끝내 흩어지지 않는다."

하였고, 또 말하기를,

"비록 한 조각 향촉의 기가 눈앞에서 흩어지는 것을 보더라도 그 남은 기운은 끝내 흩어지지 않는다."

하였고, 또 말하기를,

"기는 시작도 없고 생겨남도 없다. 시작이 없으니 어찌 끝나겠으며, 생겨남이 없으니 어찌 사라지겠는가."

하였다. 이는 정신이 흩어지지 않는다는 석씨(釋氏)의 설을 이어받아 서술한 것으로, 이른바 '생기지도 않고 사라지지도 않는다.'라는 따위의 말과 결국 하나의 투식으로 귀결된다.

선생의 평소 공부는 대부분 마음으로 터득한 것이니, 후세의 못난 학자가 옛사람의 이야기를 본뜬 것과는 다르다. 당시 이미 궁리와 격물에 뛰어나다는 명성이 있었고, 그의 문인은 또 추켜세워 횡거(橫渠 장재(張載))와 백사(白沙 진헌장(陳獻章))에 비겼다. 그러나 지금 보니 중대한 근본에 대해 투철하지 못한 점이 있고, 그밖에 논한 내용도 대부

분 어렴풋하고 공허한 지경에 빠지고 진실하고 절실한 뜻이 부족하다. 예전에 보니 퇴계 선생이 말하기를,

"화담의 학문은 허탄하고 잡스럽다."

하였고, 또 말하기를,

"그가 지은 여러 설은 병통 없는 것이 한 편도 없다."

하였고, 또 말하기를,

"화담은 이(理)자에 투철하지 못하여 거친 쪽으로 떨어졌다."

하였다. 율곡 선생도 말하기를,

"화담처럼 스스로 터득하기를 바라지 않는다."

하였다. 두 선생이 선생을 이와 같이 논하였으니, 어찌 본 데가 없이 그러하였겠는가. 내가 뒤늦게 태어나 선생의 자리에서 이를 직접 질정하지 못한 것이 한스럽다.

임대년의 유고 뒤에 쓰다

題任大年遺稿後

이상은 죽은 벗 풍천(豐川) 임대년(任大年)의 유고이다. 아, 대년이 죽은 지 이제 3년이 되었다. 옛일을 생각하며 상심하니 나도 모르게 한 번 눈물을 흘린다. 이어서 생각건대, 나와 대년은 함께 현석(玄石) 선생의 문하에서 배운 지 거의 20년이었고, 옛적 처음 만났을 때부터는 30년이나 되었다. 함께 절차탁마하고 어울려 강론하며 의기투합하고 간격이 없었으니, 만년까지 변치 않기로 함께 기약한 것은 우연이 아니었다. 불행히 선생께서 을해년(1695, 숙종21) 2월 세상을 떠나고, 대년이 죽은 것도 이해 4월이었으니, 스승이 죽은 애통함과 벗이 죽은 슬픔을 견딜 수 없었다.

올해 1월, 우연히 그의 아들 윤경(胤璟)을 서울의 임시 거처에서 만났더니, 울면서 자기 선친의 유고를 꺼내며,

"그대는 선친과 평소의 교분이 깊고도 두터웠으니, 여기에 한 마디 해 주는 은혜가 없어서야 되겠습니까."

하였다. 내가 공경히 받아서 읽어보니, 시가 1책, 서(書)와 잡저(雜著)가 또 1책이었다. 삼가 그 시를 보니 장편과 율시에 더욱 뛰어났고, 절구는 종종 두소릉(杜少陵 두보(杜甫))의 절조가 있어 호탕하고 거세며 억양돈좌(抑揚頓挫)하여 거의 세속의 비린내나고 썩은 말과는 달랐다. 그 문장은 예스럽고 기이하며 심후하고 엄밀하며 넓고 커서 당당한 장부의 기상이 있었으며, 글을 꾸미느라 안배하고 힘을 낭비한 모습이 없었다. 그가 논한 제왕의 득실, 인물의 우열, 병제와 전제,

상례와 변례는 그 주의가 바르고 주장이 순수하였다. 경전과 사서를 출입하며 고금을 망라하고 낱낱이 찾아내고 분석하여 명백하고 박식하니, 모두 실제로 쓸 만하고 빈말이 아니었다. 남에게 보낸 서찰은 더욱 진실하고 간곡하게 격려하고 권면하였으니, 안부나 묻고 말을 전하는 정도에 그치지 않았다. 비록 그러하나 이조차 대년이 품은 뜻을 다 알기에 부족하다.

〈지지해(知智解)〉, 〈심설(心說)〉, 〈오행생성설(五行生成說)〉, 〈소학차기설(小學箚記說)〉, 〈논근사록차서(論近思錄次序)〉 및 〈변이군보정심장설(辨李君輔正心章說)〉, 〈김사직태극왕복서(金士直太極往復書)〉 등의 설은 모두 깊이 연구하고 터럭까지 분석하며 비슷한 사물을 인용하고 저것을 취하여 이것을 밝히며 모두 절충하고 각기 그 뜻을 다하였다. 은미한 것을 드러내고 의심을 풀어 손바닥을 가리키듯 분명하였다. 평소 사우와 강론하고 마음으로 오묘하게 터득하여 두텁고 넓게 쌓지 않았다면 어떻게 이렇게 할 수 있겠는가. 여기서 바른 연원과 정밀한 학문을 알 수 있으니, 그의 문장과 재주는 모두 여기에 근본을 두었다. 이 원고를 보는 사람은 또 이 뜻을 몰라서는 안 된다. 죽은 이를 생각하며 개탄하고, 또 그 아들의 청을 저버릴 수 없어 이에 감히 참람함을 잊고 삼가 뒤에 써서 돌려준다.

민언휘 이승 의 〈중용도〉 뒤에 쓰다
題閔彦暉 以升 中庸圖後

언휘의 이 도설은 평소의 저작들과 비교하면 제법 정밀하고 자세한 듯하다. 그러나 소루하고 잘못된 곳이 몹시 많으니, 지금 한두 가지 의심스러운 것을 말한다.

《중용》 제1장 첫머리의 세 마디 말[14]은 전편의 강령이며 요점이다. 그러므로 여기서부터 아래로 전편에서 논한 허다한 의리는 모두 세 마디 말을 부연하여 말한 것이다. 도설을 만드는 자는 반드시 이 세 마디 말을 강령으로 삼고, 전편의 여러 설을 분류하고 분배하여 순서대로 배치하여 수미가 호응하고 맥락이 연결되어 어지럽지 않고 질서정연하며 분명히 찾을 수 있게 해야 한다.

그런데 지금 도설은 그렇지 않아 세 마디 말 중에서 단지 도(道)자만 집어내어 하나의 네모난 테두리를 만들어 가운데에 먼저 쓰고, 위로는 성(性)을 제거하고 아래로는 교(敎)를 제거하였으며, 또 세 가지가 근원한 천명을 말하지 않았다. 이는 거의 두서없는 학문에 가까우니, 이미 전편의 핵심을 잃었다.

도권(道圈) 아래의 세주(細註)에 "성을 따르고 교를 닦는다.〔率性修敎〕"라고 하였다. 성을 따르는 것이 바로 도인데, 도를 말하고나서 또

14 세 마디 말 : 《중용장구》 제1장의 "하늘이 명한 것을 성이라 하고, 성을 따르는 것을 도라 하고, 도를 닦는 것을 교라 한다.〔天命之謂性, 率性之謂道, 修道之謂敎.〕"를 말한다.

성을 따른다고 말하였으니, 이는 중복된 말이다. 도를 닦는 것이 교인데 지금 '도를 닦는다.'라고 말하지 않고 '교를 닦는다.'라고 하였으니 문리가 이루어지지 않는다. 더구나 교와 성, 도는 나란히 서서 강령이 되어야 하니, 이는 도 아래의 주석이 될 수 없음이 분명하다.

계구(戒懼)는 함양(涵養) 공부이고, 신독(愼獨)은 성찰(省察) 공부이다. 아직 발현하기 전에 함양하면 대본(大本)이 치우치지 않아 중(中)에 이르며, 이미 발현한 뒤에 성찰하면 달도(達道)가 어그러지지 않고 화(和)에 이른다. 중에 이르기를 지극히 하면 그 효과는 천지가 제자리에 편안히 있고, 화에 이르기를 지극히 하면 그 효과는 만물이 그 삶을 이룬다. 그렇다면 계구는 대본에 속해야 하고, 근독은 달도에 속해야 하며, 치중(致中)은 대본의 아래에 예속되어야 하고, 치화(致和)는 달도의 아래에 예속되어야 한다. 천지가 제자리를 찾는 것은 치중의 효과이며, 만물이 길러지는 것은 치화의 효과이다. 이는 《장구》와 《혹문》에 그 뜻이 몹시 분명하여 어지럽힐 수 없다.

지금 도설은 계구와 신독, 대본과 달도를 위아래 두 줄로 나누어 서로 관계 없게 만들었고, 계구는 단지 아래로 '행동하지 않아도 공경한다.〔不動而敬〕'와 이어지고, 신독은 단지 아래로 '안으로 살펴도 잘못이 없다.〔內省不疚〕'와 이어지니, 이와 같다면 아직 발현하기 전에 함양의 공부가 없어 대본이 서지 않고, 이미 발현한 뒤에는 성찰하는 일이 없어 달도가 시행되지 않는다. 더구나 치중화(致中和)를 도권의 아래에 두고, 치중은 대본에 예속시키지 않고 치화는 달도에 예속시키지 않았다. 이는 대본이 그 지극함을 다하지 못하여 천지가 제자리에 서지 못하고, 달도가 그 지극함을 미루지 못하여 만물이 길러지지 못하니, 《장구》와 《혹문》의 설과는 크게 어긋난다.

또 첫장에 '도는 떠날 수 없으니 떠날 수 있으면 도가 아니다.'라고 말하였으니, 전편에서 말한 것 중에 도에 합치하는 것은 모두 '도는 떠날 수 없다'에 분배해야 하고, 도에서 떠난 것은 모두 '떠날 수 있으면 도가 아니다.'에 분배해야 한다. 그런데 지금 '어진 자와 지혜로운 자의 지나침'과 '어리석고 불초한 자의 미치지 못함'을 중화(中和)의 아래에 두어 도권에서부터 곧장 연결하였다. 또 '소인은 중용과 반대로 한다.〔反中庸〕'와 '백성 중에 능한 이가 드물다.〔民鮮能〕'를 좌우에 나누어 두었으니 이 역시 몹시 온당치 않다.

존덕성(尊德性)은 마음을 보존하는 방법으로 계구 한쪽에 속해야 하고, 도문학(道問學)은 화(和)에 이르는 방법으로 신독 한쪽에 속해야 한다. '광대함을 이루다.〔致廣大〕'와 '정미함을 지극히 하다.〔盡精微〕' 이하도 모두 그렇다. 그런데 지금 도설은 전혀 구별하지 않고 신독 한쪽에 섞어넣었다. 심지어 '도가 사람에게서 멀리 있지 않다.〔道不遠人〕'와 '멀리 갈 때는 가까운 곳부터 시작한다.〔行遠自邇〕'를 좌우로 나누어 상대시키고, 그 아래에 '생각하지 않고 힘쓰지 않는다.〔不思不勉〕'와 '배우고 묻고 생각하고 분변한다.〔學問思辨〕'를 상대시키고, '요순을 조술한다.〔祖述堯舜〕'와 '존덕성(尊德性)'을 상대시키고, '대경을 경륜한다.〔經綸大經〕'와 '삼왕에게 상고한다.〔考諸三王〕'를 상대시킨 것도 모두 의미가 없다. 더구나 제사(祭祀), 충서(忠恕), 구경(九經), 삼중(三重)은 이 편의 중대한 절목인데 지금 모두 빠뜨리고 논하지 않았다. 위치가 뒤바뀌고 순서가 문란하여 모두 본뜻을 잃었으니 하나도 옳은 것이 없다.

삼가 민언휘의 설명을 보니 "처음 《중용》을 읽는 사람이 전편의 뜻을 장악하지 못하므로 손가는대로 완성하였다."라고 하였다. 내가 보기에 처음 《중용》을 읽는 사람이 만약 이 도설을 보면 어지럽고 현혹되어 더욱 장악하지 못할 듯하다. 언휘의 평소 공부가 부지런하지 않은 것이 아닌데, 어찌 이렇게 거칠고 허술하리라 생각하였겠는가. 우선 여기에 기록하여 훗날 만나면 질문할 자료로 삼는다.

김중화 창협 와 민언휘가 주고받은 편지 뒤에 쓰다
題金仲和 昌協 閔彦暉往復書後

호씨(胡氏 호병문(胡炳文))가 말하기를 "지(智)는 심(心)의 신명(神明)이니 중리(衆理)를 묘용(妙用)하고 만물을 주재한다." 하였다. 이는 지(知)에 대한 주자의 풀이를 채용한 것이다. 내가 예전에 이를 읽을 때도 의심하여 찌를 붙여 의심을 기록하기까지 하였다. 그 뒤에도 항상 마음에서 잊지 못하여 오랫동안 생각하고, 또 여러 선비의 설을 참고한 뒤에야 비로소 호씨의 설이 대단히 문제가 되지는 않는다는 것을 알았다.

지금 중화의 설을 보니, "지(智)는 오성(五性)의 하나이고, 지(知)는 마음의 작용이니, 뭉뚱그려 하나로 보아서는 안 된다." 하였고, 또 "심(心)과 성(性)의 구분이 명확하지 않다." 하였고, 또 "이(理)로써 이(理)를 묘용한다."라고 하였으니, 호씨의 문제점을 거의 남김없이 드러내었으며, 명백하고 정확하여 마치 대나무를 쪼개는 듯한 형세이니, 읽으면 나도 모르게 옷깃을 여미며 공경한다. 그러나 나의 얕은 견해로는 통쾌하게 주장하느라 호씨의 뜻을 자세히 살피지 못한 듯하다.

지(智)는 오성의 하나이다. 그 성질은 함축하고 감별하며, 그 주관하는 것으로 말하자면 지(知)를 주관한다. 지(智)가 지(知)를 주관하는 것은 인(仁)이 애(愛)를 주관하고, 의(義)가 의(宜)를 주관하는 것과 같다. 정자(程子)는 "지(智)는 지(知)이다." 하였고, 장자(張子)는 "지(智)는 지(知)로 풀이한다." 하였고, 주자는 "지(智)로써 안다."-인으로 사랑하고 의로 미워하며 예로 사양하고 지로써 안다.- 하였고, 남헌 장씨

(南軒張氏)는 "지(知)의 이(理)가 지(智)이다."-애(愛)의 이(理)는 인이고, 의(宜)의 이는 의(義)이고, 양(讓)의 이는 예(禮)이고, 지(知)의 이는 지(智)이다.- 하였고, 북계 진씨(北溪陳氏)는 "사물을 살피는 것이 지(智)이다."-어버이를 친애하는 것은 인이고, 형을 따르는 것은 의이고, 손님을 공경하는 것은 예이고, 사물을 살피는 것은 지이다.- 하였다. 지금 이 몇 가지 설을 합하여 보면 지(智)가 지(知)를 주관한다는 것을 알 수 있다.

오성은 각기 주관하는 것이 있으니, -인은 애(愛)를 주관하고, 의는 의(宜)를 주관하고, 예는 별(別)을 주관하고, 지는 지(知)를 주관하고, 신은 실(實)을 주관한다.- 오성 가운데 지(智)는 지(知)를 주관한다. 만약 지(智)와 지(知)를 나누어 둘로 본다면, 지(智)가 주관하는 것은 과연 무슨 일인지 모르겠다. 공자는 "지자(智者)는 현혹되지 않는다." 하였고, 주자는 "분명히 터득하는 것이 지(智)의 알맹이이다. 만약 지(智)에 지(知)가 없다면 이는 일개 완고하고 어두운 물건에 지나지 않는다.-주자는 완고함과 어두움을 지(智)의 문제로 여겼다.- 어떻게 현혹되지 않겠으며, 또 어떻게 분명히 터득하겠는가." 하였다. 맹자는 "시비를 가리는 마음이 지(智)의 단서이다." 하였고, 주자는 "시비의 이치를 아는 것이 지(智)이다." 하였고, 또 "지각(知覺)은 지(智)의 일이다." 하였다. 만약 지(知)가 지(智)의 관할을 받지 않고 오로지 심(心)의 작용이라면, 무엇 때문에 지(智)의 단서라고 하였겠으며, 또 무엇 때문에 시비를 아는 것이 지(智)라고 하였겠는가. 이른바 '지(智)의 일'이라는 말에서 더욱 명백하고 정확하여 조금도 의심할 것이 없다.

지(智)는 원래 아는 물건이다. 아는 것이 있으면 모두 지(智)의 주관을 받는다. 그러므로 주자는 충신과 간신을 구별하고 선악을 나누며 의리와 공사를 변별하는 것을 모두 지(智)라고 하였다. 그렇다면 천하

사물의 이치는 크고 작고 정밀고 거칠기가 만 가지로 달라 복잡하게 얽혀 따질 수 없다. 내가 그 속으로 나아가 그 시비와 득실의 구분을 알 수 있는 것은 다름이 아니라 그 아는 이치가 모두 마음 속에 근본을 두고 있기 때문이다. 지(智)가 비추는 곳은 아무리 은미한 것도 밝히고 살피지 못하는 물건이 없으니, 이른바 '중리를 묘용한다.' '만물을 주재한다'라는 것이 바로 지(智)의 일이다. 어찌 심하게 비난할 것이 있겠는가.

대저 시비를 가리는 이치는 지(智)이며, 시비를 분별하여 시비를 가리는 것이 지(智)의 앎〔知〕이다. 이 지(智)를 담아두고 이 지(知)를 운용하는 것이 심(心)이다. 그러므로 심(心)에 나아가 총괄하여 말하면 이른바 지(知)는 심(心)에 소속되고 -애(愛), 의(宜), 별(別), 실(實)도 모두 심에 소속된다.- 성(性)에 나아가 나누어 말하면 이른바 지(智)는 전적으로 지(知)를 주관하여 -인은 애(愛)를 전적으로 주관하고, 의는 의(宜)를 전적으로 주관하고, 예는 별(別)을 전적으로 주관하고, 신은 실(實)을 전적으로 주관한다.- 주관하는 바에 따라 저절로 막히지 않는다. 이는 명분과 의리가 나누어질 때 터럭만큼도 차이가 있어서는 안 된다. 어찌 소속되는 것을 가지고 전적으로 주관하는 것을 의심하여 심과 성의 구분이 명확하지 않다고 말할 수 있겠는가.

인의 일은 한 가지가 아니며, 의의 일도 한 가지가 아니다. 그러나 -예와 신도 그러하다.- 지(智)가 아니면 모두 알 수 없다. 그러므로 맹자는 "인의 실제는 어버이를 섬기는 것이고, 의의 실제는 형을 따르는 것이고, 지의 실제는 이 두 가지를 아는 것이다." 하였고, 장자는 "인이 지(智)를 얻지 못하면 알 수 없다." 하였고, 주자는 "지(智)는 본디 인과 예를 간직하고 있으며, 의는 이렇다는 것을 알고 이렇게 하는 것이다." 하였다. 그렇다면 인과 의도 지(智)가 있어야 알 수 있다.

지(智)는 이(理)이며, 인과 의도 이(理)이다. 지금 '지(智)로써 인과 의를 안다.'라고 한다면, 이는 이(理)로써 이(理)를 아는 것과 비슷하다. 그러나 예로부터 성현들이 모두 이렇게 말한 것은 지(智)라는 성(性)이 본디 지(知)를 주관하기 때문이다. 맹자, 정자, 주자의 설이 지(智)로써 이(理)를 아는 데 해가 되지 않는다는 것을 안다면, 호씨가 이른바 '중리를 묘용한다.'라는 말이 어찌 지(知)로써 이(理)를 묘용하는 데 해가 되겠는가. 주자는 "운용이라는 글자에 문제가 있다." 하였다. 그러므로 단지 묘(妙)자만 썼다. 오성 중에 신은 또 실(實)을 주관하고, 인의예지는 신이 아니면 참되지 않다. 그러므로 주자는 "신(信)은 이 네 가지를 성실하게 하는 것이다." 하였다. 만약 오늘날 의심하는 대로라면, 신이 이 네 가지를 참되게 하는 것도 이(理)로 이(理)를 참되게 하는 것이라고 하며 문제로 지적하겠는가.

주자는 "인은 네 개의 성(性)을 통솔한다." 하였으니, 이는 이(理)로써 이(理)를 통솔하는 것이다. 장자는 "인이 의를 얻지 못하면 행하지 못한다." 하였으니, 이는 이(理)로써 이(理)를 행하는 것이다. 맹자는 "지(智)의 실제는 이 두 가지를 아는 것이다." 하였으니, 이는 이(理)로써 이(理)를 아는 것이다. 또 "예라는 것은 이 두 가지를 절문(節文)하는 것이다." 하였으니, 이는 이(理)로써 이(理)를 절문하는 것이다. 지(智)가 능히 아는 것은 인(仁)이 능히 사랑하고 의(義)가 능히 마땅하게 하는 것과 같다. -예와 신도 그러하다.- 인이 아니면 사랑할 수 없고, 의가 아니면 마땅하게 할 수 없다. 그렇다면 지(智)가 아니면 알 수 없는 것이 몹시 분명하지 않은가.

이로 보건대 호씨의 말은 실로 근거가 있으니 쉽게 논파할 수 없을 듯하다. 오직 신명(神明) 두 글자는 과연 심(心)의 체단(體段)을 전적으로 말한 듯하나, 이 역시 핑계삼을 만한 것이 없지 않다. 지금 하나의 몸으로 말하자면 심(心)은 한 몸의 신명이고, 하나의 심으로 말하자면 지(智)가 또 하나의 심의 신명이다. -신안 진씨(新安陳氏)는 "심(心)은 본디 신명한 물건이고, 지(知)는 또 심이 신명한 이유이다. 오직 신명하므로 묘한 것이다." 하였다.- 이는 강절 소씨(康節邵氏)가 심(心)을 태극(太極)으로 삼은 예이다. 그러므로 옛사람은 지(智)에 대해서 그 신통한 점을 가리켜 신지(神智)라 하고, 그 명철한 점을 가리켜 명지(明智)라고 하였다. 이로써 찾아본다면 이른바 신명이라는 것은 또 지나치게 비판할 수 없다.

중화가 논한 내용을 보니 반복하고 자세하며 여유롭고 통창하다. 아랫단락에서 언휘에게 조목별로 변론한 것은 또 말이 하나하나 모두 옳다. 다만 지(智)는 지(知)를 주관한다는 한 단락은 석연치 않은 점이 있는 듯하다. 언휘의 설로 말하자면 말이 간략하고 심오하며 인용한 증거가 우활하고 느슨하여 호씨의 설을 드러내지도 못하였고, 또 중화의 논의에 분명히 변론하지도 못하였다. 그 말이 많아질수록 더욱 막히고, 그 뜻이 갈수록 더욱 어두워지니, 쉽게 이해할 수 없는 듯하다. 이는 또 두 사람의 논쟁에서 득실의 대체가 있는 부분이다. 마침 한 가지 터득한 것이 있어서 이렇게까지 참람하게 논하였다. 보는 사람은 용서하기 바란다.

《야은선생집》 뒤에 쓰다

題冶隱先生集後

"거짓 임금이 망하는 때를 만나 화읍(畫邑)[15]처럼 목숨을 버리지도 못하고, 참된 군주가 일어난 뒤에 와서 또 곡식을 사양하고 수양산에 들어가지도 못하였습니다."[16] -선생의 〈태상박사를 사직하는 전문〉에 나온다. ○공정대왕조(恭靖大王朝 정종조)에 태상박사로 부름을 받고 한양에 갔다.- ○선생이 전문을 올려 아뢰기를, "신이 초야에 있다가 거짓 왕조에 충성을 맹세하고 친림하는 시험에 뽑히고 관직을 받았으니, 다시 성대한 조정에 올라 명교에 누를 끼쳐서는 안 됩니다." 하였다.-문인 박서생(朴瑞生)이 편찬한 행장에 나온다. ○또 권 양촌(權陽村 권근(權近))이 지은 시서(詩敍)에 보인다.- ○선생이 공정대왕에게 글을 올려 "신씨(辛氏) 왕조에서 재차 급제하여 문하 주서가 되었습니다." 하였다.-《삼강행실도(三綱行實圖)》에 보인다.- ○본조 태종이 선생을 불러왔으나 대궐에 나아가 사은하지 않고 글을 올려 말하기를 "신씨 왕조에서 과거에 급제하여 벼슬을 시작하였고, 왕씨가 복위하자 즉시 고향으로 돌아가 여생을 마치려 하였습니다." 하였다. ○또 말하기를 "신이 듣기로 여인에게는 두 남편이 없고 신하에게는 두 임금이 없다고 하였습니

15 화읍(畫邑) : 전국시대 제(齊)나라 왕촉(王蠋)을 말한다. 연(燕)나라 장수 악의(樂毅)가 화읍을 포위하고 항복을 요구하였으나 따르지 않고 자결하였다. 《史記 卷83 田單列傳》

16 곡식을……못하였습니다 : 주(周)나라 곡식을 먹지 않겠다며 수양산으로 들어간 백이(伯夷)와 숙제(叔齊)처럼 행동하지 못했다는 말이다.

다.” 하였다.-두 조목은 《여지승람(輿地勝覽)》에 나온다.-

살펴보건대, 선생이 두 성(姓)을 섬기지 않은 절개는 천지와 나란하고 고금을 관통하니 뛰어나고 찬란하여 더할 수 없다. 그런데 지금 선생의 문집에 기록된 것을 보니 의심스러운 점이 없지 않다. 고려에 대해서는 거짓 임금〔僞宗〕, 거짓 왕조〔僞朝〕, 신씨 왕조〔辛朝〕라고 하고, 본조에 대해서는 참된 군주〔眞主〕, 성대한 조정〔盛朝〕이라 하였고, 또 신하라고 일컫기까지 하였다. 《삼강행실도》와 《여지승람》은 후세 사람이 편찬한 것이니 전적으로 믿을 수 없을 듯하지만, 박공의 행장과 권공의 시서는 실로 보통 문자에 비할 바 아니며, 그중에 태상박사를 사직한 전문은 또 선생이 스스로 지은 것이니, 후세 사람이 여기에 대해서 어찌 논의가 없을 수 있겠는가. 이에 주부자의 〈기윤화정오사(記尹和靖五事)〉[17]의 전례에 따라 감히 여기에 쓰고 후세의 군자가 거슬러 올라가 논하고 분명히 변론하기를 기다린다.

17 기윤화정오사(記尹和靖五事) : 윤화정은 윤순(尹焞)이다. 주자가 그의 다섯 가지 일화를 이 글에 기록하였다. 《晦庵集 卷71》

《삼례의》 뒤에 쓰다

題三禮儀後

관례, 혼례, 상례, 제례 네 가지 예는 실로 집안에서 일상적으로 사용하는 상례이니 참으로 하루라도 수행하지 않을 수 없고, 하나라도 버리고 강론하지 않을 수 없다. 주부자의 《가례》가 자세하지만 그 사이에 간혹 일과 시대가 변하여 고금의 마땅함이 다르지 않을 수 없다. 근세에 사계(沙溪 김장생(金長生)) 선생이 편찬한 《상례비요(喪禮備要)》는 절목이 자세하여 위아래에서 모두 사용한다. 오직 관례, 혼례, 제례 세 가지 예는 《상례비요》처럼 엮어서 책으로 완성하여 살펴보기 편하게 만든 것이 없다. 이 때문에 뜻이 있고 예를 좋아하는 선비조차 견문에 구애되고 전해오는 습속에 익숙하여 종종 때가 되어서야 도구를 갖추고 비루함을 인습하는 결과를 면치 못한다.

우리 현석(玄石) 선생이 이를 문제로 여겨 경서를 널리 살펴 하나의 책으로 모으고 《삼례의》라고 이름지었다. 그 강령과 규모는 한결같이 《가례》를 위주로 삼고, 의장(儀章)과 도수(度數)는 여러 학자의 설을 아울러 채집하였으며, 간혹 시속의 제도를 덧붙였다. 오늘날에 어울리면서 옛날과 어긋나지 않고, 변화에 통달하면서도 상도를 잃지 않았으니, 헤아려 덜고 보탠 것이 모두 마땅하다. 그리고 나서 또 세 편의 그림을 그려 각기 권수에 게시하고, 후설(後說)을 지어 편말에 덧붙였다. 그러한 뒤에 세 가지 예의 명물과 위치가 손바닥을 가리키듯 찬란해졌다. 성인이 제작한 의도와 여러 설의 같고 다른 변화 역시 각기 그 뜻을 지극히 하여 거의 남은 것이 없었으니, 참으로 예가의 법률이

자 어두운 길의 나침반이다.

선생이 평소에 저술한 《이서요해(二書要解)》, 《육례의집(六禮疑輯)》, 《면례의절(緬禮儀節)》은 모두 하늘이 부여한 질서와 하늘이 부여한 등급의 이치를 천명한 것이며, 또 이 책은 민가의 일상적인 필요에 더욱 절실하니, 세상에서 세 가지 예를 행하고자 하는 자가 어찌 하루라도 이 책이 없을 수 있겠는가. 선생이 이것을 집안에서 시행하고, 돌아가실 때 상자에 보관한 지 여러 해가 되었다. 지금 문인인 벗 이계장(李季章)이 한 통을 정사하고 교감하여 의흥 현감(義興縣監) 이성곤(李成坤) 후(候)에게 맡겨 판각하여 널리 전하려 한다. 이 책을 보는 사람은 비단 조례와 의절에 대해서만 자세히 살펴볼 것이 아니라 한 시대의 풍교에 몹시 큰 도움이 되었다는 것을 안다면, 선생이 편찬한 뜻을 저버리지 않을 것이다.

숭정 기원후 경인년(1710, 숙종36) 겨울, 문인 청풍 김간이 삼가 기록하다.

고 참판 이시술 공이 올리려던 상소 뒤에 쓰다
題故參判李公時術擬疏後

윤선도(尹善道)의 흉소(凶疏)를 백사(白沙 이항복(李恒福))의 〈기축기사(己丑記事)〉에 집어넣었는데, 일에 비방하는 말이 많았다. 이공이 상소하여 변론하고자 상소를 지었으나 올리지 못하였다.

이상은 고 참판 이공이 올리려던 상소로, 그의 조부 백사공을 위해 신변하려는 것이었다. 상소에서 말한 정율(鄭慄)의 만사(挽詞)와 〈기축기사(己丑記事)〉 등의 일은 명백하고 정확하며 완비되고 자세하다. 윤선도 상소의 무함을 변파하고 선조의 말을 드러내는 데 모두 조리가 있고 모두 근거가 있어 인용한 증거가 모두 핵심을 찌르니, 한 번 책을 펼쳐보면 그 수미와 허실을 또렷이 알 수 있다. 비록 윤선도가 보더라도 다시는 그 주둥이를 열지 못할 것이다.

오직 윤선도의 상소에서 말한 '아래 절반……'이라는 말 -영남 처사 최영경(崔永慶)이 기축년(1589, 선조22) 정여립(鄭汝立)의 역옥(逆獄)을 만나 유언비어로 체포되었다. 당시 송강(松江 정철(鄭澈))이 위관(委官)이고 백사가 문사랑(問事郎)이었는데, 백사가 최영경의 옥사가 원통하다고 송강에게 말하였다. 송강이 처음에 석연치 않게 여겼으나 나중에 신구(伸救)하였으니, 이 일은 백사의 〈기축기사〉에 실려 있다. 윤선도의 상소에 "〈기축기사〉의 위 절반은 백사의 글이다."라고 하였으니 이른바 '위 절반'은 처음 석연치 않게 여긴 것을 가리켜 말한 것이다. "아래 절반은 송강의 아들이 추후에 교묘히 꾸미고 덧보태어 백사의 문집을 간행할 때 엮어 넣은 것이다."라고 하였는데, 이른바 '아래 절반'은 훗날 최영경을 신구한 일을 가리켜 말한 것이다.-

에 대해 공이 상소하여 변론한 것 외에 또 간략히 추가로 보탤 일이 하나 있다.

백사공이 율옹(栗翁 이이)의 비문을 지었는데, 그 뒤에 월사(月沙) 이공(李公 이정귀(李廷龜))이 그 말단의 총괄하는 말에 다시 첨부하고 늘려서 그 글을 새긴 비석을 묘소 앞에 세웠다. 첨부한 말은 본문에 비하면 거의 2/3이다. 그러나 그 자손들이 문집을 간행할 때는 백사공의 옛글만 사용하고, 끝내 월사가 첨부한 한 구절의 말을 그 사이에 넣지 않았으니, 문집을 살펴보면 알 수 있다. 비문도 이와 같은데 어찌하여 유독 기사만 도리어 다른 사람이 추후에 고친 것을 문집에 섞어 간행하였겠는가. 백사공이 기축년 정여립(鄭汝立)의 옥사를 당하였을 때 문사랑이었으니, 그 당시 옥사의 전말을 모두 눈으로 보고 손으로 기록하였을 것이다.-곧 백사의 〈기축기사〉이다.- 그 말이 분명하고 착실하여 행여 사실과 다른 전언이나 기록과는 같지 않다. 저 다른 사람이 어찌 감히 자신의 사사로운 뜻으로 교묘히 꾸미고 추후에 고쳤겠으며, 자손된 자가 또 어찌 감히 다른 사람의 글을 선조의 글에 삽입하여 함께 간행하였겠는가. 비문은 과연 월사가 첨부한 곳이 있으므로 사실에 따라 그 첨부한 곳을 삭제하고 판각하였고, 기사는 단지 백사공의 전문이므로 그 실상에 따라 그 전문을 판각하였다. 만약 기사가 과연 윤선도의 상소에서 말한대로 추후에 고친 것이라면, 자손이 필시 비문처럼 삭제하였을 것이다. 이것은 그 사리가 분명하여 의심이 없다.

옛적 기해년(1659, 현종 즉위), 윤선도는 우장(尤丈 송시열(宋時烈))의 수의(收議)에서 애매한 한두 어구를 집어내어 극력 무함하였는데, 말이 몹시 위험하였다. 지금 기사도 이와 동일한 수법이니, 어찌 통탄스럽지 않겠는가. 공의 이 상소는 선조가 받은 무함을 신변하고자 한 것이지만, 당시 성상의 병이 위독하여 끝내 올리지 못하고, 오랫동안 상자 속에 사사로이 보관하였다. 내가 보니 더욱 개탄스럽고 애석하다. 이에 한 마디 말을 상소 말미에 써서 기록한다.

명 銘

후명
厚銘

타고난 약한 자질이 후해지길 바라고	稟質之薄欲其厚
타고난 가벼운 성품이 후해지길 바라네	賦性之輕欲其厚
안으로는 친척에게 나는 후하고자 하고	內而親戚我欲厚
밖으로는 벗에게 나는 후하고자 하네	外而朋友我欲厚
일은 후하지만 마음은 아니면 나의 후함 아니요	事厚心非匪吾厚
처음에는 후하다가 끝에 아니면 나의 후함 아니네	始厚終否匪吾厚
내가 후해야 할 곳에 후하지 않음이 없어야 하니	凡吾當厚罔不厚
스스로 경계하며 자리 옆에 쓰노라	聊以自警書座右

자경명
自警銘

말이 많으면 반드시 함부로 나오는 것이 있고	言多則必有妄發
행동이 가벼우면 거칠고 소략함을 면하기 어렵네	動輕則難免粗略
오직 단정히 손을 맞잡고 조용히 침묵해야	唯端拱而靜默
경으로써 덕을 기를 수 있네	庶以敬而養德

좌우명

座右銘

충성스럽고 신의 있으며 독실하고 공경하며	忠信篤敬
부지런하고 삼가며 온화하고 느릿하다	勤謹和緩
두 구절 여덟 글자를	兩句八字
하나하나 체득하라	一一體認
미루어 올라가면	循而上之
끝없이 좋은 뜻이 있고	有無限好意
미루어 내려가면	循而下之
끝없이 좋지 않은 일이 있다	有無限不好事
날마다 부지런히 터득하여	日勉勉而有得
영원히 명심하고 실추하지 말라	永服膺而勿墜

연적명

硯滴銘

몸은 굳고 바탕은 희며	體堅質白
속은 비고 밖으로 베푸네	中虛外施
운용에 도가 있으니	運用有道
제때 뱉고 넣는 것이라네	吐納以時
그 그릇은 작으나	厥器雖小
그 공로는 크도다	厥功則博
그리하여 두니	于以置之
군자의 곁이로다	君子之側

장명

杖銘

네 바탕은 희고	白爾質
네 성품은 곧다	直爾性
성품이 곧으므로 안이 강하고	性直故內剛
바탕이 희므로 겉이 빛난다	質白故外瑩
지팡이여, 지팡이여	杖兮杖兮
너는 몹시 바르게 태어났구나	爾之生也甚正

잠箴

팔욕잠
八欲箴

너그럽고자 하고 온화하고자 하며	欲寬欲和
무겁고자 하고 두텁고자 한다	欲重欲厚
단정하고자 하고 방정하고자 하며	欲端欲方
깊고자 하고 굳고자 한다	欲深欲固

팔물잠
八勿箴

가볍게 여기지 말고 얕게 여기지 말고	勿輕勿淺
핍박하지 말고 재촉하지 말라	勿迫勿促
거칠게 하지 말고 쉽게 여기지 말고	勿麤勿易
치우치지 말고 좁지 말라	勿褊勿狹

개과잠

改過箴

잘못을 저지르자마자	纔有過
반드시 후회하고	必悔之
잘못을 후회하자마자	纔悔過
반드시 고치라	必改之
잘못을 저지르면	其過也
도에서 멀어지나	雖離於道
잘못을 고치면	其改也
정도에 맞는다	卽合於正
잘못을 저지르면	其過也
남들이 보고	人見之
잘못을 고치면	其改也
남들이 우러른다	人仰之
사람이 누군들 잘못이 없겠는가	人誰無過
고치는 것이 중요하다	改之爲貴
그저 고치고 또 고쳐야	只當改而又改
결국 고칠 잘못이 없는 경지에 이른다	終至於無過可改

찬 贊

현석 선생 화상찬

玄石先生畫像贊

태산처럼 우뚝한 기상	巍然乎其喬岳之象
봄바람처럼 가득한 기운	盎然乎其春風之氣
이 마음을 만물 밖에 세우니	立此心於萬物之表
온 천하도 그 지조를 바꾸지 못하네	擧天下不能易其守
이 도를 한 몸으로 맡으니	任斯道於一身之上
분육[18]조차 그 뜻을 빼앗지 못하네	雖賁育不能奪其志
가진 것을 미루면 계왕계래[19]하기 충분하고	推其有足以繼往而開來
남은 것을 내면 세속을 다스리기 충분하네	出其餘足以範俗而陶世
공평하고 정대한 본체는	公平正大之體
조화의 운용이 사사로움 보이지 않는 듯	如造化運用而不見其私
상황에 맞게 처신하는 의리는	仕止久速之義

18 분육(賁育) : 전국 시대의 장사 맹분(孟賁)과 하육(夏育)이다.

19 계왕계래(繼往開來) : 옛 성인의 학통을 계승하고 후학(後學)의 길을 열어 주는 것이다. 《中庸章句 序》

기운이 순조롭게 퍼져 각기 순서에 맞는 듯 如一氣順布而各當其序

참으로 여러 선비를 집대성하였으니 允爲集群儒而大成

오랜 세월 흘러도 의심이 없으리 可以俟百世而無疑

초상을 그려도 그 모습만 그릴 뿐 그 도덕은 그릴 수 없으니

縱丹青只寫其眞而不能寫其道德

이를 보면 그 광풍제월[20] 같은 회포를 떠올릴 수 있네

觀乎此亦可想其光風霽月之襟期

20 광풍제월(光風霽月) : 맑은 바람과 밝은 달이라는 뜻으로, 송(宋)나라 황정견(黃庭堅)이 주돈이(周敦頤)의 인품을 칭송한 말이다. 《宋史 卷427 周敦頤列傳》

화상 자찬

畫像自贊

76세 때 그린 것이다.

네 모습 조그마하고	爾形之藐
네 성품 우활하구나	爾性之迂
중년에는 병이 많았고	中而多病
노년에는 더욱 어리석었다	老而益愚
그 마음은 예스러우나	其心雖古
그 학문은 허술하다	其學則疏
그러나 이 비슷한 모습을 보니	然觀此七分之貌
산야의 맑고 수척한 사람이라 할 만하다	或可謂山野之淸癯

혼서 婚書

장남 태로의 혼서
長子泰魯婚書

예로부터 대혼(大昏)[21]을 중시하였으니 장차 만세에 후사를 전하기 때문이고, 예법에 지극히 공경한다고 하였으니, 두 성(姓)의 기쁨을 합하기 때문입니다. 그대의 집안에 의지하여 옛 우호를 다시 맺고자 합니다. 제 아들 아무개는 의리상 아내를 맞이해야 하고 나이가 이미 관례를 치를 때가 되었습니다. 삼가 들으니 당신의 집에 젊은 처자가 있는데 덕스러운 용모가 빛나고 성품이 몹시 뛰어나다고 하였습니다. 두터운 정분을 바탕으로 감히 혼인하여 친척이 되기를 청하였습니다. 오늘 정한 약속을 이미 허락받았으니, 분별을 후하게 하라는 선왕의 가르침을 감히 어길 수 있겠습니까. 이에 심부름꾼을 보내는 의식을 시행하여 삼가 납폐(納幣)의 예를 행합니다.

21 대혼(大昏) : 천자와 제후의 혼인을 말한다.

상량문 上樑文

사우 중수 상량문
祠宇重修上樑文

종법을 세워 종통을 중시하는 것은 조상을 존경하는 정성 때문이요, 사우를 세워 선조를 받드는 것은 실로 근본에 보답하려는 뜻에서 나왔다. 이에 옛터를 바탕으로 중수를 거행한다. 선조의 혈기가 서로 통하니 후손이 제향함에 예가 있다. 왼쪽을 소(昭)로 삼고 오른쪽을 목(穆)으로 삼으니 먼 조상을 추모하는 효성이 여기에 있고, 봄에는 사(祠) 제사를 지내고 가을에는 상(嘗) 제사를 지내니 신령을 대접하는 정성은 변함이 없다. 집을 소유한 자가 먼저 해야 할 바이니, 그 일이 중요하지 않은가.

우리 침소 동쪽의 사당은 예전 선친 때 만든 것이다. 제도가 완비되어 실로 오래 갈 수 있는 법도이나, 세월이 흐르자 무너지는 우환을 면치 못하였다. 이에 선조의 뜻을 이으려고 유념하여 다시 지을 계획을 세웠다. 거북점과 시초점이 맞아 날도 길하고 신이 보우하는 듯하다. 자리와 방향을 조금 옮기고 건물을 늘려 인위를 보탰다. 장인의 솜씨는 옛 장인 공수반(公輸般)처럼 공교롭고, 사당의 모습은 회암(晦菴 주자)의 제도를 따랐다. 용마루와 들보, 서까래가 모두 적절하고, 감실과 탁자, 뜰이 각기 자리에 맞는다. 당이 있고 창고가 있으니 예전의 규모를 확장하였고, 밭을 두고 재물을 두어 후세의 제도를 정하였다. 삭참(朔參)과 망참(望參)을 지내고 출입할 때 고하니 효자의 마음을 펼 수 있고, 서리와 이슬이 내리면 선조를 생각하고 국과 담을 마주하면 선조가 보이는 듯하다는 옛성인의 훈계를 실추시키지 않기 바란다.

어영차 들보 동쪽에 떡을 던지세 兒郎偉 抛樑東
구름 덮인 울창한 산이 하늘에 솟았네 雲山鬱鬱抻蒼穹
천년의 맑은 기운이 영험한 모습 드러내니 千年灝氣呈靈異
이 땅을 진압하여 영원히 공이 있으리 爲鎭玆方永有功

어영차 들보 서쪽에 떡을 던지세 兒郎偉 抛樑西
다섯 봉우리 험준하여 하늘과 나란하네 五峯崒嵂與天齊
길이 풍기가 새어나가지 못하게 하리니 長令風氣無疏泄
수리산과 관악산도 이보다 낮으리 修岳冠山視却低

어영차 들보 남쪽에 떡을 던지세 兒郎偉 抛樑南
푸른 절벽에 아침저녁 안개 피어나네 蒼崖朝暮起煙嵐
더구나 물소리로 마음 일깨우는 곳 있으니 淙淙更有惺心處
한 줄기 샘이 흘러 석담으로 쏟아지네 一派鳴泉瀉石潭

어영차 들보 북쪽에 떡을 던지세 兒郎偉 抛樑北
동산에 수유와 대추, 밤도 있네 園有茱萸兼棗栗
세모의 농가는 생계가 풍족하니 歲暮田家生理饒

제사 지내며 이제부터 복을 누리리라　　享儀從此膺休福

어영차 들보 위에다 떡을 던지세　　兒郎偉　抛樑上
해와 달은 높이 걸려 우러를 수 없네　　日月高懸不可仰
무수한 안개가 이곳에 숨어 있으니　　無數煙霞藏此中
사계절의 광경이 좋은 구경거리 보태네　　四時光景助淸賞

어영차 들보 아래에 떡을 던지세　　兒郎偉　抛樑下
섬돌 따라 시내가 왼쪽으로 흐르네　　循除溪水流其左
천추토록 복된 땅이 이곳에 있으니　　千秋福地在玆間
해가 뜨면 인가 연기 사방 들판에 가득하네　　日出人煙滿四野

삼가 바라건대, 상량한 뒤에는 재해가 모두 사라지고 복록이 전부 일어나며 남쪽과 북쪽의 조(俎)와 변(籩)에 항상 향기로운 제물을 바치고, 앞뒤의 마루와 침실을 길이 자손에게 전하기를.

후재집

제41권

축문 祝文 제문 祭文

축문祝文

예산 향교 무위[1]의 위차를 바로잡을 때 고한 글

禮山鄉校廡位位次釐正時告文

옛적 갑자년(1684, 숙종10)	粤在甲子
이 향교에 불이 나서	本校失火
신위와 제기가	神位祭儀
전부 소실되었습니다	盡付灰燼
가을이 되어 중수하니	逮秋重修
처음 하는 일이 많아	事多草刱
대성전 무위의	聖廡位次
순서가 잘못되었습니다	有失其序
열아홉 해 동안	十九年間
그대로 두고 고치지 못하다가	因循未改
지금 다행히 예법을 상고하여	今幸考禮
비로소 바로잡았습니다	始克釐正

1 무위(廡位) : 무는 건물에 부속된 행랑으로, 무위는 이곳에 모신 신주의 위차를 말한다.

이에 그 사유를 갖추어	亶具厥由
경건히 고하나이다	用伸虔告

평산 구봉서원에 현석 선생을 봉안하는 제문

平山九峯書院玄石先生奉安祭文

아, 위대한 도의 본체는　於皇道體
심원하고 무궁하네　沕穆無窮
기자의 시대는 멀어졌고　箕聖既遠
신라와 고려는 모두 몽매하였네　羅麗俱懵
오랜 세월이 흐르도록　遙遙百世
전수받은 사람 드물었네　尠得其傳
하늘이 우리 동방을 도와　天佑我東
뭇 현인이 태어났네　篤生群賢
창도하고 계승하여　既倡既繼
세상의 법도로 삼았네　俾世作程
그 뒤에 일어난 사람 있으니　而後有作
바로 선생이라네　曰惟先生
우리 선생은　惟我先生
더욱 크고 넓게 만들었네　益大而闡
세상에 드문 기운 타고나　資稟間氣
숨겨진 학문을 열었네　學啓祕鍵
정밀히 연구하고 깊이 생각하여　研精覃思
본원을 끝까지 궁구하였네　極本窮源
조예가 순수하고 깊었으며　造詣純深
실천이 확고하고 도타웠네　操履確敦

겉치레 버리고 실질을 탐구하여	捐華討實
모든 것이 법도에 맞았네	動準趨繩
산처럼 드높고	喬岳屹峙
바다처럼 깊었네	河海泓渟
충성과 신의가 안에 쌓여	忠信內積
광채가 밖으로 드러났네	睟盎外達
어버이 기쁘게 하고	庭闈怡愉
친족과 화목하였네	族姻雍睦
인의를 맛난 음식처럼 여기고	芻豢仁義
벼슬을 썩은 풀처럼 여겼네	土苴軒冕
행동하면 태극과 같았고	行而太極
지극한 선에 머물렀네	止則至善
온축하면 덕행이 되고	蘊爲德行
사업으로 드러내었네	發諸事業
고문을 찬술하고	撰述古文
경서를 천명하며	闡明經籍
〈대고〉와 같은 글[2] 전파하고	書播大誥
만언의 상소[3]를 올렸네	疏奏萬言
존주의 의리 드러내고	義著尊周

2 대고와 같은 글 : 1694년(숙종20) 박세채가 지어올린 붕당을 경계하는 교서(敎書)를 말한다. 본서 제44권 〈문순공 남계 선생 행장〉 참조.

3 만언의 상소 : 1688년(숙종14) 박세채가 올린 시무 만언소를 말한다. 본서 제44권 〈문순공 남계 선생 행장〉 참조.

인륜을 부지하는 공을 세웠네	功在扶倫
아, 선생이여	嗚呼先生
덕은 온전하고 도를 갖추었네	德全道具
당시 사람이 보고 들었으며	時人耳目
사림은 태산북두로 여겼네	士林山斗
풍문으로 들은 사람들도	凡在風聞
모두 그리워하였는데	莫不興思
하물며 덕 있는 분을 만난 사람이야	矧伊覿德
누군들 선한 본성이 없겠습니까	孰無秉彝
이곳 면곡[4]은	顧玆綿谷
선영이 있는 곳이라	丘墓所寓
오가며 산 지가	朅來棲息
십 년이나 되었네	十年而久
구봉산 아래에	九峯之下
서당이 우뚝하네[5]	書堂巋然
처음 계획할 적에	厥初經營
실로 여쭈어 결정하였네	實稟裁鐫
좌우에 재실이 있고	左右有齋
기문과 학규가 있네	有記有規
지팡이 짚고 때때로 오시어	杖屨時臨

4 면곡(綿谷) : 황해도 평산에 있는 지명으로 박세채의 선영이 있다.

5 구봉산……우뚝하네 : 박세채(朴世采) 1686년(숙종12) 박세채가 평산 구봉산에 건립한 구봉서당을 말한다. 《南溪集 正集 卷67 平山九峯書堂記》

누차 부지런히 가르치셨네	屢勤提撕
풍속이 추로[6]와 같이 바뀌고	俗變鄒魯
선비들은 향할 곳을 알았네	士知趣向
훈도해 주신 은택	薰陶之澤
돌아가셔도 잊을 수 없네	沒猶難忘
화창한 바람과 밝은 달 같은 모습[7]	光風霽月
지금도 마주하는 듯하네	至今如對
공경히 영령을 모시는 일을	揭虔妥靈
감히 게을리 할 수 있겠습니까	其敢或怠
이곳 서당은	維此書堂
남은 교화 여전하네	遺化尙存
주자의 백록동서원과	晦翁白鹿
퇴계의 여강서원처럼	退老廬原
도모하고 헤아려	載謀載度
나아가 사당을 세웠네	就而立祠
구름과 노을은 더욱 기이하고	雲霞益奇
물과 돌은 광채를 더하네	水石增輝
모든 사람 기쁘게 달려와	大小歡趨
금세 완성하였네	其成式遄
뜰은 네모나고 정결하며	庭除方潔

6 추로(鄒魯) : 공자와 맹자의 고향으로 유학의 풍속이 있는 고을을 말한다.

7 화창한……모습 : 송나라 황정견(黃庭堅)이 주돈이(周敦頤)의 인품을 비유한 말이다.《宋史 卷427 周敦頤列傳》

건물은 깨끗하고 새롭네 棟宇淨新
신위가 완성되니 神位告成
날짜도 좋구나 時日且良
옛날과 지금을 생각하니 感念今昔
슬픔과 기쁨이 교차하네 悲喜交幷
엄숙히 생각하니 有儼其思
마치 뵙는 듯하네 若或見之
제기는 가지런히 놓이고 籩豆整肅
희생은 살지고 술은 향기롭네 牲酒香肥
선비들이 가득하여 青衿濟濟
패옥 소리 울리네 群佩鏘鏘
부디 잠시 오시어 庶幾來假
제 정성을 흠향하소서 歆我虔誠

파주 자운서원에 현석 선생을 합향하는 제문
坡州紫雲書院玄石先生合享祭文

아, 훌륭하다 선생이여　於顯先生
아름다운 자질 타고났네　美質天賦
젊은 나이부터 뛰어나　早歲超然
정도에서 출발하였네　發軔正路
학문은 마음으로 터득하고　學自心得
스승에게 배우지 않았네　不由師承
항상 염락(주돈이와 이정)을 흠모하고　羹墻濂洛
자나깨나 고정(주자)을 생각하였네　寤寐考亭
덕은 온화하고 순수하며　德宇和粹
흉금은 넓고 깊었네　襟量沖淵
깊이 생각하고 힘써 실천하여　深思力踐
옛현인과 묘하게 부합하였네　妙契前賢
의리에 침잠하고　沈潛義理
경전을 탐독하였네　厭飫經籍
절차탁마하며 연구하니　琢磨研窮
겉과 속을 환히 꿰뚫었네　表裏洞徹
만 가지를 하나로 귀결하여　會萬歸一
홀로 큰 근원을 보았네　獨見大原
집중하여 도덕과 학업을 닦고　進修專專
함양을 보존하였네　涵養存存

성과 명[8]을 모두 다하고　兩盡誠明
경과 의[9]를 나란히 지녔네　夾持敬義
근본을 정돈하여 집안을 바로잡고　端本正家
몸가짐 다스려 일에 나아갔네　飭躬莅事
효도와 공경은 신명과 통하고　孝悌通神
친척과의 화목은 본성에서 나왔네　姻睦出性
공리를 통렬히 배척하고　痛斥功利
패도와 왕도를 힘써 변별하였네　力辨霸王
선비들은 방향이 정해지고　士有定向
사람들은 힘쓸 줄 알았네　人知致力
일마다 지극히 선하고　事事至善
사물마다 태극에 부합하였네　物物太極
옛일을 조술하여 훈계를 남기고　述古垂訓
말을 지어 가르침 천명하였네　立言闡教
만언의 상소 올리고[10]　疏陳萬言
〈대고〉의 글을 전파하였네[11]　書播大誥
존왕양이의 의리 드러나고　義著尊攘

8 성(誠)과 명(明) : 명은 선(善)을 잘 아는 것이고, 성은 선을 실천하는 것이다.《中庸章句 第21章》

9 경과 의 :《주역》〈곤괘(坤卦) 문언(文言)〉의 "군자는 경으로써 안의 마음을 곧게 하고 의로써 밖의 일을 바르게 한다.〔君子敬以直內, 義以方外.〕"라는 말을 인용한 것이다.

10 만언의 상소 올리고 : 86쪽 주3 참조.

11 대고의 글을 전파하였네 : 86쪽 주2 참조.

치군택민의 뜻을 간직했네 志存致澤
조정과 재야는 믿을 사람 생겼고 朝野有恃
인륜이 덕택에 바로섰네 倫紀賴植
백성이 희망을 걸고 蒼生望屬
사림의 뜻이 모였네 士林意注
어두운 거리의 해와 별이요 昏衢日星
거센 물결의 지주 같았네 頹波砥柱
비유하면 산과 강이 譬如岳瀆
높고 깊은 듯하였네 涵泓屹峙
운용은 드러나지 않았으나 不見運用
그 이익은 널리 베풀어졌네 其利博施
생각건대 우리 동방은 念我東方
먼 변방 외진 곳에 있네 僻處荒裔
기자의 교화 멀어져 箕化云遠
문헌은 상고할 수 없고 文獻無稽
신라부터 고려까지 由羅逮麗
성인의 길 거의 황폐해졌네 聖路幾蕪
우리나라 찬란하여 本朝彬彬
선비들 많았네 蔚有群儒
이때부터 계승하여 自玆有繼
더욱 밝아졌네 益以光明
집대성한 공로 集厥大成
참으로 선생에게 속하네 允屬先生
아, 우리 선생이여 嗟我先生

덕은 높고 도는 컸네	德尊道大
태산과 대들보 무너졌으나	山梁既頹
법도는 여전히 남아 있네	典刑尙在
더구나 이곳 파주는	矧玆坡山
선생이 살던 곳이라네	杖屨所住
서당은 여전히 남아 있고	書堂宛然
가르치던 곳 예전 그대로네	杏壇依舊
남긴 교화 추념하면	追惟遺化
누군들 공경하지 않으리오	孰不欽式
얼음병과 가을달 같은 모습[12]	氷壺秋月
다시 만나는 듯하네	怳若再接
영령을 공경히 모시는 일	揭虔妥靈
감히 조금이라도 지체하랴	或敢少遲
저 자운산 바라보니	眷彼紫雲
그 사당이 고요하네[13]	有侐其祠
생각건대 문성공(이이)은	恭惟文成
백대의 종주라네	百代之宗
선생의 뜻과 업적 부끄러울 것 없고	志業無愧
도학도 같았다네	道學又同
계획하고 자문하여	爰謀爰詢

12 얼음병과……모습 : 송(宋)나라 등적(鄧迪)이 주자(朱子)의 스승 이통(李侗)의 인품을 형용한 말이다. 《宋史 卷428 李侗列傳》

13 저……고요하네 : 이이(李珥)를 제향한 파주 자운서원(紫雲書院)을 말한다.

이 방에 합향하였네　　合享斯室
신위가 완성되니　　神位告成
날짜도 길하다네　　時日且吉
건물과 뜰은 엄숙하고　　堂除肅肅
선비들의 패옥소리 울리네　　衿佩鏘鏘
제기는 가지런하고　　樽俎有楚
제물은 향기롭네　　黍稷惟馨
분주히 받드는 사람들　　凡在駿奔
한결같은 마음 깨끗하네　　一心精白
나의 정성 살피시고　　鑑我虔誠
부디 환히 강림하소서　　庶幾昭假

현석 선생 서원의 향사 축문

玄石先生書院享祀祝文

박문약례[14]의 학문	博約之學
계왕개래[15]의 공로	繼開之功
참으로 집대성하였으니	允集大成
우리 동방의 해와 별입니다	日星吾東

14 박문약례 : 《논어》 〈자한(子罕)〉의 "나를 문으로써 넓혀 주시고, 예로써 요약하여 주신다.〔博我以文, 約我以禮.〕"에서 나온 말로, 학문을 닦고 몸가짐을 다스린다는 뜻이다.

15 계왕개래 : 〈중용장구서(中庸章句序)〉의 ""옛 성인을 잇고 후대의 학자를 열어준다.〔繼往聖開來學〕"에서 나온 말로, 옛 성인의 학문을 계승하고 후대의 학자를 인도한다는 뜻이다.

우암 선생과 수암 권공 영당의 향사 축문

尤菴先生遂菴權公影堂享祀祝文

위대한 부자여	卓矣夫子
나의 도는 동쪽에 있다 하였네[16]	吾道在東
전해준 사람 있으니	傳之有人
수암 노인이라네	曰惟遂翁
그 사당 고요하고	有侐其祠
남은 화상 엄숙하네	遺像儼然
스승과 제자가 함께 제향되어	師生同享
천년 만년 가리라	於千萬年

16 나의……하였네 : 후한(後漢)의 정현(鄭玄)이 마융(馬融)의 문하를 떠나자 마융이 "나의 도가 동쪽으로 간다." 하였다. 《後漢書 鄭玄傳》 여기서는 권상하가 송시열의 학문을 전수받았다는 뜻이다.

남양 삼현사[17] 부제학 홍형 공, 좌승지 홍식 공, 이조 참의 홍한 공 봉안 제문

南陽三賢祠 副提學洪公泂 左承旨洪公湜 吏曹參議洪公瀚 奉安祭文

당성(남양)의 산은 울창하고	唐山鬱鬱
당성의 강은 돌아흐르네	唐水沄沄
빼어난 정기를 잉태하여	孕精毓秀
한 집안에 세 현인이 나왔네	一家三賢
삼가 생각건대 부제학은	恭惟副學
단정하고 순수하며 바르고 결백하였네	端粹貞白
은혜로우면서도 개결하고	惠而能介
온화하면서도 엄격하였네	溫而且栗
낯빛을 바로하고 조정에 서니	正色立朝
사람들이 모두 우러러보았네	人皆想望
망극한 시대를 만나	遭時罔極
화가 지하에 미쳤네[18]	禍及泉壤
그리고 승지는	曁厥承宣
맑고 시원하며 단정하고 깨끗하였네	淸爽端潔

17 남양 삼현사 : 무오사화와 갑자사화에 희생된 홍형(洪泂), 홍식(洪湜), 홍한(洪瀚)을 제향한 사당으로 보이나 현재는 남아 있지 않다.

18 화가 지하에 미쳤네 : 홍형이 폐비 윤씨의 폐출에 관여했다는 이유로 부관참시 당한 일을 말한다. 《燕山君日記 10年 6月 15日》

일찍 이 학문을 일삼아	早事斯學
명성이 자자하였네	名譽藹鬱
그간 역임한 관직은	前後歷揚
지위와 명망이 모두 드러났네	位望俱著
명이가 뱃속에 들어와[19]	明夷入腹
결국 화를 당하였네	竟罹禍罟
또한 이조 참의는	亦越吏議
타고난 성품이 강직하였네	天賦剛直
성인의 경전을 음미하고	嚌胾聖經
사학을 탐구하였네	涵淹史學
조정에 우뚝 서고	岳立朝端
금란전[20]에 몸 담았네	盛之金鑾
무오사화가 하늘까지 넘쳐	史禍滔天
곤륜산의 옥이 불탔네	玉焚崑山
세 선생은	惟三先生
미덕과 향기 나란하였네	幷美齊芬
천지의 바른 기운이	天地正氣
명문가에 모였네	萃于高門
원방과 계방[21]은	元方季方

19 명이가 뱃속에 들어와 : 《주역》 〈명이괘(明夷卦) 단사(彖辭)〉에 "어려울 때 바른 도를 지키는 것이 이롭다.〔明夷, 利艱貞.〕" 하였다. 군자가 소인에게 해를 당하는 상황을 말한다. 여기서는 홍식이 갑자사화에 연루되어 처형당한 일을 말한다.

20 금란전(金鑾殿) : 본디 당(唐)나라 한림 학사가 조서(詔書)를 기다리는 곳인데, 여기서는 관각(館閣)을 말하는 듯하다.

죽어서나 살아서나 영광이네	死哀生榮
사문은 의지할 곳 생기고	斯文有賴
사림은 광채를 더하였네	士林增光
이곳 당성을 돌아보니	顧茲唐城
묘소가 있는 곳이라네	丘墓攸寓
남은 풍도 늠름하니	遺風凜然
누군들 흠모하지 않으랴	孰不欽慕
공론이 사라지지 않아	公議不泯
온 지방에서 일제히 일어났네	一邦齊發
정성껏 영령을 모시는 일을	揭虔妥靈
감히 소홀히 할 수 있겠는가	其敢或忽
백 년이 흘렀으니	百歲在前
일이 때를 기다린 듯하네	事若待時
홍산의 아래에	洪山之下
그 사당 고요하네	有侐其祠
신위가 완성을 고하니	神位告成
날짜도 좋구나	時日且良
제기는 가지런하고	樽俎有楚
제물은 향기롭네	黍稷惟馨
선비들이 모두 모여	青衿齊會
패옥 차고 분주하네	群珮駿奔

21 원방(元方)과 계방(季方) : 난형난제(難兄難弟)의 고사로 알려진 후한(後漢)의 진기(陳紀)와 진심(陳諶)으로, 여기서는 홍형, 홍식, 홍한을 말한다.

부디 정성을 굽어살피고	庶鑑虔誠
이 정결한 제수 흠향하소서	歆此精禋

삼현사 향사 축문

三賢祠享祀祝文

자품은 온화하고 순수하며　　姿稟和粹
조정에서 명망이 무거웠네　　望重朝端
풍도를 길이 세웠으니　　風聲永樹
백세토록 늠름하네　　百世凜然

이상은 부제학(홍형)이다.

사람들이 나라 다스릴 그릇이라 일컫고　　人稱國器
재주는 임금 보좌하기 합당하였네　　才合補袞
만년에 혼란한 나라를 만나　　晩値幽國
결국 기구한 화를 당하였네　　竟遭奇釁

이상은 승지(홍식)이다.

학문은 성인의 경전을 궁구했건만　　學究聖經
무오사화의 옥사 원통함 깊었네　　冤深史獄
세 현인이 동시에 화를 당하니　　三賢同禍
바른 기운 더욱 늠름하네　　正氣增烈

이상은 이조 참의(홍한)이다.

예산에 부임할 때 가묘에 고한 글 신사년(1701, 숙종27)

赴任禮山時告家廟文 辛巳

삼가 생각건대 저는 외람되게도 불초하고 형편없는 사람으로서 그간 누차 은혜로운 명령을 받았으나 한번도 공경히 숙배하지 못하였으니, 분의에 있어 황송한 마음을 견디지 못하였습니다. 지금 천만 뜻밖에 또 호서 고을에 임명되니, 거듭 내린 은혜가 보통을 훨씬 뛰어넘었습니다. 이에 어쩔 수 없이 재주와 분수가 미치지 못한다는 점과 이미 지극히 늙고 병들었다는 점을 헤아리지 않고, 감히 애써 한 번 출사하여 몇 달 동안 부임하려고 생각하였습니다. 평소의 뜻에 어긋나니 실로 몹시 걱정스럽고 두렵습니다. 삼가 바라건대, 선조의 영령께서는 굽어살펴 불쌍히 여기고 보우하소서. 감히 술과 과일, 포와 젓갈로 공경히 고하나이다. 삼가 고합니다.

청주 탑연의 증조비 증 숙부인 민씨의 묘소에 고하는 글
告清州塔淵曾祖妣贈淑夫人閔氏墓文

유세차 숭정 임오년(1702, 숙종28) 임자삭 13일 갑자, 효증손(孝曾孫) 봉열대부 행 예산현감(禮山縣監) 간(榦)은 현증조비(顯曾祖妣) 증 숙부인 여흥 민씨(驪興閔氏)의 묘소에 감히 분명히 고합니다.

아	嗚呼
이곳 객지에 장사지낸 지	旅葬于此
백여 년이 지났습니다	百有餘歲
길은 멀고	道路云遠
상사와 질병이 이어져	喪病且仍
십수 년 이래로	十數年來
오랫동안 성묘하지 못하였습니다	久闕灑掃
남은 경사에 요행히 힘입어	幸沾餘慶
가까운 고을에 부임하였습니다	來莅近邑
이에 공무의 여가에	乃以公暇
공경히 전배하는 예를 행합니다	祇行展禮
때는 4월이라	時當首夏
초목이 무성한데	草木暢茂
봉분을 살피고 소제하니	瞻掃封塋
사모하는 마음 견디지 못합니다	不勝感慕
삼가 술과 과일, 포와 젓갈로	謹以酒果脯醢

공경히 전을 올립니다 恭伸奠獻

흠향하소서 尙饗

기제와 묘제의 예법을 개정한 뒤 가묘에 고한 글 기해년(1719, 숙종45)

忌墓兩祭禮改正後告家廟文 己亥

삼가 아룁니다	伏以
《가례》를 살펴보니	考諸家禮
성묘에 정해진 때가 있습니다	上墓有時
오직 봄철 한식과	惟春寒食
시월 초하루입니다	暨十月朔
봄에 비가 내리고 가을에 서리가 내리면	雨露霜露
슬프고 두려운 마음이 듭니다[22]	悽愴怵惕
계절을 느껴 정성을 바치는 것은	感時薦誠
오직 이 두 절일 뿐입니다	惟此二節
한기와 사마광[23]이 이미 시행하였고	韓馬已行
정자와 주자가 모두 같았습니다	程朱幷同
이것이 올바른 예이니	寔爲正禮
후세에 본받아야 합니다	在後當法

22 봄에……듭니다 : 《예기》 〈제의(祭義)〉의 "가을에 서리와 이슬이 내리면 군자는 이것을 밟고 반드시 슬퍼하는 마음이 생긴다.……봄에 비와 이슬이 내리면 군자는 이것을 밟고 반드시 두려운 마음이 생긴다.〔霜露旣降, 君子履之, 必有悽愴之心……春雨露旣濡, 君子履之, 必有怵惕之心.〕"라는 말을 인용한 것이다.

23 한기와 사마광 : 한기(韓琦)의 《한씨참용고금가제식(韓氏叅用古今家祭式)》과 사마광(司馬光)의 《서의(書儀)》에 묘제를 한식과 시월 초하루로 규정하였다.

사계절의 묘제는	四時墓祀
예법에 명문이 없고	禮無其文
고려 말에 시작되어	起自麗季
후세까지 전해졌습니다	流及後世
우리 집안도 속습을 따라	吾家循俗
시행한 지 이미 오래입니다	行亦已久
그밖의 제수도	其餘饌品
예의를 잃은 것이 많습니다	亦多失儀
옛습속을 그대로 따르면서	因循舊習
아직까지 고치지 못하였습니다	尙未克改
불초한 저는 이것이 두려워	不肖是懼
옛 예법을 따르려고 합니다	古禮寔遵
한식과 시월 초하루를	冷節冬朔
지금부터 정식으로 삼겠습니다	自今定式
고조의 묘위에는	惟高祖位
후손들이 번갈아 지내고	諸孫輪行
6대조의 묘소가	六代祖墓
같은 언덕에 있는데	同在一岡
이는 변통하기 어려워	玆難變通
감히 마음대로 고치지 못합니다	不敢擅改
기제로 말하자면	至於忌祀
고비를 함께 제사지내니	考妣幷設
예법의 취지를 헤아리면	揆諸禮意
역시 몹시 온당치 않습니다	亦甚未安

이제부터는	自此以後
《가례》를 따르겠습니다	家禮是從
모두 경전에 근거가 있으니	皆有經據
감히 새로 만든 것이 아닙니다	非敢刱爲
다만 이 제사지내는 전례는	第此祀典
중차대한 일입니다	旣重且大
선조를 제향하고 후손에 전하는 일을	享先垂後
조금이라도 소홀할 수 있겠습니까	其可小忽
이에 사유를 가지고	玆將事由
감히 술과 과일, 포와 젓갈로	敢以酒果脯醢
공경히 고하나이다	用伸虔告
삼가 고합니다	謹告

또 가묘에 고한 글

又告家廟文

삼가 아뢰습니다	伏以
옛날에는 큰 제사를 중시하였으니	古重大祭
사, 약, 증, 상[24]이었습니다	祠禴蒸嘗
예법에 간협[25]이라 하였고	禮稱干祫
제사는 중월에 지낸다고 하였습니다[26]	祭用仲月
맹자가 말하기를	鄒聖有言
제사하지 못하면 잔치하지 못한다고 하였습니다[27]	不祭不宴
먼 조상을 추모하고 선조를 제향함에	追遠享先
오직 이것이 중요합니다	惟此爲重
근래 우리 집안에	年來吾家
상사와 질병이 잇달았고	喪病相仍

24 사(祠), 약(禴), 증(蒸), 상(嘗) : 주(周)나라 종묘의 사계절 제사 이름이다.

25 간협(干祫) : 《예기》 〈대전(大傳)〉에 "대부와 사는 큰 일이 있으면 임금에게 아뢰어 고조까지 협제(祫祭)를 지낸다.〔大夫士有大事, 省於其君, 干祫, 及其高祖.〕" 하였다. 협제는 선조들의 신주를 모아 함께 제사지내는 것이다.

26 제사는……하였습니다 : 《가례》 권7 〈제례(祭禮) 사시제(四時祭)〉에 "시제는 중월(仲月) 초순으로 날짜를 정한다.〔時祭用仲月前旬卜日〕" 하였다. 중월은 음력 2, 5, 8, 11월이다.

27 제사하지……하였습니다 : 《맹자》 〈등문공 하(滕文公下)〉의 "감히 제사지내지 못하면 감히 잔치하지 못한다.〔不敢以祭, 則不敢以宴〕"라는 말을 인용한 것이다.

집이 또 가난하여	家又貧窶
오랫동안 정해진 제사를 그만두었습니다	久廢常祀
마음이 항상 두려워	心常怵惕
깊은 골짜기에 떨어진 듯합니다	若隕淵谷
옛적 주자가	惟昔紫陽
밝은 가르침 게시하였으니	揭示昭訓
밥 한 그릇과 국 한 그릇이라도	一飯一羹
정성이 귀하다고 하였습니다	所貴惟誠
풍족하면 예법을 갖추고	豐則備禮
가난하면 반드시 간략해야 합니다	儉必從省
형편이 그렇다면 괜찮으니	時然則可
각기 마땅함을 따라야 합니다	而各適宜
더구나 기제와 묘제는	況忌墓祭
예법에 근거하여 이미 고쳤으니	據禮已改
시제를 지내지 않는다면	時祀不擧
어찌 흠결이 아니겠습니까	豈非欠缺
제수로 말하자면	至如饌品
역시 잘못된 것이 많습니다	亦多訛舛
《가례》를 살펴보니	考之家禮
의식이 모두 갖추어져 있습니다	儀式俱備
과일은 여섯 종류를 네 개 쓰고[28]	果用四六

28 과일은……쓰고 : 《가례》 성생척기구찬조(省牲滌器具饌條)에 "신위마다 과일은 여섯 종류를 사용한다.〔每位果六品〕" 하였다. 고조까지 네 개의 신위에 각 여섯 종류를

포와 젓갈 사이에 채소를 놓습니다	脯醢間蔬
생선과 고기 각 하나	魚肉各一
구이와 간은 모두 셋	炙肝幷三
국수와 떡을 마주하여 차리고	麪餠對設
식초와 술은 북쪽에 둡니다	醋酒在北
오른쪽에는 밥, 왼쪽에는 국	右飯左羹
시접은 가운데에 둡니다	匙楪居中
그릇에 정해진 수량이 있고	器有定數
제수는 제철 음식을 사용하니	薦用時物
위치가 명백하고	位置明白
등급이 법도에 맞습니다	品節中式
지금 이후로는	從今以往
이에 따라 준행하겠습니다	依此遵行
정성과 예법이 만약 지극하면	誠禮苟至
하나의 기운으로 반드시 감응할 것입니다	一氣必感
선조의 영령이 흠향하고	先靈垂歆
온갖 복을 거듭 내리며	百福荐降
오랫동안 시행하여	行之久遠
폐단이 없기를 바랍니다	庶幾無弊
다만 이 제사 지내는 전례는	顧此祀典
실로 변통에 해당합니다	實係變通
이는 신중을 다해야 하니	是宜致愼

사용한다는 뜻으로 보인다.

감히 조금이라도 소홀하겠습니까	其敢小忽
이에 술과 과일로	玆以酒果
삼가 사유를 고하나이다	謹告事由

사당을 다시 세울 때 토지에 제사하며 고한 글 임인년(1722, 경종2)

祠宇改建時祀土地告文 壬寅

생각건대 이 사당은	惟玆祠宇
오래되어 무너졌는데	歲久朽壞
지금 옛터를 바탕으로	今因舊基
다시 지을 것을 도모하였습니다	方謀改搆
자리와 방향을 조금 옮기고	坐向稍移
집칸을 보태려 합니다	間架有補
점괘가 이미 맞아	龜筮已協
장차 공사를 시작할 것입니다	工役將始
삼가 바라건대 존귀한 신령께서는	伏惟尊神
잘 보호하여	尙克保佑
백년 천년에 이르도록	式百千世
길이 복을 내려주소서	永降休祉
이에 술과 과일로	玆以酒果
그 사유를 고하나이다	亶告厥由

소명을 받고 서울로 갈 때 가묘에 고한 글 을사년(1725, 영조1)

承召向洛時告家廟文 乙巳

삼가 아룁니다. 저는 남쪽 지방으로 흘러들어온 지 지금 이미 3년이 지났습니다. 선조의 가르침을 따라 남기신 경사에 힘입어 올해 3월부터 남다른 은혜를 거듭 받았으니 상례를 훨씬 뛰어넘었습니다. 데리러 온 승지가 넉 달 동안 자리를 지키고, 상소에 대한 비답이 간곡하여 심지어 날씨가 시원해지면 올라오라는 하교까지 있었습니다. 성상의 은혜가 갈수록 높아지니 황공하고 감격스러운 마음을 견딜 수 없습니다. 이에 부득이 이달 8일에 병든 몸을 이끌고 고향을 향해 출발하여 서울 가까운 곳으로 가서 공경히 견책을 기다릴 생각입니다. 그러나 이미 몹시 늙고 병들어 걱정스러운 일이 많습니다. 삼가 바라건대 존귀하신 영령께서는 굽어살펴 불쌍히 여기고 보호하여 낭패를 면하게 해 주신다면 더없이 다행이겠습니다. 이에 술과 과일로 경건히 고합니다. 삼가 고합니다.

제문祭文

재종숙부 감사공에 대한 제문[29]

祭再從叔父監司公文

유세차 숭정 병진년(1676, 숙종2) 모월 모일, 재종질 간(榦)은 닭 한 마리와 술 한 잔으로 삼가 재종숙부 감지당(坎止堂) 영전에 술을 부으며 곡합니다.

아, 공이 이 지경에 이르렀습니까. 탁월한 식견과 깨끗한 절개, 확고하여 굽힐 수 없는 뜻과 늠름하여 범할 수 없는 낯빛을 이제 앞으로는 다시 볼 수 없습니다. 위로는 임금의 잘못된 덕을 누가 바로잡겠으며, 아래로는 곤궁한 백성에게 누가 은택을 베풀겠습니까. 가까이는 친척의 무리를 누가 화목하게 하겠으며, 멀리는 고을과 이웃의 풍속을 누가 깨끗이 하겠습니까. 그러니 지금 공의 죽음은 비단 우리 집안의 불행일 뿐만 아니라 고을에 있어서는 더욱 불행이며, 비단 고을의 불행일 뿐만 아니라 나라에 있어서는 더욱 불행입니다.

아, 공은 어버이 섬기는 도리에 마음을 다하여 사람들이 이간하는

29 재종숙부……제문 : 이 글은 1676년(숙종2) 3월 5일 세상을 떠난 김징(金澄, 1623~1676)을 애도하기 위해 지은 것이다. 《觀復齋遺稿 卷2 先考……家狀》

말이 없었고, 선조를 모시는 일에 정성이 도타워 예법에 흠이 없었습니다. 안으로는 집안의 모범이 되었으니 가정에 저절로 법도가 있었고, 밖에서 남을 만나면 윗사람과 아랫사람 사이에서 각기 정성을 다하였습니다. 임금의 앞에서 과감히 간언하여 악한 자를 승냥이나 범보다 미워하였고, 몸가짐을 다스리고 남을 권면하여 선한 자를 음식보다 좋아하였습니다. 충성스럽고 바른 마음은 전후로 변치 않았고, 청렴결백한 지조는 시종 한결같았습니다. 이것이 공이 평소 집안에 있을 때와 조정에 있을 때의 대략이니, 공을 비슷하게나마 논의하기에 참으로 부족하고, 그밖의 아름다운 행실과 자취는 또 이루 다 서술할 수 없습니다.

아, 공은 더러운 이를 쫓아내고 맑은 이를 끌어오며 어진 이를 등용하고 사악한 이를 물리치는 것을 자기의 책무로 삼아 개연히 손으로 거센 물결을 막고 몸으로 세도를 맡을 뜻이 있었습니다. 그러나 저 음흉하고 질시하는 무리가 이미 몰래 노리고 틈을 엿보았습니다. 축수하는 술잔을 한 번 들자 갑자기 화를 일으키는 덫이 튀어나왔습니다.[30] 백이(伯夷)를 가리키며 탐욕스럽다 하고, 가을 터럭을 바꾸어 태산으로 만들었습니다. 마침내 공정하고 강직하며 세상에 특출난 재주를 가진 사람을 끝내 불우하게 만들어 쫓아내었습니다. 이는 공의 효성을 더욱 빛낼 뿐이니, 어찌 터럭만큼이라도 부끄러울 것이 있겠습니까. 그러므로 비방하고 모함하는 말이 나올수록 기이해졌지만, 끝내 공의

30 축수하는……튀어나왔습니다 : 김징은 전라도 관찰사로 있을 때 모친의 회갑연을 벌이면서 지위를 빙자하여 탐욕을 부렸다는 이유로 탄핵을 받았다. 《顯宗實錄 11年 2月 13日》

지조에 누를 끼치지 못하고 공의 결백을 더럽히지 못하였습니다.

아, 한 구역 산수에 몇 칸의 초가를 짓고 만년에 돌아와 자연에서 소요하였습니다. 방안의 도서를 즐기며 온 골짜기의 바람과 달을 즐겼습니다. 비록 끼니를 잇기 어려웠으나 태연하게 여겼고, 온갖 고생을 하였으나 몹시 만족하게 살았습니다. 영예와 치욕, 기쁨과 슬픔, 득실과 화복은 공이 평소 수양한 뜻을 빼앗지 못하였고, 공도 어떤 상황에서나 만족하지 않음이 없었습니다. 얼마 후 시사가 크게 잘못되어 여러 현인이 도성을 떠났습니다. 공도 이 때문에 더욱 이 세상에 뜻이 없어졌으나, 임금을 사랑하고 나라를 걱정하며 시사에 분개하고 세속을 아파하는 정성은 하루라도 잠시나마 그친 적이 없었습니다.

저는 어려서 가르침을 받고 자라서는 이끌어주는 은혜를 입었습니다. 공이 나를 사랑하기는 조카와 비교해도 차이가 없었고, 내가 공을 대우하기는 백부와 무슨 차이가 있었겠습니까. 비록 숙부와 조카라고는 하지만 실제로는 스승과 제자 같았습니다. 봄날 창가에 꽃이 피고 가을 평상에 달이 밝으면 모시고 다니기도 하고, 말씀을 들으며 경계하기도 하였으며 불러서 강론하기도 하고 담소하며 기뻐하기도 하였습니다. 덕 있는 분에게 의지하여 몽매함을 깨우치려 하였는데, 어찌하여 한 번 병에 걸린 것이 빌미가 되어 오랫동안 위독하였던 것입니까. 한창 병이 낫기를 기약하였는데, 하룻저녁에 갑자기 세상을 떠났습니다. 내 마음의 아픔은 참으로 다른 사람에 비하면 백 배나 됩니다.

아, 공처럼 어진 이가 끝내 장수를 누리지 못하였으니 믿기 어려운 것은 하늘이요, 공처럼 재주 있는 이가 뜻을 펴지 못하기도 하니 이치는 기필할 수 없습니다. 집안에 계신 늙은 어머님은 누가 봉양하며, 슬하의 어린 손자는 누구에게 맡기겠습니까. 옛집을 바라보면 감회가 일어나니 목소리와 얼굴은 어제처럼 생생하고, 안타깝게도 세월이 오래지 않았는데 장차 길일을 잡아 장사지내려 합니다. 만가를 부르며 한번 통곡하니 한스럽게도 이제부터 영원한 이별이며, 상엿줄 잡고 슬픔을 쏟아내고 또 글을 지어 진심을 드러냅니다. 행여 어둡지 않은 영령이 아직도 남아 있다면 부디 이 술잔을 흠향하소서. 아, 슬픕니다. 흠향하소서.

현석 선생에 대한 제문[31]

祭玄石先生文

먼 옛날 우리 동방에	邈矣青丘
성인 기자가 도를 열었습니다	箕聖啓道
고려시대는 적막하다가	寥寥有麗
하늘이 포은(정몽주) 노인을 내렸습니다	天挺圃老
우리나라에 와서는	逮乎本朝
여러 현인이 성대하게 일어나	群賢勃興
문정공(조광조)과 문순공(이황)이	文正文純
찬란히 계승하였습니다	鬱然相承
그리고 문성공(이이)과 문간공(성혼)이	曁厥成簡
그 종통을 전수받았습니다	傳得其宗
앞에서 창도하고 뒤에서 계승하니	前倡後繼
높은 풍도 탁월하였습니다	卓乎高風
참으로 선생은	允矣先生
타고난 자질이 순수하고 정밀하며	稟質純精
또렷한 목소리와 온화한 낯빛	金聲玉色
고니나 난새가 서 있는 듯하였습니다	鵠峙鸞停
일찌감치 과거 공부 싫어하여	早厭擧業

31 현석……제문 : 이 글은 1695년(숙종21) 2월 5일 세상을 떠난 박세채(朴世采)를 애도하며 지은 것이다. 본서 제44권 〈문순공 남계 선생 행장〉 참조.

용감히 이 학문으로 돌아와	勇返斯學
스승의 도움 받지 않고	不資師承
스스로 사숙하였습니다	爰自私淑
깊은 이치에 침잠하고	沈潛理窟
경전의 뜻을 드러내어	發揮經籍
심오하고 은미한 부분을 깊이 연구하여	極深研幾
터럭까지 분석하였습니다	毫分縷析
아래로 인사를 배워 위로 천리에 도달하고	下學上達
앎과 실천이 모두 진보하였습니다	兩進知行
날마다 고명한 경지에 나아가	日造高明
홀로 환한 경지를 보았습니다	獨睹昭曠
은미한 귀신부터	幽有鬼神
드러난 인륜까지	顯有人倫
크게는 천지부터	大而天地
작게는 먼지까지	小而刹塵
가까이는 한 몸부터	近自一身
멀리는 사해까지	遠及四海
옛날과 지금이 간혹 다르고	古今或異
상도와 변화가 서로 대신하니	常變相代
복잡하게 뒤섞여	紛紜糾錯
그 이치를 따질 수 없는데	其理莫詰
모조리 융회관통하여	靡不融貫
각기 극치에 도달하였습니다	各到其極
성찰은 꼼꼼하고	省察之密

함양은 성대하며	涵養之盛
의리는 정밀하고	義理之精
출처는 올바르며	出處之正
존주의 의리를 지키고	尊周之義
차자를 올려 충성하며	袖箚之忠
스승을 위한 상복은 정당하고	師服之當
제례는 진심이었습니다	祭禮之衷
홍범의 학문을 엮고[32]	範學有編
우리나라 선비를 기록하며[33]	東儒有錄
독서한 것을 기록하고[34]	讀書有記
심학의 비결을 남겼으며[35]	心學有訣
육례를 편집하여[36]	六禮有輯
이로써 후세를 다행스럽게 하였습니다	以幸來裔
만언소[37]를 올려	萬言有疏
한 시대를 도야하려 생각했습니다	思陶一世
부지런히 임금을 인도하기는	勤勤啓沃
부열(傅說)이 왕을 가르치듯 하고	傅之訓王
간절한 상소와 차자는	懇懇疏箚

32 홍범의 학문을 엮고 : 《범학전편(範學全編)》의 편찬을 말한다.

33 우리나라 선비를 기록하며 : 《동유사우록(東儒師友錄)》의 편찬을 말한다.

34 독서한 것을 기록하고 : 《독서기(讀書記)》의 편찬을 말한다.

35 심학의 비결을 남겼으며 : 《심학지결(心學至訣)》의 편찬을 말한다.

36 육례를 편집하여 : 《육례의집(六禮疑輯)》의 편찬을 말한다.

37 만언소 : 86쪽 주3 참조.

육지(陸贄)의 봉사(封事) 같았습니다 陸之封章
이는 선생에게 있어 此於先生
지극함 되기 부족합니다 未足爲極
지위가 높아질수록 자신을 더욱 낮추며 愈高愈卑
학문이 넓어질수록 예로 더욱 요약하였습니다 愈博愈約
효도하고 공경하는 덕 孝悌之德
겸손하고 공손한 용모 謙恭之容
성대하게 조화하고 盎然以和
넓게 통달하였으며 廓然而通
맑고 시원하여 淸粹灑落
평탄하고 편안하였습니다 坦泰安履
도가 높고 덕이 성대하며 道尊德盛
본체와 작용을 온전히 갖추어 體全用備
가까운 곳에서 이치를 찾아 左右逢原
만 가지로 대응하였습니다 酬酢萬變
인의를 고기처럼 좋아하고 芻豢仁義
벼슬을 거름처럼 여겼습니다 土苴軒冕
부르는 명이 잇달아 왔지만 旌招沓至
산처럼 움직이지 않았습니다 不動如山
만년에 산수에서 歲暮林泉
백발로 은거하였습니다 白首考槃
파주의 산은 드높고 坡山峨峨
파주의 강은 넘실거리는데 坡水洋洋
대그릇의 밥 먹고 표주박의 물 마시며 我簞我瓢

술지게미와 겨를 먹었습니다	我糟我糠
풍도를 듣고 공경하는 마음 일으켜	聞風起敬
사방에서 다투어 달려왔습니다	四方爭趨
재주에 따라 독실히 가르쳐	因材以篤
어리석음을 깨우쳤습니다	發其蒙愚
험난한 시기를 만났으나	遭時險巇
올곧아 허물이 없었습니다	貞則無咎
시끄러운 세상 벗어나	囂囂物外
여생을 마칠 듯하였습니다	若將終老
다시 새로운 시대를 만나	迨玆更化
나라에 큰 경사가 있었습니다[38]	國有大慶
이때 선생은	維時先生
가장 먼저 총애하는 명에 응하여	首膺寵命
마음을 바꾸어 조정에 나아가	幡然造朝
인륜과 기강을 부지하였습니다	克扶倫綱
인심은 바르게 되고	人心以正
대의는 힘입어 밝아졌습니다	大義賴明
지금의 큰 걱정거리는	謂今大患
화합하지 못하기 때문이라 여겨	坐不寅協
한 마음으로 교화를 도와	同心贊化
깨끗이 씻어내길 기약하였습니다	期與洗滌
세상이 선생을 알아주지 않아	世莫我知

38 다시……있었습니다 : 갑술환국으로 인현왕후가 복위한 일을 말한다.

한쪽은 둥글고 한쪽은 모나서[39]	一圓一方
시원스레 돌아가기로 결정하니	浩然決歸
기러기가 하늘로 날아가듯 하였습니다	鴻飛冥冥
그간 조정에 있던 시기는	前後立朝
몇 달이 되지 않았습니다	不滿數朔
나아가나 물러가나 모두 걱정하니	進退皆憂
진심에서 나왔습니다	出於心赤
십수 년 이래로	十數年來
번복이 이어져	飜覆相嬗
형벌이 기다리고	刀鋸以待
큰 화가 하늘까지 넘쳤습니다	巨禍滔天
초연히 멀리 벗어나	超然高蹈
몸과 명예 모두 온전히 한 사람	兩全身名
근세에서 찾아보면	求之近世
오직 선생뿐입니다	唯有先生
아, 선생이여	嗟惟先生
품은 뜻 빈곤하지 않았으니	蘊抱不貧
마땅히 널리 베풀어	宜大厥施
우리 백성 복되게 해야 하는데	福我黎民
어찌하여 하늘은 남겨두지 않고	胡天不憖
그 수명에 인색한 것입니까	而嗇其壽

39 한쪽은……모나서 : 둥근 구멍에 모난 자루를 끼우는 것처럼 맞지 않는다는 뜻의 원착방예(圓鑿方枘)를 인용한 것이다.

나라는 시초와 거북을 잃고 國亡蓍龜
선비는 우두머리 잃었습니다 士失領袖
지금 임금은 애도하고 當宁悼怛
세자는 놀랐습니다 貳極震驚
살아서나 죽어서나 은혜가 지극하고 恩感存沒
슬픔과 영예로 예의를 갖추었습니다 禮備哀榮
저희 제자들은 榦等小子
몽매한 후학으로 末學蒙識
지난 임자년(1672, 현종13) 往在壬子
비로소 배천에서 뵈었습니다[40] 始拜于白
어둡고 누추한 저를 근심하고 悶余昏陋
분발하는 저를 어여삐 여겨 憐余憤悱
차근차근 잘 인도하여 循循善誘
아비가 아들 가르치듯 하였습니다 若父詔子
근래 이십 년 동안 邇來廿年
은혜와 의리가 더욱 깊었습니다 恩義彌隆
가을 서재에 달 밝을 때나 秋齋月白
봄 산에 꽃 붉을 때나 春山花紅
때때로 선생을 모시며 時陪杖屨
매번 가르침 받았습니다 每承謦欬
종유한 지 오래되었고 從遊既久

40 지난……뵈었습니다 : 1672년 4월, 저자가 배천에서 처음 박세채를 만난 일을 말한다. 본서 연보 제1권 참조.

권면해준 것도 많았습니다 策勵且大
어버이 잃고 남은 목숨이 孤露餘喘
예전의 공부를 거의 그만두자 幾廢舊業
선생은 이를 걱정하여 先生是憂
자주 낯빛에 드러났습니다 屢形于色
지난해 선생이 去歲先生
소명을 받고 도성에 들어왔기에 承召入洛
급히 짐을 꾸려 찾아뵈니 促裝往拜
내게 머물러 묵으라 명하였습니다 命余留宿
나중에 다시 찾아가니 最後復進
이미 돌아갈 준비를 하셨습니다 已戒歸御
평상 아래에서 절하고 하직하니 拜辭床下
가르치신 말씀 있었는데 曰有教語
율곡 노인의 惟玆栗老
〈태극문답〉을 太極答問
바라건대 동지들과 冀與同志
그 깊은 뜻을 연구하라 하였습니다 而究其蘊
남계의 고요한 집에서 南溪靜室
훗날 다시 만날 기약 잡으라 하였는데 命占後期
누가 알았겠습니까, 이때 이별하고 誰知此別
갑자기 이렇게 돌아가실 줄이야 奄忽至斯
편지를 자주 보내셨는데 札翰翩翩
말뜻이 정성스러웠습니다 辭旨眷眷
올봄에 편지 한 통을 보내시어 今春一書

더욱 권면하였는데 益加勸勉
정성스러운 마음이 誠心藹然
구절마다 글자마다 가득하였습니다 句句字字
변함없이 간직하며 服膺無斁
실추하지 않기를 기약하였습니다 期罔失墜
유묵이 마르지도 않았는데 遺墨未乾
갑자기 부고가 왔습니다 凶音突來
목이 쉬도록 놀라 소리치며 失聲驚呼
눈물을 철철 흘렸습니다 涙落漼漼
병들었을 때 자주 위문하지 못하고 病不亟問
돌아가셨을 때 반함하지 못하였습니다 沒不及含
은혜와 덕을 저버렸으니 孤恩負德
이 한은 견디기 어렵습니다 此恨難堪
의문이 있은들 누구에게 질문하며 有疑誰質
질문한들 누가 자세히 말하겠습니까 有問誰詳
끝없는 애통함에 無窮之痛
천지는 아득합니다 天地茫茫
삼가 한 잔 술을 올리며 敬奠一杯
미천한 정성을 감히 고합니다 敢告微忱
어둡지 않은 영령이 있다면 不昧者存
부디 오시기 바랍니다 庶幾來臨

현석 선생에 대한 두 번째 제문

再祭玄石先生文

유세차 숭정 을해년(1695, 숙종21) 4월 임진삭 모일 간지, 문인 청풍(淸風) 김간(金榦)은 삼가 반남(潘南) 박 선생(朴先生)을 이달 18일 장단(長湍) 초현산(招賢山) 자좌(子坐)의 언덕에 장사지낸다는 소식을 듣고 술과 과일을 간략히 갖추어 올리며 감히 영전 앞에 고하며 통곡합니다.

아, 선생은 경을 지키고 이치를 궁구하는 학문과 예악을 제정하는 재주를 지녔습니다. 뚫을수록 견고해지고 우러를수록 높아지는 덕과 그림쇠처럼 둥글고 곱자처럼 방정한 법도를 지녔습니다. 순수하고 독실하게 정도를 지키는 행실과 명철하여 은미한 것까지 살피는 지혜를 지녔습니다. 임금을 보필하는 재주 찬란하였고, 임금과 백성을 요순 시절처럼 만들겠다는 뜻이 드높았습니다. 덕의 기운이 드러나는 용모는 순수하였고, 광풍제월(光風霽月)[41]의 포부는 시원하였습니다. 계왕개래(繼往開來)[42]에 공로가 있고, 용사행장(用舍行藏)[43]에 도가 있었습니다. 늠름히 대의를 부지하고, 활짝 공도를 넓혔습니다. 안에 간직한 것이 두텁게 쌓이고 깊이 보존되었으며, 밖으로 시행한 것이 널리 호응

41 광풍제월(光風霽月) : 75쪽 주20 참조.

42 계왕개래(繼往開來) : 95쪽 주15 참조.

43 용사행장(用舍行藏) : 세상에 쓰이면 나아가 도를 행하고, 버려지면 물러나 숨는 것을 말한다. 《論語 述而》

하고 하나하나 마땅하였습니다. 나아가면 장차 마음을 합쳐 세상을 도야하고, 물러나면 장차 도를 전하여 후학을 열어주었을 것입니다. 아, 하늘이 사문(斯文)을 없애고자 하는 것입니까. 어찌하여 하루아침에 갑자기 죽고 장수하지 못한 것입니까. 나라는 국궁진췌(鞠躬盡瘁)한 신하를 잃은 슬픔 더하고, 사림은 우러를 스승을 잃은 슬픔 지극합니다.

아, 세월이 빨리 흘러 멀리 떠날 날이 되었습니다. 친지들이 모두 찾아오고 문도들이 전부 모였습니다. 더구나 어리석은 소자는 오랫동안 가르침을 받았으니, 정분과 의리가 돈독하기가 참으로 다른 사람에 비해 갑절입니다. 삼가 휘장을 바라보며 사모하는 마음 일으키고, 공손히 상엿줄 잡고 더욱 개탄합니다. 간소한 제수를 갖추어 정성을 바치며, 조전(祖奠)을 앞두고 영결합니다. 한 잔 술 올리며 슬픔을 쏟아내니, 존귀한 영령께서는 흠향하기 바랍니다. 아, 슬픕니다. 흠향하소서.

유도경[44]에 대한 제문

祭柳道卿文

수진당(守眞堂) 유도경 공이 숭정 계미년(1703, 숙종29) 2월 세상을 떠났습니다. 벗 청풍 김간은 병들어 달려가 곡하지 못하고 이듬해 갑신년(1704) 9월 10일 정미일에 삼가 술과 과일을 제물로 갖추어 영전에 와서 고하며 곡합니다.

아, 옛적 우리 선생은 학문이 끊어진 먼 후대에 태어나 계왕개래(繼往開來)[45]의 책임을 맡아 이 도(道)를 앞장서서 밝히고 한 시대를 일으켰습니다. 당시 제자들이 많기로는 비할 데가 없었는데, 독실히 믿고 과감히 실천하며 많이 터득하고 굳게 지켜 남달리 탁월하기가 우리 형과 같은 사람은 드물었습니다. 선생께서 "나는 만년에 두 선비를 얻었다." 하였는데, 그중 한 사람이 형이니, 정자(程子) 문하의 윤돈(尹焞)과 장역(張繹)[46] 같았습니다.

형은 후중하고 소박한 자질이 있었으며, 자세하고 치밀한 학문이 있었으며, 넓고 깊은 지식이 있었습니다. 집에서는 효도와 공경으로 일컬어졌고, 스승의 문하에서는 학문을 좋아하기로 일컬어졌으며, 벗들에게는 강직하고 믿음직하다고 일컬어졌습니다. 온화한 기운이 얼

44 유도경(柳道卿) : 유귀삼(柳貴三)이다. 본관은 진주(晉州), 도경은 자이다. 박세채의 문인이다.

45 계왕개래(繼往開來) : 95쪽 주15 참조.

46 윤돈(尹焞)과 장역(張繹) : 정이(程頤)의 만년 제자로 촉망받는 문인이었다.

굴에 드러나고 굳건한 지조가 언행에 나타났습니다. 만년에 선비를 얻었다는 우리 선생의 말씀이 어찌 이유 없이 나온 것이겠습니까.

불초한 나는 절차탁마하는 벗의 반열에 있으면서 경전의 뜻을 강론하고 예법의 의심나는 부분을 의논할 적마다 누차 가르침을 받았는데 손바닥을 가리키는 것보다 분명하였습니다. 비록 몹시 어리석은 나라도 유익하게 깨우친 것이 많았습니다. 나는 그리하여 만년에 선비를 얻었다는 우리 선생의 말씀이 나를 속이지 않았다는 것을 더욱 믿게 되었습니다.

일단 선생께서 세상을 떠난 뒤로 길을 잃은 몽매한 나는 의지하고 우러를 데가 없었으나, 그래도 우리 형과 두세 동지를 의지하여 서로 권면하며 스승의 뜻을 강론하여 밝혀 만년에 만회하겠다는 지극한 소원을 대충 이루기를 바랐습니다. 어찌 스승을 곡하고 남은 눈물이 마르기도 전에 이어서 또 형을 곡할 줄 알았겠습니까. 스승의 문하는 더욱 외로워지고 우리 도는 도울 사람이 적어졌으니, 지금과 옛날을 생각하면 저도 모르게 목놓아 통곡합니다.

형이 병이 위독하던 날 저녁, 입으로 불러 편지 한 장을 써서 사람을 통해 보냈는데, 봉함을 뜯고 읽어보니 바로 영결하는 말이었습니다. 문장은 평소와 같고 의미가 간곡하였는데, 그 날짜를 살펴보니 이 편지를 쓴 것은 2월 6일 밤이었고, 형이 세상을 떠난 것은 7일 아침이었습니다. 그 간격이 몇 시각에 불과하였는데, 글을 지어 뜻을 담은 것이 이처럼 분명하였으니, 그 학문에 안정된 힘이 있어서 죽음을 슬퍼하는 뜻이 조금도 없다는 것도 알 수 있습니다.

부고를 들은 뒤에도 중병을 앓고 있어 옛사람이 띠풀에 밥을 싸고 술을 솜에 적셔 조문한 뜻을 즉시 본받지 못하고, 대략 옛 의리를 본떠 삼가 마제(麻制)를 하였습니다. 병이 조금 낫기를 기다렸다가 이제야 비로소 와서 곡하니 이미 한 해가 흘렀습니다. 경치를 보고 감회가 생기며 정분과 의리를 헤아리니 슬프고 부끄러운 마음 어찌 끝이 있겠습니까.

아, 세도는 험난하고 인사는 바뀌었습니다. 파산(坡山)에는 주인이 없고 죽동(竹洞)은 황량합니다. 지하에서 행여 만날 도리가 있다면 아마도 형이 이미 자세히 알렸을 것입니다. 아, 말은 끝이 있지만 정은 끝이 없으며, 기운은 흩어지지만 혼령은 어둡지 않습니다. 병든 몸을 이끌고 멀리서 와서 삼가 한 잔 술을 바칩니다. 형에게 지각이 있다면 제 마음을 살펴주십시오.

족제 우의정 사긍[47]에 대한 제문
祭族弟右相士肯文

유세차 숭정 을유년(1705, 숙종31) 3월 을미삭 5일 기해일, 삼종형 김간은 근래에 세상을 떠난 우의정 김공의 영구가 6일 경자일에 한양의 여막에서 발인하여 배를 타고 충원(忠原)의 목계(木溪)로 간다고 들었습니다. 삼가 소박한 제수를 준비하여 영전에 고하며 곡합니다.

아, 나는 병술년(1646, 인조24)에 태어났고 공은 기축년(1649)에 태어났습니다. 어려서부터 장성할 때까지, 장성한 때부터 늙을 때까지 한 마을에 살았고 한 평상에서 놀았습니다. 아침저녁으로 어울리고 친애하며 즐거워하였습니다. 학문을 절차탁마하는 곳에서 기뻐하였고, 웃고 농담하는 곳에서 포복절도하였으며, 장난삼아 글 지으며 함께 어울리고 안개 끼고 달이 떴을 때 질탕하게 놀았습니다. 헤어지면 그리워하고 만나면 기뻐하였습니다. 기호가 같았으며 기쁨과 슬픔이 다르지 않았습니다. 지금까지 60년이 되었는데, 어찌하여 오늘 갑자기 나를 버리고 먼저 가는 것입니까. 집안은 이제부터 쇠퇴할 것이며, 우애는 이제부터 끝입니다.

공은 가정의 가르침과 시례(詩禮)의 학문으로 한 집안에서 효성과 우애에 대해 다른 말이 없었고, 친족들과 두루 화목하였습니다. 마음을 깊고 진실하게 지키고 검약으로 몸가짐을 단속하였습니다. 조상을 받

47 사긍(士肯) : 김구(金構, 1649~1704)의 자이다. 본관은 청풍(淸風), 사긍은 자이다.

드는 정성과 남을 대하는 공손함은 모두 내가 예전에 사모하고 좋아하며 공경히 외던 것입니다. 뛰어난 자질과 탁월한 식견, 드넓은 논의와 높은 지혜로 일찍 임금과 신하가 뜻이 맞아 삼공의 지위에 올랐습니다. 임금 앞에서 정사를 논하고 조정에서 담소하니, 성상께서 총애하고 조정에서 의지하였습니다. 천년에 드문 밝은 임금과 좋은 신하였으니, 그 또한 성대하다고 하겠습니다.

다만 노년에 갑자기 모친상을 당하였습니다. 예법에 지나칠 정도로 슬퍼하여 몸이 상하고 근본에 병이 생기니 여위고 지쳐 거의 상장(喪杖)을 짚지 못할 정도였습니다. 내가 석동(石洞)의 여막으로 공을 병문안하러 갔을 때 넓적다리살에 주름이 생기고 배 위가 부풀어오른 모습을 보았는데, 그래도 몸을 부축받아 일어나 앉아 평소처럼 이야기를 주고받았습니다. 나는 하늘이 이 사람을 낳은 것이 이미 우연이 아니니, 훗날 반드시 다시 이 세상을 바로잡고 이 백성에게 은택을 베풀 것이라 여겼습니다. 그날의 만남이 갑자기 천고의 영결이 될 줄 누가 알았겠습니까. 최복(衰服)을 연복(練服)으로 갈아입기도 전에 상주의 방에는 의지할 사람이 없고, 초췌한 용모로 곡하던 모습을 궤전(饋奠) 옆에서 다시 볼 수 없습니다. 아, 애통합니다.

아, 공은 고명하지만 나는 졸렬하고, 공은 출세했지만 나는 불우하였습니다. 공은 존귀하다고 해서 미천한 나를 멀리하지 않았고, 나도 편협하여 공의 복이 가득참을 걱정하였습니다. 공은 항상 임금의 은혜와 지우를 돌아보았고, 나는 매번 숨어 있는 화를 의심하고 두려워하였습니다. 공이 누차 시론(時論)에 곤액을 당하였을 때 내가 공에게 말하기를 "조만간 공이 각건(角巾)을 쓰고 명아주 지팡이를 짚고서 녹야당(綠野堂)[48]으로 가서 쉬기를 기다려 함께 조암(槽巖)과 석굴(石窟) 옆을 함께 유람할 수 있을 것입니다." 하였습니다. 어찌하여 계획은 이루지 못하고 인사는 이미 변하여, 마침내 나로 하여금 여한을 품고 잊지 못하게 하며, 예전에 했던 말을 떠올리며 더욱 슬퍼하게 하는 것입니까. 죽은 사람을 애도하고 산 사람을 가련히 여기며, 옛일을 생각하고 지금을 슬퍼하며 슬피 소리치고 통곡하니, 비록 그만두고자 하여도 그만둘 수 없습니다.

아, 살아서 서로 아끼는 것은 정이요, 죽어서 잊지 못하는 것은 그리움입니다. 정이 이처럼 간곡하였으니, 그리움이 또 어느 때나 그치겠습니까. 병든 몸을 이끌고 멀리서 와서 삼가 한 잔 술을 올리니, 공의 영령이 어둡지 않다면 제 마음을 살펴주십시오.

48 녹야당(綠野堂) : 당(唐)나라 재상 배도(裴度)가 치사(致仕)한 뒤 지낸 곳으로, 여기서는 김구가 벼슬에서 물러난 뒤에 살 곳을 말한다. 《舊唐書 裴度傳》

판관 박술가 태여 에 대한 제문

祭朴判官述可 泰輿 文

아, 술가여. 어찌하여 나를 버리고 갑자기 돌아갔는가. 형의 온화하고 단정한 재주를 끝까지 베풀어야 마땅한데, 지금 여기에 이르러 그쳤는가. 우리 선생의 깊은 인과 지극한 덕, 쌓은 선과 두터운 은택이 보답을 받지 못하기가 어찌 이 지경에 이르렀는가. 이른바 하늘의 도는 선한 이에게 복을 내리고 어진 사람은 반드시 장수한다는 말은 모두 사람에게 선행을 하도록 권하는 헛말이며 믿을 수 없는 것인가. 조물주가 좋아하고 싫어하는 것이 때로 사람과 달라서 그러한 것인가. 또 살고 죽고 장수하고 요절하는 것이 모두 어쩔 수 없어 인사와는 아무런 관계가 없는 것인가. 어찌하여 일이 어그러지고 이치가 어긋나기가 이처럼 심한가.

옛적 임자년(1672, 현종13) 봄, 내가 처음 선생 문하에 나아갔을 당시 형의 나이는 겨우 약관이었으며 용모가 옥처럼 깨끗하고 학업의 뜻이 탁월하였다. 당시 보고서 즉시 마음으로 인정하고 생각이 기울었으니, 친애하는 감정과 두터운 교분, 취미가 맞고 절차탁마의 도움을 받은 것이 처음부터 지금까지 백발이 되도록 변치 않은 지가 30여 년이 되었다. 불행히 을해년(1695, 숙종21) 봄, 선생께서 세상을 떠나고 맏형(박태은(朴泰殷))이 병자년(1696) 여름에 이어서 세상을 떠났으며, 형이 또 지난 겨울에 세상을 떠났으니, 7, 8년 사이에 인사가 크게 변하였다. 대부인은 노년의 나이로 오랫동안 병을 앓고 있는데, 고아들은 외로운 신세로 의지할 데 없으니, 옛날과 지금을 생각하면 나도 모르게 목놓아 통곡한다. 아, 슬프다.

형은 매번 선친의 문집을 간행하지 못한 것을 걱정하였는데, 연보와 예설, 어록 따위로 말하자면 한창 나와 의논하여 수집하고 정돈하였다. 이제는 모두 허사가 되었으니 이것이 더욱 슬프고 개탄스러운 일이다. 앞으로의 일은 군보(君輔 이세필(李世弼)), 중고(仲固 김재(金栽)), 사직(士直 김유(金楺))과 같은 동문의 선비 두세 사람과 함께 상의하여 바로잡아 형의 뜻을 이어서 이루어야 할 뿐이니, 이는 세상을 떠난 이의 혼백에 조금이나마 위로가 될 것이다. 살아있는 사람의 책임은 오직 여기에 있을 뿐이다.

아, 예전에 내가 왔을 적에는 형이 나와서 문에서 맞이하였다. 지금 내가 통곡하는데 형은 어찌하여 듣지 못하는가. 캄캄한 밤 같은 깊은 땅속에는 두 번 새벽이 오지 않는다. 모습은 완연하여 내 마음과 눈에 남아 있는데, 영구에 기대어 슬픔을 쏟으니 가슴이 찢어지는 듯하다. 형에게 지각이 있다면 이 술을 흠향하소서. 아, 슬프다.

고 백제 계 장군에 대한 제문
祭故百濟階將軍文

옛 고운사(孤雲寺) 서쪽 언덕 위에 제단을 설치하고, 고운사에 가서 묵었다. 밤이 깊자 직접 제사를 지냈다. 이때 별과 달이 깨끗하고 은하수가 빛났다. 제사가 끝나가는데 홀연 어두운 구름이 하늘을 덮고 빗발이 어지러이 내렸다. 고운사로 돌아오자 큰 비가 쏟아져 늦은 아침에야 그쳤다. 이때 오래 가물어 경내의 백성이 잘못 알고서 '우리 태수가 기우제를 지내어 비를 얻었다.'라고 하였다.

유세차 숭정 기축년(1709, 숙종35) 5월 일, 청풍 김간은 삼가 술과 과일을 올리며 백제 계 장군의 영령에게 삼가 제사를 지냅니다.

아, 장군이여. 국가가 망해가고 당나라와 신라가 협공하는 때에 죽음을 각오한 병사 5천 명을 이끌고 황산(黃山)으로 가서 험지를 점거하고 진을 쳤습니다. 신라 군사와 만나 네 번 싸워 모두 이겼으며, 반굴(盤屈)을 참수하고 관창(官昌)을 사로잡았습니다.[49] 그러다가 힘이 다하고 군사가 패하자 조용히 죽음으로 나아가 순국하였으니, 충성과 용맹이 모두 뛰어나지 않다면 이와 같을 수 있겠습니까.

아, 그 당시에 임금은 위에서 어둡고 백성은 아래에서 원망하였습니다. 흥수(興首)가 계책을 바쳤으나 물리치고 쓰지 않았고, 성충(成忠)

49 반굴(盤屈)을……사로잡았습니다 : 반굴은 장군 김흠춘(金欽春)의 아들로 황산벌에서 전사하였고, 관창은 장군 품일(品日)의 아들로 계백에게 두 번 사로잡혔다가 풀려났으나 다시 싸우다 죽었다. 《三國遺事 卷1 太宗春秋公》

이 간언하였으나 감옥에 갇혀 죽었습니다.[50] 간사한 신하가 높은 지위에 있고 강한 적이 국경으로 다가오니, 비록 어리석은 부녀자와 아이라도 반드시 나라가 망하리라는 것을 모두 알았습니다. 장군은 적을 막으라는 명을 받자 죽음을 분수로 여겼으며, 처자가 더럽혀질까 걱정하여 모두 직접 먼저 죽이고, 한 나라의 적은 군대만으로 두 나라의 대군을 막았습니다. 위험을 당하여 목숨을 버리고 절개를 지켜 두 마음을 품지 않았으니, 이는 북지왕(北地王)이 처자를 죽이고 육수부(陸秀夫)가 가족을 바다에 빠뜨려 죽인 일[51]과 전후로 나란히 두어도 부끄럽지 않습니다. 군대의 이로움과 불리함, 전공의 성공과 실패는 국운의 존망과 흥폐에 관계되니, 이것으로 장군을 논할 수는 없습니다.

아, 살면 치욕스럽고 죽으면 통쾌하다는 장군의 말을 듣고, 아내를 죽이고 죽음을 각오한 장군의 일을 보면 그 순수한 충성과 위대한 절개가 탁월하고 찬란하여 천년 뒤에도 여전히 뜻있는 선비를 통곡하게 합니다. 양촌(陽村)이 이에 대해 광패하고 잔인하다고 말한 이유는 무엇입니까.[52] 후세에 낭패를 당한 것이 참으로 마땅합니다.

50 흥수(興首)가……죽었습니다 : 흥수와 성충은 백제 의자왕의 신하로 당나라 군사를 백마강(白馬江)에서 막고 신라 군사를 탄현(炭峴)에서 막아야 한다고 주장하였다. 《三國史記 卷28 百濟本紀6 義慈王》

51 북지왕(北地王)이……일 : 북지왕은 촉한(蜀漢) 후주(後主)의 태자이다. 위(魏)나라가 침략하여 후주가 항복을 결심하자 반대하며 처자를 죽이고 자결하였다. 《三國志 卷32 蜀書 先主備傳》 육수부는 남송(南宋) 사람으로, 원(元)나라가 애산(厓山)을 함락하자 처자를 바다에 빠뜨린 뒤 위왕(衛王)을 등에 업고 바다에 빠져 죽었다. 《宋史 卷451 陸秀夫列傳》

52 양촌(陽村)이……무엇입니까 : 양촌은 권근(權近)의 호이다. 권근이 〈동국사약론(東國史略論)〉에서 계백이 처자를 죽이고 출정한 일을 두고 광패하고 잔인하다고

저는 지난 겨울 황산에 부임하였습니다. 황산은 장군이 순절한 곳이니, 지난 자취를 돌이켜 생각하면 존경하는 마음을 견딜 수 없습니다. 처량한 바람이 부는 황량한 언덕에 삼가 술 한 잔을 바치니, 영령이 어둡지 않다면 제 미천한 정성을 살피기 바랍니다.

한 말을 가리킨다. 《陽村集 卷34 東國史略論》

전투에서 죽은 연산 통인 장사정에 대한 제문
祭連山戰亡通引張士貞文

숭정 연월일, 연산 현감 김간은 삼가 간소한 제수를 갖추고 좌수 이시형(李時衡)을 시켜 전장에서 죽은 고(故) 통인 장사정(張士貞)의 영령에 제사를 지낸다.

아, 옛적 병자년(1636, 인조14) 겨울, 북쪽 오랑캐가 깊숙이 쳐들어오자 너는 본현의 현감 김홍익(金弘翼) 후(侯)를 따라 남한산성 전장으로 나아갔다가 적을 만나 패배하였다. 김후는 화살에 맞아 죽고 전군이 모두 무너져 흩어졌는데, 너만은 떠나지 않고 김후의 시신을 안고 큰소리로 통곡하다가 또 해를 당하였다.

아! 당시의 일을 차마 말할 수 있겠는가. 어가는 파천하고 외로운 성은 포위되었는데, 평소 조정에서 벼슬하며 임금이 준 옷을 입고 임금이 준 밥을 먹으며 나라의 두터운 은혜를 받은 사대부는 모두 살기를 도모하고 죽기를 아까워하며 제몸과 처자를 보전할 생각을 하였다. 지금 너는 한미한 가문의 미천한 신분으로 나이도 가장 어렸는데, 섬기는 주인에게 마음을 다하여 난리를 당하고도 변치 않았다. 죽음을 집으로 돌아가는 것처럼 여기며 들판에 시신을 눕혔으니, 이는 사대부가 하지 못한 일인데 네가 하였다. 만약 네가 조정에 등용되었다면 나라에 보답하고 절개를 지켜 죽는 선비가 되었을 것이 분명하다. 당시 너의 아내는 너에게 시집간 지 석 달도 되지 않았는데, 네가 죽었다는 말을 듣고 또 스스로 목매어 자결하였다. 아! 김후는 나라를 위해 죽고, 너는 또 김후를 위해 죽고, 너의 아내는 또 너를 위해 죽었으니, 이는 또 고금에 드문 일이다.

내가 이 땅에 부임하여 너희 부부의 충성스럽고 열렬한 일을 듣고는 마음 속으로 감탄하며 눈물을 흘렸다. 이에 옛적 정려문을 세운 곳에 한 잔 술을 올리니, 혹시 영령에게 지각이 있다면 흠향하기 바란다.

사위 이보명에 대한 제문

祭李甥普溟文

아, 옛사람이 지극한 감정은 글로 표현할 수 없으며 지극히 슬프면 할 말이 없다고 하였다. 지금 내가 그대를 통곡하면서 또 무슨 글을 짓겠으며 또 무슨 말을 하겠는가. 그저 하늘을 부르며 길이 통곡하고 가슴을 치며 눈물을 흘릴 뿐이니, 비록 이치로 스스로 억누르고자 하여도 금할 수 없다.

옛적 을해년(1695, 숙종21) 여름, 그대가 우리집에 장가들었다. 빼어난 자질과 중후한 도량은 하늘에서 타고난 것으로 동년배보다 몹시 뛰어났으니, 내가 그대에게 거는 기대가 어찌 적었겠는가. 장인과 사위가 스스로 지기라고 여기며 그대는 나를 친부형처럼 보았고 나는 그대를 친자제처럼 보았다. 책을 읽으면 함께 강론하고, 의심이 있으면 서로 질문하였다. 중간에 질병과 상사를 또 함께 실컷 겪은 지가 지금까지 17년이 되었다.

지난해 여름, 그대가 비로소 벼슬 한 자리를 얻고, 이해 여름 또 연달아 사마 양시에 합격하였으니, 바람을 가르는 한혈마(汗血馬) 같은 재주로 반드시 분발하여 입신양명하고 가문의 미덕을 이룰 것이라 여겼다. 한창 굳센 기운이 한 번 병에 걸리자 갑자기 끊어지고, 높은 나무가 중도에 먼저 꺾일 줄 누가 알았겠는가.

올봄 1월 24일, 그대가 어곡(於谷)의 임시 거처에서 나를 만나러 왔다가 며칠 동안 머물러 함께 잤다. 마침 나는 평소 앓던 여러 증상이 한창 심하여 조용히 이야기를 나누지 못하였다. 27일에 하직하고 돌아갔는데, 작별을 앞두고 내가 다시 만날 기약을 묻자 3월 보름 무렵 숙직을 마친 뒤 다시 오겠다고 하였다. 2월 1일이 되어 딸이 보낸 편지를 보았는데, 비로소 그대가 27일 한양으로 돌아간 날 병에 걸렸다는 것을 알았으나 알린 병증이 처음에는 그다지 심각하지 않았다. 또 그대가 손녀에게 보낸 편지를 보니, 편지에도 병이 위중하다는 말이 없었기에 한때 감기에 걸린 것이니 염려할 것 없다고 생각하였다. 5일 해가 진 뒤에 아이종이 저동(苧洞) 본가에서 왔기에 급히 등불을 찾아 딸의 편지를 뜯어 보았더니 써서 알린 여러 증세가 모두 위태롭고 걱정스러운 것이었다. 그래도 그대의 나이가 젊고 기운이 성하다는 점을 믿고 뜻밖의 깊은 걱정은 하지 않았다. 나는 병 때문에 가서 보지 못하여 사람을 보내었는데, 그가 다녀온 뒤로 병세가 점차 심해졌다고 들었다. 8일 새벽, 서제(庶弟)들을 보내 그대의 아우들과 함께 상의하여 간호하였는데, 이날 깊은 밤에 갑자기 부고가 왔다. 지난달 27일부터 이달 8일까지는 겨우 12일이니, 12일 사이에 평소 병 없고 젊고 건장한 사람과 갑자기 영원히 이별할 줄 누가 알았겠는가. 아, 슬프다. 아, 슬프다.

얼마 전 그대가 왔을 때 보니 얼굴은 수척하고 검었으며 기운이 지친 모습이었기에 내가 그대에게 말하지는 않았지만 마음 속으로 의아하게 여겼다. 그때 비록 드러난 병은 없었지만 기혈이 이미 손상되어 하루아침에 병이 나자 끝내 치료하지 못하고 이렇게 된 것이 아니겠는가. 약물로 치료하는 방법이 증상에 맞지 않고 인사가 미진한 점이 관여하여 그런 것인가. 아니면 수명의 길고 짧음이 처음 태어날 때 한 번 정해져서 그 사이에서 바꿀 수 없어서인가. 또 당초 나아가고 물러나는 방도가 마땅함을 잃고 신중하고 삼가는 마음이 충분하지 않아 아직 정해지지 않은 천명이 사람을 이기지 못해서인가. 어찌하여 선을 쌓은 그대의 집안에 남은 재앙이 있고, 관대하고 어진 그대의 덕으로 보답을 받지 못하였는가. 이 때문에 내가 자다가 놀라고 먹다가 목이 막혀 속을 태우며 밤낮으로 경황없어 마치 미친 병이 난 것 같아 죽어서 모르고 싶어도 그럴 수 없다. 나는 평생 운명이 기구하여 연달아 두 아들을 잃고 슬하에는 외로운 손자 하나 뿐이다. 내가 예전에 그대에게 말하기를 '내가 죽은 뒤 그대와 손자 아이가 내 뼈를 잘 묻어라.'라고 하였는데, 어찌 오늘날 그대가 나를 장사지내지 않고 내가 도리어 그대를 장사지낼 줄 알았겠는가. 아, 슬프다. 아, 슬프다.

그대의 빈소를 차린 뒤 그대의 아내가 전염병에 걸렸다. 큰 슬픔을 당한 중에 임신한 부녀가 이처럼 심한 전염병에 걸렸으니, 일상적인 이치로 말하자면 살아날 길이 전혀 없다. 그러나 결국에는 어미와 아이를 모두 보전하였으니, 그대의 정령이 저승에서 묵묵히 도와주었기 때문이 아니겠는가. 죽을 병을 앓은 뒤 산달이 점차 다가왔으나 혼자 빈소에서 지내면서 간호할 사람이 없기에 부득이 5월 그믐 전에 사촌(沙村)으로 데려왔으니, 실낱같은 목숨은 아직 남아 있으나 숨이 가물가물하였다. 그 역시 끝내 아무일 없을 수 없다는 것을 알고 남편의 친척에게 자기가 살아 있을 때 후사를 세우라고 자주 권하였다. 그대의 둘째 아우 화경(華卿)의 장남이 상복을 입고 상주가 되어 큰일을 치렀으니 마땅하다고 하겠다. 그런데 그대의 아내가 이달 6일 또 아들을 낳았으니, 훗날 성장하여 집안의 명성을 계승하기 충분하다. 이는 하늘이 선한 사람에게 보답하는 이치가 어긋나지 않은 것이다. 이 한 가지 일이 미망인의 마음에 조금 위로가 되니, 일희일비하며 어떻게 마음을 가누겠는가.

그대는 나이 마흔에 매번 후사가 없다고 걱정하였다. 지금 다행히 이렇게 두 아들이 생겼는데, 모두 그대가 세상을 떠난 뒤이니 그대는 아는가, 모르는가. 지금 두 어린 딸이 겨우 어미의 젖을 떼고, 새로 태어난 아이는 아직 머리카락도 마르지 않았으니 쓸쓸하고 괴로운 모습은 차마 볼 수 없을 정도로 참혹하다. 앞으로 돌보고 길러 장성하게 하는 일은 모두 나에게 달려 있는데, 나는 지금 늙고 병이 많아 세상에 살 날이 오래지 않다는 것을 알고 있다. 내가 죽기 전에 또 어찌 장성하기를 바랄 수 있겠는가.

아, 그대가 병들었을 때 나는 보지 못하였고, 그대가 죽었을 때 나는 가지 못하였다. 염습할 때도 시신을 만지지 못하였고, 빈소를 차렸을 때도 관을 쓰다듬지 못하였다. 저승과 이승 사이에서 참으로 부끄러우니, 유유한 이 한스러움에 어찌 끝이 있겠는가. 아, 슬프다. 아, 슬프다. 병든 몸을 이끌고 와서 통곡하니 오장이 무너지는 듯하다. 한 글자에 한 번 눈물을 흘리며 슬픈 마음을 다 표현하지 못한다. 그대의 영령이 어둡지 않다면 흠향하기 바란다.

최사손에 대한 제문
祭崔士遜文

아, 사손이 여기에서 그쳤는가. 사손이 여기에서 그쳤는가. 예전 우리 선생 문하에 제자가 많기로는 근세에 비할 데가 없었는데, 우리 형처럼 스승을 독실히 믿고 우뚝 서서 끝내 이익과 욕심 같은 외물에 흔들리지 않은 사람이 몇이나 되겠는가. 선생이 예전에 말하기를 "나는 만년에 두 선비를 얻었다."라고 하였는데, 이른바 두 선비는 형과 유도경(柳道卿 유귀삼(柳貴三))이다. 옛적 이천(伊川)이 윤화정(尹和靖 윤순(尹焞))과 장사숙(張思叔 장역(張繹)) 두 분을 두고 만년에 얻었다고 하였는데, 우리 선생의 말씀이 또 이와 같았다. 그렇다면 형과 도경은 바로 스승 문하의 윤화정과 장사숙이다. 지금 자질과 기상으로 말하자면 누가 윤화정이고 누가 장사숙인지 모르겠으나, 성대히 칭찬하고 무겁게 기대하기로는 참으로 동문의 여러 사람이 미칠 수 있는 바가 아니다.

형은 약관 시절부터 뛰어난 글재주를 일찍 성취하여 이미 동년배를 굽어보고 관직 얻기를 땅에 떨어진 지푸라기 줍듯 여기는 뜻이 있었다. 그러다가 기해년(1719, 숙종45)에 이르러 개연히 세상사를 단념하고 마침내 걸어서 파주(坡州)에 가서 남계서실(南溪書室)에서 선생을 뵈었다. 이후로 이 학문에 전념하고 힘을 써서 재야에서 조용히 지내며 벼슬에 나갈 생각이 없었으니, 이 한 가지 일에서 그 근본이 이미 바르다는 것을 알 수 있다.

아, 형은 남달리 뛰어난 자질이 있었고, 한 번 변하여 도에 이르는 용맹이 있었으며, 순서에 따라 점차 나아가는 학문이 있었고, 일에 나아가 이치를 궁리하는 지혜가 있었다. 효성스럽게 어버이를 섬기고 공경히 선조를 모셨으며, 신의 있게 벗과 교유하고 공손히 남을 대하였다. 아우들과는 화목하고 즐겁게 지내고 자질을 가르칠 적에는 인자하면서도 엄격하였다. 평범한 언행과 동정까지도 모두 학문의 연원 속에서 흘러나와 방심하거나 구차한 뜻이 없었다. 만년에 선비를 얻었다는 우리 선생의 말씀이 어찌 본 데 없이 나온 것이겠는가.

일단 스승이 돌아가신 뒤로 시사가 누차 변하여 지난날 문하에 있던 선비 중에는 이론(異論)으로 흐른 자도 있었고, 융숭함을 다하는 데 소홀히 한 자도 있었다. 각기 사사로운 견해를 주장하며 스승의 뜻을 전부 잃었으니, 참으로 이른바 '70제자가 죽기를 기다리지 않아도 대의는 이미 어그러졌다.'라는 말과 같았다. 오직 형은 무너지는 세상과 더러운 풍속 가운데 우뚝 홀로 서서 누추한 골목에 사는 분수를 달게 여기고 지조를 더욱 굳게 지켰다. 흔들어도 흔들리지 않고 곤경에 처해도 변치 않았으니, 여기서 만년에 선비를 얻었다는 우리 선생의 말씀을 더욱 확인할 수 있다. 만년에 용문(龍門)에 집을 지은 것은 세상을 피하여 늙어 죽을 생각이었으나 나이 쉰에 갑자기 어버이를 잃는 아픔을 당하였다. 지극히 몸을 상하여 폐부에 병이 생기니, 부제(祔祭)에 상장(喪杖)을 짚자마자 악실(堊室)이 갑자기 비었다. 덕 있는 가문에 내린 화가 어찌 이렇게 혹독한가. 효자의 혼령은 아마도 지하에서 울고 있을 것이다.

아, 형은 어진데도 장수를 누리지 못하였고, 형의 학문은 끝내 시행하지 못하였으니 하늘의 도는 이처럼 믿을 수 없다. 선생의 말씀을 돌이켜 생각해보며 더욱 애통한 마음 그치지 않는다. 몇해 전 도경이 세상을 떠났을 때 내가 이미 선생의 이 말씀으로 제문을 지어 곡하였다. 오늘 형을 곡하면서 또 어찌 이 말을 버리고 따로 글을 짓겠는가. 대략 몇 줄의 글을 지어 이 슬픈 마음을 담는다. 영령이 어둡지 않다면 내 마음을 살피기 바란다.

죽은 아우 중고에 대한 제문[53]

祭亡弟仲固文

나의 아우 중고는 지난해 6월 세상을 떠났다. 내가 아직 한 번도 영전에 술을 따르지 못한 것은 잊어서가 아니고 소홀해서도 아니다. 참으로 부고를 들은 뒤로 정신이 놀라 흩어지고 애통한 가운데 가슴이 찢어지는 데다 병들어 몸져 누워 조만간 죽기를 기다리기 때문이다. 몇 줄의 문자로 이 슬픈 마음을 쏟으려 하면 정신이 혼미해지고 가슴이 답답해져 말이 차마 나오지 않고 글을 이루지 못한다. 지금 내 병은 점차 심해지고 근력은 더욱 없어졌으니, 하루아침에 갑자기 죽어 마침내 끝없는 통한이 될까 두렵다. 이에 올해 계사년(1713, 숙종39) 3월 무인삭 아무 날 간지에 술과 과일을 간략히 갖추어 올리고 영전에 고하며 곡한다.

아, 우리 형제는 나와 너 두 사람 뿐이고, 내가 또 선친의 후사로 출계하였으니, 부모님의 후사가 된 자는 너 한 사람 뿐이다. 어려서부터 함께 부모님의 슬하에 있으면서 옷을 물려입고 한 밥상에서 밥을 먹었으며, 같은 곳에서 놀고 이불을 나란히 덮고 잤다. 책을 읽고 글을 논하며 시사를 이야기하고 고금을 토론하며 의리를 강론하고 음풍농월하며 산에서 나무하고 시내에서 낚시하며 아침저녁으로 놀고 손잡고 무릎을 맞대기까지 하루 한때조차 잠시도 떨어진 적이 없었다.

53 죽은……제문 : 이 글은 1712년(숙종38) 5월 11일 세상을 떠난 저자의 아우 김재(金栽)를 애도하며 지은 것이다. 《直菴集 卷14 司憲府執義養觀齋金公墓誌》

네가 벼슬한 뒤 비로소 반달 또는 한 달 동안 떨어져 있었으나, 그리우면 반드시 만났고, 만나면 반드시 즐거워하였으니, 세상에 허다한 이별의 고통이 있는 줄 몰랐다. 작년 6월 이후로 귓가에 오랫동안 네 목소리가 들리지 않고 눈으로 오랫동안 네 모습을 보지 못하였다. 세월이 거듭 흘러 해가 또 바뀌었는데, 아득한 지하에 의관을 영원히 묻었으니, 이 세상에서 다시 만날 기약이 전혀 없다. 한때 떨어지는 것도 견디기 어려운데 영원히 떨어지게 되었으니 어떻게 마음을 가누겠는가.

형과 아우를 옛사람은 손발에 비유하였으니, 어질고 지혜롭고 재주 있는지 여부를 막론하고 친애하는 데는 차이가 없다. 그러나 지금 네가 죽자 내 아픈 마음이 다른 사람의 갑절이나 되는 것은 네 뛰어난 자질이 투철하고 시원하며, 아름다운 재주가 남다르고 발군이기 때문이다. 8세에 처음《당음(唐音)》절구 수십 수를 읽자 문리가 환히 통하여 통사(通史)와 경서부터 제자백가에 이르기까지 번거롭게 스승에게 배우지 않고도 자연히 이해하였다. 열 살이 되기 전에 길고 짧은 시가 입에서 나오면 번번이 사람들을 놀라게 하고 한때 회자되었기에 사람들이 모두 왕발(王勃)과 낙빈왕(駱賓王)에 견주었다. 약관이 되자마자 사마시에 합격하여 더욱 명성이 퍼졌고, 훗날 또 나와 함께 현석(玄石) 선생의 문하에서 공부하며 아울러 위기지학에 힘쓰고 성리의 근원을 깊이 탐구하여 소견이 더욱 높아지고 더욱 진보하였다. 명덕(明德)과 물격(物格)에 대한 설은 명백하고 정밀하여 우암과 현석 어른에게 큰 칭찬을 받았다. 이와 같았으니 내가 너에게 거는 기대가 어찌 단지 과거로 출세하는 평범한 속세 사람에 비하겠는가. 그런데 지금 관직은 감찰에 그치고 장수를 누리지 못하여 네가 평소 쌓은 것을 끝내 세상에 널리 시행하지 못하였다. 어찌하여 하늘이 네게 준 것은 몹시 풍성하면서 네게 보답하는 것은 몹시 인색하단 말인가.

우리 집안은 본디 청렴하고 소박하다. 나는 만년에 음서로 관직에 보임되었고, 네가 또 이어서 문과에 급제하였으나 돌아가신 아버님이 살아계실 적에 둘다 녹봉으로 봉양하지 못하였기에 나는 너를 마주하고 가슴을 치며 눈물을 닦지 않은 적이 없다. 그래도 기대할 만한 것은 네가 대각을 출입하며 청요직을 역임하였으니, 쇠퇴한 우리 집안을 유지할 수 있다는 점이었다. 그러나 직언으로 시의(時議)를 거스르고 당파가 다른 자들이 뜻을 얻어 너를 서쪽으로 옮기고 남쪽으로 쫓아내어 하루도 조정에 편안히 있지 못하게 하였으니 어찌하겠는가. 3년 동안 변방에 있으면서 비바람에 시달렸고, 영외의 산간 고을은 또 늙고 병든 사람이 견딜 만한 곳이 아니었다. 오랫동안 몸이 상하여 얼굴에 독한 종기가 나고, 열흘과 보름 사이에 증세가 크게 변하였다. 간호할 사람이 없고 치료할 때를 놓쳐 갑자기 천리 밖 변방에서 세상을 떠났다. 내가 이에 어찌 하늘을 원망하고 사람을 탓하지 않을 수 있겠는가. 속을 태우며 목놓아 길이 통곡하니, 그만두고 싶어도 그만둘 수 있겠는가.

지난해 늦봄에 네가 나에게 보낸 편지에,

"영해(寧海) 고을은 동남쪽 큰 바닷가에 있는데 사나운 바람이 집을 흔들고 성난 파도가 창문을 때리니 실로 노년에 요양할 곳이 아닙니다. 또 신임 관찰사가 오래지 않아 내려온다고 들었으니 4월에 딸의 혼인을 치른 뒤 즉시 체직되어 돌아가겠습니다."

하였다. 나는 이미 일년 넘게 떨어져 있었던 데다 기이한 병을 앓은 지 얼마 되지 않았기에 밤낮으로 그리워하며 돌아오기를 손꼽아 기다렸다. 그런데 뜻밖에 갑자기 병들었다는 소식이 오더니 며칠이 지나지 않아 부고가 이어서 왔다. 꿈인가, 생시인가. 하늘이 한 짓인가, 사람이 한 짓인가. 네 편지는 아직 있는데 너는 홀로 어디로 갔느냐. 병들었을 때 미처 문안하러 가지 못하였고 죽었을 때 직접 염습하지 못하였으며, 영구가 돌아올 때 그저 여호(驪湖)의 배 안에서 맞이하며 곡하였으니, 이 몸이 죽기 전에 이 한이 어찌 그치겠는가.

우리 선대는 모두 학문과 행실, 효성과 우애로 일컬어졌다. 우리 부모님은 몹시 어질고 덕이 두터워 또 친척들에게 존경을 받았으니, 선을 쌓아 남은 경사로 후손이 번성하기를 기대할 만하기가 문서를 들고서 조만간 빚을 돌려받을 것과 같았다. 그런데 어찌하여 너는 이와 반대인가. 살아서는 연달아 자녀를 잃고, 죽어서는 제사를 지낼 사람이 없어 뒷일이 처량하고 제사를 맡길 데 없으니, 이치가 어그러지기가 어찌 이처럼 극도에 이르렀는가. 비록 그러하나 하늘의 도는 오랜 뒤에 반드시 정해진다. 지금 제수씨가 네가 남긴 뜻에 따라 후사 세우기를 도모하고 있다. 하늘의 도움에 힘입어 만약 현명한 후사를 얻는다면 종가의 제사를 주관하고 가문의 명성을 이을 수 있을 것이니, 하늘이 보답하는 이치가 이때에 이르러 증험될 것이다.

신묘년(1711, 숙종37) 겨울은 네가 부임하던 때이다. 사촌(沙村)에 와서 선영을 소제하고 이어서 친척 및 한두 동네 친구와 밤에 조촐한 술자리를 마련하여 담소하고 즐겼으니, 이는 원래 이별을 아쉬워하는 나의 마음을 위로하기 위해서였지만 근래 지방 고을의 수령으로 나가는 자가 하지 않는 일이다. 이제 와서 생각해보니, 어둡고 알 수 없는 가운데 영결하는 뜻이 이미 싹터서 먼저 이렇게 고별하였는데 내가 몰랐던 것 아니겠는가. 홀로 된 내가 백발이 되도록 죽지 않고 세상에 남아 있으면서 의지하여 살았던 것은 너 한 사람 뿐이었다. 그런데 지금 어찌하여 먼저 떠나며 팽개치듯 나를 버리고 조금도 돌아보거나 머뭇거리는 뜻이 없는가. 이는 나의 편협한 마음으로 또 너에게 유감이 없을 수 없는 점이다.

아, 세월은 빨리 흐르고 예제는 한계가 있어 9개월의 대공복(大功服)을 벌써 벗었으니 슬프고 괴로운 마음이 조금 줄어들 만도 한데 나의 애통한 마음은 그칠 때가 없다. 옛집은 쓸쓸하고 풍경은 완연한데 이를 보고 너를 생각하니 애통한 마음을 억누르기 어렵다. 조암(槽巖)의 물은 졸졸 흐르고 석굴(石窟)에 구름이 지나가는데, 이를 마주하고 너를 생각하니 애통한 마음을 어찌 견디겠는가. 친척들이 단란히 모였는데 너만 보이지 않으니, 옛날을 생각하는 애통한 마음이 이때 어떠하겠는가. 벗들이 모여 이야기하는데 너만 없으니, 추념하는 애통함이 이에 극에 달한다. 가는 곳마다 상심이 깊어지고 보는 것마다 감회를 일으키니 세월이 오래되어도 애통함은 더욱 깊어진다. 선왕이 제정한 예를 감히 어길 수는 없으나 천륜을 잃은 지극한 슬픔은 예절로 한정할 수 없다는 것을 잘 알고 있다.

나는 올해 68세인데 너를 잃은 뒤로 먹고 마시는 것이 날로 줄어들고 피부는 날로 쭈글쭈글해지며 정신은 날로 사라지며 마음은 날로 소모된다. 스스로 근력을 헤아려보건대 점차 시들어가고 있으니, 결코 이 세상에 오래 살 수 없다. 만약 죽어서도 지각이 있어 지하에서 너와 어울릴 수 있다면, 앞으로 바라는 것은 오직 이것 뿐이다. 달리 또 무엇을 말하겠는가. 달리 또 무엇을 말하겠는가. 달리 또 무엇을 말하겠는가. 마음이 어둡고 기운이 막혀 회포를 다 말하지 못한다. 어둡지 않은 영령이 있다면 나의 끝없는 마음을 살피기 바란다.

귀천 이군보에 대한 제문[54]

祭龜川李君輔文

유세차 숭정 기해년(1719, 숙종45) 2월 갑진삭 13일 병진일, 청풍 김간은 오래 병을 앓아 위독한 가운데 죽은 벗 귀천 이공의 영구가 동호(銅湖)의 임시 거처에서 진위(振威)로 돌아가 장사지내기 위해 발인하여 앞길을 지나간다는 말을 듣고, 삼가 닭 한 마리와 술 한 잔을 올리며 길가에 나가 맞이하며 곡합니다.

아, 형은 대대로 벼슬한 집안의 이름난 조상의 자손으로 부귀한 집안에서 태어나 도시에서 자랐습니다. 그런데도 속세의 얽매임을 벗어나도 있는 사람을 가까이 하였으며, 용감히 과거 공부를 버리고 이 학문에 전념하였습니다. 독실히 믿고 몹시 기뻐하였으며, 굳게 지키고 많이 터득하였습니다. 성색과 이욕에 동요하지 않고, 세상의 변고에 흔들리지 않으며 시종일관 한결같은 뜻으로 탁월하게 성취하였으니, 동년배 중에 찾아보면 오직 형 한 사람 뿐입니다.

아, 형은 온화하고 화락한 자질이 있었으며, 단정하고 정직한 행실이 있었습니다. 순서에 따라 점차 나아가는 공부가 있었고, 마음을 비우고 선을 받아들이는 도량이 있었습니다. 학문을 좋아하기는 먹고 마시고 철따라 옷을 바꿔입는 것처럼 당연하게 하였으며, 이치를 분석할 적에는 실오라기와 소털을 세듯 자세히 하였습니다. 집에 있을 적에

54 귀천……제문 : 이 글은 1718년(숙종44) 12월 6일 세상을 떠난 이세필(李世弼)을 애도하며 지은 것이다.《謙齋集 卷38贈議政府左贊成行刑曹參判李公諡狀》

는 자애로워 윗사람과 아랫사람이 화목하였고, 관직에 나아가서는 은혜로워 아전과 백성이 그리워하였습니다. 마음가짐은 한쪽에 치우치지 않았고, 주장을 세울 적에는 지극히 당연하게 귀결되도록 힘썼습니다. 벗과 교유할 적에는 취향이 다른 자도 믿었고, 고을에서 처신할 적에는 어리석고 미친한 자가 모두 복종하였습니다. 맑고 윤택한 기운이 얼굴과 등에 나타나고, 충성스럽고 후덕한 기상이 언행에 드러났습니다. 큰일을 당하여 중대한 절의를 지킬 적에는 지키는 바가 확고하여 뜻을 빼앗을 수 없었습니다.

옛적 형이 남쪽으로 유배간 일[55]은 선비의 기운을 펴기 충분하였으며, 몇 해 전 7월의 상소 한 통[56]은 더욱 늠름하였습니다. 나랏일이 위태롭고 의심스러울 때 강직한 혀를 놀리자 바른 말이 하늘 같은 성상을 움직이고 굳센 기운이 서리를 이겨내었으니, 보는 사람들이 모두 혀를 내밀고 장하게 여겼습니다. 이는 역사를 빛내고 후세에 찬란히 전할 만합니다.

아, 형의 재주와 학문을 보면 하늘이 형에게 준 것이 의미 없지 않은 듯하였으니, 항상 나아가서 조정에 있으면 임금을 만나 도를 시행하여 한 시대의 지극한 다스림을 이루고, 물러나 재야에 있으면 책을 지어 도를 밝혀 후세의 어리석은 이들을 깨우칠 것이라 여겼으니, 형의 한 몸에 관계된 바가 몹시 중대합니다. 어찌하여 하루아침에 사소한 병으

55 옛적……일 : 이세필이 갑인예송 때 송시열을 옹호하는 상소를 올렸다가 영광(靈光)으로 유배된 일을 말한다. 《謙齋集 卷38贈議政府左贊成行刑曹參判李公諡狀》

56 몇해……통 : 1717년(숙종43) 숙종이 이이명(李頤命)을 독대하고 대리청정의 명이 내린 일과 관련하여 올린 상소를 말한다. 《謙齋集 卷38贈議政府左贊成行刑曹參判李公諡狀》

로 갑자기 세상을 떠나 둘다 이루지 못한 것입니까. 아, 슬픕니다.

나는 어리석고 노둔한 자질로 형과 교유하였습니다. 정밀한 경전의 의리와 풀리지 않는 예법의 의문점, 천지 조화의 묘리와 음양 귀신의 변화, 심오한 성정의 동정, 고금 성패의 운수, 시사 득실의 분별에 대하여 질의할 것이 있으면 책상을 나란히하고 함께 토론하기도 하고, 편지를 주고받으며 함께 연구하기도 하였습니다. 형이 옳다고 하는 것을 내가 그르다 하기도 하고, 내가 그렇지 않다고 여기는 것을 형이 그렇다 여기기도 하였습니다. 그간 40여 년 동안 교유하였으니 분수는 벗이었지만 정분은 형제와 같았습니다. 지난 겨울 12월 3일, 형의 편지가 왔는데 바로 직접 쓴 것이었습니다. 또 예설 한 장을 부쳤는데 실로 원만하게 하나로 귀결되는 기쁨이 있었습니다. 7일 아침에 이르러 인편으로 갑자기 부고를 들었기에 급히 사람을 시켜 가서 묻게 하였더니, 형이 과연 6일 아침밥을 먹은 뒤 세상을 버렸습니다. 3일에 편지가 오고 6일에 세상을 버릴 때까지 사나흘에 불과하였는데, 누가 사나흘 사이에 갑자기 영원히 이별할 줄 알았겠습니까. 목놓아 통곡하다가 저도 모르게 숨이 막혀 땅에 쓰러졌습니다.

아, 돌아가신 스승께서 세상을 떠나신 지 지금 20년 밖에 되지 않았는데, 다른 말이 복잡하게 일어나 우리 도가 더욱 외로워졌습니다. 형은 누차 편지에서 근심하고 탄식하며 함께 스승의 뜻을 강론하여 밝히고 남기신 실마리를 실추하지 않으려 하였는데 지금 또 갑자기 이렇게 되었습니다. 이는 실로 운수에 관계된 것이니 어찌 사람의 힘으로 그 사이에서 바꿀 수 있겠습니까. 나는 지난해 가을과 겨울에 재차 기이한 병을 앓아 죽을 뻔 하였으나 죽지 않고 실낱 같은 목숨을 부지하고 있습니다. 부고를 들은 뒤에도 달려가 곡하지 못하고 옛뜻을 대략 본떠 삼가 마제(麻制)를 입었으니, 정의를 헤아리면 비통한 마음 어찌 끝이 있겠습니까. 쇠 같은 목소리와 옥 같은 용모를 이 세상에서 다시 볼 수 없습니다. 내가 의심스러운들 누구에게 질문하며, 내가 묻는들 누가 답하겠습니까. 백발이 되도록 죽지 않고 외로이 살아 있는데, 여생이 얼마 남지 않았으니 만사는 끝입니다. 아, 슬픕니다.

세월이 흘러 장사지낼 날이 되어 영구가 앞을 지나가다가 명정이 잠시 멈추었습니다. 병든 몸을 들것에 싣고 영구 앞으로 와서 곡하니, 형은 압니까, 모릅니까. 서늘한 바람이 부는데 한 잔 술을 올려 삼가 미천한 정성을 바치며 인생의 한스러움을 여기 함께 쏟습니다. 아, 슬픕니다.

족제 검재 사직에 대한 제문[57]

祭族弟儉齋士直文

유세차 숭정 기해년(1719, 숙종45) 5월 계유삭 17일 기축일, 검재 김공의 영구가 죽동(竹洞)의 본가에서 발인하여 사천(沙川)의 선영 아래 도착하여 이튿날 경인일에 축좌(丑坐)의 언덕에 장사지냅니다. 삼종형 김간은 삼가 간소한 제수를 갖추어 영전에 고하며 곡합니다.

아, 사직이여. 어찌 갑자기 이렇게 되었는가. 금처럼 정밀하고 옥처럼 윤택한 자질, 고금에 해박한 지식, 통달하고 시원한 견해, 넉넉하고 너그러운 도량, 효성스럽고 우애하며 친척과 화목한 행실, 나라를 빛낼 문장과 후세를 다스릴 뜻, 한 시대를 도야할 재주를 하늘에서 얻어 몸에 갖추었으며 안에 쌓여 겉으로 드러났으니, 하늘이 그대에게 준 것은 마치 의도가 있는 듯하였다. 그런데 지금 어찌하여 하루아침에 사소한 병으로 갑자기 이렇게 되었는가.

아, 사직은 어릴 적부터 이미 집안에서 가르침을 받았고, 또 도 있는 사람을 가까이 하고 스승의 말씀을 독실히 믿었다. 마음 속으로 묵묵히 터득하여 귀의할 곳을 알았으니, 실로 다른 사람이 미칠 수 없었다. 그러므로 강론으로 드러나면 견해가 탁월하고 의리가 정밀하였으며, 일을 행할 때를 만나면 밝고 통쾌하여 조금도 굽힘이 없었다. 외직으로 나가 관찰사가 되어서는 수레가 가는 곳마다 교화가 널리 시행되었으

57 족제……제문 : 이 글은 1719년(숙종45) 3월 13일 세상을 떠난 김유(金楺)를 애도하며 지은 것이다.《黎湖集 卷30 吏曹參判大提學儉齋金公行狀》

며, 내직으로 들어가 조정에 있을 때는 마음이 화평하고 지론이 공정하였다. 만년에 때를 만나 명성과 지위가 더욱 현달하였으며, 성군이 총애하고 조정이 의지하였기에 그가 배운 바를 행하여 크게 베풀어 거의 사류를 보합하고 세도를 만회하려고 하였다. 그런데 어찌하여 하늘은 잔인하게 빨리 빼앗아 가서 그 조짐만 보이고 끝맺지 않았는가. 임금의 직분에 결점이 있으면 누가 보충하겠으며, 이 백성이 곤궁하면 누가 은택을 베풀겠으며, 후학이 방향을 잃으면 누가 가르치겠으며, 사론이 나아갈 곳을 잃으면 누가 돕겠으며, 사문이 어려움에 처하면 누가 부지하겠는가. 어리석은 나로 말하자면 잘못을 누가 충고하겠으며 병들면 누가 약을 주겠는가. 아, 슬프다.

예전에 평안도 관찰사로 있으면서 올린 상소[58]는 말뜻이 엄정하여 스승과 제자의 분수를 통렬히 분변하고 《춘추》의 의리를 드러내어 이미 무너진 인륜을 다시 밝히고 이미 어두워진 명분을 다시 바로잡았다. 이는 한 시대의 단안이 되기 충분하며, 또한 장차 천하 후세에 할 말이 있을 것이다. 아, 명성은 공적인 물건이니 사람이 줄 수 있는 것도 아니고 사람이 빼앗을 수 있는 것도 아니다. 사직의 재주와 명망으로 한 시대에 널리 명성을 떨치는 것은 원래 분수 안의 일이다. 간혹 함부로 비방하고 배척하는 사람이 있었으나 이는 단지 그 사람의 마음씀이 험악하다는 것을 드러낼 뿐이니, 어찌 터럭만큼이라도 사직에게 손해가 되겠는가.

58 예전에……상소 : 1717년(숙종43) 김유가 평안도 관찰사로 재직 중 이세덕(李世德)이 박세채(朴世采)를 무함하자 상소하여 변론한 일을 말한다. 《肅宗實錄 43年 12月 10日》

나는 나이 약관이 넘어 사직과 함께 현석(玄石) 선생의 문하에서 수업하였다. 나는 실로 어리석어 볼 만한 점이 없었는데, 당초 가르쳐 주는 공로는 비록 스승에게 의지하였으나, 이후 절차탁마하는 도움은 사직에게 얻은 것이 많았다. 친하기는 형제와 같고 사우의 의리를 겸하였으며, 뜻이 맞고 기운이 부합하여 함께 강론하였다. 크게는 천지와 산천부터 작게는 초목과 곤충에 이르기까지 음양이 굽히고 펴지는 변화, 성정이 동정하는 묘리, 예제의 상도와 변고의 절차, 고금 치란의 자취, 시사 득실의 구분에 대해 책상을 마주하고 토론하기도 하고, 편지를 주고받으며 논의하기도 하였다. 몹시 어리석은 내가 고명한 그대의 도움이 없었다면 스스로 서지 못하였을 것이 분명하다.

우리 형제와 사직 형제는 평생 친애하는 마음이 친형제보다 못하지 않았다. 앉아서는 평상을 함께 하고, 누워서는 베개를 나란히 하였으며, 교외를 산책하기도 하고, 냇가에서 갓끈을 씻기도 하였으며, 한가로이 담소하기도 하고, 즐겁게 농담하기도 하였다. 비록 현달하고 불우한 길이 다르고 세상사가 복잡다단하여 중간에 떨어져 있을 때가 있었으나, 기쁨과 슬픔을 함께하고 편한 길과 험한 길에서 따르기는 젊어서부터 늙을 때까지 시종일관 변하지 않았다. 어찌 만형 대감(김구(金構))이 먼저 세상을 떠나고 내 아우(김재(金栽))가 이어서 죽을 줄 알았겠는가. 지금 사직이 또 나보다 먼저 돌아가니, 십여 년 사이에 거의 다 세상을 떠났다. 혼자 인간 세상에 남아 누구를 의지하겠는가. 여생이 얼마 남지 않았으니 만사가 끝났다. 아, 슬프다.

올해 설날 차례를 지낼 적에 그대가 찾아왔는데, 당시 나는 누차 죽을 병을 앓아 침석을 떠나지 못하였다. 4년 동안 떨어져 있다가 손을 잡고 보니, 비록 머리는 전부 세었으나 기운이 아직 왕성하여 실로 기뻐하였고, 스승이 모욕을 당하고 다른 논의가 복잡하게 일어난 점을 함께 개탄하였다. 나는 사직에게 시사를 그래도 어찌할 수 있다고 말하였고, 사직은 나에게 세도는 믿을 만한 것이 하나도 없다고 하면서, "돌아가신 스승의 문하에는 우리 형제 두 사람 뿐입니다."라고 하였다. 근심하고 탄식하는 뜻이 말과 낯빛에 드러나며 서로 권면하여 스승의 뜻을 드러내고자 하였다. 뜻하지 않게 지금 갑자기 이렇게 되어 더 이상 큰 일을 담당할 사람이 없으니, 이것이 어찌 우리 집안의 불행일 뿐이겠는가. 실로 사문의 불행이다. 어찌 사문의 불행일 뿐이겠는가. 또한 시운의 불행이다.

얼마 전 헤어질 적에 나에게 훗날 만날 기약을 간곡히 고하면서 "늦봄에 비석을 세울 때 제가 다시 올 것이니 조용히 회포를 풀 수 있을 것입니다."라고 하였다. 그 뒤 연달아 병으로 정고(呈告)한 일이 있었다고 들었는데, 이것은 사직하는 일상적인 일이라고 여기며 깊이 걱정하지 않았다. 3월 12일에 이르러 한양에 있는 손자의 편지를 보고서 비로소 병이 위중하다는 소식을 알았다. 겨우 하룻밤이 지나자 갑자기 부고가 왔으니, 꿈인가, 생시인가. 목놓아 통곡하다가 나도 모르게 숨이 막혀 땅에 쓰러졌다. 아, 슬프다.

나는 올해 74세인데다 심한 병에 걸려 위태로운 목숨으로 조만간 죽기를 기다리고 있다. 만약 죽은 사람에게 지각이 있다면 평소처럼 지하에서 어울릴 수 있을 것이다. 사직이 지하로 돌아가 만형 대감과 내 아우를 만난다면 부디 이 뜻을 전하고 기다리기 바란다. 아, 말은 끝이 있지만 정은 끝이 없고, 눈물은 끝이 있지만 슬픔은 끝이 없다. 영령이 어둡지 않다면 나의 진심을 살피기 바란다.

정로 족질에 대한 제문

祭正魯族姪文

아, 그대는 빼어나고 남다른 자질에 통달하고 해박한 식견이 있었다. 집안에서는 효성스럽고 우애한다는 칭찬이 드러났고, 친척들은 화목하다는 칭찬이 많았다. 의리에 나아가기는 사탕수수를 좋아하듯 하고, 이익을 피하기는 겁쟁이처럼 물러났다. 여러 일이 복잡하게 뒤섞여도 여유롭게 분석하였고, 뭇 논의가 어지러워도 명백하게 가려내었다. 어려서는 자제로서의 잘못이 없었고, 장성해서는 글재주가 뛰어났다. 매번 그대의 재주를 세상에 펼칠 수 있다면 시행하는 사업이 필시 탁월하여 볼 만할 것이라 여겼다. 그런데 한혈마(汗血馬)가 내달리지 못하고 높은 나무가 중도에 먼저 꺾일 줄 누가 알았겠는가. 기운이 맑은 것은 항상 두텁지 않고, 자질이 순수한 것은 항상 굳세지 않으니, 이는 늘 그러한 사물의 이치라서 사람도 피할 수 없기 때문인가. 이른바 '하늘의 도는 선한 이에게 복을 내리고 어진 사람은 반드시 장수한다.'는 것이 모두 사람들에게 선행을 하도록 권면하기 위해 지어낸 말이고 믿기 부족하기 때문인가. 아니면 오늘날 군자의 도가 사그러들고 운수가 좋지 않아서 재주 있는 사람이 먼저 꺾여 그 사이에 사람의 일을 용납하지 않기 때문인가. 어찌하여 덕을 쌓은 집안에서 그 보답을 누리지 못하고, 큰일을 할 수 있는 자질을 품고서 갑자기 죽는단 말인가.

그대의 선친 검재(儉齋 김유(金楺)) 선생은 맑은 이름과 아름다운 행실로 세상의 모범이 되었다. 예전에 황해도와 평안도의 관찰사를 지냈는데, 그대가 왕래하며 뵐 적에 단출히 말 한 필을 타고 갔다. 경내에 들어가도 고을에서 알지 못하였고, 감영에 머물러도 아전이 얼굴을 보는 일이 드물었다. 이는 옛적 유중영(柳仲郢)[59] 한 사람만 그러하였는데 지금 그대가 잘 하였다. 심지어 화장한 기생은 한 번도 가까이하지 않았으니, 여기서 올바른 지조를 지키고 독실한 행실을 실천하였다는 것을 알 수 있다. 그 사람을 생각해도 볼 수 없고, 남은 자취를 어루만지며 감회를 일으킨다. 어디에서 이 사람을 얻겠느냐는 탄식을 억누를 수 있겠는가.

아! 백발이 되도록 죽지 않아 놀랍고 괴이한 일을 실컷 겪는다. 북문이 한 번 열리고 서강에 바람이 급히 부는데,[60] 홀로 이 세상에 남아 있으니 살아도 무엇이 즐겁겠는가. 그만이로구나 성기(聖期 김정로의 자)여. 이제 영원히 이별이다. 바람을 맞으며 큰소리로 통곡하며 여기 술 한 잔을 바치니, 영령이 어둡지 않다면 흠향하기 바란다.

59 유중영(柳仲郢) : 당나라 유중영은 세 차례 큰 진(鎭)을 맡았으나 마구간에 말이 없었고 옷에 향을 쏘이지 않았으며 퇴근하면 밤낮으로 책을 읽었다. 《舊唐書 卷165 柳仲郢列傳》

60 북문에……부는데 : 김정로의 영구가 도성 북문을 나가 서강에서 배에 싣는 것을 말하는 듯하다.

지촌 이동보에 대한 제문[61]

祭芝村李同甫文

벗 지촌 이동보가 숭정 갑진년(1724, 경종4) 1월 평안도의 유배지에서 세상을 떠나 용인(龍仁)의 선산으로 돌아와 장사지냈다. 청풍 김간은 병으로 먼 시골에 칩거하느라 가서 곡하지 못하고, 이듬해 을사년(1725) 아무 달 아무 일 간지에 삼가 술 한 잔과 닭 한 마리를 제수로 갖추어 손자 치후(致垕)를 시켜 삼가 영전에 고하며 곡한다.

아	嗚呼
옛적 형을 처음 만난 곳은	昔始見兄
장동의 골짜기였네	于壯之谷
형은 당시 약관의 나이로	兄時弱冠
용모가 옥처럼 깨끗하였네	貌潔如玉
한 마디 말에 뜻이 맞았으니	片言相契
내 마음이 곧 형의 마음이었네	我膽兄肝
형은 일찍 스승을 얻었으니	兄早得師
우암(尤庵)과 현석(玄石) 두 분이었네	尤玄兩門
두 스승의 문하에	兩師門下
배우는 자가 수천이었는데	學徒千數

61 지촌……제문 : 이 글은 1724년(경종4) 1월 20일 세상을 떠난 이희조(李喜朝)를 애도하며 지은 것이다. 《陶菴集 卷29 祭酒芝村李公神道碑》

학문을 좋아하기로는	至其好學
형이 으뜸이었네	兄爲之首
정사와 문학에 뛰어났으니	政事文學
성인 문하의 분야라네	聖門有科
사헌부와 시강원에 근무하니	霜臺講院
우리 도가 흥할 조짐 있었네	吾道爲兆
사문이 불행하여	師門不幸
오랫동안 형서의 화[62]를 당하였네	久罹邢禍
주머니에 봉해 은밀히 아뢰니[63]	囊封密奏
여러 사람이 불처럼 노하였네	衆怒如火
시사가 점차 위태로워져	時事轉危
북문의 화[64]가 일어났네	北門禍作
물여우가 모래를 쏘니	蜮弩吹沙
채원정의 다리에 피가 흘렀네[65]	蔡脚流血

62 형서(邢恕)의 화 : 형서는 정호(程顥)의 제자였으나 훗날 스승을 배신하였다. 《宋史 卷471 姦臣列傳 邢恕》 여기서는 윤휴(尹鑴)가 송시열(宋時烈)과 대립한 일을 말한다.

63 주머니에……아뢰니 : 1717년(숙종43) 이세덕(李世德)이 송시열을 무함하자 이희조가 관련 기록과 상소를 주머니에 넣고 봉하여 바친 일을 말하한다. 《黎湖集 卷29 芝村李先生行狀》

64 북문의 화 : 본디 남곤(南袞) 등이 경복궁의 북문 신무문(神武門)으로 들어가 고변(告變)하여 일어난 기묘사화를 말하는데, 여기서는 신임사화를 말한다.

65 채원정의……흘렀네 : 채원정이 주희와 함께 위학(僞學)으로 몰려 도주(道州)로 유배갈 적에 3천 리를 걸어가느라 발에서 피가 흘렀다. 《宋史 卷434 儒林列傳 蔡元定》 여기서는 이희조가 유배간 일을 말한다.

남쪽으로 옮겼다가 북쪽으로 유배되니[66]	南遷北流
길에서 고복하였네	皐復路次
단지 사약을 받지 않았을 뿐	直不金斝
몽둥이와 칼이 무엇이 다른가[67]	梃刃何異
객지에서 영구가 돌아오니	旅櫬歸來
길 가는 사람도 슬피 울었네	行路悲泣
나는 당시 남쪽으로 내려와	余時落南
두려워하며 깊숙이 칩거하였네	畏約窮蟄
형이 북쪽으로 갈 적에	當兄北行
소사에서 이별하려 하였는데[68]	擬別蕭寺
일이 끝내 어긋나	事竟緯繣
마침내 영결하였네	遂成千古
부고가 갑자기 도착하니	凶音突至
꿈인가 생시인가	眞耶夢耶
곡위를 설치하여 곡하고	設位以哭
예법에 따라 마(麻)를 입었네	据禮服痲
남계의 구름은 자욱하고	南溪雲暗
화양동은 안개에 묻혔네	華陽煙鎖

66 남쪽으로……유배되니 : 이희조가 1723년 영암(靈巖)에 유배되었다가 다시 철산(鐵山)으로 이배된 일을 말한다. 《黎湖集 卷29 芝村李先生行狀》

67 몽둥이와……다른가 : 사람을 죽이는 데 몽둥이와 칼을 쓰는 것이 무엇이 다르냐는 《맹자》 〈양혜왕 상(梁惠王上)〉의 말을 인용한 것이다.

68 소사에서 이별하려 하였는데 : 주자의 제자 채원정(蔡元定)이 도주(道州)로 유배 갈 때 주자와 소사(蕭寺)에서 작별한 일을 인용한 것이다. 《宋史 卷434 蔡元定列傳》

형이 지금 또 떠났으니　兄今又逝
남은 업적 누가 잇겠는가　遺緖誰繼
하늘이 화를 내린 것을 후회하여　天心悔禍
양효 하나 처음 회복되었네[69]　一陽初復
헌가의 만사[70]를　獻可之挽
오늘 다시 읊네　再詠今日
영전에서 한번 곡하는 것도　臨筵一哭
늙고 병들어 하지 못하였네　衰病未行
대신 어리석은 손자 보내어　替遣迷孫
이 술 한 잔 올린다네　薦此一觥
글 지어 감정을 쏟아내니　緘辭寫情
슬퍼서 말이 되지 않네　悲不爲說
영령이여, 지각이 있다면　靈如有知
나의 진심 살피소서　鑑我衷曲

69 양효……회복되었네 : 1725년(영조1) 이희조가 복관된 뒤 증직과 시호를 받은 일을 말하는 듯하다.

70 헌가의 만사 : 헌가는 원우(元祐) 연간 간당(奸黨)으로 몰린 왕헌가(王獻可)를 말한다. 여기서는 이희조를 비유한 것이다.

후재집

제42권

비碑

묘지墓誌

비 碑

가의대부 행 사간원 대사간 홍공 신도비명
嘉義大夫行司諫院大司諫洪公神道碑銘

공의 휘는 우전(禹傳)이고 자는 집중(執中)으로 남양(南陽) 사람이다. 고려조 태사 휘 은열(殷悅)이 바로 시조이다. 그 뒤로 관직을 지낸 사람이 계속 이어져, 본조에 들어와서 휘 경손(敬孫)이 동지성균을 지냈으니 호가 우국(友菊)이고, 휘 춘경(春卿)이 관찰사를 지냈으니 호가 석벽(石壁)이다. 증조부 휘 명원(命元)은 선조와 인조 두 조정에서 벼슬을 하였는데 이름과 덕에 한시대가 경도하였으니, 호는 해봉(海峯)으로 우재 송시열 선생이 그 묘지명을 썼다. 조부 휘 처심(處深)은 첨정을 지냈고, 부친 휘 수제(受濟)는 정랑으로 은진 송씨(恩津宋氏) 현감 송지렴(宋之濂)의 여식을 아내로 맞아 다섯 아들을 두었는데 공이 그중 넷째이다. 정랑의 아우 휘 수진(受晉)은 죽고 후사가 없었는데 부인 구씨(具氏)가 조정에 호소하여 공을 데려다 후사로 삼았고 공이 존귀해졌을 때 이조 참판에 추증되었다.

공은 숭정 계묘년(1663, 현종4)에 한성에서 태어났다. 어려서 빼어나 총명함이 남달랐다. 조금 자라서는 제자와 역사에 두루 통달하였고 사부(詞賦)를 잘해서 뛰어난 선배들에게 많은 인정을 받았다. 임오년

(1702, 숙종28)에 진사시에서 제 3등에 입격하여 장릉 참봉(長陵參奉)으로 처음 출사하였다. 경기전(慶基殿) 참봉으로 바뀌었다가 승진하여 예빈시 봉사, 평시서 직장, 장악원 주부, 금부도사를 지냈다. 공조에 들어가 좌랑과 정랑을 지냈다. 신묘년(1711, 숙종37)에 진안현에 제수되었는데 조치가 적절하여 10번의 고과(考課)에서 최고점을 받았다. 정유년(1717, 숙종43)에 한성부 판관에 제수되었고, 호조 좌랑으로 옮기고 정랑을 지냈다. 무술년(1718, 숙종44)에 함양군에 제수되었는데 그 정사가 진안현 때와 같았다. 기해년(1719, 숙종45)에 별시에서 제 2등에 뽑혔다.

공이 젊어서 글을 잘한다는 명성이 있었지만 오랫동안 과거에 실패했었는데, 이때 이르러 사람들이 진동보(陳同甫 진량(陳亮))가 느지막이 급제한 일과 비교하였다. 얼마 있다가 사헌부 지평에 제수되었다. 상소를 올렸는데 양역(良役) 제도를 바꾸고 빠져나간 장정을 찾아내는 문제를 논하고 기강을 진작시키는 요점을 진언하는 것으로 마쳐서 수천 자가 이어졌다. 삼연(三淵) 김창흡이 찬탄하기를, "나라를 다스리는 문장이다." 하였다. 여러 차례 정언, 지평, 헌납에 제수되었고 집의에 승진하였으니, 직간하는 강직한 신하의 풍도가 있었다. 해주(海州)에 있는 인조의 사적비는 역신 민암(閔黯)이 지은 것이다. 공이 주청하여 따로 지어 바꿔 세웠다. 뒤에 또 논하여 역신 이항(李杭)이 쓴 연서역(延曙驛)의 인조별서유기비(仁祖別墅遺基碑) 및 역신 심익창(沈益昌)이 지은 장렬왕후(莊烈王后) 악장을 모두 고쳐 바로잡기를 청하였는데, 당시의 여론이 이를 바르게 여겼다.

당시 숙종께서 여러 해 동안 병환 중이어서 경종께서 대리청정하였다. 그런데 삼사의 상소 및 군국(軍國)의 사무는 그래도 임금에게 관계된 것이었는데, 유신의 차자로 인해 상의 마음이 매우 격노하여 명하여 모두 동궁의 재결과 처치를 듣게 하였다. 공이 상소를 올려 명을 거두기를 청하며 말하기를, "성상의 체후가 한결같이 좋지 않으시니 유신이 한 번이라도 날마다 서책을 가까이하고 날마다 여러 사무를 보셔야 한다고 이른 적이 있습니까. 다만 마음을 다스리는 것과 병을 다스리는 것은 본디 두 가지 이치가 아닙니다. 전하께서 때때로 영접하는 기회를 내려주시어 꽉 막혔던 것을 시원하게 뚫어 위아래의 정이 통하게 하고 때에 맞춰 조리하는 도를 다하고자 하신다면 잘난 척하는 기색을 드러내 보여 간언을 올리는 길을 미리 막아서야 되겠습니까. 지금 세자가 대리청정하는 것을 올바른 사람에게 맡긴 것이라 여겨 대번에 바깥일을 사절한다면 이 또한 어찌 우리 전하께서 40년여 동안 국사를 근심하여 수고하시고 걱정하신 뜻이겠습니까." 하였으니, 대개 당시에 하기 꺼리는 말이었다.

공이 소리 높여 말하고 개의치 않으니 간흉들이 이를 빌미로 벌써부터 위태로운 말로 선동하였다. 경묘(景廟) 초년에 흉인 조중우(趙重遇)가 상소를 올려 사친(私親)을 융성하게 모셔야 한다고 청하면서 조정 신하들을 비방하여 시탐하는 계책으로 삼았다. 옥당에 겉으로는 인혐(引嫌)하면서 안으로는 부화뇌동하는 자가 있었는데, 공이 그의 태도를 미워하여 즉시 탄핵하였다. 태학생 윤지술(尹志述)이 품고 있는 생각을 아뢰었는데, 다른 사람은 하기 어려운 말을 하였다. 상이 멀리 유배를 명하였다. 공이 이때 휴가 중이었는데 개연히 여러 차례 쟁언하여 결국 상이 명을 거두었다. 인산(因山)을 마치고 다시 글을 올려 경계의 말을 아뢰기를, "제왕의 효도는 거친 음식을 먹고 물만 마시며 소리 내어 우는 상중 예절에 있지 않고, 오직 선대의 업적을 계승하여 그 도를 다하는 데에 있습니다. 지금 전하께서 마땅히 먼저 하셔야 할 일은 선왕께서 정사에 수고하신 것을 본받고 선왕께서 학문에 힘쓰셨던 것을 잇는 데에 있지 않겠습니까." 하였다.

또 중국 황제가 분묘의 일을 마치고 나면 즉시 경연을 열었던 일을 인용하여 강학을 열 것을 청하였다. 상이 매우 가납하였다. 과거 숙종께서는 정사를 보신 40년 동안 여러 신하의 사정을 환하게 아셨는데 말년에는 마침내 사류(士類)에게 전적으로 맡기시어, 붕당을 짓는 간악하고 불충한 자들과 군신과 사제의 명분과 의리를 범하는 자들을 배척하고 등용하지 않았다. 이 때문에 실의한 일종의 무리가 장돈(章惇)과 채변(蔡卞)이 선인태후(宣仁太后)를 원수로 여긴 것과 같이 독을 품고 기회를 엿보아 한 번 통쾌하게 뜻대로 할 수 있기를 생각하였다. 이때 이르러 사특하고 음험한 말이 계속 이어서 일어나고 선한 이들도 스스로 위험하다고 느끼는 마음이 많아졌는데도 공은 만나는 일마다 감히 직언을 올려 사생과 화복으로 마음을 동요하지 않으니 사론이 모두 중요한 인물로 의지하였다.

얼마 있다가 현궁봉폐관(玄宮封閉官)의 공로로 통정대부로 승격하였고, 장예원 판결사에 제수되었다. 병조 참의와 참지로 옮겼다가 충청 감사에 제수되었다. 늙은 어버이의 봉양을 위해 사직하여 체직되어 대사간으로 옮겼고, 외직으로 나가 경상 감사가 되었다. 마침 흉년이 들었는데 적절한 방법으로 진휼하여 기아에 허덕이는 백성이 없었다. 공이 급제한 지 몇 해되지 않아 관찰사의 지위에 오른 것에 스스로 감격하여 국은에 보답할 것을 도모하였는데, 세상일이 다시 한차례 변하였다.

역신 박필몽(朴弼夢)이 관직을 삭탈할 것을 아뢰니, 공은 전주의 구만(龜灣)에 임시로 거처하고 이어 '구만'을 자호로 삼았다. 어버이의 곁에서 날마다 기쁘게 보내며 꽃모종을 심고 시를 읊는 것을 즐거움으로 삼았다. 계묘년(1723, 경종3)에 조지빈(趙趾彬)이 공이 지평으로 있을 때 올린 상소를 뒤늦게 찾아내 죄를 엮어 정주(定州)에 유배되었다. 다음 해 상께서 공에게 노모가 있다는 것을 알고 태인(泰仁)으로 옮겼다. 금상 원년 을사년(1725, 영조1)에 구신(舊臣)들을 임용하였는데, 공이 죄를 용서받고 서용되어 공조와 예조의 참의에 연이어 제수되었으나 관직에 나아가지 않았다. 만년에 판결사(判決事)로 부름에 달려갔다가 곧바로 귀성하였다. 조정의 의견이 꼭 불러들여야 한다고 해서 여주 목사에 제수하였다. 공은 편히 어버이를 봉양하기 위해 부임하려고 했는데, 도착하기 전에 길에서 대사간에 제수되었다. 입대하여 백성의 고충을 극진하게 아뢰니 상께서 자못 귀를 기울이셨다. 9월에 공조참판에 특별히 제수되었다. 이때부터 연이어 예조와 병조와 형조의 참판을 지냈다. 병오년(1726, 영조2)에 대비의 옥책문을 쓴 일로 가의대부에 승자되고, 동지 의금 춘추관사(同知義禁春秋館事)를 지냈다. 《경종실록》의 산삭에 참여하였고, 전의감과 승문원과 비변사의 제조를 지냈으며 대사간이 된 것이 전후로 모두 네 차례였다.

이에 앞서 경종께서 후사가 없이 병이 들자 대신 김창집(金昌集)과 이이명(李頤命)과 이건명(李健命)과 조태채(趙泰采)가 왕대비의 수교와 경종의 뜻을 받아 금상을 받들어 후사의 지위를 정하였으니, 사실 숙종의 유지였다. 숙종을 원망한 흉악한 무리가 마침내 크게 시끄럽게 하니, 이에 역신 유봉휘(柳鳳輝)가 앞장서 동요시키는 상소를 올렸고 이어서 조태구(趙泰耉) 등이 북문의 변고를 다시 저질렀다. 김일경(金一鏡)과 박필몽 등 7적(賊)이 다시 흉악한 상소를 올렸고[1] 이 일로 정권을 훔칠 수 있었다. 여러 흉적이 음으로 환첩(宦妾)과 결탁하여 요사한 거짓말을 선동하였으니, 그 계획이 본디 선류(善類)를 해치는 정도에 그치지 않았다. 얼마 지나지 않아 역적 환관과 요사한 궁녀가 모해한 일이 발각되자 또 역적 목호룡(睦虎龍)을 사주하여 고변하게 하였다. 고명대신(顧命大臣)과 오랜 세가(世家)와 명신(名臣)、숙장(宿將)이 모두 역적으로 무함을 당해 크게 주륙이 가해져 흉포한 불길이 치솟아 국본(國本)이 위태롭게 되었다.

상이 즉위한 후 성덕(聖德)이 치욕을 참으셔서 토벌을 오랫동안 시행하지 않았다. 공은 흉역들이 편안히 지내는 것을 애통해하여 분노하고 강개하여 토복(討復)의 의리를 진력으로 논하였다. 상소의 내용은 대략 다음과 같다. "반역을 토벌하는 것은 《춘추》에서 중요하게 여기는 것이고 역적을 토벌할 것을 청하는 것은 성인께서 행한 일입니다.[2] 만일 이것을 소홀히 한다면 나라는 나라답지 않고 사람은 사람답지 않을 것입니다. 후사를 세워 대리청정하는 것은 사실 선대왕께서 종묘사직을 위해 세운 지극한 계책에서 나온 것이니, 세제(世弟)를 세우는 것을 찬탈로 몰아가고 대리청정을 추대한다고 무함하는 것은 반역이

1 김일경(金一鏡)과……올렸고 : 7적(賊)은 김일경(金一鏡), 박필몽(朴弼夢), 이진유(李眞儒), 이명의(李明誼), 윤성시(尹聖時), 정해(鄭楷), 서종하(徐宗廈)를 가리키는 말로, 이들이 함께 상소하여 왕세제의 대리청정을 처음 제기한 조성복과 이를 강행하려고 한 김창집, 이이명, 이건명, 조태채 네 명의 대신을 역모로 몰아 처벌하기를 청한 일을 말한다. 《景宗實錄 1年 12月 6日》

2 역적을……일입니다 : 진성자(陳成子)가 제 간공(齊簡公)을 시해하자, 공자(孔子)가 목욕재계하고 조회에 나아가 노 애공(魯哀公)에게 토벌할 것을 청한 일을 말한다. 《論語 憲問》

아닙니까. 전후로 내린 연석(筵席)의 하교를 보면 흉악한 무리의 정상을 간파한 성상의 감식안이 여러 신하가 알고 있는 것보다 더 뛰어난 점이 있으신데, 어찌하여 수삼 명의 흉적을 비호하여 사사롭고 작은 은혜를 시험하고자 하여 윤상(倫常)을 무너뜨려 점차 패망에 이르게 하고도 전혀 돌보지 않는 것입니까."

또 삼사 중 대론(大論)을 이리저리 피하여 몰래 보신하려는 계책을 세운 자들을 논하여 파직할 것을 청하였다. 또 최규서(崔奎瑞)가 일찍이 사친을 융숭히 높이는 것의 가부를 논의할 때에 그 말이 핵심을 피하여 정태(情態)가 가증스럽고, 또 감히 조길상(曹吉祥)과 석형(石亨)이 집권한 일로 인해 기미를 보고 물러난 명나라 설선(薛瑄)에 자신을 비견하였으며, 게다가 30년 전에 이미 물러난 몸으로 오직 김일경과 유봉휘의 성쇠를 보고서 그 거취를 정하였고, 더군다나 그 상소에 '과거 역적들을 두고 종묘사직을 위한 계책을 세웠다고 하였으니, 장차 대행왕(大行王)을 어느 곳에 두려는 것인가.'라고 한 말은 매우 참혹하다고 논하여 엄하게 물리칠 것을 청하였는데, 말이 모두 간절하고 곧았다. 상소가 나오자 눈치를 살피는 자들이 대부분 기뻐하지 않았다.

그 뒤에 또 상소를 올려 경계의 말을 아뢰었는데 대략 다음과 같다. "전하께서 날마다 경연을 열어 경의(經義)를 토론하시니 마땅히 성스러움과 공경함이 날로 발전하고 자기도 모르게 덕이 닦여져야 하는데, 일에서 실천하고 말에서 드러나는 것을 보면 기쁨과 노여움이 간혹 가볍게 드러나고 사기(辭氣)에 신중함이 부족해서 때와 장소에 따라 번번이 해를 끼칩니다. 비록 오래지 않아 잘못을 뉘우쳐서 허물을 고치는 것을 일식과 월식처럼 우러를 수 있지만, 이 병통을 제거하지 못하고 이러한 실수가 항상 일어날까 걱정되니, 두려워하지 않을 수 있겠습니까." 또 신치운(申致雲)이 유현(儒賢)을 무고한 죄를 아뢰었지만 비답을 받지 못했다. 숙종을 부묘할 때에 흉당이 남구만(南九萬)과 윤지완(尹趾完)과 최석정(崔錫鼎)을 묘정에 배향하자 사론이 모두 분하고 억울해하였다. 공이 사전(祀典)은 지극히 중요한 문제로 숙종에게 죄를 지은 자를 구차히 배향할 수 없다고 하여 마침내 양사를 선동하여 철거를 주청하였다. 상이 좋아하지 않아 비답이 자못 엄하니, 공이 인피(引避)하였다.

또 상소를 올렸는데 대략 다음과 같다. "갑술년(1694, 숙종20)에서 신사년(1701, 숙종27)에 이르기까지 세 신하가 죄를 범한 것이 한 꿰미에 꾀어진 듯합니다. 혹 장희재(張希載)와 업동(業同) 두 흉적을 보호하여 훗날의 화변(禍變)을 양성하기도 하였고, 혹 삿된 의론을 앞서 주창하여 박정(朴涏)과 박만정(朴萬鼎)의 선발대가 되기도 하였고, 혹 차자를 올려 역비(逆婢)의 옥사[3]를 해명하여 대비를 남보듯 하는 결과를 기꺼이 초래하기도 한 일 등은 모두 똑같이 명분과 의리의 죄인이 되는 것을 면하지 못합니다. 단종의 추복(追復)을 홀로 저지한 것[4]과 정유년의 상소를 작성한 의도가 음험한 것[5]과 경전의 주석을 마음대로

3 역비(逆婢)의 옥사 : 석렬(石烈)과 필정(必貞)의 옥사로, 대비인 인원왕후(仁元王后)의 언문 교서에 이들이 박상검(朴尙儉)·문유도(文有道)의 세제 시해 모의 사건에 연루된 자로 지목하였다. 《承政院日記 景宗 1年 12月 23日》

4 단종의……저지한 것 : 숙종이 단종(端宗) 복위(復位)의 건으로 대신과 유신(儒臣)들에게 수의(收議)하였을 때, 영중추부사 남구만만 복위를 반대하였다. 《肅宗實錄 24年 10月 24日》

5 정유년의……음험한 것 : 윤지완이 상소하여 세자에게 대리청정을 시키겠다는 숙종의 하교에 대해 굳게 간쟁하지 않은 영의정 김창집(金昌集)과 좌의정 이이명(李頤命)

고쳐 사문에 죄를 얻은 것[6]은 단지 작은 일에 불과합니다. 이러한 자를 숙종의 묘정에 배향하는 것이 도리에 매우 위배되는 일이 아니겠습니까." 그 말이 더욱 엄정하였다. 이어서 여러 신하를 경시하는 일로 간언을 올리니 비답이 더욱 엄하였다. 병을 한차례 아뢰고 즉시 체직되었는데, 이때부터 공은 다시 대각에 들어가지 않았다.

묘당에서 추천하여 수원 부사에 제수하였는데, 관직에 부임하기 전에 7월의 대대적인 진퇴(進退)가 있어서 정청(庭請)에서 청대할 때 있었던 신하들을 파직하라는 명을 내렸는데 공이 거기에 들어 있었다. 이어서 남구만 등의 배향을 철거하는 의론 때문에 제일 먼저 삭출되었다. 공은 서울 집을 팔고 장차 온 가족을 데리고 남쪽으로 내려가려고 하였는데, 마침 병을 앓아 무신년(1728, 영조4) 정월 22일 계유에 광주의 임시거처에서 돌아가셨으니, 향년 66세였다. 모월 모일에 고산(高山) 선영 아래 자좌(子坐)의 묏자리에 장사지냈다.

공은 효에 순수하여 생부와 생모의 상을 만났을 때 예절보다 더욱 슬퍼하였다. 만년에 참판공의 후사로 나가서 구부인(具夫人)을 섬길 때 정성과 공경이 지극하여, 편안하지 않으실 때는 곁을 떠나지 않고 모셨다. 대부인이 그가 쇠약하고 병든 것을 걱정해서 조금 쉬라고 권해도 조금도 게을리하지 않았다. 형제와 우애가 매우 돈독하여 날마다 단란하게 모였는데 늙어서도 변치 않았다. 소후가(所後家)의 토지와 노비를 누이들에게 나누어주었다. 한 누이가 일찍 죽었는데 그 어린아

을 탄핵한 일을 가리킨다. 《肅宗實錄 43年 7月 28日》

6 경전의……얻은 것 : 최석정이 《예기유편(禮記類編)》을 편찬하면서 《중용》과 《대학》의 편차를 자의로 편집한 것을 가리킨다. 《肅宗實錄 35年 1月 18日, 21日》

이를 어른이 될 때까지 길러주었다. 궁핍한 종족들도 대부분 공에게 의지하여 먹고 살았다. 먼 조상의 묘소가 진주에 있었는데 그 장소를 잃어버렸다. 공이 경상 감사 시절에 매우 정성껏 찾아서 뒤에 결국 찾아내어 다시 쌓고 묘갈을 세웠다. 종중에 폐지되어 거행되지 않는 모임이 있었는데 공이 다시 시행해서 친목을 다졌다. 집안에서 공의 행실이 이처럼 순수하고 완전하였다. 그러므로 조정에 서서 임금을 섬긴 것은 효성이 충성으로 옮겨간 것이니, 그 말과 행실이 정직하여 조금의 흠도 없는 것이 마땅하다.

공은 용모가 수려하고 도량이 넓어서 평소에 갑자기 말을 하거나 안색을 바꾸는 일이 없었고 남을 대할 때 온화하고 말이 친근하였다. 그러나 의리와 윤리가 관계된 일에는 단호하였다. 칼과 도끼로 주벌이 가해지는 때를 당하여 평소에 의리를 담론하던 사대부들이 움츠려들고 기가 꺾여서 모두 앞뒤를 살펴 나아가거나 물러나는 태도를 취하였다. 그러나 공의 지조는 더욱 확고하여 죽어도 바꾸지 않고 구구한 충심에 군부(君父)를 위하여 난신적자를 토벌하고자 했을 뿐인데 결국 노년에 당론으로 상에게 죄를 얻었다. 이는 주자가 '말년의 영광'이라고 한 것이니[7] 범충선(范忠宣 범순인(范純仁))보다 훨씬 어진 것이다.

예로부터 군자와 소인은 각기 부류대로 따랐기 때문에 군자당과 소인당이 있었다. 임금이 신하를 등용하고 내칠 때는 오직 군자인지 소인

7 주자가……것이니 : 주자가 70세가 되던 1259년에 벼슬을 그만두며, 자신이 한탁주 등에게 위학(僞學)이라 지목당한 일을 북종 때 사마광과 정이 등이 간당비에 이름을 올린 일에 비유하여 "늘그막 영광은 간당의 이름에 오른 것이고, 지난날의 수치는 근신의 관을 쓴 일이네.〔老去光華奸黨籍, 向來羞辱侍臣冠.〕"라고 한 것을 가리킨다. 《晦菴集 卷9 蒙恩許遂休致陳昭遠丈以詩見賀已和答之復賦一首》

인지를 볼 뿐이다. 군자라면 어찌 당을 걱정하겠는가. 그런데 지금 사정(邪正)과 충역(忠逆)을 따지지 않고 일체 뭉뚱그리니, 춘추의 의리를 지키는 자가 매번 치우치고 사사롭다는 죄목을 면치 못한다. 공이 이때에 벌을 받고 쫓겨난 것도 이상할 것이 없다. 옛날 이백기(李伯紀)가 행재소에서 입대했을 적에 장방창(張邦昌)의 죄명을 제일 먼저 바로잡았으니[8], 난신적자를 토벌하지 않으면 의리가 막히고 윤리가 사라져 천하의 일을 할 수 없다. 지금 공이 지킨 것은 바로 이백기의 의리이다. 이백기는 능히 난적을 주벌하였는데 공은 할 수 없었던 것은 어째서인가. 이 또한 개탄스러울 뿐이다.

공은 강직하여 속태가 없었다. 명문가를 좇아다니는 것으로 승진을 도모하는 계책으로 삼으려 하지 않아 집안이 쓸쓸한 것이 마치 한미한 선비 같았다. 자제 중에 혹 이것으로 말을 하는 자가 있으면 공이 나무라며 말하기를, "쇠미한 말년에 벼슬을 하여 지위가 여기에 이르렀으니 분수에 지나친 것이다." 하였다. 여러 차례 특진관(特進官)으로 입시하였는데, 근래 이 직임에 있는 자들이 대부분 강학의 직분으로 자처하지 않았다. 공은 이것이 나라에서 이 직책을 설치한 의도가 아니라고 여겨 번번이 글의 뜻을 부연하고 반복해 개진하여 반드시 임금의 마음으로 귀결시켰다.

8 이백기(李伯紀)가……바로잡았으니 : 백기는 송(宋)나라 이강(李綱)의 자이다. 금(金)나라가 도성이 함락된 뒤 고종(高宗)이 즉위하자 상서우복야 겸 중서시랑(尙書右僕射兼中書侍郎)에 임명되었으나 열 차례 상소하여 사직하였다. 상소에, "장방창(張邦昌)은 국가가 어려울 때 절개를 지키다 죽지 못하고 금나라의 요구에 따라 성(姓)을 바꾸고 국호(國號)를 바꾸었으니, 법에 따라 주벌해야 한다."라고 하였다. 《宋史 卷358, 359 李綱列傳》

을사년(1725, 영조1)에 재기하니 성상의 은총에 감격하여 차마 바로 떠나지 못했다. 그러나 시세가 점점 험해지니 공이 조정에 있는 것을 즐거워하지 않아 매양 전원에서 늙어갈 계획을 가지고 있었다. 한문공(韓文公 한유(韓愈))의 〈추회시(秋懷詩)〉의 "벼슬을 내려놓고 새로이 겁쟁이가 되고 보니, 영예를 추구하던 지난날 용맹했던 때가 서글프네.〔斂退就新懦, 趨營悼前猛.〕"[9] 시구를 벽에 직접 써서 그 뜻을 보였다. 이에 사람들이 공이 공명을 구하는 사람이 아니라는 것을 알게 되었다. 공이 젊어서 타우(打愚) 이상(李翔)의 집안에 장가들었는데, 이공이 중시하였다. 우재(尤齋) 선생께서 공과 이야기를 나눈 적이 있는데 자주 칭찬하시고 이어 황면재(黃勉齋 황간(黃榦))와 같은 인물이 될 것을 면려하였다. 일찌감치 대현(大賢)에게 인정받은 것이 이와 같았다.

공은 독서를 좋아하여 경전을 거의 자기 말처럼 외웠다. 만년에는 주자의 편지글을 좋아해서 밤늦도록 공부하기를 게을리하지 않았다. 비록 떠돌고 다급한 때라도 잠시도 손에서 놓지 않았다. 그러므로 상소문에 드러난 것이 의리(義理)에 근거하여 아름다워 볼 만하였다. 공이 일찍이 말하기를, "흉역들이 남을 해치려는 마음을 가진 지 매우 오래되었다. 살인을 그치지 않고 해치기를 도모하고, 해치기를 도모하기를 그치지 않고 반드시 전쟁을 일으키는 데에 이를 것이다. 우리가 한 번 죽는 것이야 본분 상 마땅한 일이지만 3백년 종묘사직이 장차 어느 지경에 놓이겠느냐." 하였다. 공이 돌아가시고 몇 개월이 되지 않아

9 벼슬을……서글프네 : 원문은 '歛退就新懦, 趨營悼前猛'로 두 구가 도치되어 있는데, 《오백가주창려문집(五百家注昌黎文集)》 권1에 근거하여 바로잡아 번역하였다.

군흉들이 결탁하여 거병해 난을 일으켰으니, 과연 공의 말대로 되었다. 이때 상께서 특별히 문외출송을 풀어주시고 이어 직질(職秩)을 돌려주라고 명하였으니, 또한 곡강(曲江)을 추념하는 뜻[10]이 아니겠는가.

공은 모두 네 명의 아들을 두었다. 장남 계복(啓福)은 약관이 되기 전에 요절하였고, 차남 계록(啓祿)은 둘째 작은아버지의 후사로 나갔는데 어질었으나 일찍 죽었다. 셋째는 이름도 없이 요절하였고, 넷째 계희(啓禧)는 진사다. 딸은 이엄(李淹)에게 시집갔다. 계록은 딸 하나를 두었는데 아직 시집을 가지 않았다. 계희는 아들 넷인데 모두 어리다. 이엄의 계자(繼子)는 이현곤(李顯坤)이다. 내가 전에 호남의 고산에 우거할 때에 공의 집과 가까워 비로소 공과 면식이 있게 되어 여러 차례 방문해주신 은혜를 입었다. 비록 늘그막의 인연이었지만 사실 만년을 기약한 사이였다. 지금 공의 아들 계희가 천 리 밖에서 편지를 부쳐 공의 가장(家狀)의 초고를 보내며 비석에 새길 문장을 매우 정성스레 청하였다. 내가 적당한 사람이 아니라 부끄럽지만 끝까지 사양할 수 없는 점이 있어 이에 명(銘)을 쓴다. 명은 다음과 같다.

홍씨는 명망 있는 성씨로	洪爲顯姓
대대로 유명한 이 있었네	世有聞人

10 곡강(曲江)을 추념하는 뜻 : 홍우전의 선견지명을 기리는 뜻이라는 말이다. 곡강(曲江)은 당 나라 장구령(張九齡)을 가리키는데, 곡강에서 태어나 '곡강공(曲江公)'이라고 불렸다. 장구령은 현종에게 안녹산(安祿山)을 죽여 후환을 없애라고 하였으나, 현종이 따르지 않았다. 안녹산의 난을 평정한 뒤에 숙종은 장구령의 선견지명을 인정하여 사도(司徒)에 추증하고 곡강으로 사람을 보내 무덤에 제사를 올리게 하였다. 《舊唐書 卷99 張九齡列傳》

석벽(石壁)과 해봉(海峯)은	曰石曰海
훌륭한 명신이었으니	蔚爲名臣
공이 그 뒤를 계승하여	公繼其後
그 명성을 길이 이었네	以永厥聲
후중한 자태와	厚重之姿
충효의 성심	忠孝之誠
엄숙한 태도로 조정에 서서	正色立朝
명분과 의리를 추구하였고	惟名惟義
명분과 의리 범하는 자 있으면	有犯名義
두려하지도 피하지도 않았네	不畏不避
역적들이 흉악을 부리는데	亂孽肆凶
공이 춘추의 의리를 잡았고	公秉春秋
괴수의 분수에 넘치는 짓에	朋魁濫享
공의 언사 부드럽지 않았네	公舌不柔
이전엔 이로써 유배를 갔으나	前以是竄
넘어졌다 다시 일어났고	跲而復起
뒤로는 이로써 내쫓겼으나	後以是黜
죽어도 부끄러움 없었네	死猶無愧
일과 뜻이 어긋나고	事與志違
나를 알아주는 이 없어	人莫我知
미련 없이 돌아갈 뜻 가졌으니	浩有歸意
시운에 상심하였기 때문이네	所傷者時
봉성의 북쪽	鳳城之北
소룡의 언덕	巢龍之岡

그 가운데 무덤이 있으니	有坎其中
바로 공이 묻힌 곳이네	寔公之藏

묘지 墓誌

6대조 병충분의정국공신 통정대부 행 정주목사부군 묘지
六代祖考秉忠奮義靖國功臣通政大夫行定州牧使府君墓誌

6대조 목사공의 묘에 지금까지 묘지가 없었다. 지금 곡산 군수 사직(士直)은 나의 삼종제인데 나에게 글을 부탁하였다. 그러나 내가 쇠약하고 병들어 정신이 혼미하니 어찌 감당할 수 있겠는가. 그래도 이것은 우리 조상의 일이니 의리상 끝까지 사양할 수 없는 점이 있다. 이에 감히 대략 아래와 같이 묘지를 쓴다.

공의 휘는 우증(友曾)이고 자는 희여(希輿)고 성은 김(金)으로 청풍 사람이다. 시조 휘 대유(大猷)는 고려 문하시중 증 청성부원군이다. 이때부터 벼슬한 선조가 이어져 여러 세대동안 찬란하였다. 고조 휘 관(灌)은 우리나라에 들어와 호조참의 증 의정부좌찬성이다. 아들 넷과 사위 둘을 두었는데 모두 지위가 높고 명망이 있었으니, 한시대가 영광스럽게 여겼다. 증조 휘 의지(義之)는 한성 부윤을 지냈고, 조부 휘 이(理)는 부사를 지냈다. 부친 휘 극함(克諴)은 진사로 첨정을 지냈고, 모친 의령 남씨(宜寧南氏)는 전농 소윤 남상명(南尙明)의 따님이다.

공은 젊어서부터 체력이 남보다 뛰어나고 지기(志氣)가 원대하였으며 경사(經史)를 섭렵하고 말타기와 활쏘기를 잘하여 무과에 등제하여 선전관에 제수되었다. 당시 연산군의 광포함이 날로 심해져서, 한번은 말을 타고 대전 안으로 돌진해 들어오려고 하였는데 공이 말고삐를 잡고 간하였다. 무오년(1498, 연산군4) 사화가 일어났을 때 공은 명천현감(明川縣監)이었는데 안치된 윤여해(尹汝諧)에게 선물을 보냈다. 연산군이 대노하여 나국(拿鞫)하여 장을 치고 군역에 충원하였다. 병인년(1506, 중공1) 9월 중종반정 때에 공은 정국공신에 책훈되었는데, 공은 높고 등급은 낮았지만 뒤로 물러나 자랑하지 않으니 당시의 의론이 이를 훌륭하게 여겼다. 외직에 나가 동래현령(東萊縣令)이 되었다.

또 정주 목사를 지낼 적에 체직되어 돌아갈 때 본주 판관이 전송하는 물품이 너무 박하였다. 감사 한형윤(韓亨允) 공이 이 일이 풍속에 관계된 일이라고 하여 장계를 올려 추론(推論)하였다. 판관이 결백을 주장하기에 급급하여 공급한 물건을 허위로 부풀리고, 나머지 물건을 목사의 집으로 실어 보냈다는 무함을 하기에 이르렀다. 의금부에서 그 말의 허실을 따지지 않고 결국 공에게 죄를 씌웠다. 공은 자기 죄가 아닌 일로 오랫동안 서용되지 못하고 버려졌다. "교언영색으로 많은 복을 구하는 것이야 벌써 보았고, 충성과 믿음 때문에 한 몸을 그르칠 줄이야 누가 알았겠나.〔巧令已見求多福, 忠信誰知誤一身.〕"라는 영회시(詠懷詩)를 짓기도 하였다.

기묘 연간에 젊은 사류들이 일을 점진적으로 하지 않아 훈신(勳臣)들을 배격하는 것이 너무 지나쳤다. 공은 본디 강직한 성품으로 매양 말하기를, "사류가 우리들 때문에 살 수 있었는데, 도리어 우리들을 배척한단 말인가." 하였다. 하루는 강윤희(康允禧)를 만났는데, 술기운에 분개하는 말을 하였다. 강윤희는 본디 간사한 서얼로 공을 세우려는 뜻으로 대궐에 가서 이 일을 고하였다. 상이 친히 국문을 하였고 공은 즉시 취중의 말이었다고 자복하였다. 이때 또 건춘문에 화살을 쏜 사건이 있었다. 화살에 묶인 글이 있었는데 반은 한문이고 반은 언문이었다. 조정에서 이 일 또한 공에게서 나온 것이라 의심하여 공에게 글씨를 쓰게 하여 필적을 확인하였다. 또 공의 자부 병조 판서 유담년(柳聃年)과 종형 우참찬 조원기(趙元紀)와 질녀서(姪女壻) 감찬 민숭영(閔崇英) 및 공의 노비를 불러다 공이 언문으로 된 글을 잘 아는 지의 여부를 물었다. 공의 필적이 화살의 글과 이미 크게 달랐고 여러 사람의 말 또한 모두 공이 언문으로 된 글을 알지 못한다고 증언하였다.

공이 국문을 당할 때 정암 조 선생이 너그럽고 공평하게 하자는 논의를 주장하여 대간의 탄핵을 받아 체직되었다. 법을 적용할 때에 삼사의 주장이 매우 강경하여 반드시 공을 사지에 두려고 하였다. 영의정 정광필(鄭光弼), 좌의정 신용개(申用漑), 우의정 안당(安瑭), 판의금부사 이계맹(李繼孟), 지의금부사 김안국(金安國), 승지 윤자임(尹自任) 등이 모두 안 된다고 하였다. 신용개와 안당 두 재상이 구하기에 더욱 힘써 말하기를, "아무개는 취중에 망언을 한 것에 불과할 뿐이지 실제로 죄를 범한 것이 아니다. 사류가 평소에 삼대의 정사를 실행하려 하면서 지금 법에 지나친 형벌을 받게 하여 이로써 민심을 진정시키려 하니, 참으로 장구한 계책이 아니다. 이른바 민심을 진정시키는 것은 오직 상벌이 합당한가에 달려있을 뿐이다. 폐주 때에 보니, 왕왕 가벼운 죄로 주벌을 당하는 자가 있었는데 과연 이로써 백성의 마음을 진정시켰는가? 사류가 요순의 성덕을 우리 임금에게 바라면서 도리어 한 나라와 당 나라의 임금도 하지 않은 일을 청하고 있다. 신하는 마땅히 임금을 도(道)에 이끌 뿐이니, 형륙으로 인도해서야 되겠는가." 하니, 상께서 "나의 뜻이 바로 그러하다." 하고 경흥부(慶興府)에 유배하도록 명하였다.

다음 해 경진년(1520, 중종15) 8월에 공의 아들 호군공이 억울한 사정을 낱낱이 위에 아뢰었다. 상이 상공에게 의논하여 즉시 석방하도록 명하였다. 그 뒤 병술년(1526, 중종21) 8월에 호군공이 다시 과거 공이 정주 목사 때의 일로 글을 올려 억울함을 호소하였다. 이때 한형윤 공이 지의금부사였는데 사실을 자세히 알고 있어서 동료와 함께 복주(覆奏)하여 신원을 청하였다. 상이 대신에게 하문하였는데 대신이 모두 공의 애매한 정상(情狀)을 거론하니 상이 특별히 용서하라고 명하였다. 또 당초에 잘 살피지 못한 것으로 당시 의금부 관원을 아울러 추고(推考)하게 하였다. 공이 전후로 당한 모멸이 이때에 이르러 깨끗하게 씻겼으니, 공의(公議)는 속이기 어려워 지극한 억울함은 반드시 풀어진다는 것을 알 수 있다.

공은 자질이 이미 남다른 데다 도략(韜略)이 출중하였으니 실로 국가의 간성(干城)의 재목이었다. 그런데 뜻밖에 화액을 연달아 만나 온갖 불운과 고난을 겪어 끝내 당시에 뜻을 크게 펼치지 못하고 관직이 첨지중추부사에 그쳤으니, 어찌 운명이 아니겠는가. 모년 8월 13일에 집에서 생을 마쳤다. 묘는 광주 옛 왕륜현(王倫縣) 백운산 남쪽 기슭 부손(負巽)의 언덕에 있으니, 바로 공이 평소에 직접 정한 곳이다.

부인 남양 홍씨(南陽洪氏)는 판관 洪利老(홍이로)의 따님으로 공과 합장하였다. 호군공 휘 여광(汝光)이 일찍 돌아가시고 후사가 없었다. 양자 휘 계(繼)가 학문과 품행이 순정하고 완비되어 사우 간에 이름이 높았고, 사헌부 집의에 추증되었다. 4남을 낳았는데, 충백(忠伯)은 효성과 우애로 이름이 났고 호조 참의에 추증되었으며, 효백(孝伯)과 인백(仁伯)도 바른 행실로 일컬어졌고 뒤에 이조 판서로 추증되었으며, 막내아들은 예백(禮伯)이다.

참의공은 아들 하나를 두었으니, 부사직(副司直)인 익신(益新)이다. 효백은 4남을 두었으니, 선전관(宣傳官)인 익겸(益謙)과 익건(益健)과 익후(益厚)와 진사인 익성(益聲)으로, 익성은 효자로 이름이 났고 지평에 추증되었다. 4녀는 부장 장운명(張雲溟)과 나용(羅瑢)과 박대성(朴大成)과 정익주(鄭翊周)에게 시집갔다. 판서공은 3남을 두었으니, 익려(益礪)는 문장을 잘했는데 일찍 죽었고, 극부(克孚)와 극형(克亨)인데 극형은 박잠야(朴潛冶 박지계(朴知誡))의 문하에서 수업하여 학문과 품행으로 천거되어 관직이 정랑에 이르렀고 찬성에 추증되었다. 예백은 딸 하나를 두었으니, 진사인 지여량(池汝亮)에게 시집갔다. 사직공은 2남 2녀를 두었으니, 두 아들은 바로 선부군 형제이다. 첫째는 참봉인 휘 수(洙)이고, 둘째는 어모장군(禦侮將軍)인 휘 도(濤)이다. 딸은 이명흠(李命欽)과 민영수(閔穎壽)에게 각각 시집갔다.

익겸(益謙)은 적자가 없다. 익건(益健)은 2남을 두었으니, 형(瀅)과 명(溟)이고, 딸은 변정표(卞廷彪)에게 시집갔다. 익후(益厚)는 3남을 두었으니, 연(演)은 효성으로 정려(旌閭)를 받았고, 제(濟)와 호(浩)이고, 딸은 현감인 조창한(趙昌漢)에게 시집갔다. 지평공은 4남을 두었으니 격(激)과 척(滌)과 약(瀹)과 감역인 부(溥)이고, 딸은 이후직(李後稷)과 윤상징(尹商徵)에게 각각 시집갔다. 극부(克孚)는 딸 하나를 두었으니 경완(慶琬)에게 시집갔다. 찬성공은 5남을 두었으니, 관찰사인 징(澄)과 생원인 담(澹)과 현감인 혼(混)과 목사인 순(洵)과 견(涀)이고, 딸은 진사인 조세달(趙世達)과 군수인 박상일(朴尙一)과 사간인 임원구(任元耉)에게 각각 시집갔다. 참봉 부군(參奉府君)은 후사가 없어 아우의 아들 간(榦)을 후사로 삼았다. 어모 부군(禦侮府君)은 2남을 두었으니, 간과 집의인 재(栽)이다.

형(瀅)은 2남을 두었으니, 항(杭)과 주(柱)이다. 명(溟)은 2남을 두었으니, 즙(檝)과 노(櫓)이다. 연(演)은 3남을 두었으니, 영(榮)과 경(檠)과 규(槼)이다. 제(濟)는 3남을 두었으니, 지(榰)와 정(棖)과 해(楷)이다. 호(浩)는 3남을 두었으니, 영장(營將)인 상(相)과 훤(楦)과 완(椀)이다. 격(激)은 아들 하나를 두었으니, 군수인 추(樞)이다. 척(滌)은 2남을 두었으니, 벽(檘)과 단(檀)이다. 단은 약(瀹)의 양자로 나갔다. 감역은 아들 하나를 두었으니, 헌(櫶)이다. 관찰공은 3남을 두었으니, 우의정 구(構)와 교리 유(楺)와 군수 무(楙)이다. 생원은 양자를 들였으니, 희(橲)이다. 현감은 2남을 두었으니, 장(檣)과 억(檍)이다. 목사는 3남을 두었으니, 정자인 고(槔)와 허(栩)와 방(枋)이다. 견(涀)은 5남을 두었으니, 규(樛)와 후(槨)와 희(橲)와 요(橈)와 서(楈)이다. 간(榦)은 2남을 두었는데 태로(泰魯)는 일찍 죽었고 둘째는 사로(師魯)이며, 재(栽)는 아들 하나를 두었으니 이로(以魯)인데, 모두 장기 들기 전에 일찍 죽었다.

항(杭)은 아들 하나를 두었으니, 종로(宗魯)이고, 주(柱)는 2남을 두었으니 학로(學魯)와 택로(宅魯)이다. 즙(楫)은 2남을 두었으니 필욱(必煜)과 홍로(弘魯)이고 노(櫓)는 양자를 들였으니 홍로(弘魯)이다. 영(榮)은 양자를 들였으니 장로(章魯)이고 경(檠)을 아들 하나를 두었으니 장로(章魯)이고 규(槼)는 아들 하나를 두었으니 승로(承魯)이다. 지(榰)는 아들을 하나를 두었으니 중로(重魯)이고, 정(棖)은 3남을 두었으니 좌로(佐魯)와 우로(佑魯)와 필로(弼魯)이고, 해(楷)는

3남을 두었으니 여로(汝魯)와 이로(以魯)와 병로(秉魯)이다. 상(相)은 3남을 두었으니 성로(聖魯)와 향로(亨魯)와 덕로(德魯)이고 훤(楦)은 아들 하나를 두었으니 명로(命魯)이다. 완(椀)은 양자를 들였으니 향로(亨魯)이다. 추(樞)는 3남을 두었으니 일로(一魯)와 몽로(夢魯)와 응로(應魯)이다. 벽(檘)은 양자를 들였으니 광로(光魯)이고, 단(檀)은 4남을 두었으니 봉로(鳳魯)와 광로(光魯)와 증로(曾魯)와 창로(昌魯)이다. 헌(櫶)은 양자를 들였으니 증로(曾魯)이다. 구(構)는 2남을 두었으니 현감인 희로(希魯)와 지평인 재로(在魯)이고, 유(楺)는 5남을 두었으니 참봉인 정로(正魯)와 정언인 취로(取魯)와 성로(省魯)와 약로(若魯)와 상로(尙魯)이고, 무(楙)는 3남을 두었으니 흥로(興魯)와 도사인 득로(得魯)인데 일찍 죽었고 셋째는 익로(益魯)이다. 장(檣)은 아들 하나를 두었는데 어리다. 고(槹)는 3남을 두었으니 장남은 최로(最魯)이고 나머지 두 아들은 어리고, 방(枋)은 2남을 두었는데 모두 어리다. 그 밖의 먼 후손 및 서출과 6대 이후 파가 나뉜 후손은 이루 다 기록할 수 없다.

아, 공이 돌아가신 지 지금 2백여 년이 되었다. 평소 집에서 지낼 때의 행적과 벼슬살이의 이력과 생몰년은 모두 상고해 확인할 길이 없다. 지금 여기에 기록한 것은 소사(小史) 및 장로들이 전한 것에서 얻은 것일 뿐이니, 어찌 공의 만분의 일이라도 드러낼 수 있겠는가. 죄를 받았다 신원될 때의 일은 7대손 재로(在魯)가 사관으로 있을 때 실록을 살펴본 것에 근거한 것으로, 한마디 말도 감히 보태거나 덜어내지 않아서 후세에 믿을 만한 증거가 되게 한다.

5대조 어모장군 행 충좌위대호군부군 묘지
五代祖考禦侮將軍行忠佐衛大護軍府君墓誌

공의 휘는 여광(汝光)이다. 우리 김씨는 청풍에서 나왔으며 시조 휘 대유(大猷)는 고려 시중이었다. 우리나라에 들어와 휘 관(灌)이 계셨는데 호조참의를 지내고 좌찬성에 증직되었다. 이분이 바로 휘 의지(義之)를 낳았으니, 한성 부윤으로 바로 공의 고조부이다. 증조 휘 이(理)는 부사를 지냈고 조부 휘 극함(克諴)은 진사로 첨정을 지냈다. 부친 휘 우증(友曾)은 중종조에 정국공신에 책훈되었고 관직이 통정대부로 목사를 지냈다. 모친 남양 홍씨(南陽洪氏)는 참판 홍이로(洪利老)의 따님이다.

공의 자질이 뛰어나고 젊어서부터 호방하여 세속에 얽매이지 않아 식구들의 생계에는 신경 쓴 적이 없었다. 목사공이 정주 목사에서 체직되어 돌아올 적에 당시 판관이 보낸 물품이 너무 박하였는데 감사 한형윤(韓亨允) 공이 그 일을 듣고 풍속에 관계된 일이라 하여 위에 아뢰어 논하였다. 판관이 교묘하게 스스로 벗어날 계책을 세워 공을 무함하는 말을 많이 하여 목사공이 도리어 이 일로 조정에 죄를 얻게 되었다.

기묘 연간에 젊은 사류가 훈신들을 지나치게 억누르자 목사공이 술김에 우연히 분개하는 말을 내뱉어 간사한 서얼 강윤희(康允禧)에게 무고를 당했다. 사태가 예측할 수 없게 되었는데, 영의정 정광필(鄭光弼)과 좌의정 신용개(申用漑)와 우의정 안당(安塘)과 판의금부사 이계맹(李繼孟)과 지의금부사 김안국(金安國)과 승지 윤자임(尹自任) 등의 덕분에 신원되었다. 정암 조 선생이 또 너그럽고 공평하게 해야 한다는 논의를 펼쳐 마침내 경흥(慶興)에 유배되었다.

다음 해 경진년 8월에 공이 글을 올려 그 억울함을 호소하자 상께서 삼공에게 의논하여 즉시 풀어주도록 명하였다. 병술년 가을에 공이 또 목사공이 정주에 있을 때의 일로 글을 올려 억울한 정상을 모두 아뢰었다. 이때 한형윤 공이 지의금부사였는데 당시의 사실을 자세히 알고 있어 동료와 함께 신원을 주청하여 상이 특별히 허락하고 또 당초에 의금부 관원이 일을 자세히 살피지 못한 것을 아울러 추고하도록 명하였다. 이때 이르러 목사공이 전후로 무고를 받은 두 가지 일이 결국 모두 깨끗하게 씻겼으니, 이 일로 공의 참된 효성을 칭송하지 않는 이가 없었다.

공은 목사공이 자기 죄가 아닌 일로 당시에 여러 차례 곤액을 당하는 것을 보고 벼슬에 나갈 뜻을 접고 술로 즐거움을 삼았다. 목사공의 훈음(勳蔭)을 세습하여 품계가 대호군에 이르렀다. 자식이 없이 일찍 세상을 마쳤으니, 가정 을미년(1535, 중종30) 12월 28일에 죽었다. 묘는 목사공의 묘 앞에 있으니 향좌가 같다.

부인 김씨는 연안(延安)의 저명한 성씨로 문과 급제하고 부사를 지낸 김사결(金事結)의 따님이다. 자애롭고 어질어 옛 여사의 풍모가 있었다. 공이 죽은 뒤에도 홍 부인이 여전히 무탈하였는데 부인이 어김없이 일을 받들어 행하여, 정성과 공경이 모두 지극하였다. 부인이 공의 족제 우후(虞候) 휘 숭의(崇義)의 아들을 후사로 삼았다. 공이 죽은 지 30여 년 뒤에 죽었으니, 공의 묘 왼쪽에 합장하였다.

사자(嗣子) 휘 계(繼)는 학행으로 사림에 명성이 높았고 집의에 추증되었다. 4남을 두었으니, 큰아들 충백(忠伯)은 참의에 추증되었고, 둘째아들은 효백(孝伯)이고, 셋째아들은 인백(仁伯)으로 판서에 추증되었고, 넷째아들은 예백(禮伯)이다. 첫째 둘째 셋째 세 아들의 자손이 번성하여 이루다 헤아릴 수 없을 정도다. 높은 관직과 이름난 선비가 계속 이어졌는데, 목사공의 묘지에 이미 자세히 썼기에 여기서는 다시 서술하지 않는다.

아, 공이 돌아가신 뒤로 지금 대략 거의 2백년이 된다. 세대가 너무 멀고 장로도 모두 돌아가셨다. 세보에 실린 것과 가승(家乘)에 기록된 것을 모두 고증할 데가 없어서 공의 자(字)도 잃어버리고 전해지지 않는데 하물며 평상시의 사적을 어떻게 알겠는가. 이것이 실로 자손의 애통한 일이다. 그러나 누리지 못한 보답이 훗사람에게 남아있어 시대가 멀수록 더욱 창대하니, 공의 숨겨진 덕과 감춰진 빛을 이로써 대략 볼 수 있다. 이에 기록한다.

수운판관 박공 묘지
水運判官朴公墓誌

남계 선생(南溪先生 박세채(朴世采))의 사자(嗣子) 극재(克齋) 박공이 병자년(1696, 숙종22) 6월 부친의 상중에 죽서(竹西)의 여막에서 죽은 지 18년이 지난 계사년(1713, 숙종39)에, 공의 막내아우 태회(泰晦) 용장(用章)이 공의 가장(家狀)을 지어 나에게 보이며 묘지를 부탁하였다. 그러나 내가 근래 상을 거듭 당해서 사실 여기에 미칠 힘이 없고 아울러 글재주도 부족하니 어찌 묘지를 부탁하는 것을 감당할 수 있겠는가. 다만 내가 젊어서 선생의 문하에서 공부하여 공과 교유할 수 있었던 것이 거의 30년이나 되어 평소 공을 잘 아는 사람이 나만한 이가 없고 지금 용장이 정성스럽게 부탁하니, 이 때문에 문장을 잘하지 못하다는 이유로 사양할 수 없었다.

공의 휘는 태은(泰殷)이고 자는 조능(祖能)으로, 극재(克齋)라고 자호(自號)하였다. 박씨는 계통이 신라에서 나왔는데, 고려 때 휘 응주(應珠)가 처음 반남(潘南) 사람이 되었으니, 이분이 시조이다. 4대가 전해져 휘 상충(尙衷)에 이르렀으니, 성리학에 조예가 깊어 관직이 우문관 직제학이었다. 글을 올려 북원(北元)과 관계를 끊고 명나라를 섬길 것을 아뢰었는데, 이 일로 권간(權奸)의 뜻을 거슬러 화를 당하였다. 그 뒤로 관리를 지낸 분이 이어져 대대로 유명한 분이 계셨다. 평도공(平度公) 휘 은(訔)과 야천 선생(冶川先生) 휘 소(紹)는 잘 알려진 분들이다. 고조 휘 응복(應福)은 대사헌을 지냈고, 증조 휘 동량(東亮)은 선묘조 중흥의 명신으로 우참찬을 지냈고 금계군(錦溪君)에 봉해졌다. 조 휘 의(漪)는 교리를 지냈고 영의정에 추증되었다. 부친 휘 세채(世采)는 좌의정을 지냈고 시호가 문순(文純)이며 도덕과 문장이 동방의 으뜸으로 학자들이 남계 선생(南溪先生)으로 일컬었다. 모친은 정경부인 원주 원씨(原州元氏)로 부윤을 지내고 찬성에 추증된 원두추(元斗樞)의 따님이다.

공은 숭정 경인년(1650, 효종1) 5월에 태어났다. 어려서 병이 많아 6세에 《동몽수지》와 《소학》 등의 책을 배우기 시작했는데, 벌써 감발하고 흠모하는 뜻을 알았다. 다닐 때 지름길로 가지 않는 가르침과 뒷간에 갈 때 웃옷을 벗고 나와서 손을 씻는 가르침을 모두 잘 지켰으니, 문순공(文純公)이 매우 사랑하였다. 11세 때에 문순공이 중병에 걸려 심하게 앓은 지 거의 1년이 되었는데, 공이 시종여일 지극정성으로 간호하였다. 집안사람들이 모두 효자라고 칭찬하였다. 겨우 15세에 독서를 좋아하여 경서와 사서 및 문장가들의 책을 맛보고 깊이 빠져 읽지 않은 것이 없었다. 이에 문장이 날로 진보하여 이웃에 사는 상서 남이성(南二星)에게 큰 칭찬을 받게 되어 마침내 아름다운 명성이 퍼졌다. 《주자가례》와 《심경》과 《근사록》을 문순공에게 배우게 되자 침잠하고 완미하여 대업(大業)을 더욱 궁구하였고 과거 시험에는 마음을 쓰지 않았다. 과장에는 앞뒤로 한두 번 응시한 것에 불과하였는데, 지은 글이 뜻에 맞지 않아 제출하지 않고 나오기도 하고, 회시(會試)에 입시해서 고관(考官)이 선비를 무례하게 대하는 것을 보고 글을 짓지 않고 나오기도 하였으니, 그의 지조를 높이 사지 않는 이가 없었다.

임자년(1672, 현종13) 여름에, 호서에 가서 우재 선생(尤齋先生 송시열(宋時烈))을 배알하고 돌아왔다. 무오년(1678, 숙종4) 겨울에, 해서(海西)에서 셋째 아우의 상이 나서 부고가 이르자, 원 부인(元夫人)의

숙질이 점점 위독해졌다. 공이 친히 탕약을 달이며 옷을 벗진 않은 지 40여일 만에 조금 차도가 있었다. 문순공이 우재 선생과 고양(高陽)의 향동(香洞)에서 만난 적이 있는데, 공이 따라갔었다. 이때 우재 선생이 우리 태조께서 위화도에서 회군한 일을 추숭하고자 하였는데, 공이 당시의 일을 근거로 불가하다고 적극 반대하였다. 말은 비록 행해지지 못했지만, 훌륭하게 여기는 사람이 있었다. 무진년(1688, 숙종 14)에 돈녕부 참봉에 제수되었다. 공은 녹봉으로 봉양할 생각에 힘써 직책에 나갔다.

기사년(1689, 숙종15)에 역적 민암(閔黯) 등이 국모를 폐하여 윤리와 기강이 크게 무너졌다. 공은 당일로 관직을 버리고 돌아와《극재기(克齋記)》를 지었으니, 당시의 일에 느낀 바를 지어 뜻을 보인 것이다. 사우들과 남계 가에 서실을 짓고 어버이를 봉양하고 학문을 닦는 것으로 일을 삼고서 도성에는 발도 들여놓지 않았다. 갑술년(1694, 숙종 20)에 조정이 새롭게 바뀌어 공은 내시 교관에 제수되었고 장악원 주부로 승진하였다가 경기좌도 수운판관(左水運判官)으로 옮겼다. 당시 문순공이 좌의정으로 부름을 받들어 조정에 나아갔다가 당론이 날로 격해지고 도가 막혀 행해지지 않는 것을 보고 마침내 파산(坡山)으로 돌아왔는데, 이 일로 공은 시세를 따르는 것을 좋아하지 않아 역시 오래 벼슬할 뜻이 없었다.

다음 해 2월에 문순공이 돌아가셨다. 공이 예제(禮制)보다 지나치게 슬퍼하고 몸을 상하여 정신을 잃었다 다시 깨어나기도 하고 눈물이 말라 피를 흘려 옷이 다 젖었다. 문순공이 병든 초기에 왕세자가《소학》을 읽는다는 것을 듣고 마침내 평소에 저술한《소학독서기(小學讀書記)》를 정리하여 주연(胄筵)에서 강습할 때 쓰려고 했는데, 책이 막 완성되었는데 병이 심해져 올리지 못했다. 이때에 이르러 공이 선친의 뜻으로 상소를 올리고 책을 바쳤는데 상이 후한 비답을 내렸다. 장례와 제사를 문순공께서 일찍이 상정(商定)한대로 한결같이 따르고 혹 어기는 것이 있지 않았다. 음식을 올리며 상을 치르는 동안 여막의 자리를 떠난 적이 없어서 몸이 마르고 기가 소진하여 수염과 머리카락이 다 세었으니, 사람들이 모두 위태롭게 여겼다. 연제(練祭)가 지나자마자 또 계조모의 상을 만났는데 병이 결국 위독해져 일어나지 못했으니 향년 47세였다.

공은 자질이 총명하고 풍도(風度)가 청렴하여 사물을 초월하고 티없이 깨끗하였는데, 거기에 더해 문순공의 가르침이 매우 두터웠고 원 부인의 교육에 법도가 있었다. 학업이 점점 발전하여 재행(才行)이 일찌감치 완성되어 다른 사람이 미칠 수 없는 점이 절로 있었다. 어버이를 섬길 때 사랑과 공경의 진실함을 다하였고, 조상의 제사를 받들 때 나타나고 계시는 듯 잊지 않는 정성을 바쳤으며, 처자식을 대할 때 은혜와 사랑으로 의(義)를 가리지 않았고, 벗을 대할 때 반드시 성신(誠信)을 위주로 하였다. 집에 있을 때는 한 방에 조용히 거처하며 좌우로 도서를 두었고 항상 회옹(晦翁 주희(朱熹))의 〈백록동서원 학규〉와 〈경재잠(敬齋箴)〉을 걸어놓고 마음을 다스리고 공부하는 근본으로 삼았다. 관직에 있을 때는 스스로 청렴하려고 힘쓰고 매우 엄격하게 자기를 단속하여, 크고 작은 문서와 장부를 모두 손수 베껴 써서 살펴보는 자료로 대비하여 아전들이 감히 그 실정을 숨기지 못했다. 문장을 지을 때는 《서경》과 《논어》와 《맹자》를 근본으로 하고 또 사마천, 한유, 구양수, 소식의 문장을 자유자재로 활용하여 기격(氣格)을 보충하였다.

형제 네 사람이 번갈아 어버이를 모시면서 부모의 뜻을 잘 따르며 서로 즐거워하였다. 기사년 이후 세상일에 마음을 끊고 부모를 섬기는 여가에 경전을 열심히 궁구하고 여러 서책을 두루 보고 기억하여 견해가 심오하니 덕이 높은 장로(長老)가 칭찬하지 않은 이가 없었고 동문의 벗들 또한 능히 앞서는 이가 없었다. 평소 조금이라도 남에게 요구하지 않았고 물건을 주고받는 일에 더욱 엄격하여 그의 곤궁함을 듣고 도와주려고 하는 친구가 있으면 마치 더럽혀질 듯 번번이 사양하고 받지 않았다. 서법(書法)과 의술과 천문지리의 학술에 이르기까지 모두 두루 정통하여 잘 알았다.

장례 때에 아우 태회(泰晦)가 제문으로 곡하기를, "우리 형은 성색(聲色)에 담박하고 재리(財利)에 얽매지 않았다. 말은 입 밖에 나오지 못할 듯하였지만, 의리를 논할 때는 노사(老師)도 그 기운이 주눅들 정도였으며, 몸은 옷을 가누지 못할 듯하였지만, 시비를 가릴 때는 귀인(貴人)도 그 위세를 잃었다. 문장에는 크고 자유로운 아름다움이 있었지만 과거에 사용하는 것을 부끄러워하였으며, 학문에는 오랫동안 축적된 실재가 있었지만 명성을 얻는 것을 부끄러워하였다. 집에서 효성과 우애를 행하면서 스스로 만족한 적이 없었고, 다른 사람에게 충심과 사랑을 실천하면서 스스로 잘한다고 여기지 않았다." 하였으니, 말하는 자들이 이것을 동기간의 지기(知己)의 말이라고 하였다.

우재 선생이 한번은 공과 이야기를 나누고 크게 감탄하며 칭찬하기를, "젊은이 중에 전고(典故)에 박학한 이로는 조능(祖能)만한 사람이 없다." 하였다. 공의 외조부 찬성공은 성품이 방정하고 엄격하여 인정하는 사람이 적었지만 공을 자주 칭찬하며 보통 아이로 보지 않았다. 정관재(靜觀齋) 이단상(李端相)은 깊이 추중해서 매양 말하기를, "박아(博雅)하고 고결하여, 마치 빙호(氷壺)나 옥수(玉樹)를 대하는 듯하다." 하였다. 동명(東溟) 정두경(鄭斗卿)과 백헌(白軒) 이경석(李景奭)은 모두 문장으로 알려진 분들인데 공이 지은 글을 볼 때마다 고문(古文)의 기운이 있다고 칭찬하였다. 신성하(申聖夏) 군은 공의 매서(妹壻)인데 말하기를, "공이 집에서 부친의 가르침을 받아 일찍부터 힘써서 박학한 학문과 돈독한 행실은 종족과 고을 사람들이 칭찬하고 동료들이 존경하고 탄복하였다." 하였다.

박일화(朴一和)와 정진경(鄭眞卿)은 모두 뜻을 같이 하는 공의 벗이었다. 박일화의 말에 "형은 집안에서는 아버지의 뜻과 사업을 계승하는 훌륭한 아들이고, 교제할 때에는 정직하고 진실한 유익한 벗이다." 하였고, 정진경의 말에 "형의 아름다운 자질로 만약 몇 년을 더 살았다면 그 성취한 바를 어찌 헤아릴 수 있겠는가. 선생의 유업(遺業)이 땅에 떨어지지 않았을 것이다." 하였다. 아! 내가 당시 공의 형제와 장로와 벗과 여러 군자가 공공연히 말한 것을 살펴보니, 진심으로 탄복한 것이 이와 같았다. 이로써 공의 평소의 포부를 알 수 있다.

공은 처음에는 장단(長湍) 초현산(招賢山) 문순공 묘소 아래에 묻혔는데, 10년 뒤 을유년(1705, 숙종31)에 문순공과 함께 동시에 평산(平山) 면곡(綿谷) 내을외묘(內乙外卯)의 언덕으로 천장하였다. 아내는 함안 조씨(咸安趙氏)로 교리 조근(趙根)의 따님이다. 1남 1녀를 낳았는데, 아들은 4세에 일찍 죽었고 딸은 사인 김정행(金正行)에게 시집갔다. 원 부인이 문순공의 유지를 따라 태회의 아들 필위(弼渭)를 후사로 삼았는데, 섬에서 죽었다[11]. 지금 공의 후사는 공의 둘째 아우 태여

11 섬에서 죽었다 : 박필위는 숙종 25년(1699)에 회시(會試)의 부정행위가 걸려,

(泰興)의 아들 필신(弼莘)이다.

1703년에 박태회는 진도(珍島)로, 박필위는 금갑도(金甲島)로 유배에 처해졌다. 《肅宗實錄 25年 12月 30日, 29年 10月 12日》

상의원 직장 정공 묘지

尙衣院直長鄭公墓誌

고(故) 상의원 직장 정공이 죽은 지 80여 년 뒤에 증손 형주(衡周) 평보(平甫)가 공의 가장을 내게 보이며 말하기를, “우리 조상에게 남모르는 덕행과 착한 행실이 있는데 묘지가 아직 없으니, 이것은 제가 선인(先人)의 빛을 가리고 있는 것입니다. 그대가 한마디 말을 써주어 묘지를 꾸며주기를 바랍니다.” 하였다. 그러나 이것은 중요한 일이고 또 나는 적당한 사람이 아니다. 여러 차례 청하고 여러 차례 사양하였는데, 평보가 더욱 정성스럽게 부탁하니, 그 의리상 끝내 저버릴 수 없는 점이 있었다.

삼가 살펴보니, 공의 휘는 형원(馨遠)이고 자는 덕훈(德薰)으로 동래(東萊) 사람이다. 먼 조상으로 고려조에 알려진 분은 휘 목(穆)으로 관직이 좌복야에 이르렀다. 우리나라에 들어와 휘 사(賜)가 우리 세종을 섬겨 관직이 직제학에 이르렀다. 직제학이 휘 난종(蘭宗)을 낳았는데 네 번 대과에 등제하여 성묘조(成廟朝)에 좌리공신(佐理功臣)에 책훈되었고 관직이 우참찬에 이르렀으며 익혜(翼惠) 시호를 받았다. 익혜공이 휘 광보(光輔)를 낳았으니 부사를 지냈다. 부사가 휘 한룡(漢龍)를 낳았으니 현령을 지냈고 호가 서파(西坡)이다. 현령이 휘 순우(純祐)를 낳았는데 문과에 급제하고 부사를 지냈으니 바로 공의 조부이다. 부친 휘 상의(象義)는 일찍 생원시와 진사시에 급제하여 문장이 빼어난 것으로 가주서(假注書)에 제수되었다. 대과를 거치지 않고 이 직책을 얻은 것은 실로 국조에 없었던 특별한 은전이다. 당진

감무(唐津監務)로 마쳤다. 모친은 청주 한씨(淸州韓氏)로 정부인에 추증되었다.

공은 만력 임오년(1582, 선조15) 6월 정해일에 태어났다. 나면서부터 자품이 단정하고 수려하여 보통 아이와 같지 않았다. 겨우 돌이 지났을 때 한 부인이 세상을 떠나자 당진 공이 근실한 유모를 택해 젖을 먹였다. 어린아이 때에 수업을 받기 시작하여 부지런히 글을 읽었고 놀이를 일삼지 않았다. 나이 겨우 15세에 문장이 훌륭하여 여러 차례 향시에 합격하였지만 결국 운이 좋지 않았다. 또 글씨를 잘 써서 송설(松雪) 조맹부(趙孟頫)의 서법을 깊이 터득하였다. 정축년(1637, 인조15)에 음서로 숙녕전(肅寧殿) 참봉에 제수되어 자급에 따라 상의원 직장에 올랐다. 기묘년(1639, 인조17) 5월에 병에 걸려 서울의 임시 처소에서 죽었으니, 향년 58세였다. 광주(廣州) 성달리(省達里) 임향(壬向)의 언덕에 장사 지냈으니, 선영에 묻힌 것이다.

공은 풍격이 빼어나고 운치가 고매하며 본바탕이 돈후하고 정신이 맑으며 생각이 고요하고 마음이 편안하였다. 어려서 가정에서 교육을 부지런히 받아서, 조정의 득실과 인물의 장단을 입에 올린 적이 없었고 즐겁게 순리대로 처신하고 호탕하게 스스로 만족하며 궁달과 영욕에 조금도 마음을 얽매이는 것이 없었다.

효성과 우애 있는 행실은 천성에서 나온 것이었다. 19세에 당진공이 임소에서 돌아가시자 공이 널을 받들고 선영으로 돌아왔다. 초상과 장례를 치를 때 예제(禮制)를 한결같이 따라서 죽을 먹고 여막에서 거처하며 예절보다 심하게 슬퍼하여 몸을 손상하였다. 장례 전에는 반찬을 입에 대지 않았고 상복을 밤에도 벗지 않았다. 3년 동안 한마디도 집안일을 언급하지 않았으며 지친(至親)과 말을 하더라도 끝내 잇

몸이 드러나는 것을 보지 못했으니, 사람들이 어려운 일이라고 여겼다. 향리에서 그의 행실을 높이 사 조정에 아뢰려고 했는데 공이 힘껏 저지하여 결국 이루지 못했다.

공이 어릴 때 어머니를 여의어 자애로운 얼굴을 뵐 수 없는 것을 평생의 지극한 슬픔으로 여겨 이부자리에 항상 눈물을 흘린 자국이 있었다. 계모 이씨를 섬기기를 생모와 차이가 없이 하여 혼정신성(昏定晨省)의 예절과 봉양의 도리에 마음과 정성을 다하여 사랑과 공경을 다 지극히 하였다. 재산은 터럭만큼도 마음대로 하지 않았고, 일이 크든 작든 모두 여쭌 후에 행하였다. 조상의 제사에 쓰이는 제수는 반드시 필요한 양을 미리 마련하여 별실에 보관하였다. 치재(致齋)하는 날에는 밤새 관대를 하고 한결같은 마음으로 공경하여 마치 제사를 모시는 분을 뵌 듯하였다. 제사 음식을 만드는 것을 직접 감독하여 매우 정결하게 하도록 힘쓰고 하녀의 손에 맡기지 않았다.

아우 한 명과 누이 한 명이 있었는데 평소 우애가 매우 지극하였다. 공이 젊어서 아내를 잃었는데, 백흥남(白興南) 공이 여러 사람이 모인 자리에서 공을 만난 후 어질고 글을 잘하는 것을 아껴서 이내 사위로 허락하였다. 백씨가 시집올 때 혼수가 지나치게 풍성하자 공이 기뻐하지 않으며 말하기를, "한미한 선비의 처에게 이러한 물건은 어울리지 않습니다." 하였다. 백씨가 "공의 명이시다." 하고 마침내 종신토록 비단옷을 걸치지 않았다.

자제를 가르칠 때 반드시 학문을 근본으로 하였다. 한번은 말하기를, "사람이 배우지 않으면 금수와 다르지 않다. 여색과 노름은 모두 마음을 잃게 하는 것들이니 일체 눈에 접하지 않아야 한다." 하였다. 아들 지언(之偃)이 안성(安城)의 시골집에 있었는데, 공이 매양 편지를 보내 신신당부하였다. 그 내용이 모두 학문에 부지런히 힘쓰고 몸을 수양하며 집안을 잘 다스리는 것에 관한 일이었는데, 지금까지도 상자에 보관되어 있다. 평소에 지은 시와 문장은 모두 병자호란 때에 잃어버리고 남은 것은 장단구와 율시 몇 수뿐인데, 운율이 바로 성당(盛唐)의 체제와 풍격을 얻었으며 시대를 슬퍼하고 나라를 걱정하는 뜻이 그 안에 담겨있다.

아! 공이 가슴에 풍성하게 쌓인 것을 미루어 행했다면 반드시 세상에 크게 베푼 것이 있을 터인데 낮은 지위에 멈춰 막혀서 드러나지 못했고 하늘이 또 그 수명에 인색하였으니, 참으로 뭐라 따질 수 없는 것이 이치이다. 그러나 몸에 행실을 닦고 가정에 교육을 행하여 고을 사람들이 그 교화에 복종하고 벗들이 그의 어짊을 칭찬하였으니 자신의 분수에 참으로 유감이 없었다. 그밖에 어쩌다 얻게 되는 벼슬이 또 어찌 공에게 영향을 줄 수 있겠는가.

공의 첫 번째 부인 남원 양씨(南原梁氏)는 임진란 전투에서 죽은 군주 양지(梁誌)의 따님으로 일찍 죽어 자식이 없고, 장단(長湍)의 군수 공 묘소 옆에 묻혔다. 두 번째 부인 수원 백씨(水原白氏)는 바로 현감 백흥남(白興南)의 따님으로 공보다 23년 앞서 죽었고, 공과 같은 언덕의 다른 무덤에 묻혔다. 세 번째 부인 보성 오씨(寶城吳氏)는 진사 오상길(吳尙吉)의 따님으로 공보다 21년 뒤에 죽었고, 공과 합장하였다.

1남 3녀를 낳았다. 아들은 바로 지언(之偃)으로 백씨 소생이고, 딸은 직장인 이익(李益)과 이언(李言)과 이정호(李挺豪)에게 시집갔으니 오씨 소생이다. 지언은 창녕 성씨(昌寧成氏)에게 장가들었는데, 참봉 성제길(成濟吉)의 따님이다. 3남 4녀를 낳았다. 아들은 행건(行建)

과 행민(行敏)과 행선(行選)으로, 행선은 일찍 죽었다. 행건은 3남 1녀를 낳았으니, 아들은 홍주(弘周)와 욱주(郁周)와 생원인 형주(衡周)이다. 행민은 후사가 없어 욱주를 양자로 삼았다. 홍주가 일찍 죽어 그 아들 노석(老錫)이 공의 제사를 받들고 있다.

가선대부 이조참판 겸 수홍문관대제학 예문관대제학 지성균관사 동지의금부사춘추관사 세자우부빈객 김공 묘지명

嘉善大夫吏曹參判兼守弘文館大提學藝文館大提學知成均館事同知義禁府春秋館事世子右副賓客金公墓誌銘

우리 선왕 45년 기해년(1719, 숙종45) 3월 13일 병술에 이조 참판 대제학 검재(儉齋) 김공(金公)이 한성의 죽곡(竹谷) 집에서 병으로 돌아가셨으니, 향년 67세였다. 친구들은 모두 '어진 이가 죽었구나.' 하였고, 사림은 모두 '사문(斯文)이 기댈 곳이 없게 되었구나.' 하였다. 아는 사람이든 모르는 사람이든 슬퍼하며 안타까워하지 않는 이가 없었다. 조정에 부고가 알려지자 조제(弔祭)와 부문(賻問)을 의례대로 하였으며, 금상이 당시 동궁에 있었는데 특별히 널감을 내려주고 궁관(宮官)을 보내 조문하셨으니, 애도와 은혜가 지극하였다!

하관을 마치고 공의 아들 정로(正魯) 등이 가장(家狀)을 가지고 와 울면서 내게 보이며 묘지명을 부탁하였다. 그러나 나는 이미 매우 노쇠하고 혼미한 데다 문장도 잘하지 못하니 이러한 중대한 일을 어떻게 감당하겠는가. 여러 차례 사양했지만, 그 부탁이 더욱더 간절하였다. 그리고 생각해보니 공이 내게 평소 정의가 매우 두터워 형제간의 지기지우(知己之友)로 인정해주셨으니, 그 의리상 끝내 감히 사양할 수 없는 점이 있었다.

공의 휘는 유(楺)이고 자는 사직(士直)이니 청풍 사람이다. 시조 휘 대유(大猷)는 고려 때 시중을 지냈다. 시중 뒤로 관리를 지낸 선조가 이어져 대대로 저명한 성씨가 되었다. 우리나라에 이르러 휘 관(灌)이 호조 참의를 지냈고, 휘 의지(義之)는 한성 부윤을 지냈다. 5대가 전해져 휘 계(繼)가 계시니, 독실한 학문과 순수한 행실로 사우 간에 중시되었다. 은거하다 일찍 돌아가셨고, 집의에 추증되었다. 《동유사우록》에 보이니, 바로 공의 고조다. 증조 휘 인백(仁伯)은 이조 판서에 추증되었고, 또한 학행으로 이름이 났다. 조부 휘 극형(克亨)은 도덕과 학문이 일찌감치 드러나 사천 선생(沙川先生)으로 불렸으니, 관직이 공조 정랑에 이르렀고 찬성에 추증되었다. 부친 휘 징(澄)은 동춘당(同春堂) 송 선생(宋先生 송준길(宋浚吉))에게 수업을 받았고 맑은 이름과 곧은 절개는 한 세대를 뒤흔들었다. 관직이 관찰사에 이르렀고 영의정에 추증되었다. 모친 정경부인 함평 이씨(咸平李氏)는 봉교 이정(李瀞)의 손녀고 양곡 선생(亮谷先生) 이의길(李義吉)의 따님으로, 규중의 법도를 잘 갖추어 옛 여사의 풍모가 있었다.

공은 의정공의 둘째 아드님이다. 숭정 기원후 계사년(1653, 효종4) 5월 20일 묘시에 태어났는데, 나면서부터 자품이 남달라 어린아이였을 때 벌써 어른의 풍모가 있어서 나중에 큰 그릇이 되리라는 것을 사람들이 모두 알았다. 11세에 《십구사략(十九史略)》을 배우기 시작했는데, 반 권(卷)도 마치기 전에 글 뜻을 크게 깨우쳐 이해하는 데 이미 어려운 부분이 없었다. 천성이 영특하여 경서와 역사서와 제자백가를 한 번 보기만 하면 곧 외웠다. 14세에 〈인당기(人堂記)〉를 지은 적이 있는데 작가다운 분위기가 있어서 의정공이 보고 매우 기뻐하였다.

약관에 남계(南溪) 박 선생(朴先生 박세채(朴世采))의 문하에서 공부하여 재주와 학식이 출중하였고 견해가 명철하여 같은 시기 동문 선비들이 모두 미칠 수 없어서 황숙도(黃叔度)와 유첩경(劉捷卿)[12]의 무리는 말할 것이 못 된다고 여겼다. 선생이 인정하시는 것이 특별하여 사도(斯道)를 맡길만한 인물로 기대하였다. 우재(尤齋) 송 선생(宋先生 송시열(宋時烈))도 기특하게 여겨 비록 문밖에 신발이 가득하여 앉을 자리가 없어도 공이 왔다는 말을 들으면 번번이 가까운 자리를 비우고 끌어다 앉혔다. 한번은 나에게 말씀하기를, "인재가 그대 집안에 다 모여 있군." 하였다.

갑인년(1674, 현종15)에 시사가 크게 변하여 우재 선생이 제일 먼저 멀리 유배가게 되었고 스승이 이어서 삭거삭판을 당했다. 공이 의정공에게 아뢰기를, "지금은 벼슬에 나갈 때가 아닙니다. 분수를 지키며 조용히 지내면서 학문에 전념하는 것이 좋겠습니다." 하니, 의정공이 그 뜻을 가상히 여겨 허락하였다. 마침내 식구를 데리고 이천(利川)으로 옮겨 살며 두문불출 세상일을 끊고 날마다 강학만 일삼았다. 한번은 탄식하기를, "우리 동방의 사대부 중에 가훈(家訓)이 있는 집이 드물기 때문에 처자식에게 교화와 개도(開導)가 미치지 못하고 하인에게 교화의 은택이 미치지 못했다." 하였다. 이에 집안사람과 함께 약속하여 한 책을 만들었다. 그 대략은 검약(儉約)을 근본으로 하여 남자는 명주 겉옷을 입지 않고 여자는 비단 속옷을 입지 않는다는 것이고, 그 밖에 집안의 일상생활에 관해 모두 질서정연하게 법칙이 있었다. '가약(家約)'이라 이름하고 집안에서 시행하니, 이웃 사인(士人)들도 보고 느껴

12 황숙도(黃叔度)와 유첩경(劉捷卿) : 숙도(叔度)는 황헌(黃憲)의 자(字)로, 황헌은 후한의 고사(高士)로 일찍부터 덕망과 학식으로 존숭을 받았다. 첩경(捷卿)은 유신(劉迅)의 자로, 유신은 당나라 때의 현사(賢士)로 당시 진군(陳郡)의 은인(殷寅)이 사람을 잘 알아보는 것으로 이름이 났는데, 유신을 보고 "지금의 황숙도이다!"라며 감탄하였다. 《後漢書 卷53 黃憲列傳》《新唐書 卷132 劉迅列傳》

교화된 자들이 많았다.

병진년(1676, 숙종2)에 부친상을 당하였다. 상제(喪祭)를 주자의 《가례》를 한결같이 따라서 비록 병이 심할 때라도 반드시 직접 음식을 올렸고, 비록 평상시라도 단 한 번도 상복을 벗지 않았다. 경신년(1680, 숙종6)에 정국이 바뀌어 모친의 명으로 비로소 과거에 응시하였는데, 전후로 향시에 합격하여 번번이 높은 등수를 차지하였지만, 그의 뜻은 아니었다. 공은 문장(文章)은 중요한 일이 아니라고 생각하여 크게 힘을 쏟지 않았지만 입에서 나오면 글이 되었는데, 평이하면서도 전아하여 마치 면류관을 쓰고 옥을 찬 사람이 그 모습이 아름답고 절도가 있어서 공경하여 본받을 만한 것과 같았다. 우재 선생께서 한번은 공의 작품을 보고 말씀하기를, "사람으로 하여금 망양지탄(望洋之歎)을 자아내게 하는구나." 하였다. 판서 남이성(南二星)은 공의 과제(課製)를 한 번 보고 말하기를, "문사(文詞)가 통창하고 학식이 해박하니, 지금 세상에 이러한 글이 있다는 것이 매우 기쁘다." 하였다.

계해년(1683, 숙종9)에 사마시에 합격하고, 갑자년(1684, 숙종10) 이후 연이어 천거에 이름이 올랐다. 을축년(1685, 숙종11)에 창릉 참봉(昌陵參奉)에 제수되었고, 정묘년(1687, 숙종13)에 의금부 도사에 임명되었고, 무진년(1688, 숙종14)에 전설사 별검(典設司別檢)으로 옮겼다. 기사년(1689, 숙종15)에 6품으로 승격하여 다시 의금부 도사가 되었다. 당시 민암(閔黯)의 무리가 장희재(張希載)가 다시 들어온 것을 기회로 장차 경오년(1690, 숙종16)과 임신년(1692, 숙종18)의 반역의 죄안(罪案)을 뒤집으려고 하였는데, 공이 의금부에 있는 것을 꺼려 이인 찰방(利仁察訪)으로 내쫓았다. 겨우 열흘 만에 권해(權瑎)가 멀리 유배 보내자는 계사를 올려 제멋대로 무고하고 모욕하려 하였지만 상께서 단지 삭직을 명하셨다. 그 뒤로 꺼리는 자들이 그만두지 않아 다시 공에게 금고(禁錮)를 가하였다.

중궁전이 손위하자 정재(定齋) 박태보(朴泰輔) 등 여러 사람이 참화를 당하였다. 공이 상소를 올려 말하려 하자 대부인이 눈물을 흘리며 만류하여 저지하였다. 매양 박태보의 일을 언급할 때면 슬픔에 오열하며 눈물을 줄줄 흘렸다. 이때부터 세상일을 사절하고 날마다 학도들과 쉬지 않고 강론하였다.

갑술년(1694, 숙종20)에 성상이 대오각성하여 중궁이 복위되었다. 명을 내리는 날에 한두 재신이 당황하고 겁에 질려 행동이 해괴하였다. 당시 영상 남구만(南九萬)이 부름을 받고 경기지방에 도착해 머뭇거리며 도성에 들어가지 않고서 사람을 통해 거취를 공에게 물었다. 공이 편지로 답하기를, "이런 때 영의정이 하루를 지체하면 중궁의 복위도 하루 늦어지게 되니 마땅히 하루의 죄를 받아야 합니다." 하였고, 또 말하기를, "인심이 불의에 빠져 의리가 막혔으니, 지금의 첫 번째 급선무는 명분과 의리를 세우는 것입니다." 하였다. 남(南) 정승이 끝내 그 말을 채용하지 않고서, 오랫동안 깊이 생각해야 한다고 주장하고 또 상소 중에 희빈의 강등된 호칭이 걱정스럽다는 말이 있자 훗날을 걱정하는 자들이 모두 동요하였다. 공이 매우 마음 아파하며 그의 형편없는 태도를 깊이 배척하였다. 남계 선생이 좌상으로 입조하여 마침내 명분과 의리를 부지하여 그 당시의 승지와 상소를 올린 재신이 모두 죄를 받았다. 이에 윤리가 다시 회복되고 인심이 크게 안정되었다. 이 일로 장희재에게 충성하는 자들이 시기와 분노가 크게 생겨 공에 대한 유감도 더욱 깊어졌다.

공이 기사년에 무함과 모욕을 당한 뒤로 스스로 폐인(廢人)이 되기로 결심하였다. 이때 연신(筵臣)이 그 정상을 아뢰자 상께서 말씀하기를, "지난날 대계(臺啓)가 무함한 것을 내가 잘 알고 있다." 하고 자세히 무고함을 풀어주어 서용하라는 명을 특별히 내리고, 이어 유신(儒臣)에게 유시(諭示)하라고 명하였으니, 실로 특별한 은전이었다. 마침 사복시 주부에 제수되었는데 공은 감격하여 즉시 나갔다. 경기좌도 수운판관으로 바뀌었다가 겨울에 호조 좌랑으로 옮겼다.

을해년(1695, 숙종21)에 남계 선생을 곡하고 대공복(大功服)을 입었다. 이해 봄에 용담 현령(龍潭縣令)으로 나갔다가 병자년(1696, 숙종22)에 체직되어 돌아왔다. 정축년(1697, 숙종23)에 다시 호조 좌랑에 제수되었는데 오래지 않아 정랑으로 승진하였다. 무인년(1698, 숙종24)에 장흥고 주부에 제수되었는데 곧바로 호조 정랑에서 과천 현감(果川縣監)으로 나갔다.

기묘년(1699, 숙종25)에 대과에 급제하였다. 급제가 발표되자 모두 인재를 얻었다고 경하하였다. 그런데 마침 합격자 중에 농간을 부려 합격을 도둑질한 자가 있었는데 일이 발각되어 파방(罷榜) 되어, 사람들이 모두 공을 위해 억울해 했다. 여름에 찬수청 낭청에 선발되어 《동국여지승람(東國輿地勝覽)》의 증보(增補)에 참여하였다. 가을에 사재감과 장악원의 주부에 임명되었다. 신사년(1701, 숙종27)에 고양군수(高陽郡守)에 임명되었는데, 이때 인현왕후의 인산(因山)을 만나 일을 주선하고 물품을 조달하는 일로 백성을 괴롭게 하지 않으니 경내가 크게 의지하였다.

임오년(1702, 숙종28)에 사도시 첨정에 임명되고 겨울에 체직되어 장예원 사평에 임명되었는데 오래지 않아 한성부 서윤(漢城府庶尹)으로 바뀌었다. 계미년에 선공감 부정으로 승진하여 군역을 정리하는 일을 관장하다가 부평 현감(富平縣監)으로 나갔다. 이정청(釐正廳)의 군역을 겸하여 관장하였다.

갑신년(1704, 숙종31)에 모친상을 당하였다. 이때 공의 나이가 오십이 넘었는데 상례를 치르기를 앞서 치른 부친상과 같이 하였다. 겨울에 맏형 상공(相公 김구(金構))이 예제보다 지나치게 슬퍼하여 몸을 훼손해 결국 상을 견뎌내지 못하였다. 이를 본 자들이 모두 공을 위해 위태롭게 여겼지만 끝내 바꾸지 않았다. 병술년(1706, 숙종32)에 상을 마치자 사복시 판관에 임명되었다. 정해년(1707, 숙종33)에 연안 현감(延安縣監)으로 나갔는데 도내에서 정사의 고과 성적이 높아 조정에서 표리(表裏 옷감)를 내려 포상하였다. 무자년(1708, 숙종34)에 호조 정랑에 임명되었다.

기축년(1709, 숙종35)에 최상(崔相 최석정(崔錫鼎)의 《예기유편(禮記類編)》 책이 나왔는데, 《중용》과 《대학》 두 책을 《예기》 49편 안에 도로 넣어 주자의 장구(章句)를 바꾸고서 상께 아뢰어 간행하기에 이르렀다. 공이 말하기를, "이것은 사문(斯文)의 변고이다." 하고 경서를 훼손하고 성인을 업신여긴 죄를 힘껏 배척하였다. 이에 많은 선비가 대궐에 호소하고 북을 울리며 성토하니 그 당이 더욱 공에게 화가 났다. 대관 윤회(尹會)가 그 뜻을 이어 크게 멋대로 굴며 욕하였다. 공이 인심과 세도(世道)는 믿을 수 없다는 것을 알고 마침내 관직에서 물러나 한가로이 지내며 마음껏 즐겼다. 경인년(1710, 숙종36)에 조정에서 그 책판을 태우고 공을 예빈시 정에 임명했는데, 나아가지 않았다. 이해 여름 공론으로 인해 기묘년의 과거를 복원하라고 특별히 명하였는데, 기축년에 유감을 품은 무리가 원한을 가진 한두 집안과 합세하여 해가 지나도록 고집을 부리며 다투었다.

임진년(1712, 숙종38)에 이르러 성균관 사예와 시강원 사서에 제수되었다. 계사년(1713, 숙종39)에 사헌부 장령에 임명되고 지제교를 겸하고 홍문관 교리에 임명되었는데, 모두 극구 사양하였다. 중간에 사복시 정으로 있다가 사간에 임명되었고, 교리로 옮겼다가 얼마 있다 다시 수찬에 임명되었다. 상소에 대한 비답이 더욱 간절하였고 심지어 별도로 비망기를 내려 분의(分義)로 타일렀으며 연석에서 하교하는 말뜻이 또 엄하니, 공이 더욱 황송하고 감격스러워 비로소 나가 숙배하였다. 이어 부교리로 승진하고 남학 교수(南學敎授)를 겸하였다.

공이 군덕(君德)의 성취는 경연에 책임이 있다고 여겨 7일 동안 홍문관에 있으면서 입시한 것이 겨우 여섯 번이었으나 성학을 보익하는 것을 자기 소임으로 삼아 아뢸 때 자세하고 성실하여 매양 해가 기운 후에야 나왔다. 이때 상이 《예기》 〈월령〉을 강학하고 있었는데, 공은 반드시 문장을 통해 의미를 확대하여 매 장구마다 경계하는 뜻을 덧붙였다.

〈중동(仲冬)〉의 월령인 '지나치게 하지 말며, 귀척과 근신(近臣)이라고 금하지 않는 것이 없게 한다.〔毋得淫, 貴戚近習, 毋不禁.〕' 부분을 강학할 때, 공이 말하기를, "계춘(季春)과 맹동(孟冬) 두 달에는 단지 '지나치게 정교하게 하여 임금의 마음을 어지럽히지 말라.〔毋作淫巧以蕩上心〕' 라고만 말했는데 여기에서 귀척과 근신을 아울러 말한 것은, 필시 임금이 솔선하여 검약해서 지나치게 정교하여 마음을 어지럽히는 일이 없게 된 뒤에야 귀척과 근신을 금지시켜 여러 신하에게 미루어 미칠 수 있기 때문입니다." 하였다.

'산림수택(山林藪澤)' 부분에 이르러서 말하기를, "선왕 때에는 산림과 천택을 백성과 함께 하였는데 근래에는 각 아문과 여러 궁가(宮家)

에 절수(折受)하는 폐단이 한이 없으니 민생을 장차 어떻게 보존하겠습니까." 하였다. '군자가 재계하고, 거처할 때 반드시 몸을 숨긴다.〔君子齊戒, 處必掩身.〕' 부분에 이르러서 말하기를, "이곳은 《주역》〈복괘(復卦)〉의 '동짓날에 관문을 닫는다.〔至日閉關〕'의 의미와 대략 같으니, 양(陽)을 돕고 음(陰)을 억제하는 뜻이 그사이에 항상 있습니다. 그리고 그 아래 이른바 '몸과 마음을 편안하게 한다.〔安形性〕'라는 말은 더욱 중요합니다." 하였다. 계동(季冬) 부분의 강학을 마치고 말하기를, "이 책에서 달마다 각기 정사가 다르지만 농상(農桑)을 장려하는 뜻은 열두 달 중 말하지 않은 때가 없습니다. 국가는 백성을 근본으로 하고 백성은 먹는 것을 근본으로 하고 농사는 또 먹는 것의 근본입니다." 하였다. 대체로 공이 진강할 때 매양 본문의 말뜻 외에 반드시 별도의 의미를 더 부연하여 비유를 들어 분명하게 알려준 것들이 모두 이러한 종류이다.

또 소대에서 소식(蘇軾)의 책략을 강론하였는데, 공이 말하기를, "소식의 학문은 본래 신불해(申不害)와 한비자(韓非子)에서 나온 것이라 대부분 공리(功利)를 말한 것이어서 취할만한 것이 없습니다. 그러므로 주자께서 그의 학술을 공격했던 것입니다." 하였다. 또 말하기를, "지금의 붕당의 화가 장치 망국(亡國)에 이르게 될 것입니다. 바라건대 성상께서는 지공무사하고 공명정대한 도로 위에서 표준을 세우셔서 피차를 따지지 말고 오직 어진 이와 재주 있는 이를 등용하십시오." 하였다. 또 형법이 해이해진 폐단과 민간에서 분수에 넘치는 짓을 하는 폐해를 아뢰었는데 자세한 백 여자의 말이 당시의 병폐를 적실하게 지적하였으니, 상이 모두 가납하였다.

한번은 상께서 공에게 묻기를, "삼대(三代) 이후 군제(軍制)는 당나라의 부병제(府兵制)가 가장 옛날과 가깝다." 하니, 공이 답하기를, "삼대(三代) 시절에는 군인과 농민을 합하여 하나로 하였는데 후세에는 군인은 군인대로 농민은 농민대로 구별하여 마침내 막대한 폐단이 되었습니다. 당태종이 우문주(宇文周)와 소작(蘇綽)의 의론으로 부병을 제정하였으니, 옛날에 군인과 농민을 하나로 한 뜻을 깊이 이해한 것입니다. 우리나라의 오위(五衛) 제도는 부병제와 다르지 않은데 임진년 이후에 폐지되고 시행하지 않고 있습니다. 요즘에 시행하고 있는 것은 바로 척계광의 어왜법(禦倭法)인데 그 병법이 엉성하고 진(陣)도 융통성이 없습니다." 하였다. 상께서 자못 경청하며 말씀하기를, "융통성이 없다는 것은 정말 그러하다." 하니, 공이 말하기를, "신이 비록 성상의 명으로 인해 대략 이렇게 말씀을 올렸지만 강연의 자리에서 병법을 논하는 것은 마땅하지 않습니다." 하였다. 공이 평소에 군대의 일에 관심을 둔 적은 없지만 연석에서 대답한 것이 해박하여 막힘이 없었으니, 비록 병법에 노숙한 자라도 이보다 낫지 못할 것이다. 사람들이 모두 궁궐 안의 염파(廉頗)와 이목(李牧)이라고 칭찬하였고, 일에 따라 규계(規戒)를 둔 것은 또 강관(講官)의 체모를 깊이 얻은 것이라고 하였다.

한번은 홍문관의 고사를 올리면서 송나라 유학자 진덕수(眞德秀)의 '안일함이 없으면 장수하고 어진이를 가까이 하면 장수한다.〔無逸則壽, 親賢則壽.〕'라는 말을 인용하여 경계(警戒)를 진달하며 아뢰기를, "지금 보통의 인정으로 말하면 편안하고 안락한 것이 장수하는 방법 같지만, 주공(周公)께서는 안일함이 없는 것을 오랫동안 제위(帝位)를 누린 근본이라고 하였습니다. 진실로 익숙하게 부지런히 노력하여 장엄함과 공경함으로 날마다 강해지면 심지(心志)가 견고해지고 배양이 완전해져서 반드시 능히 자신을 해치는 결점을 제거하여 저절로 장수에 이르기 때문입니다. 어진 이를 가까이하면 장수한다는 말은 안일함이 없으면 장수한다는 뜻과 서로 표리가 됩니다. 임금은 높은 지위에 처해서 안일한 마음과 기욕이 쉽게 생깁니다. 엄숙한 신하와 보필하는 선비를 좌우에 두어 바른말로 가르치고 바른길로 이끌게 하며 신체를 보양하고 기욕을 경계한다면 저절로 수명이 줄 근심이 없을 수 있습니다."

또 말하였다. "옛날 송나라가 거란과의 관계에서 폐백을 늘리고 우호를 맺었는데 부필(富弼)은 오히려 그 업신여김을 당한 치욕과 와신상담(臥薪嘗膽)할 것을 생각하라는 뜻으로 그 임금에게 경계할 것을 아뢰었습니다. 요사이 저들이 우리를 후하게 대하는 것이 무슨 의도인지 알지 못하면서 지금 도리어 반색하며 기뻐할 뿐 전혀 돌아보고 깊이 생각하지 않고 있습니다. 오랑캐는 매우 흉악하고 교활하니 필시 우연히 그러는 것이 아닐 것입니다. 바라건대 전하께서는 그들의 후한 대우를 업신여김으로 여기시어 부필의 말을 깊이 살피고 소홀히 하지 마십시오."

청나라 사신이 도성에 들어오는 날에 큰비가 갑자기 쏟아져 접대할 때에 모습이 말이 아니어서 임금의 의복은 젖고 백관은 물 위에 서 있었다. 공이 차자를 올려 한나라와 당나라와 송나라 때 수재(水災)가 난 연유를 하나하나 서술하여 감계(鑑戒)로 삼았다. 또 말하기를, "수(水)는 극성한 음(陰)의 기운으로, 비슷한 부류는 소인(小人)과 오랑캐입니다. 지금 오랑캐의 사신이 도성에 있자 하늘이 경계를 보인 것입니다. 더구나 지금은 하나의 음(陰)이 처음 생기는 때에[13] 큰물이 용사

13 하나의……때에 : 하나의 음이 처음 생긴다는 것은 천풍(天風) 구괘(姤卦)䷫를

하여 양(陽)의 기운을 핍박하니 이것은 한 소인이 여러 군자를 올라타려는 상(象)이 됩니다. 상을 가지고 뜻을 헤아리면 그 부류가 분명해집니다. 《주역》 〈구괘(姤卦)〉 초육(初六) '쇠말뚝에 매면 바른 도가 길하다.'[14]의 도리는 더욱 유념하지 않아서는 안 됩니다." 하고 이어 용사(用捨)와 상벌(賞罰)의 도리와 양(陽)은 선(善)이 되고 음(陰)은 악(惡)이 되는 뜻과 정권을 장악하는 방법과 분발하여 자강하는 방책을 자세히 논하였는데, 상께서 후한 비답을 내렸다.

부사 목극등(穆克登)이 여러 차례 우리나라에 왔는데, 연신(筵臣)이 은과 삼을 사사로이 더 주어 특별히 대우하는 뜻을 보이자고 청하였다. 공이 상소를 올리기를, "밀증이라는 명칭은 어두워 바르지 못합니다. 그가 만약 의리를 근거로 물리친다면 이것은 스스로 오랑캐에게 모욕을 당하는 것입니다. 그가 받지 않으면 형세 상 반드시 일행에게 떠벌여서 자신의 청렴을 드러내고 돌아가 그 군주에게 고하여 자신의 신뢰를 견고히 할 것입니다. 천하가 그것을 듣고 우리를 어떻게 생각하겠습니까. 그리고 부사에게만 주면 시기하고 의심하는 단초가 반드시 그 사이에 생길 것이니 이 또한 고려하지 않아서는 안 됩니다." 하였다. 목극등이 과연 받지 않고 상사(上使)에게 말해서 마침내 의심과 노여움을 일으켜 사단이 층층이 생겨났으니, 모두 공의 말처럼 된 것이다.

공이 비록 엄한 분부에 몰려 잠시 나가 벼슬에 종사하는 것을 피할

말하고, 구괘는 5월을 가리킨다.

14 쇠말뚝에……길하다 : 쇠말뚝은 수레를 가지 못하게 고정시키는 굄목이다. 〈구괘〉는 음(陰)이 처음 생기는 괘인데, 초육 효사의 의미는 음을 소인에 양을 군자에 빗대어 군자를 해치려는 소인이 그 세력이 초창기여서 미미하여도 반드시 강하게 억제해야 함을 경계하는 것이다.

수 없었지만 청요(淸要)의 직책에 오래 머물고 싶지 않아 곧바로 물러나고 출사하지 않았다. 얼마 되지 않아 장령 서명우(徐命遇)라는 자가 상소를 올려 과거(科擧)를 회복한 일을 다시 거론하였는데, 자기 멋대로 무함하고 날조하였다. 공은 시사(時事)를 어찌할 수 없다는 것을 더욱 분명히 알게 되어 연달아 제수하는 명이 있었지만 모두 나아가지 않았다. 공이 경연에 있을 때 아뢴 내용이 대부분 기휘(忌諱)를 저촉하는 것이었고, 이때 이르러 상의 뜻도 전과 사뭇 달라서 그렇게 간절하지 않았다. 마침내 외직을 구하여 겸문학으로 곡산 부사(谷山府使)에 제수되었다. 곡산은 해서(海西)의 산간 고을이라 선비들이 습속이 무식하여 공부할 줄 몰랐다. 공이 경내의 젊은 자제들을 모아서 이끌고 도와주자 날마다, 달마다 절차탁마하였다. 주변의 선비들도 소문을 듣고 모여들어 옷을 공손히 치켜들고 종종걸음으로 구석으로 가서 앉는 자들이 날마다 더욱 많아져서 문교(文敎)가 크게 펼쳐지고 유풍(儒風)이 무성히 일어나 마침내 투박한 풍속이 변하여 결국 학문하는 고장이 되었다.

갑오년(1714, 숙종40)에 의주 부윤(義州府尹)으로 승진하였는데 전 부윤이 연임하여 체차되었고, 돌아와 수찬 겸보덕에 제수되었다. 을미년(1715, 숙종41)에 통정에 승품되고 수원 부사(水原府使)에 제수되었다. 가을에 옮겨 황해도 관찰사에 제수되었다. 하직 인사를 할 때 상이 인견하고 하교하기를, "근래 서로(西路)에 어려움이 많고 바닷가의 방비가 소홀한데 이제 경에게 맡기게 되었으니 나는 걱정이 없다." 하였다. 공이 이르러서 폐단을 없애 피폐한 민생을 소생시키고 유학의 교화를 크게 일으켜 치적이 가장 드러났다. 해서에는 예로부터 율곡 선생의 향약이 있었는데 중간에 폐지된 지 오래되었다. 공이 즉시 수정하고 윤색해서 다시 밝히니, 온 도가 흥기하였다. 정유년(1717, 숙종 43)에 사간원 대사간에 제수되었다. 조정에 돌아오기 전에 승진해서 가선대부 평안도 관찰사에 제수되었다. 관서 지방은 오가는 사신의 행렬이 매우 많고 또 연이어 흉년을 만나 온갖 일이 피폐하였는데, 공이 스스로 청렴을 지키고 은혜로 위엄을 절충하여 편의대로 일을 거행해 적폐가 모두 혁파되었고 피폐한 삶이 다시 윤택해져 백성이 크게 화합하니, 규모와 제도가 전에 비해 완전히 새로워졌다.

이세덕(李世德)은 윤증(尹拯)의 문도로, 이해 겨울에 자기 스승을 신원한다고 칭하며 북을 치고 억울함을 진술하였는데, 대부분 우리 스승의 말을 거짓으로 끌어다 증거를 삼았다. 공이 마침내 상소하여 조목조목 분석하였는데 명백하고 통쾌하였으니, 실로 회니시비(懷尼是非)의 일대 공안이다. 이어 근래 대의(大義)가 밝지 못한 폐해를 다음과 같이 논하였다.

"난리를 겪은 뒤로 인심이 크게 변하여 존주(尊周)의 의리가 거의 사라졌습니다. 우리 효종대왕(孝宗大王)이 위에서 창도하고 한 두 선정신(先正臣)이 아래서 천명하지 않았다면 예의지국이 거의 오랑캐가 되었을 것입니다. 비록 하늘이 따르는 자를 돕지 않아 갑자기 붕어하셨지만, 그 남기신 풍도와 가르침은 사람을 선하게 하고 천리(天理)를 밝히기에 또한 충분합니다. 종묘사직이 길이 이어지고 윤리와 강상이 실추되지 않는 것이 누구의 덕분입니까.

지난번에 공공연히 대의를 배척하여 '공허한 말', '고원한 논의'라는 말이 돌연 거가대족의 글에서 나왔는데, 작년 봄에 윤증의 의서(擬書)가 나온 뒤에야 비로소 이것이 전수된 바가 있다는 것을 알게 되었습니다. 아, 이런 말을 앞장서 주장하는 것은 한 시대를 긴 밤 속으로 몰아가고 인류를 금수로 떨어뜨리고자 하는 것입니다. 예로부터 성인과 현인이 당시에 공업(功業)을 베풀 수 없으면 말과 문자로 남기는 것은 주공(周公) 이후부터 모두 그러하였습니다. 만약 공을 이룬 것이 없다고 해서 '허위'라고 한다면 《춘추》를 지은 것이 난신적자(亂臣賊子)를 주벌하기에 부족하며 양주(揚朱)와 묵적(墨翟)을 물리치는 것이 우 임금에게 비견되기에 부족할 것입니다. 아, 세대는 멀고 사람은 죽고 없어 대의가 점점 미약해지는데, 이 세상에 살면서 산림의 현자라고 불리는 자가 그 사이에서 이러한 설을 앞장서 주장하여, 물리쳐 배척하며 '이것은 가탁한 것이다', '이것은 공허한 말이다', '이것은 고원한 논의다.' 라고 말하여 세상 사람 절반이 휩쓸려 따르니, 강상이 무너지고 법이 망하는 화가 성명의 세상에 횡행할지 어찌 생각이나 했겠습니까.

아, 나라가 작고 힘이 약하여 천하를 씻어낼 수도, 황도(黃道)를 돌려놓을 수도 없으면서 대의(大義)의 말을 또 마음에 보존하여 입으로 내지 못하니, 윤증의 이른바 진실이라는 것이 과연 어떤 일입니까. 안타깝게도 그의 80년 공부가 그저 대의가 허위라는 설을 만들어 세상을 그르친 것에 불과하게 되었습니다. 바라건대 사신(詞臣)에게 〈대고(大誥)〉와 〈다방(多方)〉과 같은 글을 쓰게 하여 대의를 천명하게 하고 이것을 원근의 사람에게 널리 보여서 이미 어두워진 인심을 다시 밝히고 실추되려는 국맥을 다시 잇게 하십시오."

이때 상이 오랫동안 정섭(靜攝) 중이어서 왕세자가 대리하게 했는데, 비답에 후하게 답하였다.

무술년(1718, 숙종44)에 여러 도의 많은 선비가 우암과 동춘당 및 스승을 종사(從祀)하는 청을 내었다. 당시 정언 정택하(鄭宅河)라는 자가 있어 젊고 무식한 사람이었는데 우리 스승을 시기하는 자의 사주를 받고서 여력을 남기지 않고 공공연히 비방하고 무함하였다. 게다가 공이 이 일을 충동한 것이라고 의심해서, 홍문관에 있던 공의 아들까지 아울러 배격하였다. 정택하가 먼저 나서고 성진령(成震齡)이 뒤를 이어 '기세가 등등하다.' 등의 말까지 있었다. 공이 매우 놀라고 두려워 네 차례 상소를 올려 힘껏 사직하였지만 허락하지 않았다. 또 별유를 내리기를, "진정(賑政)이 한창 시행되는 때에 나라를 제 몸처럼 생각하는 경의 정성으로 한결같이 직책을 피하기만 하는 것은 합당치 않다. 또 국가가 뜻밖의 구설 때문에 지금의 중임을 바꾼다면 국체를 손상하고 백성의 목숨을 그르침이 클 것이다. 경은 속히 직임을 살펴 위임한 은혜에 부응하라." 하였다.

공이 정유년에 상소를 올린 뒤로 윤증의 당이 모두 분하여 이를 갈았는데, 이때 이르러 정언 이명의(李明誼)란 자가 윤증을 위해 복수할 바탕으로 삼아 무수히 비난하고 훼방하여 재물을 탐한다고 무고하기에 이르렀다. 공이 두 차례 상소를 올려 스스로 변론하고 조사해 밝힐 것을 청하였는데, 비답을 내리기를, "모함하는 말은 입에 담을 것도 못되고, 재물을 탐한다는 죄목도 전적으로 날조된 것이다. 경이 당한 지극한 억울함은 성명(聖明)께서 이미 잘 알고 계신다." 하였다. 공이 여러 달 동안 문을 닫고 사직을 청하는 것이 점점 더 간절하였다. 6월에 대신의 말로 비로소 체차를 허락하였다.

공은 평소에 청렴하였는데 평안도에 재임했을 때에는 신중함을 다하였다. 돌아갈 때가 되어 창고가 가득 차서 옛날 장부와 비교해보니 10배나 차이가 났다. 사람들이 이 일로 이명의가 거짓을 꾸며 무고했다는 것을 더욱 잘 알게 되었다.

공이 감영을 떠나기도 전에 비변사 유사당상의 직임에 제수되었고,

귀로 중에 병조참판 동지의금부사 세자시강원 우부빈객에 제수되었다. 돌아와 도성 밖에 이르러서 편비(編裨)에게 부절을 반납하게 하고 곧바로 고향으로 돌아가려고 하였는데, 마침 성상의 환후가 더욱 심해졌다는 소식을 듣고 도성에 들어가 문후를 드리려고 계획 때문에 결국 실행하지 못했다. 잇따라 홍문관 부제학, 사헌부 대사헌, 사역원 제조에 제수되었지만 모두 나아가지 않았다.

얼마 있다 한성부 우윤(漢城府右尹)을 거쳐 이조참판 양관 대제학에 제수되었고 그 밖의 겸직은 예전과 같았다. 또 동지의금부사, 춘추관사, 전생서 제거를 겸임하였다. 공은 자신이 이미 서울에 있고 누차 사양해도 허락을 얻지 못한 데다가, 임금의 병이 위독한 이런 때를 당하여 한결같이 사직하고 물러나는 것은 마땅하지 않다고 여겨 마지못해 나아가 숙배하였다. 날마다 문안하는 반열에 나아가고 병을 핑계로 단 하루도 잠시 쉰 적이 없었다.

다음 해 3월 초에 시원(試院)에서 병든 몸을 부축하고 돌아왔다. 10일 저녁에 이르러 전에 앓던 격비(膈痞) 증상이 다시 발병하였는데 사흘이 지난 뒤 인시(寅時)에 마침내 운명하였다. 이해 5월 18일에 광주(廣州) 사천(沙川) 백운산(白雲山) 서쪽 기슭 탕산(碭山)의 선영 옆 미향(未向)의 언덕에 장사지냈다.

공은 타고난 기품이 매우 남달랐다. 큰 키와 수척한 얼굴에 눈썹이 길고 수염이 성글었는데, 온화하고 순정하기론 순수한 금과 아름다운 옥 같았고 투명하고 맑기론 얼음 호리병과 가을 달 같았다. 눈은 샛별 같아서 몇 장(丈) 밖에서도 작은 글자를 분별할 수 있었다. 친가와 외가 모두 시와 예를 아는 집안에서 태어나 어려서부터 가정교육을 받았고 커서는 스승의 가르침을 받아서 바른길로 나아가 덕기(德器)가 일찍 이루어져 사람들이 멀리서 보고도 그가 순정한 군자라는 것을 알았다.

그 학문하는 방법은 다음과 같았다. 일찍 일어나 세수하고 머리를 빗고서 옷을 단정히 입고 책상을 대하여 궁리(窮理)와 격물(格物)의 공부에 힘을 쏟고 존양(存養)과 성찰(省察)의 방법에 뜻을 더 두어 참으로 알고 실제로 실천하며 오묘하게 깨우치고 묵묵히 이해하였다. 하늘과 사람의 성명(性命)의 오묘함과 음과 양의 굴신(屈伸)의 변화와 경례(經禮)와 곡례(曲禮)의 상변(常變)의 제도와 옛날과 지금의 치란(治亂)의 자취를 융합하고 관통하지 않은 것이 없었다. 젊었을 때 상공인 큰형님과 말하기를, "성인도 우열이 있습니까?" 하니, 상공이 말하기를, "성인도 우열이 있는 듯하다. 예를 들어 백이의 청(淸)과 유하혜의 화(和)와 공자의 시(時)에 어찌 우열이 없겠느냐." 하니, 공이 말하기를, "이미 성인이라고 했으니, 성인이 어찌 우열이 있겠습니까." 하였다. 뒤에 정자의 말씀을 보니, "성인은 우열이 없다. 있다면 성인이 아니다." 하였고, 주자가 말하기를, "성인은 본디 우열이 없다. 요임금과 순임금의 선양과 탕 임금과 무왕의 정벌과 백이(伯夷)의 청(淸)과 유하혜(柳下惠)의 화(和)와 공자의 시(時)는 그 도가 하나이다." 하였다. 또 한 번은 스승을 모시고 앉았는데 선생께서 말씀하시기를, "《주자대전》에 살펴봐야 할 문자가 있는데 권질이 방대해서 쉽게 찾아낼 수가 없다." 하니, 공이 즉시 앉은 자리에서 기억해 냈다. 본 것의 수준이 높고 기억력이 민첩한 면에서 다른 사람이 따라잡을 수 없는 점이 있었다. 평상시의 공부는 《소학》과 《대학》을 더 깊이 공부하였고, 만년에는 또 《중용》을 즐겨 읽었다. 또 춘추대의(春秋大義)에 간절하여 그것을 배척하는 자를 보면 자기의 원수처럼 미워하였다.

집 안에 있을 때의 행실은 다음과 같았다. 어버이를 섬길 때는 그 효성을 극진히 하였고 제사를 올릴 때는 그 공경을 지극히 하였다. 큰형님을 섬기기를 아버지와 같이 하였고 여러 조카를 보기를 자기 자식처럼 하였으며 종족을 대해서는 한결같이 화목함을 위주로 하였다. 평상시에도 반드시 종일토록 무릎을 꿇고 앉았고 갑작스러운 순간에도 급하게 말을 하거나 낯빛을 갑자기 바꾸지 않았다. 게으른 기운을 몸에 베풀지 않았고 비속한 말을 입에서 내지 않았다. 저포나 바둑 등은 손에 잡은 적이 없었고, 이단의 잡서는 눈에 붙인 적이 없었다. 성품은 또 깊고 넓어서 비록 뜻을 거스르는 일을 만나더라도 성을 내거나 노골적인 거동이 있은 적이 없었다. 그러므로 온 집안이 그의 온화함을 칭찬하고 고향 사람들이 그의 덕을 칭송하고 벗이 그의 선함을 칭찬한 것이다. 검소하고 담박하여 화려한 것을 좋아하지 않아 만년에 지위가 높고 나이 많았지만 의관이 한미한 선비와 같았다.

조정에서의 관직 생활은 다음과 같았다. 임금을 인도하여 도에 나아가게 하고 일에 따라 그릇됨을 바로잡았으며 직분에 종사할 때 오직 근면하게 하여 마음과 정력을 모두 소진하였다. 앞뒤로 경연에서 아뢴 말과 크고 작은 상소와 차자는 임금을 바로잡는 지극한 계책과 나라를 다스리는 원대한 계획이 아닌 것이 없었다. 고을을 다스려 정사를 할 때 오로지 교화를 숭상하여 사문(斯文)이 크게 떨쳐졌고 사림이 격려되었다. 그러므로 이르는 곳마다 모두 떠난 뒤에 그리워하여 혹 비석을 새겨 공덕을 기리기도 하고 혹 사당을 세워 제사를 올리기도 하였다. 일찍이 연안(延安)에서 돌아갈 적에 경내의 인사들이 하루 걸리는 먼 곳까지 다투어 와서 송별하였는데 좌중에 눈물을 철철 흘리는 자까지 있었다. 곡산(谷山)을 다스릴 때는 일 때문에 감영에 온 적이 있었는데 원근의 선비들이 그 모습을 보고 싶어서 명함이 구름처럼 모여서 관사가 다 수용할 수 없자 혹 길에 따라오는 자가 또한 백으로 수를 셀 정도였다. 해주(海州) 감영에 있을 때 적을 막아 지킬만한 곳을 가려 조목별로 열거하여 장계를 올려 유사시에 대비하는 계책을 완비하였는데, 조정에서 살피지 않았다. 식자들이 한스럽게 여겨 훗날 반드시 공의 말을 생각할 것이라고 하였다. 평안 감영은 관례에 관청의 재화를 흩어서 이익을 불리는 규정이 있었는데 재화를 출입할 때 아전들이 농간을 부렸다. 공은 조금도 동요됨이 없이 청렴과 검약으로 자신을 더욱 면려하였다. 감영에 까는 자리가 너무 낡아서 앉을 수가 없었는데, 바꾸기를 청하는 사람이 있었다. 공이 말하기를, "편전에서 성상을 알현한 적이 있는데, 편전에 깔린 자리에도 수선한 곳이 있었다. 내가 여기에 있는 것이 이미 포의의 분수를 넘는 것이다." 하고 끝내 허락하지 않았다. 임금을 사랑하고 나라를 근심하는 충성은 타고난 기품에 뿌리가 있었다. 선왕이 여러 해 동안 병을 앓았는데 공이 매번 조보(朝報)를 볼 때면 근심이 얼굴에 드러났다. 금상이 오랫동안 시탕하고 있어서 강연이 드물었는데, 빈객이 되었을 때 글을 올려 학문하는 요체에 대해 논하였다. 또 《주자어록》을 올려서 조석으로 열람하고 이어 간행해서 널리 전하기를 청하였으니, 그 책이 학문과 치도(治道)에 가장 긴요하기 때문이었다.

스승을 섬기는 도리는 다음과 같았다. 존경하고 그리워하며 섬기기를 70 제자가 공자를 섬기듯 하였다. 한번은 말하기를, "나를 살게 해주는 아비와 스승과 임금을 똑같이 섬기는〔生三事一〕 의리는 지극히 중대한데, 회니(懷尼)의 일이 있은 뒤로 사제 간의 도리가 모두 무너졌다. 보자니 근래 자제들이 부형(父兄)을 대할 때나 젊은이가 장로(長

老)를 대할 때 전혀 도의(道義)가 없어서 존경할 줄 모르는 것은 대체로 스승의 도리가 밝지 않기 때문이다." 하였다. 동문의 선비가 혹 이단의 논설로 흐른 자가 있거나 혹 스승을 높이기를 다하는 일에 소홀한 자가 있어, 각각 자신의 의견을 주장하고 스승의 뜻은 완전히 잃자, 공이 "이것이 참으로 이른바 70 제자가 죽기를 기다리지 않아도 대의가 이미 어긋났다는 것이다."라고 말하며 번번이 의리를 끌어다 간절하게 꾸짖고 조금도 동요됨이 없었다. 종사(從祀)하는 의론이 정택하로 인해 좌절되자 공이 분함을 드러내며 말하기를, "이것은 퇴계와 율곡과 우계 선생 등 여러 선정도 면하지 못한 일이니, 우선 조용히 있으면서 기다려야 할 것이다. 어찌 훗날의 공의(公議)가 없겠는가." 하였다. 와서 배우는 모든 사람에게 반드시 스승을 높이고 어른을 공경하는 말로 반복하여 분명히 알려주어 가르치고 격려하니 사람들이 모두 귀담아들었다.

후학을 이끄는 방법은 다음과 같았다. 사람의 재주와 품성에 따라 성실하게 잘 인도하였는데, 먼저 《소학》으로 시작하여 차차 《대학》과 《논어》와 《맹자》와 《중용》을 가르쳐 순서에 따라 점차 나아가는 바탕으로 삼았다. 세상의 배우는 자들이 구이지학(口耳之學)만 일삼고 실학에 힘쓰지 않는 것을 항상 근심하여, 매양 경계하기를 "학문은 별개의 일이 아니니, 다만 일상생활에서 마땅히 행해야 하는 도리이다. 옛사람의 말과 행실을 살펴서 자신의 몸으로 체험한다면 터득함이 있을 것이다." 하였다. 혹 의심스러운 뜻을 묻는 사람이 있으면 공이 질문에 따라 곧바로 응답하기를 마치 소매 속에서 꺼내 주는 것 같아 세세하게 모두 맞았으니, 듣는 자들이 모두 만족하였다.

남을 대하는 태도는 다음과 같았다. 마음을 열어 정성을 보여 낯빛과 웃음이 친근하고 화기가 가득하며 안팎이 환하였으니, 비록 평소에 좋아하지 않던 자라도 공의 모습을 한 번 보고 공의 말소리를 한 번 들으면 마음으로 기뻐하여 진실로 복종하지 않는 이가 없었다. 의리(義利)와 공사(公私)의 분별에 있어서는 항상 엄한 말로 변론하고 물리쳐서 단호하여 범하기 어려웠다. 영욕과 화복이 바로 앞에서 판가름 나도 뒤돌아보지 않았다. 평소 고상한 취미가 있어 고향을 잊지 못했으니, 평상시 읊은 〈팔회(八懷)〉 시는 그러한 뜻을 기록한 것이다.

반평생 순탄치 못하다가 만년에 비로소 알아주심을 받았는데 불행히도 시대 상황이 험악하여 스승이 공경에 처하였는데 사람들은 우물에 빠진 사람에게 돌을 다투어 던지고 칼날을 품은 채 속마음을 숨겼다. 평소의 재주와 포부를 그 만분의 일도 펼치지 못했는데, 하늘이 우리를 불쌍히 여기지 않아 또 그 수명에 인색하였다. 아, 운명인가!

임종하는 날에 정신과 기운이 편안하여 죽음을 슬퍼하는 기색이 조금도 없었다. 아들 정로(正魯) 등이 뒷일을 물었는데, 답하기를, "내가 큰 은혜를 입어 공경(公卿)의 반열에 올랐으나 한마디 말도 제대로 논하지 못하고 한 가지 일도 제대로 시행하지 못해서 은혜를 저버린 것이 많은데 어느 겨를에 집안일을 신경쓰겠느냐." 하였다. 아녀자를 문밖으로 물리치고 제질(弟姪)과 여러 아들을 불러 차례대로 고별하고서 즉시 더러운 옷을 물리고 깨끗한 자리로 바꿔 깔게 하고 마침내 베개와 이불을 바르게 하여 누운 뒤 홀연 돌아가셨으니, 평상시의 공력(工力)을 여기에서 더욱 볼 수 있다.

염습에 비단을 쓰지 않았으니, 또한 유명(遺命)을 따른 것이다. 상복을 입은 문인이 60여 인이었다. 장사지내는 날에 천리 밖에서 비를 뚫고 온 사람이 매우 많았고 더러 걸어서 도착한 사람도 있었다.

아, 공은 청명한 자질에 독실한 공부를 더하여 근원이 혼후하고 축척이 깊고 넓었다. 규모를 더할 수 없이 크게 하였지만 고원한 데로 치달아가지 않았으며, 절목을 매우 자세하게 하였지만 한 방면에 정체하지 않았다. 사서오경에 침잠하고 반복해 공부하여 그 실용을 구하였고, 제자(諸子)와 사서(史書) 등 여러 책을 널리 보고 두루 통하여 그 득실을 증명하였다. 비방과 칭찬에 마음이 얽매지 않았으며 기쁨과 노여움이 얼굴과 말에 드러나지 않았다. 안과 밖, 드러남과 은미함을 통일하되 성(誠)에 근본을 두었고, 본체와 작용, 움직임과 고요함을 관통하되 경(敬)을 위주로 하였다. 공부가 비록 긴요했지만 등급을 뛰어넘어 나아가지 않았고, 기한에는 비록 관대했지만 조금이라도 중단한 적은 한 번도 없었다. 여러 일이 뒤섞여 있어도 반드시 그 요령을 알았고, 여러 의견이 분분해도 그럴듯한 것에 현혹되지 않았다. 여러 학자의 동이(同異)를 궁구하여 정자와 주자의 성법(成法)을 근실하게 지켰으니, 뜻이 독실하고 학문을 좋아하는 통재(通才)의 큰선비라 이를 수 있다.

맏형 상공(相公)은 당시의 큰 인물인데 한번은 "나의 아우는 마음이 통달하여 드넓어 막힘이 없으니 내가 미칠 수 없다." 하였다. 노봉(老峯) 민정중(閔鼎重)과 서하(西河) 이민서(李敏敍)는 공의 선친의 벗들로 나이가 많고 지위가 높았는데, 공이 당시 아직 어린데도 자주 찾아와 국사를 물었다. 그가 문단의 맹주가 되었을 때, 삼연(三淵) 김창흡(金昌翕)이 상서(尙書) 송상기에게 편지를 보내 말하기를, "큰 벼루가 진짜 재주 있는 이에게 갔으니,[15] 축하할 일입니다." 하였다. 태학사

15 큰……갔으니 : 큰 벼루는 주문연(主文硯)으로 홍문관과 예문관의 대제학을 상징

이관명(李觀命) 공이 뇌문(誄文)에, "천지의 기운에 공이 그 정수를 받았네. 깨끗한 옥처럼 온후하고 맑은 얼음처럼 교결하였네. 흉중은 시원하여 비루함이 전혀 없었네. 때로 문장을 지으면 보는 이들 놀랐다네." 하였다. 이것은 모두 사실의 기록이지 과장된 말이 아니다.

공의 원배(元配) 이씨(李氏)는 호군(犒軍) 이명진(李鳴震)의 따님으로 월산대군(月山大君) 이정(李婷)의 후손이다. 부덕(婦德)을 크게 갖추었는데 일찍 세상을 떠났고 자녀가 없었으니 공이 묘기(墓記)를 지었다. 후배(後配) 송씨(宋氏)는 여산(礪山)의 번성한 성씨로 군수 송박(宋博)의 따님이고 도승지 송시길(宋時吉)의 손녀다. 5남 3녀를 두었는데, 아들 좌랑인 정로(正魯)와 교리인 취로(取魯)와 성로(省魯)와 약로(若魯)와 상로(尙魯)이다. 딸은 현감 정석조(鄭錫祚)와 황재하(黃在河)와 참봉 유봉(兪崶)에게 각각 시집갔다. 정로는 진사 한석좌(韓碩佐)의 딸을 아내로 맞았다. 아들은 없고 딸 하나를 두어, 취로의 아들 치량(致良)을 후사로 삼았고 딸은 심순(沈錞)에게 시집갔다. 취로의 첫 번째 부인은 판관 이기하(李基夏)의 딸로 2녀를 낳았는데 홍계희(洪啓禧)와 조정규(趙正逵)에게 각각 시집갔다. 두 번째 부인은 사인(士人) 정호(鄭鎬)의 딸로 아들 하나를 낳았으니, 바로 정로의 후사가 된 자이다. 세 번째 부인은 사인 홍중채(洪重埰)의 딸이다. 성노는 도사(都事) 조상적(趙尙迪)의 딸을 아내로 맞아 2남 1녀를 낳았고, 약로는 감사(監司) 이해조(李海朝)의 딸을 아내로 맞아 아들 하나를 낳았으며, 상로는 원정(院正) 조정만(趙正萬)의 딸을 아내로 맞아 딸 하나를 낳았는데, 모두 어리다. 정석조는 1남 2녀를 두었는데, 아들은 정신검(鄭愼

하는 말이다. 김유는 1718년에 양관의 대제학에 제수되었다.

儉)이고 큰딸은 이산배(李山培)에게 시집갔고 둘째 딸은 어리다. 황재하는 2남 3녀를 두었는데, 큰딸은 한시대(韓始大)에게 시집갔고 나머지는 모두 어리다. 유봉은 2남을 두었는데 어리다. 명(銘)은 다음과 같다.

구름 낀 산은 울창하고 雲山鬱鬱
구름 낀 강은 소용돌이치는데 雲水沄沄
빼어난 기운 신령함 모여 秀氣鍾靈
대대로 이름 난 이 있었네 世有聞人
그 뒤를 잇는 후손 있으니 有承其後
공이 바로 출중한 이로 公乃挺特
준수하고 호방한 자질에 英爽之資
그 덕성 온후하였네 溫厚其德
시와 예를 가정에서 배워 詩禮家業
사문을 보좌하였고 黼黻我文
일찍 남계 문하에 의탁해 早依溪門
바른 학문 연원이 있었네 正學有源
깊은 이치를 밝히니 闡發理奧
오묘한 도에 맞았고 默契道妙
정수를 음미하니 嚌胾味腴
조예가 깊었네 精詣深造
안으로 효우를 갖추고 孝友內備
밖으로 화목을 행했으며 敦睦傍行
나가 세상의 쓰임이 되어 出爲世需
조정을 밝게 빛냈네 賁于王庭

조정에서 정사를 논할 때 都兪一堂
좋은 계책이 있다 칭찬하시니 爾有嘉謨
임금의 마음을 이끌어서 啓心沃心
요순에 뜻을 두게 하였네 志唐志虞
외직에 여러 번 나갔는데 屢試於外
다스리는 고을 화평하였고 百里獨春
변방을 두 번 안무했는데 再按藩節
문교가 크게 새로워졌네 文敎丕新
문단의 영수이고 詞垣赤幟
사림의 태산북두건만 士林山斗
때에는 굴신이 있으니 時有屈伸
진퇴는 시운에 순응했네 進退隨遇
여럿이 떠드는 말 들끓지만 群咻雖沓
나의 의리는 편안하였는데 我義惟安
뜻은 세상과 어긋났고 志與世違
수명도 하늘이 인색하였네 壽又天慳
저 탕산을 돌아보니 眷彼碭山
송백이 짙푸른데 松柏蒼蒼
저 4척 높이 봉분이 彼高四尺
군자가 묻힌 곳이라네 君子之藏
묘지를 땅에 묻으니 埋文殉地
아첨이 아니라 사실이니 匪諛伊實
백세가 지나도록 有來百世
훼손하지 말지어다 無毁無缺

후재집

제43권

묘지墓誌 묘갈墓碣

묘지 墓誌

가선대부 동지돈녕부사 김공 묘지명
嘉善大夫同知敦寧府事金公墓誌銘

고(故) 동지돈녕부사 김공은 바로 나의 재종숙부이다. 공이 총각 때에 선친에게 수학하였는데, 나와 한 이불을 덮고 자고 한 상에서 밥을 먹으며 나란히 걷고 한 걸상에 앉은 것이 수년이었다. 이런 돈독한 정이 백발이 될 때까지 끝나지 않을 것이라고 여겼다. 공이 돌아가시자 공의 아들들이 파리하게 상복을 입고 공의 가장(家狀)을 가지고서 눈물을 흘리며 내게 말하기를, "선친의 평생을 아는 분은 온 세상에 그대만 한 사람이 없습니다. 한 마디 써서 묘지(墓誌)를 기록해 주기 바랍니다." 하였다. 그 부탁이 전후로 매우 정성스러웠다. 아, 후배가 어찌 늙어 쇠약하고 글솜씨가 없다는 이유로 사양하겠는가.

공의 휘는 순(洵)이고 자는 미중(美仲)이다. 우리 김씨는 청풍(淸風)이 본관으로, 고려 때 시중 증 청성부원군 휘 대유(大猷)가 시조이다. 그 뒤로 대대로 벼슬을 하여 동방의 저명한 성씨가 되었다. 우리나라에 들어와서 휘 관(灌)이 계셨으니 호조참의로 좌찬성에 추증되었고, 휘 의지(義之)는 한성부윤을 지냈다. 고조 휘 여광(汝光)은 대호군이다. 증조 휘 계(繼)는 학행으로 알려졌고 집의에 추증되었으니 《동유사우록(東儒師友錄)》에 보인다. 조부 휘 인백(仁伯)도 덕행이 있었으며 이조판서에 추증되었다. 부친 휘 극형(克亨)은 젊어서 잠야(潛冶) 박 선생(朴先生 박지계(朴知誡))를 섬겨 도덕과 학문으로 사우 간에 중시되었으니, 호가 사천선생(沙川先)으로 관직이 공조 정랑에 이르렀고 의정부좌찬성에 추증되었으며 남계(南溪) 박 선생께서 그 비명(碑銘)을 쓰셨다. 모친 청송 심씨(靑松沈氏) 증 정경부인은 동지중추부사 휘 대해(大瀣)의 따님으로 정숙한 덕을 근친들이 칭찬하였다.

공은 숭정 무자년(1648, 인조26) 5월 5일에 태어났으니 바로 찬성공의 넷째 아들이다. 어려서부터 노는 것이 범상하지 않아 국량이 있다고 칭찬하였다. 찬성공이 기특하게 여기고 사랑하여 매양 손신로(孫莘老)의 '행실을 우선하고 문예를 뒤로 하라'는 말[1]을 인용하여 가르치며 반드시 종일토록 모시고 앉아있게 하고 밤이 깊어서야 물러가기를 허락하였다. 계묘년(1663, 현종4)에 찬성이 화순(化順)의 임소에서 돌아가셨는데, 이때 공의 나이 열여섯으로 천 리 길을 달려와 곡하였는데 밤새도록 길을 재촉하여 병에 걸려 거의 죽을 뻔하였다.

약관에 우암(尤庵)과 동춘(同春) 두 선생의 문하에 들어가 사서(四

1 손신로(孫莘老)의……말 : 손신로(孫莘老)는 손각(孫覺, 1028~1090)을 가리키는데, 자손들에게 행실이 먼저이고 문예는 나중이라고 가르친 일은 유지(劉摯, 1030~1098)에 관한 것으로, 손신로의 말로 기록한 것은 유지의 자도 신로(莘老)이기 때문에 중간에 혼동이 있었던 듯하다. 유지는 자손에게 행실을 먼저하고 문예를 뒤로 할 것을 가르치며 매양 말하기를, "선비는 마땅히 기국(器局)과 식견을 급선무로 여겨야 할 것이니, 문인이라고 한번 불리면 더이상 볼 것이 없다.〔敎子孫先行實後文藝, 每曰士當以器識爲先, 一號爲文人, 無足觀矣.〕" 하였다. 《宋史 卷340 劉摯列傳》《宋名臣言行錄後集 卷12 劉摯》

書)와 《근사록》 등 여러 책을 강학하였다. 우암께서 그의 견해가 뛰어난 것을 인정하여 멀리 나아가리라 기대했는데 중간에 특이한 병에 걸려 결국 공부를 마치지 못하였으니, 공은 매양 이것을 한으로 여겼다. 정사년(1677, 숙종3)에 우암께서 북쪽 변새로 유배갔는데, 공이 한 채 수레와 여윈 말로 고개를 넘어 찾아뵈었다. 정묘년(1687, 숙종13)에 사마시에 급제하였다. 기사년(1689, 숙종15)에 세상이 크게 변하니 공은 벼슬에 나갈 뜻을 완전히 끊고 문을 닫고 행적을 숨긴 채 오직 양친을 봉양하는 것만을 일삼았다. 신미년(1691, 숙종17)에 부친상을 만나 묘소에서 여막을 짓고 상을 치르는데 예제에 어긋남이 없었다.

갑술년(1694년, 숙종20)의 개혁 때 비로소 벼슬에 나아가 헌릉 참봉(獻陵參奉)에 제수되었는데, 공로가 있어 승진하여 등급을 뛰어넘어 내자시(內資寺) 주부에 임명되었다가 곧바로 의금부 도사로 옮겼다. 병자년(1696, 숙종22)에 형조 좌랑에 임명되었고, 임피 현령(臨陂縣令)으로 나갔다. 도착한 지 얼마 되지 않아 금오랑 때의 일로 심문을 받고 체직되었다. 정축년(1697, 숙종23)에 익위사 익찬에 제수되었다. 무인년(1698, 숙종24)에 대구 통판(大丘通判)이 되었다. 대구는 지역이 넓고 백성이 많아 송첩(訟牒)이 구름처럼 쌓였는데 공이 물 흐르듯 판결하니 모두 핵심에 적중하였다. 마침 전염병이 돌자 마음을 다하여 구휼하여 많은 백성을 구제하였다. 기묘년(1699, 숙종25)에 어떤 일 때문에 관직을 그만두고 돌아왔다. 경진년(1700, 숙종26)에 전생서(典牲署) 주부가 되었다. 신사년(1701, 숙종27)에 합천 군수(陜川郡守)에 임명되었다. 군에 한 사형수가 있어서 몇 해 동안 옥사가 미결되었는데, 공이 이르자 즉시 판결하여 그의 억울함을 풀어주니 온 경내가 통쾌하게 여겼다. 계미년(1703, 숙종29)에 훈련도감 낭청으로 동협(東峽)에서 시장(柴場)을 조사하였는데, 동협의 백성들이 편해졌다고 칭송하였고 세수(稅收)도 줄지 않았다. 이 해에 앞서 합천의 일로 포상을 받게 되어 상으로 통정대부에 가자(加資)되고 오위장에 임명되었다. 갑신년(1704, 숙종30)에 무주 부사(茂朱府使)에 임명되었고 을유년(1705, 숙종31)에 해주 목사(海州牧使)에 임명되었지만 모두 오래지 않아 체직되어 돌아왔다.

병술년(1706, 숙종32)에 첨지중추부사에 임명되었는데, 이때 한 대관이 사감을 품고서 한두 가지 공의 일을 들춰내어 사실무근의 일을 날조해 무고하였다. 상께서 말씀하시기를, "이 계사(啓辭)는 대부분 이치에 닿지 않는다." 하고 윤허하지 않으니, 사람들이 특별한 은전이라고 일컬었다. 이 뒤로 5, 6년 사이에 오위장(五衛將)에 제수된 것이 수삼 차례였다. 계사년(1713, 숙종39)에 이천 부사에 임명되었는데 상소를 올려 백성들의 고충을 힘껏 논했지만, 해조에서 가로막아 시행되지 않았다. 기해년(1719, 숙종45) 봄에 노인을 우대하는 은전으로 가선대부에 가자되고 동지중추부사에 임명되었다. 경자년(1720, 경종1)에 아들 고(槹)가 시종한 공으로 또 가의대부에 가자되고 동지돈녕부사에 임명되었다. 얼마 후에 병에 걸렸는데 여러 달 동안 낫지 않았다. 신축년(1721, 경종2) 5월 20일에 한성부 정선방(貞善坊)의 정침에서 운명하였으니, 향년 74세였다. 그해 12월에 광릉(廣陵) 실촌(實村) 만도곡(滿道谷) 임좌(壬坐)의 언덕에 장사지냈으니, 바로 부인을 먼저 묻었던 곳으로 이때 공과 합창한 것이다.

공은 타고난 성품이 막힘이 없고 총명하여 젊어서부터 자제의 잘못이 없었다. 큰형님을 섬기기를 찬성공을 섬기듯 하였고, 아들들을 가르칠 때는 찬선공이 자제를 가르치셨던 내용으로 가르쳐서 가정 안이 엄숙하였다. 식견과 사려가 남보다 뛰어나 주도면밀하여 앞으로의 일을 예상하면 마치 촛불을 비춘 듯하고 거북점을 친 듯하였다. 상국 이유(李濡)와 평천군(平川君) 신완(申琓)과 상서 유득(兪得)이 한마음으로 인정하여 나라에 큰일이 있을 때면 반드시 자문하였다. 전후로 다스렸던 주(州)와 군(郡)이 모두 큰 고을이었는데, 분명하고 부지런히 정사를 펴고 엄하면서도 너그럽게 백성을 다스려서 백성들은 혹여 제멋대로 굴지 않고 대가(大家)는 감히 독단하며 위세를 떨지 않았다. 송사를 판결할 때 명철하고 공평하여 소송에 진 자가 원망하는 말이 없었다.

조부와 조모의 임시로 매장한 것이 여러 해가 되었는데 공이 직접 풍수지리를 따져서 혼자 공부해 스스로 터득하여 마침내 충원(忠原)에 세 분을 천장(遷葬)하였다. 바닷가 고을의 수령이 되었을 때, 봉록을 덜어 비석을 새기고 손수 비문을 썼으니, 묘소에 관계된 일은 아무리 작은 일이라도 완벽하게 하지 않은 적이 없었다. 장인인 처사 이공이 돌아가시고 후사가 없자 공이 후사를 세워 제사를 받들게 하였다. 재산을 나누는 일의 경우, 집안사람들에게 미리 알려 조금도 상관하지 못하도록 하였다. 이때 조정이 여러 차례 번복되는 일을 겪고 있어 인심이 불의에 빠져 의리가 어두워졌는데, 조정의 시비가 뒤바뀌는 것을 눈으로 직접 보고서 한밤에도 우려하고 탄식하여 새벽이 되도록 잠을 이루지 못하였다. 상소를 써서 올리려고 한 것이 여러 차례였는데 지위를 벗어난다고 여겨 실행하지 않았으니, 강개한 성품이 이와 같았기 때문이다.

부인 전주 이씨(全州李氏)는 처사 휘 중희(重熙)의 따님이고 홍문관 부제학 휘 유홍(惟弘)의 손녀다. 천품이 단아하고 조용하며 자애롭고 은혜로웠다. 나이 열여덟에 공에게 시집와서, 지아비와 아들을 섬길 때는 순종하여 어김이 없었으며 자손을 훈육할 때에는 엄격하여 방도가 있었으며 동서들을 대할 때에는 온화하고 진실했으며 첩들을 보살필 때는 위엄이 있으면서도 아껴주었으니 실로 옛날 여사의 풍모가 있었다. 만년에 몸이 쇠약해져 공보다 12년 먼저 돌아가셨다. 정부인(貞夫人)에 추증되었다.

3남을 두었으니, 장남은 바로 고(槹)로 문과에 급제하고 집의가 되었으며, 그 아래로는 허(栩)와 방(枋)이다. 네 딸은 일찍 죽었다. 측실에게서 3남 2녀를 두었으니, 아들은 첫째가 휘(楎)이고 나머지는 어리다. 딸은 신영하(申寧夏)에게 시집갔고 둘째 딸은 미혼이다. 고의 초취(初娶)는 감역 증대사헌인 이사길(李師吉)의 딸로, 1남 1녀를 낳았으니, 아들은 최로(最魯)이고 딸은 윤온(尹溫)에게 시집갔다. 후취(後娶)는 서윤 서종적(徐宗積)의 딸로 3남을 낳았으니, 술로(述魯)와 나의 죽은 아우 집의 재(栽)의 후사가 된 항로(恒魯)와 우로(遇魯)이고, 2녀를 낳았으니 큰딸은 이사언(李師彦)에게 시집갔고 그 아래는 어리다. 측실에게서 아들 달로(達魯)를 낳았다. 허는 사인 오도병(吳道炳)의 딸을 아내로 맞았는데 일찍 죽고 후사가 없어서 방의 아들 경로를 후사로 삼았다. 방은 주부 유필상(由必相)의 딸을 아내로 맞아 3남 2녀를 낳았으니, 갑로(甲魯)와 경로(慶魯)이고 나머지는 모두 어리다. 휘는 종실 전평군(全平君) 이혼(李混)의 서녀를 아내로 맞았는데 일찍 죽었다. 윤온은 3남을 두었다. 내외 자손이 모두 20여 명이다. 아, 옛사람이 말한 '장수하고, 부유하고, 존귀하고, 아들을 많이 둔다.'라는 것이 바로 공이 그런 사람이 아니겠는가. 아, 성대하구나! 아래와 같이 명(銘)을 쓴다.

산이 자리하고	維山之盤
물이 머무는 곳	維水之渟
공이 여기 묻혔으니	公焉斯藏
백세토록 편안하시길	百世攸寧

장악원 주부 장공 묘지명
掌樂院主簿張公墓誌銘

인동 장씨(仁同張氏)는 세상에 저명한 성씨로 일컬어지는데, 휘 금용(金用)은 고려에서 벼슬하여 삼중대광 신호위 상장군(三重大匡神虎衛上將軍)이 되었으니 이분이 바로 시조이다. 이때부터 대대로 벼슬아치가 나왔는데, 우리나라에 들어와 휘 계문(季文)은 사인(舍人)을 지내고 좌찬성에 추증되었다. 증조 휘 우한(遇漢)은 목사(牧使)를 지냈고, 조부 휘 차주(次周)는 수찬을 지내고 이조참판에 추증되었고, 부친 휘 세명(世明)은 군수를 지내고 좌승지에 추증되었다. 모친 청풍 심씨(淸風沈氏)는 부윤 심총(沈摠)의 따님이고 사인 심광세(沈光世)의 손녀이다.

공은 숭정 기원후 정해년(1647, 인조25) 11월 11일에 태어났으니, 휘가 시현(始顯)이고 양경(揚卿)이 자(字)이다. 자질이 단정하고 수려하며 성품이 자애롭고 선량해서 부모를 섬길 때는 부드러운 낯빛으로 어김이 없었으며 아우들을 대할 때는 우애가 있어 능히 사랑하였다. 평소 조용한 것을 좋아하고 번화한 것을 좋아하지 않아 몸은 마치 옷을 감당하지 못하는 듯하고 말은 마치 입에서 내지 못하는 듯하였지만 지키는 것은 확고하여 비록 맹분(孟賁)과 하육(夏育)과 같은 용사가 와도 빼앗을 수 없는 점이 있었다. 공이 젊었을 적에 정권을 쥔 한 재상이 총애를 믿고 권세를 멋대로 부려 어진 이의 등용을 방해하여 나라를 좀먹었는데, 공이 말하기를, "이 사람이 조정에 있으면 신무문(神武門)의 화(禍)[2]가 오늘 다시 일어날까 두렵다." 하였다. 성균관에서 석채(釋菜)를 올리는 날에 부황(付黃)의 논의를 제일 먼저 발의하였는데, 옛 규례를 끌어다 근거를 대며 말의 기세가 격앙되니 자리에 있던 사람들이 모두 깜짝 놀라 서로 쳐다보았다. 이때 가로막는 자가 있어 결국 끝까지 다하지는 못했지만, 이 일로 공의 이름이 더욱 중해지게 되었다.

성삼문(成三問) 선생의 죽음은 숨기고 말하지 않은 일들이 많다. 어떤 사람이 그의 나무 신주를 만들어서 인왕산 산기슭 어디에 묻었다. 임자년(1672, 현종13) 봄에 공이 마침 산 아래에서 머물렀는데 기슭이 무너지면서 신주가 나오자 공이 곧바로 가서 절을 올렸다. 우암 송선생께 여쭈어 홍주(洪州) 노은동(魯恩洞)으로 옮겨 안치하였으니, 노은동은 바로 성 선생의 선영이 있는 옛날 살던 동네이다. 수백 년 전에 묻혔던 신주가 지금에 이르러 공으로 인해 드러난 것은 매우 기이한 일이다. 우암 선생이 말씀하기를, "옛사람 말에 이러한 일은 오직 정직하고 맑은 사람인 뒤에야 정신이 묵묵히 믿어서 신명에 감응할 수 있고 하였다." 하였는데, 공이 참으로 그런 사람이다!

기사년(1689, 숙종15) 이후로 세상이 크게 바뀌자 공은 세상일을 사절하고 고향으로 돌아가 문을 닫고 길도 쓸지 않고 남과 교유하지 않아 이웃 사람조차 그의 얼굴을 보기 드물었다. 따로 초가를 지어 머무는 곳으로 삼고서 집 이름을 '산은(散隱)'이라고 하였으니, 한가로이 지내며 당세의 일에는 아무 생각이 없다는 뜻을 담은 것이다. 아침

2 신무문(神武門)의 화(禍) : 1519년(중종14)에 남곤(南袞), 심정(沈貞) 등의 훈구대신들이 중종의 밀지(密旨)를 받고 몰래 신무문으로 입궐하여 조광조(趙光祖) 등의 신진 사류들을 제거했던 일명 기묘사화(己卯士禍)를 가리킨다.

저녁으로 그 안에서 시를 읊으며 오직 자제들에서 독서하고 학습하기를 권면하는 것을 일로 삼았다. 한번은 말하기를, "사람에게 중요한 것은 사람의 도리를 아는 것에 있으니, 부귀를 어디에 쓰겠느냐. 부귀한 중에 인(仁)하지 않은 자가 있고, 빈천한 곳에 선(善)을 행하는 자가 많다. 선비가 비록 곤궁에 처하더라도 자신이 지키는 것을 바꾸는 것은 옳지 않으니, 요점은 선에 있을 뿐이다. 너희들은 유념하여라." 하였다. 또 말하기를, "궁달은 명(命)이고 득실은 분(分)이다. 명과 분이 정해지면 인력으로 높이고 낮출 수가 없으니 마땅히 순종하고 받아들여야 할 뿐이다." 하였다. 문예와 학업을 일찍 성취하여 동배에게 추중을 받았고 전후로 초시에 입격한 것이 다섯 번이었지만 회시에 다섯 번 떨어졌다. 그러나 공은 이것을 마음에 두지 않았다.

경인년(1710, 숙종36)에 선공감 감역에 제수되었고, 임진년(1712, 숙종38)에 장악원 주부로 승진하였다. 관직에 임해서 그 직분에 걸맞게 잘 수행하였다. 계사년(1713, 숙종39) 6월에 평소 앓던 담질(痰疾)로 정침에서 돌아가셨으니 향년 67세였다. 이해 8월에 광주(廣州) 초월리(草月里) 곤향(坤向)의 언덕에 장사지냈으니, 선영에 묻힌 것이다.

부인 안동 김씨(安東金氏)는 현감 김수민(金壽民)의 따님이고 참판 김광현(金光炫)의 손녀고 선원공(仙源公) 김상용(金尙容) 선생의 증손이다. 4남 1녀를 낳았으니, 아들은 원익(遠翼)과 명익(溟翼)과 몽익(夢翼)과 홍익(鴻翼)이고, 딸은 윤득온(尹得溫)에게 시집갔다. 원익은 권단(權偳)의 딸을 아내로 맞아 2남 1녀를 낳았으니, 아들은 종소(宗紹)와 형소(亨紹)고, 딸은 안사직(安思直)에게 시집갔다. 명익은 현감 이하번(李夏蕃)의 딸을 아내로 맞아 2남 2녀를 낳았다. 아들은 무과에 급제하고 군수인 두소(斗紹)와 태소(台紹)이고, 딸은 윤형동(尹衡東)과 이사선(李思先)에게 각각 시집갔다. 몽익은 양자로 나가 숙부의 후사가 되었다. 봉사 이행술(李行述)의 딸을 아내로 맞아 3남 1녀를 낳았으니, 아들은 극소(克紹)와 익소(益紹)와 덕소(德紹)이고 딸은 주서(注書)인 이정응(李挺膺)에게 시집갔다. 홍익은 진사 이연(李沇)의 딸을 아내로 맞아 1남 1녀를 낳았으니, 모두 어리다.

아, 공은 훌륭한 가문에서 태어나 학문이 높은 가정에서 자라 지조가 확고하고 재행(才行)을 겸하였다. 선(善)을 단 사탕수수처럼 좋아하고 이(利)를 매운 부자(附子)처럼 싫어하여 권세에 지조를 잃지 않으며 불우(不遇)에 실망하지 않아 편안하게 순응하고 담담하게 얽매지 않으며 조금이라도 구차하게 도모하는 말을 입에서 내지 않았다. 성선생의 일에 있어서는 더욱 기이하니, 정신이 먼 과거와 감응할 수 있는 공이 아니라면 어찌 이러한 일이 있을 수 있겠는가. 만약 공이 일찍 좋은 때를 만나 그 온축한 것을 펼칠 수 있었다면 집안의 명성을 더 높이고 시대의 바람에 부응했을 것인데, 운명과 재주가 어긋나 막혀 드러나지 못해 말년에도 낮은 관직에 있어 일반 관리에 그쳤으니, 공을 위해 안타까워하지 않는 이가 없다. 아래와 같이 명(銘)을 쓴다.

성품의 순박함과	稟賦之淳
지조의 확고함으로	操履之確
부귀는 귀하게 여기지 않고	儻來匪貴
오직 선을 즐겼다네	惟善是樂
울창한 저 초월의 산	鬱彼草山
군자가 계신 곳이니	君子攸宮

돌에 새겨 사실을 기록해	刻石誌實
무궁한 후세에 알리네	庸告無窮

숙인 박씨 묘지명

淑人朴氏墓誌銘

학사 신방(申昉) 형제는 바로 문순공(文純公) 남계(南溪) 박 선생(朴先生 박세채(朴世采))의 외손이다. 내가 선생의 문하에서 공부해 친하게 지낸 지 오래다. 근래 그 선비(先妣) 숙인(淑人)의 가장(家狀)을 나에게 보내며 말하기를, "선비께서 아름다운 덕과 순수한 행실이 있으신데, 돌아가신 지 벌써 여러 해 되었건만 아직 묘지(墓誌)가 없습니다. 이는 실로 불초한 자식들의 불효막심한 죄이니, 그대의 한마디 말을 얻어 묘소 남쪽에 지석(誌石)을 묻고자 합니다." 하였다. 그러나 나는 쇠병이 심하고 또 글도 잘하지 못해서 여러 차례 마땅한 사람이 아니라고 사양했지만 끝까지 사양할 수 없었다. 이에 삼가 가장을 받아 내용을 살펴보니 다음과 같다.

숙인은 문순공의 둘째 따님이다. 계묘년(1663, 현종4) 정월 28일에 태어났다. 어려서 총명하고 영민하기가 남보다 뛰어나 계조모(繼祖母) 최 부인(崔夫人)이 몹시 사랑하여 안아 길렀다. 어린아이였을 때 문순공이 아들들에게 글을 가르칠 적에 숙인이 옆에 있다가 듣고서 전부 외우니 문순공이 크게 기특하게 여겨 《소학》의 〈내칙(內則)〉을 가르쳤는데 한 번 들으면 잊지 않았고 또 능히 실천하였다. 자라서는 더욱 순수하고 현명하며 온화하고 장중하여 행동거지를 삼가고 안팎의 일을 구분하였다. 여자의 할 일을 하고 난 여가에는 훈계의 말을 공부하여, 본받아 법칙으로 삼을 만한 옛날 어진 부녀자의 언행을 그 시대와 종족을 아울러서 정밀히 상고해 그 상세한 내용을 알지 않은 적이 없었다.

고금의 치란(治亂)과 인물의 사정(邪正)과 정사의 득실(得失)과 성현 경전의 의미에 이르기까지 또한 모두 헤아리는 바가 있어서 때때로 입 밖에 내어 말을 하면 왕왕 선유의 말씀과 부합하는 것이 있었다. 문순공이 매양 그 등을 쓰다듬으며 탄식하기를, "아깝구나! 만약 남자라면 우리 집안을 이을 수 있을 텐데." 하였다.

신해년(1671, 현종12)에 역병을 만나 증세가 매우 위독해지자, 집안사람들은 모두 피하고 모친 원 부인(元夫人)만 남아 병구완을 하였다. 숙인이 죽 그릇을 물리치고 들지 않으며 말하기를, "어머니가 나가시는 것을 기다렸다 먹겠습니다." 하니, 원 부인이 울면서 어쩔 수 없이 따랐다. 시집갈 나이가 되자 배우자를 택하여 신후(申侯) 성하(聖夏)께 시집왔다. 신씨는 대족(大族)으로 가법(家法)이 매우 엄했는데 숙인이 효성과 공경으로 부인의 도를 다하니 시아버지 의정공(議政公 신완(申琓))이 매우 옳게 여겼다. 온 집안이 서로 축하하며 어진 부녀자를 꼽을 때마다 숙인을 으뜸으로 여겼다. 신후가 젊어서 경사(經史)에 힘을 쏟고 생계를 돌보지 않아 집안일을 숙인에게 맡기고 어떤지 묻지 않았는데, 숙인이 모든 일을 관리하고 조치하여 신후가 알지 못하게 하였다. 신후가 여러 차례 향시에는 합격하였지만 번번이 회시에는 떨어졌는데, 숙인이 조금도 탄식하는 빛이 없자 어떤 이가 그 이유를 물으니 답하기를, "탄식하여도 이로운 것이 없으니, 이로운 것이 없는 줄 알면서 하는 것은 명(命)을 모르는 것입니다." 하니, 물었던 자가 탄복하였다.

신사년(1701, 숙종27) 가을에 병에 걸린 뒤 7개월이 지난 임오년(1702, 숙종28) 2월 5일에 일어나지 못했으니, 향년 40세였다. 수명이 길지 않은 것을 애석해하지 않는 이가 없었다. 병이 깊어졌을 때, 의정

공이 대문에 들어서자 숙인이 시중드는 사람을 시켜 향을 사르게 하며 말하기를, "병자의 방이라 더러운 냄새가 날까 걱정된다." 하였다. 신후가 울면서 영결(永訣)하니 숙인이 죽고 사는 것은 당연한 이치라며 신후를 위로하였다. 초상에 필요한 여러 물품을 손수 기록하였는데 모두 정리가 잘 되어 있었고 조금도 죽음을 슬퍼하는 뜻이 없었다. 처음엔 광주(廣州) 연미곡(燕尾谷)에 장사지냈다가 계사년(1713, 숙종39)에 광주 실촌(實村) 곤지암(崑池巖)의 선조 판윤공(判尹公 박일(朴鎰))의 무덤 아래로 이장하였다.

숙인이 총명하고 남다른 자질로 학식과 예의가 있는 집안에 태어나 가정의 훈도를 익숙히 들어 덕과 재주가 일찍 성숙하였다. 여덟아홉 살부터 벌써 유순하고 정숙하여 말과 행동이 여자의 법도에 어긋나지 않았다. 문순공의 양어머니 조씨(趙氏)는 고상한 행실이 있었고 또 감식안이 있었는데, 항상 말씀하기를, "이 아이를 볼 때마다 나도 모르게 매무새를 가다듬게 된다." 하였다. 신씨 집안에 20여 년 있는 동안 시아버지와 시어머니를 섬길 때는 온화한 낯빛으로 어기지 않았고 동서들을 대할 때에는 친애하면서도 예의가 있었다. 집안 친척을 대할 때에는 그 친소(親疏)와 존비(尊卑)에 따라 모두 예의에 맞게 하였다. 본성이 또 화려한 것을 좋아하지 않아 상자 속에 진주나 환옥(環玉)이나 귀걸이 등을 보관한 적이 없었다. 친구의 혼인에 마침 초청하는 사람이 있으면 말하기를, "부인이 손님을 초청하고 접대하는 것은 업하(鄴下)의 비루한 풍속이다."[3] 하고 절대로 가지 않았다. 더욱 장중하고

3 부인이……풍속이다 : 이 말은 《안씨가훈(顔氏家訓)》에 있는 말로 업하 지방의 풍속이 부인이 가문을 유지하여 부인이 대외활동을 하는 것에 관한 내용인데, 이러한

신밀하게 행동하여 간혹 남의 장단점을 언급하는 일이 있으면 입을 다물고 응대하지 않아 마치 듣지 못한 듯하였다.

문순공이 돌아가신 뒤 연이어 불행한 일이 있어 어머니 원 부인이 막내아들의 집에 와서 지냈는데, 숙인의 거처에서 담장 하나 너머에 있었다. 숙인이 날마다 반드시 가서 아침저녁으로 문안을 더욱 부지런히 드렸고, 한 가지라도 맛있는 음식이 생기면 어머니께 올리지 않으면 먼저 입을 대지 않았다. 병이 위독한 상황에서 목에서 나오는 미약한 말도 모두 어머니를 염려하는 말이었으니, 그 효성의 독실함이 천성에서 나온 것이었다. 한번은 아들에게 경계하기를, "궁달은 하늘의 뜻이니, 이것은 그사이에 인력이 끼어들기 어렵다. 독실하게 공부하고 힘써 행하여 집안의 명성을 실추시키지 않는 것은 우리 본성 안에서 할 수 있는 일이니, 힘써서 이를 수 있다. 내가 너희들의 말 한마디 행동 하나에 조금이라도 뜻에 불가한 것이 있는 것을 볼 때마다 내 마음이 편안하지 않다. 너희들은 반드시 이 뜻을 잘 살펴서 내 마음이 불안하지 않도록 하여라." 하였으니, 견식이 밝고 이치에 통달한 것이 모두 이와 같은 따위였다.

박씨는 반남(潘南)이 본관으로 벼슬을 지낸 분이 이어져 동방의 저명한 성씨가 되었다. 고려 말에 휘 상충(尙衷)이 계셨으니 관직이 밀직제학(密直提學)에 이르렀는데 바른 학문과 곧은 절개로 명성이 있었다. 우리나라에 이르러 좌의정 휘 은(訔)과 사간(司諫) 휘 소(紹)는 모두 잘 알려진 분들이다. 고조 휘 응복(應福)은 대사헌을 지냈고, 증조 휘 동량(東亮)은 우참찬[4]을 지냈고 금계군(錦溪君)에 봉해졌다.

유풍을 비속하게 여긴 것이다.

조 휘 의(漪)는 호당 교리(湖堂校理)에 선발되었고, 부친 문순공은 또 도덕과 문장으로 한 시대의 유종(儒宗)이 되었다. 세덕(世德)의 성대함은 비견할만한 다른 종족(宗族)이 없다.

3남 2녀를 낳았다. 장남은 바로 방(昉)으로 헌납이고 다음은 경(暻)으로 학행이 있고 다음은 서(曙)로 진사이다. 딸은 심정신(沈廷紳)과 김영택(金令澤)에게 각각 시집갔다.

아, 세도가 쇠퇴하여 여자의 규범이 무너져 규문 안에 여자의 덕으로 일컬어지는 자가 드물다. 숙인은 집안에서의 행실이 순정하고 완전하여 예법에 따라 행동하였다. 시아버지에게 효도하여 어진 며느리가 되었고, 지아비에게 순종하여 어진 아내가 되었고 올바른 방법으로 자식을 가르쳐 어진 어미가 되었으니, 어찌 옛날 '여사(女士)'라고 이른 분이 아니겠는가. 명(銘)은 다음과 같다.

명문가에 태어나	生于名家
명문가에 시집갔으니	歸于名家
덕을 지니고 있기에	惟其有德
규중 몸가짐 매우 아름다웠네	閫儀孔嘉
광릉의 북쪽	廣陵之北
곤지의 언덕에	崑池之岡
4척 봉분이 있으니	有高四尺
숙인이 묻힌 곳이라네	淑人之藏

4 우참찬 : 본문에는 "左參贊"으로 되어 있으나, 《남계집(南溪集)》의 여러 기록에 "右參贊"으로 되어 있는 것에 근거하여 바로잡아 번역하였다.

묘갈 墓碣

사도시 첨정 풍애 안 선생 묘갈명

司䆃寺僉正楓崖安先生墓碣銘

옛날 우리 선묘 조 때 율곡(栗谷)과 우계(牛溪) 두 선생께서 학문과 도덕으로 온 세상에 명성이 높았다. 이때 풍애 안공이 함께 어울리고 공부하던 분으로 사우 간에 중망을 얻어 한 시대의 명유가 되었다. 지금 두 분 선생이 평소 추대하고 인정했던 것으로 보면 알 수 있다. 공의 휘는 민학(敏學)이고 자는 (習之)로 뒤에 이습(而習)으로 바꾸었다. 자호가 풍애(楓崖)고 광주(廣州) 사람이다. 시조는 고려 대장군 광주군 휘 모(某)이다. 우리나라에 들어와 휘 성(省)이 좌찬성으로 청백리에 뽑혔고 시호가 사간(思簡)이니, 바로 공의 6대조이다. 고조 휘 모(某)는 사헌부 감찰을 지냈고, 증조 휘 모(某)는 사온서(司醞署) 직장을 지냈고, 조부 휘 모(某)는 상의원 직장을 지냈는데 독실한 학문과 지극한 효성으로 이름이 있었다. 부친 휘 담(曇)은 일찍 가정의 가르침을 받았고 정암 조 선생의 문하에서 공부하여 성청송(成聽松 성수침(成守琛)) 형제와 도의(道義)로 사귀었으며, 성현 찰방(省峴察訪)을 지냈고 이조 참판에 추증되었으니 《동유사우록(東儒師友錄)》에 보인다. 모친 동래 정씨(東萊鄭氏)는 좌랑 정진(鄭振)의 따님이다.

가정(嘉靖) 임인년(1542, 중종37) 9월 17일에 한양에서 공을 낳았다.

공은 천성이 순수하고 올바르며 조행(操行)이 바르고 정확하였다. 젊어서부터 옛사람의 '위기지학(爲己之學)'에 종사하여 《심경》과 《근사록》 등의 책을 가장 좋아하여 강습을 멈추지 않았고 반드시 직접 실천하기를 기약하였으며 경사(經史)와 제자백가의 서적도 두루 정통하지 않은 것이 없었다. 문장은 화려하고 풍부하여 일가를 이룰 정도였고, 또 대구(對句)에 정통하였다. 소싯적에 한번 과장에 들어가 1등을 하였지만 회시에 응시하지 않고, 마침내 이 공부에 전심하고 벼슬에 오르는 것에 뜻을 두지 않았다. 근본이 확립되자 학문에 나아감에 더욱 힘을 쏟았고, 독서가 많아지자 이치를 터득함에 더욱 분명하였으니, 이때부터 교유가 날마다 넓어지고 명성이 날로 드높아졌다.

융경(隆慶) 중에 육행(六行)으로 천거되어 건원릉 참봉(健元陵參奉)에 제수되었지만 가지 않았다. 곧이어 희릉 참봉(禧陵參奉)에 제수되었는데, 벗들이 어버이가 늙으신 것을 이유로 벼슬하기를 권하자 공이 처음으로 명에 응하였다. 우계 선생이 시에, "율곡은 시대를 근심해 은거하던 곳을 떠나왔고, 풍애는 어버이 봉양을 위하여 능참봉이 되었다네.〔栗谷憂時辭舊隱, 楓崖爲養作齋郎.〕" 하였고, 사문 남언기(南彦紀)가 시에, "세상의 사표 안 참봉〔人間師表安參奉〕"이라고 하였다. 몇 개월 되지 않아 관직을 버리고 돌아왔는데 곧바로 사직 참봉(社稷參奉)에 임명되었다.

만력(萬曆) 경진년(1580, 선조13)에 전조(銓曹)가 말직에 머물러 있는 선비들을 초계(抄啓)하여 6품에 승격하였는데, 공이 그 선발에 끼어있어서 등급을 뛰어넘어 사헌부 감찰에 임명되었다. 얼마 있다 청양 현감(靑陽縣監)에 임명되었는데 사양하고 가지 않았다. 또 대흥 현감(大興縣監)에 제수되었는데 임소에 도착하자마자 역도 정여립의 뜻을 거슬러 효도하지 않고 공경하지 않는다고 탄핵을 당했다. 상께서 말씀하시길, "앞서 효성과 공경으로 뽑혀 천거된 자가 뒤에 효도하지 않고 공경하지 않는다는 것으로 탄핵을 당했으니, 공의(公議)가 이로부터 사라지겠구나." 하였다. 결국 체직되어 돌아왔다.

계미년(1583, 선조16)에 아산 현감(牙山縣監)에 제수되었는데, 우계 선생이 편지를 써서 전송하였고 사암(思菴) 박 상공(朴相公 박순(朴淳))도 증별시가 있으니, "시대를 구하는 데는 곧은 선비가 필요하니, 우리 도가 결국에 형통하게 되길 기다리네.〔匡時須直士, 吾道佇終亨.〕" 하였다. 갑신년(1584, 선조17)에 모친상을 당했다. 병술년(1586, 선조19)에 상을 마치자 현풍 현감(玄風縣監)에 제수되었고, 경인년(1590, 선조23)에 태인 현감(泰仁縣監)이 되었다가 신묘년(1591, 선조24)에 체직되어 돌아와 전주의 별장에 거처하였다. 이때 사론이 날로 갈라져서 당화(黨禍)가 일어나려 하였다. 공은 감회가 있어 시를 쓰기를, "시대가 어긋나니 기린이 잡힌 것을 슬퍼하며 눈물 흘리네.〔時謬泣傷麟〕" 하였고, "나는 장차 은자를 배우겠네.〔吾將學隱淪〕" 하였으니, 대개 시대를 슬퍼하고 물러나 은거하려는 뜻이 있는 것이다.

임진년(1592, 선조25)에 왜구가 깊이 쳐들어오자, 공은 험난한 길을 헤치고서 멀리서 행재소로 달려갔다. 이때 광해군이 세자로 성천(成川)에 주둔하고 있었는데 공을 사어(司禦)에 임명하였다. 수개월을 머문 후 행조(行朝)에서 소모사(召募使)에 제수하니, 공이 마침내 호서로 남하하여 군량 수천 석과 전마(戰馬) 수백 필과 정예병 수천 명을 모집하고 전진해서 아산에 진을 쳤는데 공이 습증(濕症)을 앓아 말을 탈 수 없어 마침내 군량미와 병사를 체찰사 유성룡(柳成龍)에게 보냈다. 계사년(1593, 선조26)에 비로소 행재소에 도착하니 공을 승격시켜 사도시 첨정으로 삼았다. 공이 나이가 늙고 병이 많아 이미 벼슬할 마음이 없었다. 얼마 되지 않아 병으로 사직하고 홍주(洪州) 신평(莘坪)[5]으로 돌아왔다. 이때부터 세상일에 관심을 끊고 오직 경전만을 즐거움으로 삼았다. 신축년(1601, 선조34) 8월 13일에 임시로 지내던 곳에서 돌아가시니, 향년 60세였다. 홍주 북쪽 선영 곁에 장사 지냈다.

공은 타고난 성품이 매우 남달라 보통 사람보다 훨씬 뛰어났다. 일찍부터 도를 추구할 뜻을 가져 세속의 얽매임을 초탈하였고 또 스승과 벗의 절차탁마의 도움이 있어 독실하게 믿고 힘써 공부하여 용감히 앞으로 나아갔다. 율곡이 "이 군과 비슷한 사람은 내가 본 적이 드물다."라고 했었고, 우계도 선을 보면 반드시 행하고 마음이 항상 고양되었다고 칭찬하였다. 효성과 우애의 행실은 천성에서 얻은 것으로, 날마다 반드시 관대(冠帶)를 갖추고 사당에 참배하였고 노모를 봉양할 때에는 사랑과 공경을 지극히 하였다. 아무리 평상시라도 편한 차림의 옷으로 곁에서 모시지 않았다. 전후로 억지로 벼슬을 한 것은 모두 어버이를 위해 뜻을 굽힌 것이다. 수연(壽宴)을 베풀 때면 언제나 우계 선생과 율곡 선생 두 분이 반드시 함께 와서 당에 올라 술잔을 올리며 즐거움을 다한 뒤에 잔치를 끝마쳤다.

생계가 막막하여 가난한 살림에 자주 끼니를 걸렀지만 집안사람의 생업에는 전혀 마음을 쓰지 않았다. 네 읍을 차례차례 맡으면서 빙벽(氷檗)[6]으로 자신을 면려하여 관직을 버리고 돌아갈 때마다 반드시

5 신평(莘坪) : 《풍애집(楓崖集)》 〈연보(年譜)〉 등에는 "新平"으로 되어 있다.

6 빙벽(氷檗) : 찬 얼음물을 마시고 쓴 황벽(黃蘗) 나무를 씹는다는 뜻으로 청백리의

상자를 쏟으며 말하기를, "가져가기 번거로울 듯하다." 하였다. 우계가 일찍이 공의 청렴결백을 인정하며 애쓰지 않아도 저절로 된다고 하였다. 본성이 또 남과 맞는 것이 적어 억지로 부합하지는 못하였다. 사람이 혹 잘못이 있으면 비록 요직에 있거나 현달한 관리여도 조금도 봐주지 않으니 사람들이 모두 꺼렸다. 정인홍이 대각에서 소란을 일으킨 적이 있는데 율곡까지 공격하자 공이 '도깨비'라고 나무라며 다시는 보러 가지 않았다.

임진년의 난리 때 서애(西崖) 유 정승을 길에서 만났는데, 서애가 공의 손을 잡고 눈물을 흘렸다. 공이 정색하며 말하기를, "사군(使君)의 이 눈물을 만약 임진년 전에 흘렸다면 반드시 오늘의 일을 없었을 것입니다." 하니, 유 정승이 부끄러워 사죄하였다. 그 강직하고 엄격함이 모두 이와 같았다. 한번은 장령에 의망(擬望) 되었는데, 율곡이 말하기를, "이 사람이 사헌부를 맡으면 반드시 간관(諫官)의 풍채가 있을 것이니, 사람들이 장차 그의 강직한 탄핵을 감당하지 못할 것이다." 하였으니, 대개 악(惡)을 원수처럼 미워함을 안 것이다. 인심이 혼탁해져 정도(正道)가 용납되기 어려운데 아울러 당론이 날로 격해지고 원수가 세상에 넘쳐나는 상황을 만나 공의 재주와 학문으로 오랫동안 현감의 말직에 정체되어 끝내 크게 펼치지 못하였으니 공을 위해 애석해하지 않는 이가 없었다. 평소 강론하던 글과 왕복한 서찰은 모두 전쟁 통에 잃어버리고 후손이 얻을 때마다 모아서 시와 문 약간 편을

삶을 비유한 것이다. 백거이(白居易)의 시에 "3년 동안 자사로 있으면서, 찬 얼음을 마시고 쓴 황벽을 씹었네.〔三年爲刺史, 飮氷復食蘗.〕"라는 구절이 있다. 《白樂天詩集 卷1 三年爲刺史》

집에 보관하고 있다. 뒤에 이조 참판에 추증되었다.

공의 초취(初娶) 현풍 곽씨(玄風郭氏)는 생원 곽개(郭凱)의 따님이다. 후취 완산 이씨(完山李氏)는 장흥군(長興君) 이상(李祥)의 따님이다. 4남 1녀를 낳았는데, 장남은 관(瓘)이고 딸은 사인 유변(柳汴)에게 시집갔는데 둘은 곽씨 소생이고, 다음 영(璟)과 전(瑱)과 진(璡)은 이씨 소생이다. 내외 손자들은 많아서 다 기록할 수 없다. 공의 현손 세집(世傑) 씨는 나의 오랜 벗인데, 아들 국경(國慶)을 내게 보내어 말하기를, "선조가 돌아가신 지 지금 백여 년이 지났네. 집안에서의 행실과 관직 생활의 기록이 모두 사라지고 전하는 바가 없어서 지금에 이르러 사우의 문집과 친척에게 전해 들은 것에서 만분의 일을 겨우 얻었으니, 이것이 참으로 불초의 애통함이네. 그렇기는 해도 이것을 써주기를 바라네." 하였다. 내가 적당한 사람이 아니라고 여러 차례 사양했지만 끝까지 사양할 수 없어 마침내 그 대강을 서술하고 아래와 같이 명(銘)을 붙인다.

저명한 안씨는	顯允安氏
광성이 본관이니	系出廣城
대대로 알려진 이 있어	世有聞人
집안의 명성 드날렸네	赫矣家聲
공이 그 뒤를 이어	公承其後
더욱 크고 드러났으니	愈大而彰
천성은 순하고 맑으며	姿粹而淸
조행은 확고하고 방정하였네	操確而方
젊어서부터 학문에 뜻을 두어	自少志學

경전을 힘껏 탐구하였으니	力探經籍
따르고 어울린 스승과 벗은	從遊師友
우계와 율곡이었네	于坡于栗
모친을 모실 적에	承顔北堂
부드럽고 유순하게 하였고	以愉以婉
세상의 모범이 되어	爲世矜式
인재들이 뒤따라 나왔네	拔茅彙進
네 번 지방관이 되니	四試牛刀
백성이 부모라 이르고	民曰父母
천릿길 위난에 달려가니	千里赴難
지키는 바가 굳세었네	所守强固
시속에 마음 아파하여	傷時憤俗
여러 번 말에 드러났으니	屢形于言
바른 도가 용납되지 못하는 것은	正道不容
예부터 그러하였네	自古則然
만년에 한가로이	晩歲婆娑
신평에서 지내니	于莘之坪
포의 때로 돌아가	返我初服
은거의 뜻 지켰다네	葆此幽貞
세상에 알아주는 이 없어도	世莫我知
도를 굽히지 않았네	於道匪屈
저 방곡[7]을 바라보니	眷彼方谷

7 방곡(方谷) : 《풍애집(楓崖集)》 〈연보〉에는 '坊谷'으로 되어 있다.

바로 공의 집이라네	寔公攸宅
신평의 산은 울창하고	莘山蒼蒼
신평의 강은 광활한데	莘水泱泱
빗돌에 새기어	刻之貞珉
후세에게 밝게 알리네	昭示茫茫

첨지중추부사 둔촌 조공 묘갈명
僉知中樞遁村趙公墓碣銘

용문(龍門) 조 선생(趙先生 조욱(趙昱))은 문장과 도덕으로 한 시대의 태산북두가 되어 지금까지 사림이 추숭하고 있다. 증손 둔촌 선생(遁村先生)이 그 아름다움을 능히 이어 사우 간에 명망이 있으니 여러 사람이 용문 선생이 훌륭한 후손을 두었다고 하였다. 둔촌 선생이 돌아가신 지 20여 년에 선생의 손자 중석(重錫)이 가장을 가지고 와 울면서 나에게 보이며 말하기를, "선조의 묘갈 문자가 아직 부탁한 곳이 없으니, 이는 불초의 죄입니다. 그대께서 선조와는 세교(世交)가 있는 집안의 자제 간의 정이 있으시니 한 말씀 써주어 은혜를 베푸는 것이 어떻습니까." 하였다. 나는 선생은 부친의 벗이니, 평소의 정의(情義)를 생각하면 끝내 감히 사양할 수 없는 점이 있다.

선생의 휘는 문형(門衡)이고 자는 민보(敏甫)로 평양 사람이다. 태어난 지 3년 만에 아버지를 여의고 어머니를 따라 지평(砥平)의 옛집에서 광릉(廣陵) 둔촌(遁村)의 외조부 동지(同知) 심공(沈公)의 집으로 이사 왔다. 어린아이 때 이미 어른의 풍도가 있어서, 놀이와 잡기 따위는 눈으로 보지 않았으며 사치스럽고 화려한 물건을 몸에 가까이 하지 않았다. 또 사물에 대한 견해가 일찌감치 투철하였는데, 동지공(同知公)이 기특하게 여기고 사랑하여 보통 아이로 보지 않아 의심스러운 일이 있으면 반드시 물어보았다. 열아홉 살이 되자 개연히 스스로 분발하며 말하기를, "사람이 배우지 않으면 어찌 사람이라 하겠는가. 우리 선조께서 학문으로 세상에 이름이 났는데 자손 된 자가 계승할 줄 모른다면 이는 그 선조를 욕보이는 것이다." 하고, 마침내 사천(沙川) 김 선생(金先生 김유(金楺))의 문하에 공손히 나아가 강학에 전념하여 침식을 잊었으니, 그의 독실하고 확고한 지조는 동문이 모두 한발 양보하였다.

병자년(1636, 인조14) 겨울에 외조부를 따라 고창(高敞)의 임소에 갔다가 갑자기 북쪽 오랑캐가 깊숙이 쳐들어왔다는 소식을 들었다. 이때 모친이 둔촌에 계셨는데, 선생이 식사를 폐하고 울부짖으며 길을 떠나 중간쯤 이르렀을 때 길이 막혀 통하지 않자 말과 시종이 모두 도망갔다. 선생이 도보로 달려 돌아오니 모친은 이미 피난하여 지평 계곡으로 들어간 후였다. 외조부가 매양 칭찬하며 말하기를, "이 아이는 효자다." 하였다. 무자년(1648, 인조26)에 모친상을 당하였다. 상례(喪禮)에 한결같이 예법을 따르니 고을 사람들이 훌륭하게 여겼다. 향시에 합격하였지만, 회시에는 순조롭지 못해 이때부터 과거 공부를 그만두고 한결같이 위기지학(爲己之學)에 힘썼다.

윤휴(尹鑴)라는 자의 허명이 온 세상에 넘쳤는데 선생도 그와 교유한 적이 있었다. 윤휴가 뜻을 얻게 되었을 때 흉악한 종친과 당을 이뤄 사림에게 화를 전가하였다. 선생이 여러 차례 바로잡으려 했지만 듣지 않으니 마침내 글을 써서 그를 나무랐는데, 말뜻이 엄격하여 보는 자가 위태롭게 여겼다. 뒤에 윤휴가 실패하고 죽으니 사람들이 그제야 탄복하였다.

경신년(1680, 숙종6)에 정국이 바뀌어 비로소 선공감 감역에 천거되어 제수되었다. 서울에서 벼슬살이하는데 셋집에서 기거하며 의복과 종복을 시골의 가난한 선비의 모양새와 똑같았다. 과거 시험장 설치 업무는 오랫동안 선공감에 감당하기 어려운 폐단이었는데 선생이 편의에 따라 변통하여 마침에 영원히 따를 수 있는 법규를 만들었다. 당시 조정에 역적을 토벌한 경사가 있었는데, 선생이 맹단(盟壇)을 짓는 일을 감독하여 이로 인해 공신의 반열에 참여하였고, 이 은혜를 미루어 신유년(1681, 숙종7)에 전생서 주부로 승진하였다.

임술년(1682, 숙종8)에 외직으로 나가 지례 현감(知禮縣監)이 되었다. 마침 흉년이 들어 백성들이 굶주림을 호소하였는데, 선생이 봉급을 줄이고 환곡을 요청하여 마음을 다해 구제하니 온전히 살린 백성이 매우 많았다. 경내의 임산부는 또한 장부에 적어 특별히 진휼하여 병이 없게 하였다. 모든 정책을 시행하는 동안 완급을 모두 그 적절함에 딱 맞게 하니 관리와 백성이 크게 편하게 여겼다. 병인년(1686, 숙종12)에 어떤 일로 인해 파직되었다. 돌아갈 때 한 가지 물건도 가져가지 않으며 말하기를, "가져가기 번거로울 듯하다." 하였다. 부로(父老)들이 길을 막고 눈물을 흘리며 차마 이별하지 못하는 이들이 많았다. 경상 감사 박태손(朴泰遜)이 공의 정치에 감복하였는데, 백성들의 바람에 따라 조정에 재차 아뢰었지만 끝내 답을 받지 못했다. 읍의 백성들이 추모하여 비석을 세워 그의 덕을 칭송하였다.

둔촌 옛집으로 돌아오니, 몇 칸의 부서진 집이 비바람을 가리지 못했고 쌀독이 자주 비었지만, 선생은 태연하게 처신하였다. 갑술년(1694, 숙종20)에 홍원 목사(洪原牧使)가 되었다. 선생이 말하기를, "가난 때문에 벼슬을 하는 경우는 높은 자리를 사양하고 낮은 직위에 있는 것이 옛날의 도이다." 하였다. 홍원에 이르자 적폐를 혁파하고 은혜로운 정사를 힘써 시행하니, 전날 도망하였던 홍원목의 사졸들이 모두 돌아와 모였다. 임기가 다하여 체직되어 돌아갔다. 무인년(1698, 숙종24)에 노인을 우대하는 은전으로 당상관에 올랐다. 이때 선생의 나이 82세였는데, 여전히 정력이 왕성하여 걸어서 출입하는 것이 거의 젊었을 때와 다르지 않으니 사람들이 지상에 신선이 있다고 하였다.

과거에 용문 선생의 종통(宗統)이 지자(支子)와 서자(庶子)에 의해서 무너져 먼 친척의 별묘(別廟)에서 임시로 제사를 받들었는데, 선생이 마음으로 항상 애통해 하였다. 상국(相國) 김구(金構)가 이조 판서로 있을 때 자세한 사유를 갖추어 연석에 아뢰었는데, 상께서 대신에게 논의하도록 명하여 특별히 선생을 후사로 삼았다. 이어서 이를 막는 자가 있어 해조(該曹)에서 중지하여 시행하지 않았으니, 식자 중에 이를 개탄하지 않은 이가 없었다. 그러나 알지 못하는 자는 이 일을 선생의 흠으로 여겼다.

선생은 만력 정사년(1617, 광해군9) 8월에 태어나 숭정 경진년(1700, 숙종26) 3월에 돌아가셨으니, 향연 84세였다. 지평 용문산 갑좌(甲坐)의 언덕에 장사지냈다. 아, 선생은 천성이 독실하고 순후하며 자태가 크고 빼어났다. 어진 선비의 후손으로 태어나 사우의 도움을 받아서 덕기(德器)가 일찍 성숙하였고 재주와 덕행을 겸비하였다. 어버이를 효성으로 섬기고 선배를 공경으로 받들었으며, 형제간에 우애가 있고 벗에게 신의가 있었으며, 안빈의 삶을 즐기고 의에 달려가기에 용감하였다. 충후한 덕은 쇠미한 세상에서 빼어났고 청렴결백한 지조는 전현(前賢)에게 부끄럽지 않았다. 이것은 모두 학문에서 흘러나온 것으로 다른 이들이 따라잡을 수 없는 것이다.

조씨는 평양백(平壤伯) 휘 인규(仁規)에서 시작되어 우리나라에 들어와 휘 문신(文信)이 전공 판서(典工判書)를 지냈다. 6대가 전해져 휘 욱(昱)에 이르렀으니 이분이 바로 용문 선생이다. 정암 조 선생에게 수학하였고 현감을 지냈다. 휘 인빈(仁賓)을 나았으니 봉사를 지냈다.

봉사께서 휘 익생(益生)을 나았으니 바로 선생의 조부다. 이분 역시 학문과 덕행이 있었는데 불행히 일찍 돌아가셨다. 선생이 원종공신이 된 일로 좌승지에 추증되었다.

모친은 청송 심씨(青松沈氏)다. 부인 이씨는 성산(星山) 이광형(李光馨)의 따님으로, 부인의 덕을 능히 갖추었는데 먼저 죽었다. 선생의 묘소 왼쪽에 묻혔다. 3남 4녀를 두었는데, 아들은 방휴(邦休)와 방식(邦式)과 방경(邦慶)이고, 딸은 이시정(李時禎)과 조성구(曺誠久)와 유승욱(柳承旭)과 허옥(許沃)에게 각각 시집갔다. 측실에게서 4남 1녀가 나왔는데, 아들은 방현(邦顯)과 방신(邦新)과 방범(邦範)과 방흥(邦興)이고, 딸은 사인 정태징(鄭台徵)에게 보냈다. 방휴는 선생보다 먼저 죽어 자식이 없다. 방식은 1남 중발(重發)을 두었다. 방경은 1남 2녀를 두었으니 아들은 중석(重錫)으로, 선생의 유명(遺命)으로 방휴의 후사가 되었다. 내외 여러 자손은 많아서 다 기록하지 못한다. 다음과 같이 명(銘)을 쓴다.

조씨에 혁혁한 이 있으니	維趙有赫
우뚝하여라 용문 선생이여	卓矣龍門
유풍이 실추되지 않아	遺韻不墜
뒤를 이어 어진 손자 있네	繼有賢孫
일찍부터 도가 있는 이와 가까워	早親有道
바른 길로 출발하였으니	發軔正路
독실하게 뜻을 두고 힘써 행하여	篤志力行
당시 덕의 으뜸이 되었네	爲時德首
사악한 이가 정도를 망치자	有邪椓正

글을 써 절교하였고　書以絶之
분파가 적통을 어지럽히자　有支亂適
종통이 사라지는 것을 애통해 했네　痛我宗夷
뒤늦게 지방관이 되니　晩試牛刀
소두[8]가 다시 나온 듯하였고　召杜復出
인자는 반드시 장수한다더니　仁者必壽
백수 노인으로 당상관이 되었네　白首緋玉
그리하여 현자의 안빈낙도가　於焉考槃
둔촌에 있게 되었네　于遁之村
나의 분수에 편안하니　我分我安
바깥의 시비는 뜬 구름일 뿐　外曉浮雲
저 지평의 산을 바라보니　眷彼砥山
높이 4척 무덤이 있네　有高四尺
돌에 새겨 후손에게 보이노니　刻石示後
지나는 자 반드시 공경을 표하라　過者必式

8 소두(召杜): 한나라 때 남양 태수(南陽太守)가 되어 선정을 베푼 소신신(召信臣)과 후한의 두시(杜詩)를 아울러 칭하는 말이다. 두 사람의 선정을 그리워하여 남양의 백성들이 "앞서는 소씨 아비가 계시더니, 뒤에는 두씨 어미가 계시네.〔前有召父 後有杜母〕"라고 칭송하였다.《後漢書 卷61 杜詩列傳》

가선대부 동지중추부사 민공 묘갈명
嘉善大夫同知中樞府事閔公墓碣銘

공의 휘는 반(泮)이고 자는 모(某)이고 성은 민씨(閔氏)로 여흥(驪興) 사람이다. 여흥 민씨는 고려 모관(某官) 휘 칭도(稱道)에서 시작되었는데 이때부터 관리를 지낸 분이 이어져 동방의 유명한 성씨가 되었다. 휘 영모(令謨)에 이르러 특이한 꿈에 응하여 명종 조에 명상이 되었으니 시호가 문경이다. 4대를 전해 휘 지(漬)에 이르렀으니 시중을 지냈고 시호가 문인(文仁)이다. 일이 《고려사》에 자세히 실려 있다. 우리나라에 들어와 휘 대생(大生)이 판중추를 지냈고, 왕비의 외조부인 것으로 인해 우의정에 추증되었다. 휘 효열(孝悅)을 나았으니, 문과에 급제하였고 동지돈녕부사를 지냈다. 부인 영천 이씨(永川李氏)는 정랑 이안유(李安柔)의 따님이니, 바로 공의 조모이다.

공은 태어나면서 천부적인 품성을 지녀 덕기와 학업이 일찍 성숙하여 당시 덕의 으뜸이 되었다. 항상 말하기를, "우리 집안이 대대로 문장과 덕행으로 이름이 높았으니, 만일 선조의 공업을 능히 잇지 못한다면 이것은 낳아주신 분을 욕되게 하는 것이다." 하였다. 평소 각고 노력하여 예법에 따라 언행을 바르게 하였으며 어버이께 효도하고 벗에게 신의가 있으며 문중 사람들과 화목하게 지내고 일을 처리하는 데에 삼갔으니, 이것은 공의 집안에서 대대로 전해온 가법(家法)이다. 성화(成化) 임자년[9]에 모친상을 당했는데, 상례에 관한 모든 일을 반드시

9 성화(成化) 임자년 : 성화(成化)는 명 헌종(明憲宗)의 연호로 1465년부터 1487년

정성과 신중을 다하여 한결같이 예법을 따랐다. 성종 18년(1487)에 명을 받들어 장순왕후(章順王后)와 공혜왕후(恭惠王后) 두 분 왕비의 외가 족보를 찬술하고 이어 머리말을 지어 올렸다. 공의 학식이 넓고 품행이 고아한 것을 상께서 알고 계셨기 때문에 이러한 임무를 내려주신 것이다.

본성이 배움을 좋아하여 읽지 않은 책이 없고 문장을 지을 때는 반드시 경서의 뜻에 근본하고 성률(聲律)과 색태(色態)에 힘쓰지 않았으며 함께 어울리는 사람들은 모두 어진 사대부들이었다. 한번은 숙직하면서 술회시(述懷詩)를 지어 상국 이손(李蓀)에 보냈는데, "영원히 이 일을 변함없이 전하고자 하니, 충성과 신의는 만세의 보배라네.〔永將此事傳無替, 忠信一種萬世珍.〕"라고 하였다. 또 말미에 소서(小序)를 써서 경전(經傳)의 충효인신(忠孝仁信)의 말을 많이 인용하여 면려하였는데 말과 뜻이 모두 지극하여 학문하는 본령을 깊이 터득하였으니, 지금도 초고가 남아 있는데 필적이 새것과 같다. 공이 돌아가신 뒤 공의 집안에서 계획하여 묘비를 세우려고 하였다. 빗돌은 이미 마련되었는데 갑자기 전쟁을 만나 비명(碑銘)의 글을 잃어버린 후 여러 세대가 지난 지금도 아직 실행을 하지 못하고 있다. 장지(葬地)는 광주(廣州) 치소 서쪽 80리 북쪽 팔곡의 모향(某向)의 언덕에 있으니, 선영에 묻힌 것이다.

부인 순천 박씨(順天朴氏)는 지돈녕부사 박거소(朴去疎)의 따님이고 승상 박가흥(朴可興)의 증손녀다. 부인의 덕을 지녔고, 공의 묘소

까지인데, 이 기간 안에 임자년은 들어있지 않다. 정확한 연도를 알 수 없어 본문에 따라 그대로 번역한다.

왼쪽에 합장하였다. 1남 2녀를 두었는데, 아들은 시생(始生)이고 딸은 한홍인(韓弘演), 최한충(崔漢忠)에게 각각 시집갔다. 서출로 종동(終同)과 산(山) 두 사람이 있다. 시생은 찰방 전보(田寶)의 따님을 아내로 맞아 5남 2녀를 낳았다. 장남은 천석(天錫)으로 1남을 낳았으며, 다음은 우(祐)로 선전관을 지냈고 2녀를 낳았으며, 다음은 희(嬉)로 봉사를 지냈고 1남을 낳았으며, 다음은 기(機)로 참봉을 지내고 통례(通禮)에 추증되었고 2남 2녀를 낳았으며, 다음은 의(禕)로 참봉을 지냈고 2남 3녀를 낳았다. 한홍인은 2남 1녀를 낳았고 최한충은 후사가 없다. 증손 아래로는 많아서 다 기록할 수 없다.

아, 공이 역대 귀한 가문으로 왕후의 지친(至親)이 되어 여든까지 수를 누리고 높은 품계까지 올랐으면서 겸손하게 자신을 수양하여 귀족의 습속이 전혀 없었다. 선을 즐거워하고 의를 두려워한 것은 천성에서 나왔고 집에 거처하거나 관직에 있을 때 청렴과 검약에 힘써서 우뚝한 행실이 전현(前賢)에게 부끄러움이 없었는데, 그 행적이 사라지고 전해지지 않아 세상에서 그 대략을 하나도 볼 수 없다. 당시 기리고 찬양하는 문장을 쓰는 사람이 묘비의 글을 썼는데 빗돌에 새기기 전에 글이 유실되어 지금 전하는 것은 단지 묘 앞의 갈아놓은 비석뿐이다.

지낸 관직의 대략은 양천 현령(陽川縣令), 익위사 우사어(翊衛司右司禦), 가선대부 동지중추부사 정도이고, 그 나머지 또한 자세히 알 수 없다. 이는 실로 자손의 애통함이다. 공의 7대손 함경 도사(咸鏡都事) 민치룡(閔致龍)이 사적을 모아서 한 편으로 만들어 가져와 내게 보이며 말하기를, "선조께서 돌아가신 지 지금 2백여 년입니다. 평소의 행적과 생몰 연월은 아득히 상고할 곳이 없습니다. 지금 여기 기록된 약간의 것은 우리나라 현인들의 문집과 부로(父老)들이 전하는 말에서 겨우 얻은 것입니다. 이것이 어찌 선조의 훌륭함을 만의 하나라도 보일 수 있겠습니까. 그러나 그대가 은혜로이 한마디 말을 써 준다면 선조의 아름다운 덕과 순수한 행실이 완전히 사라지지는 않게 해주십시오." 하였다. 그렇지만 이것은 중요한 일인데, 나의 쇠병과 혼미한 정신으로 감히 감당할 수 없다. 그러나 도사의 청이 더욱 간곡하고 나 또한 먼 외가 후손이니 그 의리상 끝까지 사양할 수 없는 점이 있다. 이에 명(銘)을 쓴다. 명은 다음과 같다.

울창한 저 팔곡이여	鬱彼八谷
바로 공이 묻힌 곳이라네	寔公攸藏
오랜 과거에 계셨던 분이거늘	百歲在前
명망과 덕행이 모두 장구하네	名德俱長
돌에 새겨 사실을 기록하니	鑱石記實
마치 이날을 기다린 듯하구나	事若有待
빗돌 각진 머리 우뚝하니	圭首屹然
다음 세대에 밝게 보이노라	昭示來代

통덕랑 송공 묘갈명
通德郎宋公墓碣銘

공의 휘는 참(昆)이고 자는 중명(重明)으로 대대로 진천(鎭川) 사람이다. 시조 휘 순공(舜恭)은 관직이 대아손(大阿飡)에 이르렀고 신라에서 이름이 드러났다. 휘 인(仁)은 관직이 평장사에 이르렀고 진천백(鎭川伯)에 봉해졌으며 고려에 이름이 드러났다. 휘 우(愚)는 관직이 이조 참판에 이르렀고 호가 송정(松亭)으로 우리나라에 이름이 드러났다. 진천 송씨가 우리나라의 저명한 성씨가 된 지 오래다. 증조 휘 영구(英耈)는 일찍 우계 성 선생의 문하에 나아가 수학하여 도덕과 문장이 한 시대에 알려졌다. 광해군 때에 절의(節義)로 드러났고 관찰사를 지내고 판서에 추증되었으며 호는 표옹(瓢翁)이다. 고을 사람들이 도를 지키다 죽었다고 하여 사당을 세워 제사를 모셨다. 조부 휘 홍시(興詩)는 현감을 지냈고 부친 휘 유광(有光)은 찰방을 지냈는데, 모두 가법을 바르게 하고 품행을 돈독히 하여 후손을 위한 복을 쌓았다. 모친 수원 백씨(水原白氏)는 부사 백현민(白賢民)의 따님이고 참찬을 지내고 호가 휴암(休庵)인 백인걸(白仁傑)의 증손녀이다.

공은 정유년(1657, 효종8) 1월 25일에 태어났으니 찰방공의 셋째 아들이다. 어려서 침착하고 웅건하여 벌써 성인의 풍모를 지녔다. 자라서는 혼후하고 확실하며 신중하고 말이 적어 종일토록 단정히 앉아 온화한 기운이 만면하여 사람들이 그 깊이를 엿볼 수 없었다. 본성이 효성스러워 온유한 얼굴과 모습으로 어버이를 섬겨 정성과 공경을 두루 지극히 하여 자제의 잘못을 조금도 저지르지 않았다. 밤낮으로 문후하는 예절과 음식을 올리는 공양 및 어버이의 마음을 기쁘게 할 수 있는 일에 온 힘을 다하여 행했다. 형제간의 우애가 돈독하여 의복과 음식을 반드시 함께 나누어서 배고프고 추운 자가 있지 않게 하였다.

정사년(1677, 숙종3)에 부친상을 만났다. 상례의 일이 예에 어긋남이 없었다. 날마다 모친을 모시면서 그 뜻을 봉양하려고 노력하였다. 갑신년(1704, 숙종30)에 모친이 돌아가셨다. 시신과 함께 하는 모든 물건과 관에 부장하는 모든 물품을 반드시 정성스럽고 신실하게 하였고 장례물품도 모두 손수 관장하였다. 울면서 말하기를, "이 일에 하나라도 삼가지 않는 일이 있으면 종신토록 마음 아픈 일이 될 것이다." 하였다. 이때 공의 나이가 이미 쇠하였는데 슬퍼하여 몸을 해친 것이 예제를 넘어서 보는 자들이 위태롭게 여겼고 자제들이 눈물로 호소하기에 이르렀다. 공은 고집하여 바꾸지 않았지만, 삼년상을 마치고도 병에 걸리지 않았으니 감탄하지 않는 이가 없었다. 제사를 받드는 일에 더욱 신중하였는데, 한번은 말하기를 "풍성하면서 정결하지 못한 것이 간소하여도 지극히 순정한 것만 못하다." 하였다. 제사 때에 쓰이는 제수는 반드시 미리 마련해 저장하여, 때가 임박해 다급히 구하는 폐단이 없게 하였다. 제사 준비하는 날에 모두 몸소 점검하고 여종의 손에 맡기지 않았다. 예에 의거하여, 모든 제사를 종가에서 주관하게 하고 지자(支子)가 돌아가며 행하는 제도를 행하지 않았다.

가난하여 제사를 못 지내는 사람과 굶주려도 먹을 것이 없는 사람을 구휼할 때에는 마치 쭉정이를 버리듯 재물을 내어 힘껏 구원하였다. 돈을 빌려 간 자가 혹 가난하여 갚을 수가 없으면 그 문건을 가져다 태우며 전혀 어려워하는 기색이 없었다. 고요히 자신을 지키고 미덕을 감추고 지혜를 가렸다. 아첨하고 과장하며 남의 비위나 맞추는 자를 보기를 마치 자신을 더럽힐 듯 여기는 정도가 아니었다. 경조사 외에는 결코 부귀하고 현달한 집안에 출입하여 교유하지 않았으며 비록 평소 친하게 지내는 사이라도 일체 그 집 문에 발을 들여놓지 않았다.

항상 방안에 기거하며 경전을 탐구하여 옛 성현의 격언(格言)과 우리나라 현인들의 사적을 열심히 살펴서 스스로 경계하지 않은 적이 없었다. 평소에는 마치 다른 사람과 다르지 않은 듯 순순하였지만, 이치와 이익이 나뉘는 지점에 있어서는 모두 의로써 재단하여 엄격하여 함부로 범접할 수 없는 점이 있었다. 문장이 성대하고 필법도 아름다워 앞뒤로 향시에 합격한 것이 여러 차례였지만 번번이 회시에 낙방하니 공을 아는 자들이 애석해하였다.

본성이 검약을 좋아하여 화려한 것에는 전혀 마음이 없었다. 평상시 의복은 몸을 가릴 정도면 되고 음식은 배를 채울 정도면 그뿐이었다. 자제들의 말이 부박하여 혹 남의 장단점을 논하면 말하기를, "너희들은 그냥 독서를 부지런히 하면 된다." 하며 매번 엄하게 나무랐다. 이러한 까닭에 자제들이 모두 삼가고 신칙하여 식구가 거의 마흔 명에 이르렀지만, 가정 내에 이간하는 말이 없었으니, 여기에서 공의 교화가 집안에 행해졌음을 알 수 있다. 그러나 이것은 모두 근본이 있었던 것이지 외면으로 억지로 노력하여 얻은 것이 아니니, 공의 평소의 공부가 대부분 진실함에 있어서 일에 드러난 것이 모두 후덕함에서 흘러나온 것이다. 한 집안에 베풀면 한 집안이 친하고 한 고을에 미루면 한 고을이 믿었으니, 법령과 위엄으로 권면한 것도 아니고 집집이 깨우쳐준 것도 아니지만 정성과 덕이 미친 곳에 저절로 보고 느껴 흥기한 것이 이와 같았으니, 이른바 자신이 직접 솔선하여 말하지 않아도 교화된다는 것이리라.

경인년(1710, 숙종36)에 기이한 병에 걸려 여러 해 동안 낫지 않다가 갑오년(1714, 숙종40)에 병이 점점 위독해졌다. 어느 날 의관을 정제하고 앉아서 손발을 씻고 손발톱을 깎고는 아들들과 며느리들을 불러서 조용히 돌아가신 뒤의 일을 말씀하였는데 죽음을 슬퍼하는 기색이 전혀 없었다. 말을 마치자 침석에 가서 누운 후 새벽녘에 초연히 돌아가셨으니, 바로 그해 1월 20일이었다. 향년 58세였다. 임시로 여산(礪山)의 반곡(盤谷)에 매장하였다가 다음 해 여름에 여산군 신풍촌(新豐村) 병향(丙向)의 언덕에 이장하였다.

부인 순흥 안씨(順興安氏)는 장사랑 휘 규(珪)의 따님으로 문성공 휘 유(裕)의 후손이다. 총명하고 정숙하여 시부모를 효성으로 섬기고 남편을 순종으로 받들고 자식들을 의(義)로써 가르치고 친족을 만나면 은혜로 대하여 집 안팎이 화목하니 이웃이 탄복하며 옛날의 여사(女士)라고 칭찬하였다. 공보다 16년 앞서 죽었다. 처음에 송치(松峙)에 장사지냈다가 공이 돌아가신 뒤 옮겨서 합장하였다. 재취 연안 김씨(延安金氏)는 모관(某官) 모(某)의 따님이다.

5남 5녀를 낳았다. 장남은 수태(秀泰)고 다음은 수화(秀華)고 다음은 수형(秀衡)이고 다음은 수상(秀常)이니 안씨 소생이고, 다음 수중(秀中)은 김씨 소생이다. 딸은 김진조(金鎭朝)에게 시집가서 1남 1녀를 두었다. 다음은 일찍 죽었고, 셋째와 넷째는 고한제(高漢濟)와 홍계보(洪啓輔)에게 시집갔는데 모두 후사가 없다. 막내딸은 미혼이다. 수태는 부사 한범제(韓范齊)의 딸을 아내로 맞아 2남 1녀를 낳았고, 사인 어사량(魚史良)의 딸을 재취로 얻어 2남은 낳았다. 장남은 은손(殷孫)이고 나머지 셋은 어리다. 딸은 김치복(金致福)에게 시집가서 2녀를 낳았다. 수화는 사인 이이영(李以榮女)의 딸을 아내로 맞아 2남 2녀를 낳았다. 장남은 진손(振孫)이고 나머지는 어리다. 수형은 사평 이소(李偹)의 딸을 아내로 맞았고, 수상은 참봉 윤부(尹拊)의 딸을 아내로 맞았는데 일찍 죽고 1녀를 낳았다. 은손은 사인 이만해(李萬楷)의 딸을 아내로 맞았고, 사인 김장(金檣)의 딸을 재취로 얻어 1녀를 낳았다. 진손은 사인 김진경(金晉慶)의 딸을 아내로 맞았다. 나머지는 모두 어리다.

아, 공이 묻힌 지 오래되었다. 그의 아들 수태 등이 공의 가장을 엮어 울면서 내게 보이며 묘갈명을 얻어 오래도록 전하고자 하였다. 이 일은 큰일이니, 내가 감당할 수 없다는 것을 스스로 잘 알고 있다. 다만 수태 형제와 매우 친밀하여 오래전부터 공의 이름을 사모하였으니, 어찌 사양할 수 있겠는가. 이에 명(銘)을 쓴다. 명은 다음과 같다.

진천 송씨는	維鎭有宋
오랜 귀족 가문으로	華冑遙遙
우뚝한 표옹이	卓矣瓢翁
명망과 덕행이 모두 높았네	名德俱高
공이 그 뒤를 계승하여	公繼其後
가문의 대를 이으니	克世厥家
마음에 온축한 것이 있어	有蘊其中
밖으로 아름다운 명성이 퍼졌네	令聞外播
성실한 이 아니면 어찌 높이며	匪誠曷尊
덕이 있는 이 아니면 누가 어질다 하랴	匪德孰賢
성실과 덕행이 있어	惟誠惟德
백세토록 전해지리	百世可傳

신풍의 산 울창하고	豊山鬱鬱
신풍의 물 넘실대는데	豊水洋洋
빗돌에 새기어	刻之貞珉
먼 후손에게 밝게 알리네	昭示茫茫

처사 윤공 묘갈명

處士尹公墓碣銘

고(故) 처사 윤공이 돌아가신 지 18년 뒤에 그 아들 원귀(元龜)와 원룡(元龍) 형제가 공의 뜻과 행적을 기록한 글을 가져와 내게 보이며 말하기를, "선친께서 감춰진 덕과 아름다운 행실이 있으셨는데 지금까지 묘에 비석이 없으니, 실로 우리가 선조의 광채를 가리고 있는 것입니다. 그대의 한 마디를 얻어 길이 알리고자 합니다." 하였다. 그러나 이 일은 중대한 일이고 나도 글을 잘하지 못하니 어찌 감당하겠는가. 여러 번 청하고 여러 번 사양하였지만, 끝까지 사양할 수 없어 삼가 가장을 받아 살펴보았다.

공의 휘는 제형(齊衡)이고 자는 평숙(平叔)으로 대대로 칠원(漆原) 사람이다. 시조 휘 시영()은 신라 때 태자태사(太子太師)를 지냈다. 고려 말에 이르러 휘 환(桓)이 계셨으니 문하시중을 지내고 칠원 부원군(漆原府院君)에 책봉되었으며 시호가 충효(忠孝)다. 증조 휘 세헌(世憲)은 의금부 도사를 지냈다. 조부 휘 덕린(德麟)과 부친 휘 대하(大廈)는 모두 출사하지 않았다. 모친 부여 서씨(扶餘徐氏)는 사인 휘 호(皞)의 따님이다.

공은 숭정(崇禎) 기원후 기묘년(1699, 숙종25) 1월 14일에 태어났다. 천성이 순수하고 아름다우며 도량이 크고 두터워 사람들이 멀리서 보고 군자라는 것을 알았다. 성품이 지극히 효성스러워 어버이를 섬길 때 부드러운 낯빛과 순한 얼굴로 정성과 공경을 두루 지극히 하였다. 더위와 추위를 살피는 범절과 아침과 저녁으로 문안하는 예의와 음식을 올리는 공양에 모두 봉양하는 방도를 제대로 실천하였다. 어버이의 병이 깊어졌을 때 변을 맛보고 손가락을 깨물어 피를 마시게 하여 다시 소생하게 하였으니, 고을 사람들이 감탄하여 반드시 '효자 윤아무개'라고 칭하였다. 돌아가셨을 때는 물과 음료마저 끊고 거적자리와 땅이 모두 젖었으며 3년 동안 돌아가셨을 초기처럼 곡하고 가슴을 쳤다. 제례에 더욱 삼가서 제사를 준비하는 날에 반드시 제사 받으시는 분이 계신 것과 같이 치성을 올렸다. 두 아우와 우애가 돈독하여 상을 나란히 붙여 밥을 먹고 같은 이불에 누워 잤다. 재산을 나눌 때, 토지와 같은 따위를 자신은 거친 땅을 가지고 비옥한 땅을 골라 주며 말하기를, "부모님께서 사랑하던 아우다." 하였다. 이 일과 설맹상(薛孟嘗)의 일[10] 중 어느 것이 더 훌륭한지 모르겠다.

젊었을 때 마을 서당에서 역사를 가르쳐준 선생님이 계셨는데 공이 항상 스승의 예로 섬겼고 그가 죽자 묘 앞에 비석을 세워주었다. 한 번은 국상을 만났는데 여러 날 곡을 하며 상복을 입고 있자 어떤 이가 묻기를, "그대는 나이도 많고 또 서생이라 조정의 신하와는 다른데 어찌하여 이처럼 하는가?" 하였다. 공이 말하기를, "내가 안락하게 지내며 공부하고 배고픔과 추위를 면하는 것이 누구의 은덕인가? 부모상을 당한 것 같은 애통함이 어찌 노소(老少)와 궁달(窮達)에 따라 차이가 있겠는가." 하니, 듣는 자가 감복하였다.

무자년(1768, 영조44) 11월에 정침에서 돌아가셨으니, 향년 70세였

10 설맹상(薛孟嘗)의 일: 후한(後漢) 때 설포(薛包)로 맹상은 그의 자이다. 형제들과 재산을 나눌 때 자신은 못쓰게 된 것만 차지하고 좋은 것은 형제에게 주었다는 일화가 전한다. 《小學 善行》

다. 은진(恩津)의 정토(淨土) 선영 옆에 임시로 매장하였다가 경인년(1770, 영조46)에 같은 산 묘향(卯向)의 언덕에 이장하였다.

아, 공이 타고난 효성으로 어버이 섬기는 도리를 다하여 거처하실 땐 가장 편안하게 해드리고 봉양할 땐 가장 즐겁게 해드리며 제사를 모실 땐 그 공경을 다하고 상례를 치를 땐 그 슬픔을 다하였다. 아우를 사랑하고 스승을 높이고 친족과 화목하고 벗과 믿음으로 사귄 일은 모두 천성에 근본 한 것으로 억지로 힘써 얻은 것이 아니다. 평소 인물의 장단을 논하지 않고 현 정치의 득실을 말하지 않고서 남의 선을 보면 훌륭하게 여겨 칭찬하였고 남의 불선을 보면 깨우쳐 가르치고 가르쳐도 고치지 않은 뒤에야 관계를 끊었다.

집이 매우 가난하였지만, 당장 먹을 양식이 없는데 추위와 굶주림을 만난 사람에게는 반드시 있는 힘을 다해 구휼하였다. 배움을 좋아하는 마음은 늙을수록 더욱 독실해서 모임을 만들고 조용한 곳에서 날마다 강학을 일삼았다. 이때부터 배움에 더욱 진전이 있어 나아간 경지가 더욱 깊어져 원근에서 찾아와 배우는 선비가 더욱 많아졌다. 한 번은 자손을 경계하는 글을 써서 앉는 자리 옆에 걸었는데, 그 내용 중에, '사람이 사람인 이유는 오상(五常)이 있기 때문이다. 오상의 도라는 것을 학문의 힘이 아니면 어떻게 알겠는가.'라고 하고, 또 '자신을 수행하고 행실을 바르게 지키는 도를 알고자 한다면 회암(晦庵) 주부자(朱夫子 주희(朱熹))의 《소학》 책을 항상 보아야 하고, 신종추원(愼終追遠)의 예를 알고자 한다면 사계(沙溪) 김선생(金先生 김집(金集))의 《상례비요(喪禮備要)》 책을 때때로 열어 보아야 하니, 이와 같이 하면 사람이 도리를 거의 할 수 있을 것이다.'라고 하였다. 이와 같은 것이 대략 예닐곱 조항인데, 모두 당시에 모범이 되고 후세에 교훈으로 남길 만한 것들이다. 이러한 점을 보면 공이 지니신 것을 알 수 있다.

부인 제주 고씨(濟州高氏)는 사인 고겹(高郟)의 따님으로, 정순하고 자애로워 부인의 덕을 갖추었다. 공보다 1살이 많은데 공의 상이 있고 9일 만에 죽었다. 공의 묘 왼쪽에 합장하였다. 2남 3녀를 낳았으니, 아들은 원귀(元龜)와 원룡(元龍)이고, 딸은 박준(朴埈)과 조인웅(趙仁雄)과 박보(朴堡)에게 각각 시집갔다. 원귀는 3남 4녀를 두었으니, 아들은 성좌(聖佐)와 성적(聖迪)과 성림(聖臨)이고, 딸은 이찬(李瓚)과 최익세(崔翊世)와 김수룡(金秀龍)에게 시집갔고 막내딸은 미혼이다. 원룡은 1남 4녀를 두었으니, 아들은 성채(聖采)이고 딸은 경함(慶涵)과 이익휘(李益輝)와 홍계조(洪啓祚)에게 각각 시집갔고 막내딸은 미혼이다. 측실에게서 3남 3녀를 두었으니, 아들은 원봉(元鳳)과 원린(元麟)과 원성(元成)이고, 딸은 이인창(李仁昌)과 박필화(朴必華)와 김위징(金渭徵)에게 각각 시집갔다. 원봉은 2남을 두었으니 성태(聖泰)와 성뢰(聖賚)다. 원린은 3남을 두었으니, 성의(聖義)와 성보(聖輔)와 성신(聖臣)이다. 원성은 1남을 두었으니 성흥(聖興)이다. 그 밖의 내외 증손과 현손은 많아서 다 기록하지 못한다. 명(銘)은 다음과 같다.

사람의 모든 행실에	人有百行
효가 근원이 되는 법	孝爲之源
공의 효성은	惟公惟孝
많은 이들 중에 빼어나네	出類離群
느지막이 서실을 지으니	晩築書室
선비들 배우러 찾아오네	士多趨隅

훈계를 지어 후손에 전하니	垂裕作戒
저서가 있다고 할 만하네	曰有著書
저 은진의 산을 바라보니	眷彼恩山
바로 공이 묻히신 곳이네	寔公攸藏
빗돌에 새겨 사실을 기록하여	鑱石記實
영원히 후세에 밝게 알리네	昭示無疆

장령 오공 묘갈명

掌令吳公墓碣銘

고(故) 장령 오공이 돌아가신 지 50여 년 뒤에 그 손자 탁(鐸)이 공의 가장 원고를 가지고 와서 내게 보이며 말하기를, "우리 조부의 평생 사적이 옛사람에 비해도 부끄러울 것이 없는데 지금까지 묘소에 비석이 없어서 장차 사라지고 전해지지 못하게 되었습니다. 그대의 한마디 말을 얻어 묘도를 빛내고자 합니다." 하였다. 그러나 나는 이미 매우 쇠약해졌고 또 글도 잘하지 못하니 어찌 공을 길이 기릴 수 있겠는가. 적임자가 아니라고 여러 번 사양했지만 끝내 받아들여지지 않았다. 삼가 공의 가장을 받아 살펴보니 다음과 같다.

공의 휘는 상(尙)이고 자는 상지(尙之)이며 자호는 악양(岳陽)으로, 대대로 보성(寶城) 사람이다. 고려 말에 휘 몽을(蒙乙)이 계셨는데, 과거에서 장원을 하였고, 우리나라 들어와 이조 판서를 지냈으니, 이분이 바로 시조다. 판서께서 휘 자경(子慶)을 낳았으니 병조 판서를 지냈고 보산군(寶山君)에 책봉되었으며 시호는 양무(襄武)이다. 보산군께서 휘 연찰(延札)을 낳았으니 예문관 제학을 지냈다. 제학께서 휘 집(執)을 낳았으니 한성 판윤을 지냈다. 대대로 관직을 지낸 분이 이어져 세상에 저명한 성씨가 되었다. 고조 휘 세우(世祐)는 정언을 지냈고, 증조 휘 신승(信承)은 승사랑을 지냈고, 조부 휘 윤경(胤慶)은 산음현감을 지냈다. 부친 휘 영진(榮進)은 선교랑을 지냈고 선행(善行)이 있어 사람들이 순유(醇儒)라고 일컬었다. 모친 수원 최씨(水原崔氏)는 사과(司果) 최전룡(崔田龍)의 따님이니, 만력 갑인년(1614, 광해6)에 공을 낳았다.

어려서 매우 총명하고 독서를 좋아하여 나이 겨우 십여 세에 지은 시가 놀라운 수준이었다. 파흥군 윤동로 공께서 공의 재주를 시험하고 싶어서 먼저 한 연(聯)을 짓자 공이 즉시 응하여 대답하였는데 시어와 이치가 모두 좋았다. 윤공이 매우 기특하게 여겨 뒤에 딸을 공에게 시집보냈다. 약관의 나이에 계유년(1633, 인조11) 사마시에 합격하였다. 을유년(1645, 인조23)과 임진년(1652, 효종3)에 연달아 모친상과 부친상을 당했다. 상제를 마치고 을미년(1655, 효종6)에 춘당 정시(廷試)에 뽑혀 여러 차례 승정원 주서(注書)에 임명되었다. 작은 일로 공을 탄핵하는 자가 있었는데 상께서 말씀하시기를, "오모가 여러 차례 근시(近侍)를 지냈기에 내가 그 사람됨을 알고 있고, 또 사관의 재주가 있다." 하고 윤허하지 않았고, 정유년(1657, 효종8)에 주서의 말망에 올라 낙점을 받았으니, 모두 특별한 은전이었다.

무술년(1658, 효종9)에 전적(典籍)으로 승진하였고 병조와 예조의 좌랑으로 옮겼다. 을해년(1659, 효종10)에 종성 통판(鍾城通判)이 되었는데 연이어 흉년을 만나 온 경내가 굶주림을 호소하니 공이 마음을 다하여 황정(荒政)을 펼쳐 피폐한 삶이 다시 윤택해져 백성이 크게 화합하였다. 임인년(1662, 현종3)에 임기를 마치고 돌아왔다. 계묘년(1663, 현종4)에 해운 판관(海運判官)에 제수되었는데 사은숙배하기 전에 정언(正言)에 임명되고 이어 장령(掌令)으로 승진하였다. 해주 목사(海州牧使)로 나갔는데 2년 동안 세 번의 고과(考課)에서 모두 최고점을 받았다. 갑진년(1664, 현종5)에 어떤 일로 잘못 파직을 당하니 고을 백성들이 그리워하여 비석을 세워 칭송하였다. 병오년(1666, 현종7) 여름에 다시 장령에 임명되었는데 당시의 폐단을 상소하여 아되니 후한 비답을 내리고 가납하여 정언에 제수하였다. 흉악한 종친 이정(李楨)의 태만함이 가증스러움을 논핵하였는데, 뒤에 과연 말대로 되었다. 이해 가을에 선산 부사(善山府使)가 되었다가 정미년(1667, 현종8)에 파직되어 돌아왔다. 무신년(1668, 현종9)에 사예와 장령에 임명되었다. 기유년(1669, 현종10)에 파주 목사(坡州牧使)가 되었다. 파주는 서울에서 가까운 큰길이었는데 날마다 오고 가는 빈객을 있는 힘껏 잘 대접하였고 경내를 지나는 상행(喪行)이 있으면 알든 모르든 듣는 대로 모두 구제하였다. 경술년(1670, 현종11)에 다시 장령에 임명되었고, 이어 사성(司成)과 문학(文學)과 군자감 정(軍資監正)으로 전직(轉職)하였다. 신해년(1671, 현종12)에 다시 장령이 되었는데 일을 논한 것이 절실하고 곧아 집권자의 뜻을 거슬러 순천부사(順天府使)로 좌천되었다. 임자년(1672, 현종13) 겨울에 병에 걸려 관청에서 죽었으니, 향년 59세였다. 다음 해 봄에 모셔와 과천현(果川縣) 서쪽 완정리(莞井里) 유향(酉向)의 언덕에 장사지냈으니, 선영에 묻힌 것이다.

공은 어려서부터 행동거지가 다른 보통 아이들과는 달랐다. 한번은 바깥의 선생에게 나아가 배웠는데 오가는 길이 과수원을 경유하였다. 시절이 가을이라 밤이 한창 익었는데 함께 배우는 여러 아이들은 다투어 나아가 밤을 주웠지만 공은 마치 아무 물건도 없는 것처럼 보면서 혼자 글을 생각하며 갔다. 이것을 본 자가 기이하게 여기며 그가 장래에 필시 큰 그릇이 되리라는 것을 알았다. 자라면서 더욱 부지런히 독서하여 비록 엄동설한에도 밤새도록 글을 읽으니, 이웃에 밤에 길쌈을 부지런히 하는 늙은 아낙이 있었는데 매양 미칠 수 없음을 한탄하였다.

집이 본디 청빈하여 콩죽을 먹고 물을 마시는 것으로도 끼니를 잇기 어려웠지만 두 어버이를 봉양하는데 뜻을 잘 따르고 어기지 않았다. 모친이 병이 위독해졌을 때 수박을 자시고 싶어 했지만 마침 때가 늦어 구하기 어려웠다. 공이 정성을 다하여 구하자 마을 사내가 공의 효성에 감동하여 먼 곳에서 구해다 받쳤다. 공은 그를 은인으로 알고 앞뒤로 수령이 되었을 때마다 번번이 후하게 선물을 보내 보답하였다. 한 사우(士友)가 집에 이상한 병이 돌았는데 벗이 죽자 친구들이 모두 두려워 피하였다. 공이 외지에서 초종장사(初終葬事)의 모든 상구(喪具)를 손수 마련하여 때에 맞춰 염습하니, 사람들이 어려운 일로 여겼다.

파홍군이 재물은 넉넉했지만, 자식이 없어 종사(宗事)가 끊어지게 되었지만 가까운 친족 중에 이을 만한 사람이 없자 어떤 이가 외손이 대신 제사를 받들게 하는 것이 국전(國典)에 있다고 하였다. 공이 예를 근거하여 안 된다고 여겨 먼 친족을 널리 구해 뒤를 잇게 하였다. 막내 누이가 일찍 과부가 되었고 또 아이 하나도 일찍 죽자 공이 의지할 곳이 없는 것을 슬퍼하여 함께 살면서 그 집안의 생계를 자기 집과 다름없이 꾸려주었는데, 이와 같이 한 것이 30년이나 오래되었다. 매양 관리가 된 자식의 봉양을 받지 못한 것을 지극히 애통하게 여겨 제삿날이 되면 겨울 날씨가 아무리 추워도 반드시 목욕재계하여 치성을 드렸고 매일 새벽마다 가묘에 참배하는 일을 늙을 때까지 그만두지 않았다.

친구의 부음을 들으면 비록 소원한 사이였어도 반드시 소찬(素饌)을 들었다. 다섯 번 큰 고을을 맡았지만 빙벽(氷檗)[11]으로 스스로를 면려

11 빙벽(氷檗) : 257쪽 주6 참조.

하여 체직되어 돌아가는 날에 여행 보따리가 쓸쓸하였다. 집에 이르러 빚을 얻어 밥을 지어야 했지만 태연하게 개의치 않았다. 어떤 이가 자손을 위한 생계를 걱정하는 말을 하자 공이 웃으며 말하기를, "내가 나라의 후한 은혜를 받아 가족이 굶어 죽는 것을 면하였으니 분수에 충분하다. 어찌 다시 내가 죽은 뒤의 일을 걱정하겠는가." 하였다.

공의 초취(初娶)는 파평 윤씨(坡平尹氏)로 바로 파흥군(坡興君 윤동로(尹東老))의 따님이다. 재취는 무안 박씨(務安朴氏)로 부사 증참판 박영(朴瑛)의 따님이다. 공보다 먼저 죽었고 공의 묘소 왼쪽에 합장하였다. 삼취(三娶)는 여흥 민씨(驪興閔氏)로 참봉 민건(閔楗)의 따님이다. 6남 4녀를 낳았다. 장녀는 통덕랑인 임제(任濟)에게 시집갔으니, 윤씨 소생이다. 맏아들 익서(翼瑞)는 참봉이고 문서(文瑞)는 진사고, 딸은 정랑인 이만정(李萬程)과 박태복(朴泰復)에게 시집갔으니, 박씨 소생이다. 갑서(甲瑞)는 일찍 죽었고, 아들은 운서(雲瑞)와 하서(河瑞)와 흥서(興瑞)고, 딸은 최화(崔曄)에게 시집갔으니, 민씨 소생이다. 익서는 2남을 두었으니 맏이가 바로 탁(鐸)이고 다음이 선(銑)이다. 문서는 2남을 두었으니 흠(欽)과 담(鐔)이다. 운서는 5남을 두었으니 일(鎰)과 석(錫)이고, 나머지는 어리다. 하서는 1남을 두었으니 수(鏽)다. 흥서는 1남을 두었으니 영(鍈)이다. 그 밖의 내외 증손과 현손은 많아서 다 기록하지 못한다.

아, 공은 관대하고 온화한 천성을 타고나 덕기가 일찍 성숙하여, 처한 자리에 따라 각각 분수를 다하였다. 어버이를 효성으로 섬기고 선조에게 공경히 제사를 올렸으며 자매와 우애가 있고 친척들과 화목하게 지냈다. 충성과 신의의 풍도는 쇠미한 풍속을 격려하기에 충분하였고, 청렴결백한 지조는 선현에 부끄럽지 않았다. 명리(名利)를 탐하지 않아 조급히 벼슬하려는 마음을 가지지 않았고 붕당을 좋아하지 않아 구차히 영합하는 뜻이 없었다. 그러나 재주를 크게 펼치지 못하고 지위가 덕에 걸맞지 않았으니, 공을 위해 애석해하지 않은 이가 없었다. 옛사람이 말한 충후한 군자가 아니겠는가. 명(銘)은 다음과 같다.

품은 재주가 만물에 미치기 충분하니	蘊抱足以及物
하늘이 공을 내신 것이 뜻이 있는 듯한데	天若有意於生公
벼슬이 3품에 불과하였으니	名位不過三品
이치는 다 알 수 없는 점이 있다네	理有終不可窮
관악산 기슭	冠岳之麓
완정의 언덕에	莞井之岡
높이 4척의 무덤 있으니	有高四尺
바로 공이 묻힌 곳이라네	寔公之藏

처사 강공 묘갈명

處士姜公墓碣銘

공의 휘는 겸(謙)이고 자는 사익(士益)으로 강성(姜性)이고 진주(晉州) 사람이다. 먼 조상인 휘 민첨(民瞻)은 고려 현종(顯宗) 때 강감찬(姜邯贊)과 함께 거란을 막았는데 한신의 유수(濰水) 전투의 병법을 사용하여 그 군대를 전복시키고 큰 공을 세워 관직이 병부상서에 이르렀고 개국남(開國男)에 봉해졌으며 은열(殷烈)의 시호를 받았으니, 일이 《고려사》에 자세히 보인다.

이때부터 대대로 대관(大官)이 나와 우리나라에 들어와 휘 천명(天命)이 계셨으니 예의 판서(禮儀判書)를 지냈다. 이분이 휘 은(隱)을 낳았으니 수문전 학사(修文殿學士)를 지냈다. 이분이 휘 해(諧)를 낳았으니 종부시 소윤(宗簿寺少尹)을 지냈다. 이분이 휘 노(老)를 낳았으니 성균관 대사성(成均館大司成)을 지냈는데 맑은 덕과 아름다운 명성으로 한 시대의 중요한 인물이 되었다. 이분이 휘 숙회(叔淮)를 낳았으니 제용감 정(濟用監正)을 지냈다. 이분이 휘 희신(熙臣)을 낳았으니 학행(學行)이 있어 천거를 받아 관직이 철원 부사(鐵原府使)에 이르렀다. 이분이 바로 공의 고조다. 증조 휘 주(澍)는 생원이고, 조부 휘 계윤(繼胤)은 사재감 직장(司宰監直長)을 지냈고 좌승지에 추증되었다. 둘째아버지 강오(姜澳)의 양자로 나갔다.

부친은 휘 의준(義俊)으로, 큰아버지 강중윤(姜仲胤)이 생원공의 제사를 모시는 자로서 후사가 없자 승지공이 명하여 후사가 되게 하여 생원공의 제사를 받들게 하였다. 품행이 탁월한 것으로 천거를 받아

별제에 제수되었지만 사은숙배하지 않았다. 모친 완산 이씨(完山李氏)는 현감 이한형(李漢衡)의 따님으로 깊이 부인의 도가 있어 항상 온 집안의 모범이 되었다. 만력 갑오년(1594, 선조28) 6월에 서울에서 공을 낳았다.

어려서 총명하고 모습이 웅대해서 보는 사람들이 모두 크게 되리라 기대하였다. 9세에 아버지를 여였는데 추모하는 모습이 어른과 같았다. 나이가 조금 더 들자 매양 가정의 훈도를 받지 못한 것을 지극한 애통함으로 여겨 말이 부친의 일에 미칠 때면 번번이 눈물을 펑펑 흘렸다. 학문에 뜻을 둘 나이가 되자 스스로 분발하고 노력하여 문장이 일취월장하여 동시대의 문필가들이 모두 미칠 수 없다고 여겼다. 때를 만나지 못해 여러 차례 과거에 낙방하였지만, 또한 개의치 않았다. 집이 가난하여 콩죽을 먹고 물을 마시는 것으로도 끼니를 잇기 어려웠지만, 어머니를 모시는데 물심양면으로 지극히 봉양하여 생신이나 속절(俗節)에 반드시 음식을 마련하고 친족을 초청하여 기쁘게 해드렸다. 모친께서 병을 앓으면 근심스러운 얼굴로 밤에도 옷을 벗지 않았고 먹어도 맛을 알지 못하고서 지극정성으로 약을 구해 오만한 의원도 감동하였다. 누이 하나가 궁하게 지내 먹고 살아갈 거리가 없자 공이 두루 걱정하고 신경 써서 일에 따라 살림을 꾸려서 혹 궁핍하게 하지 않았다.

광해군의 정치가 혼란하여 인륜이 무너졌는데, 공은 "나라가 암담해질 것이다."라고 탄식하고 마침내 과거 공부를 그만두고 고향으로 돌아가 밭에 곡식을 기르고 채소밭을 가꾸며 한결같이 어버이 봉양을 일삼았다. 정묘년(1627, 인조5)에 오랑캐가 경기 지역으로 닥쳐오자 공이 모친을 모시고 당진(唐津)으로 피난하였다. 당진은 삼면이 바다로 막혀있어 예부터 병화가 거의 미치지 않았다. 마침내 도시에 발을 끊고 집을 짓고 정착하여 날마다 좌우에서 모시며 공경히 뜻을 잘 받들었는데 부드러운 낯빛과 유순한 모습은 깊은 애정에서 나온 것이었다.

역적 김자점(金自點)은 내외종 육촌이었다. 평소 공의 품행과 도량을 사모하여 여러 차례 후한 뜻을 내비쳤는데, 공은 그 사람이 뇌물을 받고 권세를 부리는 것을 미워하여 한 번도 답하지 않았다. 이때에 이르러 김자점이 도원수가 되어 서로(西路)에 막부를 열었는데, 공의 재주와 지모가 큰일을 맡길 만하다고 천거하여 백의로 군무에 참여시킬 것을 청하고, 또 사람을 보내 말하기를, "나라에 외병(外兵)이 있으니 신하가 집에 있을 때가 아닙니다." 하며 매우 다급히 재촉하였으니, 군대의 일을 빙자하여 반드시 불러오려는 계책이었다. 공이 가다가 중간에 병을 핑계로 돌아왔다. 뒤에 김자점의 역모가 실패하자 그 문에 드나든 자들이 모두 연루되었으니, 사람들이 비로소 공의 선견지명에 탄복하였다.

이어서 병자호란에 외적이 깊이 들어오자 공이 모친과 함께 전전해서 섬으로 들어갔다. 비록 떠돌며 어려움을 겪는 때였지만 여러 방법으로 기쁘게 해드리고 잘 갖추어 봉양하는 것은 평소와 다르지 않았으니, 모친이 크게 편안하게 여기며 난리가 있는 줄 알지 못하였다. 이때 남한성이 포위된 지 오래였는데 임금이 성을 나가자 어떤 이가 성이 함락되었다고 잘못 전하였다. 공은 자기도 모르게 목 놓아 대성통곡하며 살고 싶어 하지 않아 했다. 이때부터 위아래가 뒤바뀌고 대의가 가려 어두워졌는데 공이 항상 《시경》의 〈비풍(匪風)〉과 〈하천(下泉)〉장의 쇠망의 탄식을 품고서 자기 집에 '남재(南齋)'라는 편액을 달았다. 그 당시 오랑캐는 북쪽에 있고 중국 조정은 남쪽에 있었기 때문에 이 이름을 취하여 뜻을 담아 북쪽을 등지고 남쪽을 사모함을 보인 것이다. 한번은 회포를 달래는 시를 지었는데, 그 대략이 다음과 같다.

가슴 속에 일만 갑병 있는 줄 누가 알리	胸中萬甲誰得知
용천검 어루만지며 괜스레 문을 닫는다	手撫龍泉空閉戶
오랑캐 평정하고픈 큰 뜻 끝내 펴지 못하고	平戎大志竟未伸
비분강개 슬픈 노래에 해는 서로 저무네	慷慨悲歌西日暮
남재에 홀로 누었으나 잠 못 이루고	南齋孤臥夢不成
한밤중 닭 울음소리에 되레 춤을 추려는데[12]	半夜鷄聲猶欲舞
때도 그르고 일도 그르니 어찌 하리오	時誤事非可奈何
시골 늙은이가 되는 것이 차라리 낫겠네	寧與村老爲等伍

말뜻이 격렬하고 음조가 비장하니, 성률이나 맞추고 읊조리는 것이나 일삼고 문사나 꾸미는 자가 따라할 수 있는 것이 아니다. 지금 십수 년이 흐른 뒤에도 보는 자가 주먹을 불끈 쥐고 흥기하게 하니 공이 지니신 바를 여기에서도 볼 수 있다. 숭정 계미년(1643, 인조21) 2월에 병이 깊어져 당진의 집에서 돌아가셨으니 향년 50세로 모친이 아직 살아계셨다. 그해 겨울 10월에 광주(廣州) 학당촌(學堂村) 갑좌(甲坐)의 언덕에 모셔와 장사지냈으니, 선영에 묻힌 것이다.

12 한밤중……추려는데: 진(晉)나라 때 조적(祖逖)이 벗 유곤(劉琨)과 함께 자다가 한밤중에 때 아닌 닭 울음소리를 듣자 발로 차 유곤을 깨우며 "이것은 상서롭지 못한 소리가 아니다."라고 하며 곧바로 일어나 춤을 추면서 "천하가 들끓어 호걸이 다투어 일어나게 되면 나와 너는 중원으로 가야 한다." 하였다는 고사에서 온 말로, 장부가 큰 뜻을 품고 기개를 펼치는 것을 비유한 것이다. 《晉書 卷62 祖逖列傳》

공은 품부 받은 것이 남달라 또래 중 특출났으며 목소리가 낭랑하고 도량이 원대하였다. 어려서부터 날마다 항상 당대에 공훈을 세워 역사에 이름을 남길 뜻을 가졌다. 특히 계책에 뛰어나 향후의 성패를 미리 판단하는 것이 마치 촛불로 비춰보고 거북점을 치듯 딱 맞아떨어졌다. 포부를 믿고 한 시대를 오시하여 남을 따라 부앙하며 구차히 녹이나 받는 벼슬을 할 생각이 없었다. 병자년과 정축년의 난리 이후에 더욱 벼슬에 나갈 뜻이 없어서 바닷가에 살면서 오로지 모친을 잘 섬기는 일에 뜻을 두고 술에 몸을 맡긴 채 비분강개의 마음을 달랬다. 평소의 뜻과 사업은 백 중 하나도 써보지 못하였고, 어진 사람이지만 수를 누리지 못해 어버이 봉양을 끝까지 다하지 못하였으니, 하늘이 선인에게 베푼 것이 과연 어떠한가.

부인 밀양 손씨(密陽孫氏)는 현감 손응호(孫應虎)의 따님으로 공보다 16년 뒤에 죽었고 공의 묘소 왼편에 합장하였다. 2남 6녀를 낳았으니, 아들은 선무랑 후망(後望)과 선전관 위망(渭望)이며 딸은 이배근(李培根)과 이백약(李百藥)과 첨정 허위(許煒)와 심휘(沈徽)와 현감 이항진(李恒鎭)과 임만욱(林晩郁)에게 각각 시집갔다. 선무랑은 강릉 최씨(江陵崔氏)를 아내로 맞아 1남 1녀를 낳았으니, 아들 현(眩)은 탁월한 품행이 있었고 지평에 추증되었으며 딸은 윤계은(尹啓殷)에게 시집갔다. 선전관은 3남 2녀를 낳았으니, 아들은 환(晥)과 훤(暄)과 휘(暉)이고 딸은 병마절도사 남헌(南巘)과 신일하(申一河)에게 각각 시집갔다. 지평공의 초취 경주 이씨(慶州李氏)는 이조 참판 이정형(李廷馨)의 증손녀로 3녀를 낳았다. 후취 경주 김씨(慶州金氏)는 기묘명현(己卯名賢)인 김충암(金冲菴 김정(金淨))의 후예로 5남을 낳았다. 윤태(允泰)는 장가가자마자 일찍 죽었고 행우(行遇)는 진사고 윤항(允

恒)은 요절하였고 행정(行鼎)은 생원이고 윤함(允咸)은 요절하였다. 환은 2남을 낳았으니, 무과 급제한 행건(行健)과 행적(行迪)이다. 훤은 3남을 낳았으니, 행원(行遠)은 요절하였고 행경(行敬)과 막내는 어리다. 휘는 1남을 낳았으니 행의(行義)다. 그 나머지 내외 현손들은 많아서 다 기록하지 못한다.

공의 증손인 진사 행우(行遇)가 공의 가장 원고를 소매에서 꺼내 보이며 내게 말하기를, "기록할 만한 우리 조부의 행적이 참으로 여기에 그치지 않겠지만, 불초가 어린 나이에 어버이를 잃어 아는 것이 없어서 조부에 대해 실추한 것이 많고 집안 기록에 실린 것에도 빠진 것이 꽤 있으니 숨겨진 덕과 희미한 광채가 사라져 드러나지 못할까 크게 두렵습니다. 이에 감히 남은 얼마간의 기록을 이처럼 수습하였으니, 이것이 어찌 족히 선조의 덕을 만의 하나라도 제대로 보여주겠습니까. 비록 그렇지만 글을 써주시길 바랍니다." 하였다. 내가 적임자 아니라고 여러 차례 사양하였지만 끝내 거절할 수 없었다. 마침내 가장의 글을 가져다가 약간의 수정을 가하고 명(銘)을 그 아래에 쓴다. 명은 다음과 같다.

사람은 떳떳함 지녔으니	人有秉彝
효와 의라네	惟孝與義
공의 효와 의는	惟公孝義
천성이었다네	得之天畀
효성스러웠기에	惟其孝矣
그 뜻을 봉양하였네	其養也志
의로웠기에	惟其義矣

그 시가 슬펐다네	其詠也悲
만년에 은거한 곳은	晩歲婆娑
충청 지방이었으니	于湖之右
나의 뜻에 맞으면 그뿐	我意是適
부귀가 무슨 상관이랴	儻來何有
학당촌의 언덕	學堂之岡
높이 4척의 무덤	有高四尺
공이 여기에 묻혔으니	公於是藏
지나는 자 반드시 공경을 표하라	過者必式

부사 이공 묘갈명
府使李公墓碣銘

우리 성상께서 즉위하고 2년 후인 병오년(1726, 영조2) 봄에 전 부사 이공이 호남 객지에서 돌아가셨으니, 향년 72세였다. 공을 아는 사람은 모두 "어진 이가 돌아가셨다."라고 하였다. 장례를 마치고 공의 아들 상화(相華)가 내가 공의 옛 벗이라고 하여 상복을 입은 초췌한 모습으로 가장을 가지고 와서 울며 내게 보이고 묘지명을 써주기를 부탁하였다. 아, 나는 공과 평소 정의가 매우 두터웠으니, 죽지 않고 남아 있는 사람의 책임에 실로 사양할 수 없는 점이 있다.

공의 휘는 정영(挺英)이고 자는 사수(士秀)이고 계통은 선파(璿派)에서 나왔다. 9대조 계양군(桂陽君) 휘 증(璔)은 세종 장헌왕의 서자로 좌익공신(佐翼功臣)에 책훈되었고 시호가 충소(忠昭)다. 증조 휘 택민(澤民)은 강동 현감(江東縣監)을 지냈고 사헌부 집의에 추증되었다. 조부 휘 기선(起先)은 고령 현감(高靈縣監)을 지냈고 이조 참의에 추증되었다. 부친 휘 몽석(夢錫)은 여러 군읍의 수령을 지내고 관직이 돈녕부 도정에 이르렀으며 이조 참판에 추증되었다. 모친 정부인 순흥 안씨(順興安氏)는 부사 증 우윤 안응창(安應昌)의 따님이다.

공은 참판공의 셋째 아들이다. 숭정 기원후 을미년(1655, 효종6) 2월 29일에 서울에서 태어났다. 어려서부터 신체가 크고 빼어나서 보통 아이들과는 같지 않아 벌써 성인의 풍도가 있었다. 겨우 십여 세에 글의 뜻을 이해하는 능력이 크게 트여 번거롭게 선생의 가르침을 받지 않고도 읽는 족족 이해하였다. 필체도 굳세고 아름다워 스스로 일가를 이루었다. 14세에 계부(季父) 이준석(李俊錫)이 일찍 세상을 떠나고 후사가 없자 공이 즉시 뒤를 이어 어른처럼 상을 치렀다. 양어머니 윤부인(尹夫人)을 생모 이상으로 섬기니 윤 부인도 자기가 낳은 자식과 다름없이 사랑하였다.

신유년(1681, 숙종7) 식년시에서 사마시에 급제하였다. 무인년(1698, 숙종24)에 경기전 참봉(慶基殿參奉)에 임명되었는데 사은숙배를 하자마자 후릉 참봉(厚陵參奉)으로 바뀌었다. 기묘년(1699, 숙종25)에 동몽교관으로 옮겼다. 신사년(1701, 숙종27)에 빙고 별감으로 바뀌었고 임오년(1702, 숙종28)에 장악원 주부로 승진하였다가 얼마 후에 호조로 옮겼는데 일이 있어 체직되었다. 3일 후에 공조에 임명되었고 얼마 있다 다시 호조에 들어갔는데, 도감(都監)의 일에 근로한 것으로 등급을 뛰어넘어 정랑(正郎)에 임명되었다. 계미년(1703, 숙종29) 겨울에 양성 현감(陽城縣監)에 임명되었는데 부임하기 전에 친부 참판공의 상을 만났다. 갑신년(1704, 숙종30) 6월에 윤 부인이 병에 걸려 위독해지자 공이 옷에 띠를 풀지 않은 채 밤낮으로 곁을 떠나지 않으면서 약은 반드시 먼저 맛보았고 심지어 미음 같은 것도 모두 직접 조절하였다. 윤 부인이 돌아가시자 슬픔에 부르짖고 통곡하며 가슴을 치면서 물과 음료 마시지 않았다. 이때 공의 나이가 많은데도 슬퍼하는 것이 예법보다 지나쳐 몸을 상하니, 보는 이들이 감탄하지 않는 이가 없었다.

상제를 마치고 공조 정랑에서 통천 군수(通川郡守)로 나갔다. 공은 어버이께서 영화로운 봉양을 받아보지 못한 것을 지극한 애통함으로 여겨 아침저녁으로 밥상을 대할 때마다 속상해하였고 초하루와 보름에 참배할 때면 반드시 목메어 울며 눈물을 흘렸다. 다음 해 여름에 어사가 거짓으로 올린 서계(書啓)로 파직되어 돌아가게 되었는데, 군의 남녀가 모두 길을 막고 목 놓아 울었고 또 서로 단합하여 조정에 호소하여 억울함을 풀어주었다. 돌아가는 여행 짐이 쓸쓸하여 한 가지 물건도 가져가지 않아 집에 도착한 저녁에 밥 짓는 연기가 피지 않았다.

임진년(1712, 숙종38)에 재령 군수(載寧郡守)가 되었는데 마침 곡식이 피해를 입어 온 경내가 배고픔을 호소하였는데 마음을 다하여 구휼하여 많은 사람을 온전히 살렸다. 이 일이 알려지자 특별한 분부로 말을 하사하여 포상하였다. 을미년(1715, 숙종41)에 임기를 마치고 돌아왔다. 무술년(1718, 숙종44)에 밀양 부사(密陽府使)에 제수되었는데, 밀양은 영남의 큰 고을로 백성을 어루만지고 인정을 베푸는 것에 통천과 재령 두 군보다 더욱더 근면하게 하였다. 번거로운 일을 없애고 폐단을 혁파하여 경내가 편안하였다. 일본 신사(日本信使)의 행차와 농지를 측량하여 부세를 균등하게 하는 일의 경우에도 모두 편의에 따라 조치하여 백성들이 고생을 알지 못했다. 휴일에는 학교를 일으키고 무예를 권장하는 정사를 아울러 거행해서 시행한 지 1년 만에 크게 실효를 거두었다.

경자년(1720, 숙종46) 겨울에 고과(考課)를 받고 체차되었다. 그때 한쪽 편 사람이 영남 관찰사로 있었는데 공이 중망(重望)을 받는 것을 매우 꺼려서 모욕을 준 것이다. 신축년(1721, 경종1) 가을에 조정에서 동궁(東宮)의 관료를 뽑는데, 공이 그 선발에 맨 앞에 올랐다. 이해 겨울에 역적 환관과 요사한 궁녀가 안팎으로 맺어서 국본을 동요시킬 계책을 세웠다. 공이 동료와 상소를 올려 동궁을 보호해야 한다는 뜻을 힘껏 아뢰고, 동궁에서 글을 올려 또 효성의 도리로 권면하였으니 말이 모두 지극히 간절하였다.

공은 시사가 나날이 잘못되는 것을 보고 마침내 병을 핑계로 관직을 그만두었다. 임인년(1722, 경종2)에 화가 일어나 한 때의 착한 사람들이 나란히 주륙을 당하였는데, 이때부터 두문불출하고 인사를 사절한 채 때때로 술을 가까이하여 스스로 울적한 마음을 풀었다. 계묘년(1723, 경종3) 가을에 갑자기 풍비(風痹)의 증상을 앓아 점점 말을 하지 못하게 되었다. 마침 공의 아들이 호남의 고을을 맡고 있어서 공은 그곳으로 가서 요양하였다. 병오년(1726, 영조2) 2월에 병이 점점 위중해져 관사에서 돌아가셨다. 그해 4월에 운구하여 교하(交河) 치소 동쪽 합행리(合行里)의 선친과 선비의 무덤이 있는 건향(乾向) 언덕에 장사지냈다.

공은 어려서부터 남계 박 선생의 문하에서 유학하여 독실하게 공부하고 힘껏 행하여 선생이 매우 기대하고 인정하였으며 당시 사우들도 모두 추대하고 중시하였다. 기미년(1679, 숙종5) 여름에 나와 내 막내아우와 함께 사천(沙川) 운곡(雲谷)의 정사(精舍)에서 거의 한 달 남짓 강론하였는데 그 신중한 언행과 정밀한 견해는 참으로 우리들의 스승이었다. 그의 효성과 우애는 천성에서 나온 것으로 양가 부모님을 섬길 때 정성과 공경을 두루 지극히 하였다. 참판공이 거처를 달리하여 집이 조금 떨어져 있게 되었는데 날마다 걸어가서 형제와 함께 저녁때까지 빙 둘러서 모시고 병에 걸리거나 일이 생기지 않으면 그만두지 않았다. 큰아버지를 아버지처럼 섬기고 여러 조카을 자기 자식처럼 보았으며 둘째 형과 반평생을 함께 살면서 화락하게 지내어 집안의 일용품에 내 것 네 것이 없었다.

남을 대할 때에는 마음을 열고 진심을 보여 화기가 가득하였고 얼굴빛과 웃음이 친근하였다. 이 때문에 사람들이 친소에 관계없이 마음으로 기뻐하고 진심으로 복종하지 않는 이가 없었다. 평생 생업에 종사하지 않아 죽도 떨어질 때가 있었지만 여유롭게 대처하였다. 외가의 분재(分財) 문건에 잘못된 부분이 있었는데 공은 봉함한 채 돌려주고 문서 안에 기록된 물품이 무엇인지 묻지 않았다. 요직에 있는 사람들 태반이 공의 벗이었지만 한 번도 그 집에 간 적이 없었다. 자제를 가르칠 때 엄하면서도 방식이 있어서 잘못을 저지르면 불러서 마주 대하는데 엄한 얼굴빛에 아무 말 하지 않고서 스스로 두려워하여 복종하게 만들고 말았다.

노비들도 감히 희희낙락하거나 싸움질을 하지 못해 가정이 항상 엄숙하였으니, 사람들이 이에 공의 교화가 집안에서 행해짐을 알았다. 비속한 말을 입에서 낸 적이 없고 장기나 바둑 같은 놀이에 손을 댄 적도 없었다. 비록 뜻에 거스르는 일을 만나도 화내는 기색이 없었다. 그리고 남의 단점을 말하는 것을 좋아하지 않아 비록 자신에게 큰 이해관계가 있는 사람일지라도 얼굴과 말에 기미를 보인 적이 거의 없었다. 일찍부터 문예에 뛰어나 조만간 크게 드러나리라 기대하였는데 때와 운명이 불우하여 끝내 하읍(下邑)의 수령에 머물고 말았으니 공을 위해 탄식하고 애석해하지 않은 사람이 없었다.

정승 최석정(崔錫鼎)의 《예기유편(禮記類編)》이 나와서 《중용》과 《대학》 두 책을 《예기》의 49편 안에 도로 편입하여 주자의 장구(章句)를 바꾸어 어지럽혔는데, 그대로 간행하고 경연에서 강할 것을 청하기까지 하였다. 또 남계 선생(南溪先生)을 함부로 끌어다가 〈강확(講確)〉 조목의 명단에 뒤섞어 기록하여 권위를 빌리려고 하였다. 공이 "이것은 사문(斯文)의 변고다." 하고서 동문의 여러 벗과 함께 상소하여 매우 분명하게 분별하였는데, 얼마 지나지 않아 조정에서 그 책판을 불태우니 사림이 의지하고 믿었다.

관직에 머물며 백성을 다스릴 때 자신을 바루고 백성을 사랑하는 것을 최우선으로 하였다. 항상 말하기를, "내가 한 말의 쌀을 쓰는 것은 큰 장물죄를 저지르는 것과 같다." 하였다. 재령 군수로 있을 때 일 때문에 상경하였는데 돌아올 때 보따리에 남은 물건이 개인적인 용도의 것은 하나도 없었다. 밀양에서 그만두고 돌아갈 적에 창고가 가득 차서 너무 많아 처치하기 곤란할 정도였는데 어떤 사람이 뒷날 폐단이 있을 것이라고 말거리로 삼았지만 끝내 동요하지 않으니 밀양 사람들이 탄복하며 일찍이 본적이 없는 일이라고 하였다. 송사를 처리하는 일에 더욱 공정(公正)을 기하여 '잘못을 알면서 그릇되게 판결하면 반드시 하늘의 재앙이 있을 것이다.〔知非誤決必有天殃〕'라는 여덟 글자를 크게 써서 벽에 붙여 스스로 경계하였다.

초취(初娶) 한양 조씨(漢陽趙氏)는 학생 조시정(趙時鼎)의 따님으로 유순하고 자애로워 부인의 덕을 잘 갖추었다. 일찍 죽고 딸 하나만 두었는데 김치조(金致祚)에게 시집갔다. 후취(後娶) 완산 최씨(完山崔氏)는 동지중추부사 최방언(崔邦彥)의 따님으로 1남 1녀를 낳았다. 아들은 바로 상화(相華)로 현감이고, 딸은 김상량(金相良)에게 시집갔다. 현감은 통덕랑 조만중(趙萬重)의 딸을 아내로 맞아 1남 4녀를 낳았다. 아들은 달천(達天)이고 딸은 윤명언(尹命彥)과 박사석(朴師奭)과 조덕문(趙德文)에게 각각 시집갔고 남은 딸은 어리다. 김치조는 2남을 낳았으니 구로(龜老)와 학로(鶴老)고, 김상량은 1남을 낳았는데 아직 어리다.

아, 공은 독실하고 순후한 자질로 사우를 보익하였다. 덕기(德器)가 일찍 완성되어 재주와 덕행을 두루 갖추어 어버이께 효도하고 형제에게 우애가 있었다. 충실한 덕으로 친족과 두루 잘 지냈고 청렴결백한 지조는 전현(前賢)에 부끄럽지 않았다. 가난과 곤궁 속에 편안히 지내며 도의(道義)를 즐겼으며 이단을 물리치는 것에 용감하고 정도(正道)를 부지하는 일을 우선으로 하였다. 이것은 모두 학문하는 중에 흘러나온 것으로 다른 사람은 미칠 수 없는 점이 있다. 다음과 같이 명(銘)을 쓴다.

밝고 진실한 이씨는	顯允李氏
선조가 선파에서 나왔네	出自璿派
높고 귀한 후손이 오랫동안 이어지니	華胄遙遙
근원이 멀고 하류가 크도다	源遠流大
능히 그 집안을 이어서	克世厥家
마침내 공이 우뚝히 나오니	公乃挺出
충후한 자질과	忠厚之姿
명철한 식견을 지녔네	透悟之識
일찍부터 도가 있는 분을 가까이 하고	早親有道
문장과 덕행으로 이름이 드러났네	譽著文行
안팎으로 여러 차례 시험하니	屢試內外
업적이 명성보다 웃돌았네	事在名上
재주는 높은데 지위가 낮았으니	才茂位細
세상에 공을 알아주는 이 없었네	世莫知吾
저 교하의 동쪽을 돌아보니	瞻彼交東
물이 산을 휘돌아 흐르네	水廻山紆
그 안에 무덤이 있으니	有坎其中

군자가 묻힌 곳이라네	君子攸宮
묘석에 명문을 새기어	銘此墓石
무궁한 후세에 밝게 보이네	昭示無窮

처사 민공 묘갈명
處士閔公墓碣銘

공의 휘는 우완(宇完)이고 자는 중원(仲元)이고 민씨(閔氏)로 여흥(驪興) 사람이다. 고려 상의 봉어(尙衣奉御) 휘 칭도(稱道)가 바로 공의 시조다. 그 증손 휘 영모(令謨)는 문하평장사(門下平章事)를 지냈고 시호가 문경(文景)이다. 4대를 전해 휘 지(漬)에 이르렀으니, 시중을 지냈고 시호가 문인(文仁)이다. 우리나라에 들어와 휘 대생(大生)이 계셨으니 판중추부사를 지냈고 우의정에 추증되었다. 뒤에 휘 영견(永肩)이 계셨으니 예조 참판을 지냈다. 이분이 휘 은(誾)을 낳았으니 직장을 지냈다. 이분이 휘 개(漑)를 낳았으니 장흥고 영(長興庫令)을 지냈고 이조참판에 추증되었다. 이분이 휘 복룡(伏龍)을 낳았으니 동지중추부사를 지냈고 원종공신으로 형조 판서에 추증되었다. 이분이 휘 심(鐔)을 낳았으니 일찍 사마시에 합격하여 성균관에 있으면서 앞장서 율곡과 우계 두 선생을 종묘에 제향(祭享)할 것을 발의하였는데 사림이 이를 훌륭하게 여겼다. 사헌부 감찰을 지냈다. 이분이 휘 영(濚)을 낳았으니 양자로 나가 백부 호군공(護軍公) 휘 전(銓)의 후사가 되었다. 우암 송 선생에게 직접 배웠고 효우(孝友)로 일컬어졌으며 음서로 통덕랑에 올랐으나 일찍 돌아가셨으니 바로 공의 부친이다. 모친 광주 이씨(廣州李氏)는 사의(司議) 이진담(李眞聃)의 따님이고 참판 이정립(李廷立)의 손녀다. 숭정 기원후 병신년(1656, 효종7) 2월 25일에 공을 낳았다.

천성이 지극히 효성스러웠는데, 겨우 16살에 온 집이 역병을 만나 모친상과 부친상을 연이어 당했다. 빈소를 차리자 어떤 이가 집을 나가 피할 것을 권하였다. 공이 울며 말하기를, "어버이의 상구가 아직 당에 있는데 어찌 차마 곁을 떠난단 말이오." 하고 끝내 떠나지 않았다. 몸이 결국 아무 탈이 없었으니 이것은 유곤(庾袞) 뒤에 처음 본 일로[13] 사람들이 모두 진실한 효성에 감동한 것이라 하였다. 3년 동안 묘소 아래 여막에서 지냈고 상례와 제례는 예법에 어긋남이 없었다. 이때 아우는 7살이고 여동생은 10살이었는데 공이 아침저녁으로 음식을 올리며 상을 치르는 동안에도 몸소 안아 기르며 말하기를, "우리 부모님께서 생전에 사랑하던 아우들이다." 하였다. 두 어린 동생이 입고 먹지 않으면 먼저 입고 먹은 적이 없었다. 성장하여 시집가고 장가갈 때까지 우애가 한결같아 한집에 함께 살았으니 그 즐거움이 넘쳐흘렀다. 문예가 일찍 성숙하여 동배보다 출중했지만, 운명과 때가 어긋나 결국 과거에 실패하였다. 그렇지만 이 때문에 노심초사하지 않았다. 갑오년(1714, 숙종 40) 겨울에 병으로 서호(西湖)의 옛집에서 돌아가셨으니, 향년 59세였다. 광릉(廣陵) 번천(樊川)의 병향(丙向) 언덕에 장사지냈다.

공은 천성이 온화하고 후덕하여 마음씨가 아름답고 포용력이 있었다. 평소 남의 과실을 말하지 않았고 혹 다른 사람이 선을 즐겨하고 배우기를 좋아한다고 들으면 반드시 끊임없이 칭찬하며 자제들을 권유하였다. 남계 박 선생의 문하에서 공부하였는데, 뜻을 독실하게 하고

13 유곤(庾袞)……일로 : 유곤(庾袞)은 진(晉)나라 사람으로, 역병으로 두 형이 먼저 죽고 다시 둘째 형 비(毗)가 위중하자 다른 가족들은 모두 전염을 걱정하여 집밖에서 지냈으나 유곤 만은 그 곁을 지키며 병간호를 했던 일을 두고 한 말이다. 《晉書 卷88 庾袞列傳》

학문에 힘써 나아간 경지가 더욱 깊어졌다. 물건을 주고받는 일에 엄격하여 의로운 것이 아니면 작은 물건 하나도 남에게서 취하지 않았다. 이조를 맡은 친족이 있었는데, 음관(蔭官)의 고강(考講)을 받도록 권하는 사람이 있었다. 공이 말하기를, "가난 때문에 벼슬하는 것은 옛사람도 그렇게 한 분이 계십니다. 그러나 저는 평소 지키는 바가 있습니다. 어찌 엄숙한 얼굴을 하고 책을 옆에 끼고서 집안의 명성을 욕되게 할 수 있겠습니까." 하니, 그 사람이 부끄러워하며 감복하였다.

선조의 제사를 받드는 일에 더욱 온 노력을 기울여 정성과 공경을 지극히 하고 물품과 격식을 예대로 행하여 계시는 듯 받드는 정성을 다하였다. 새로운 것이 생기면 제사에 올리지 않고서는 맛보지 않았다. 부모를 모두 잃은 뒤로는 화려한 옷을 끝내 몸 가까이하지 않았다. 자제에게 항상 경계하기를, "부모님께서 돌아가셨을 때 내 나이가 이미 어렸고 집안도 가난하여 시신과 함께 하는 물건과 관에 부장하는 물품에 정성과 신중함을 다하지 못하였다. 이것이 내가 한평생 애통해하는 일이니, 내가 죽거든 장례를 후하게 하지 말도록 해라." 하였다. 만년에 시골에 묻혀 조용히 지내며 번화한 곳에 발을 끊고서 후학을 격려하는 것을 일삼으니, 원근에서 배우겠다고 찾아오는 이들이 나날이 더욱 많아졌다.

전취(前娶) 청주 한씨(淸州韓氏)는 통덕랑 한수기(韓壽琦)의 따님으로 유순하고 정숙하여 부인의 덕을 잘 갖추었다. 공보다 먼저 죽어 공의 묘소 왼편에 합장하였다. 2남 4녀를 낳았다. 후취 성주 이씨(星州李氏)는 후사가 없다. 아들 상일(相一)은 문과 급제하였고 직장이며 풍양(豐壤) 조기보(趙器輔)의 딸을 아내로 맞아 1남 1녀를 낳았으니 모두 어리다. 차남 상로(相魯)는 남양(南陽) 홍익하(洪益河)의 딸을 아내로 맞아 3남을 낳았으니, 종성(宗聖)과 조성(祖聖)이고 막내는 어리다. 큰딸은 진사인 최치후(崔致厚)에게 시집갔고, 둘째는 최필(崔泌)에게 시집갔으며, 셋째는 이현원(李賢源)에게 시집갔으나 후사가 없고, 넷째는 안극현(安克顯)에게 시집가서 2남 2녀를 낳았으니 모두 어리다. 최치후는 3녀를 낳았으니 구덕훈(具德勳)과 박경양(朴景陽)에게 각각 시집갔고 막내는 아직 시집을 가지 않았다. 최필은 2남을 낳았으니 상묵(尙默)과 상명(尙明)이다.

아! 공은 아름다운 자질을 품부받았고 도가 있는 이를 몸소 가까이 했으며 어버이께 효도하고 제사에 성심을 다하였으며 형제와 우애가 있고 친척과 화목하게 지냈다. 자신의 몸을 닦아 천명을 세우고 가난을 편안히 여기며 도를 즐겼으니 이른바 독실하게 믿고 의를 좋아하며, 군자가 선행에 힘쓰면서 게을리하지 않는 경우가 아니겠는가. 그런데 미천한 자리에 머물고 등용되지 못한데다 하늘이 또 그 수명에 인색하였다. 어쩌면 앞으로 그 후손에게 남겨주려는 것이리라. 다음과 같이 명(銘)을 쓴다.

번천의 산은 울창하고	樊山鬱翠
번천의 물은 깊은데	樊水泓渟
공이 이곳에 묻히셨으니	公焉斯藏
백세토록 평안하리라	百世攸寧

후재집

제44권

행장 行狀

문순공 남계 선생 행장

文純公南溪先生行狀

선생의 휘는 세채(世采), 자는 화숙(和叔), 성은 박씨(朴氏)이며, 반남현(潘南縣) 사람이다. 학자들은 현석 선생(玄石先生)으로 높인다. 만년에 파주(坡州) 남계(南溪)에 우거하였기에 마침내 남계로 호를 정하였다.

계보는 신라에서 나왔으며, 고려에 이르러 휘 응주(應珠)가 비로소 반남현 사람이 되었다. 4대를 전하여 휘 상충(尙衷)이 깊은 학문과 곧은 절개로 이름났으며, 관직은 우문관 직제학을 지냈다. 고려 말에 글을 올려 명나라를 배신할 수 없고 원나라 사신을 맞이할 수 없다고 말하였다가 마침내 간신에게 해를 당하였다. 본조에서 영의정에 추증하고 문정공(文正公)의 시호를 내렸다. 이때부터 대대로 알려진 사람이 있었다. 평도공(平度公) 휘 은(訔), 야천 선생(冶川先生) 문강공(文康公) 휘 소(紹)가 가장 저명하였다.

증조 휘 응복(應福)은 대사헌을 지냈고, 조부 휘 동량(東亮)은 의정부 우참찬을 지내고 선조조에 호성공신(扈聖功臣)에 책록되었다. 금계군(錦溪君)에 봉해졌고 시호는 충익(忠翼), 호는 오창(梧窓)이다. 부친 휘 의(漪)는 교리를 지내고 사가독서하였으며 호는 중봉(中峯)이다. 훗날 선생이 귀해져 영의정에 추증되었다. 모친 증 정경부인 평산신씨(平山申氏)는 영의정 문정공(文貞公) 휘 흠(欽), 호 상촌(象村)의 딸이다. 선생은 숭정 4년 신미년(1631, 인조9) 6월 24일 인시(寅時)에 한성 창동(倉洞)의 임시 집에서 태어났다.

태어나면서부터 자질이 단정하고 순수하였으며, 말을 할 수 있게 되자 영특하고 진중하여 보통 아이와는 몹시 달랐다. 5세에 신 부인의 상을 당하였는데, 성인처럼 슬퍼하였다. 병자년(1636, 인조14) 겨울, 북쪽 오랑캐가 깊숙이 쳐들어오자 일가가 섬으로 피난하였다. 당시 선생은 6세였고, 섬 안의 남녀가 수만 명이 넘었는데, 아침저녁으로 변란이 일어나기를 기다리다가 선생의 용모와 기상을 보고는 모두 말하기를,

"오랑캐 군사가 이곳으로 건너오면 필시 이 아이는 살아남지 못할 것이니 어찌 이런 이치가 있겠는가."

하였다. 남한산성에서 임금이 성을 나왔다는 소식을 듣자 선생이 분개하여 화친을 주도한 재상을 꾸짖으니, 들은 사람들이 기이하게 여겼다.

7세에 비로소 《십구사략(十九史略)》을 배웠는데, 반도 읽기 전에 글뜻을 환히 통하여 더 이상 번거롭게 가르칠 필요가 없었다. 9세에 판서 이경직(李景稷)이 보고서 기특하게 여기며,

"근래 변방의 근심이 몹시 심한데, 지금 이 아이를 보니 장래에 반드시 큰 그릇이 될 것이다. 나는 두려워할 것이 없다."

하였다. 종형 첨정공(박세교(朴世橋))이 새장에 넣은 비둘기를 주자 선생이 사양하며,

"저는 지금 학문에 뜻을 두고 있습니다."

하며 사례하고 받지 않았다. 어떤 이가 나가 놀자고 권유하자 선생이 말하기를,

"만약 보통 아이들과 논다면 사람들이 필시 나를 똑같은 무리로 볼 것이다. 내가 어찌 차마 하겠는가."

하였다. 마음을 집중하여 학문을 좋아하고 조금도 장난하거나 게을리 하지 않으니 글재주가 날마다 진보하여 입에서 나오면 사람들을 놀라게 하였다. 예컨대 "부상이 해를 받든다.〔扶桑捧日軸〕"라는 구절은 전송하는 사람이 많았다. 11세에 중봉공에게 《격몽요결(擊蒙要訣)》을 배웠는데, 이미 학문하는 방향을 알았다. 그밖의 시, 역사, 전기도 두루 보지 않은 것이 없어 이때부터 명성이 갈수록 알려졌다.

14세에 중봉공의 상을 당하였다. 처음에 선생의 숙부 관해공(觀海公 박유(朴濰))이 일찍 세상을 떠나고 후사가 없었기에 관해공의 아내 조씨(趙氏)가 오창공(梧窓公 박동량)의 명으로 선생을 길렀다. 선생의 맏형이 죽고 다른 형제가 없어 마침내 유지(遺志)에 따라 본종(本宗)으로 돌아왔다. 상을 치르고 제사를 지내는 일이 조금도 예법에 어긋나지 않았으며, 아침 저녁으로 전을 올리는 여가에 날마다 경서를 탐구하였다. 기삼백(朞三百), 선기옥형(璿璣玉衡) 등에 대해서도 강구하지 않은 것이 없었으며, 시초점 치는 법, 심의(深衣)의 제도에까지 모두 그 뜻을 지극히 강구하였다.

상을 마치자 어떤 권세가에서 혼인을 청하였으나 선생은 그 사람을 미워하여 거절하며 허락하지 않았다. 그 사람은 훗날 과연 패망하였다. 18세에 무자년(1648) 진사시에 합격하였다. 기축년(1649) 여름, 인조가 승하하자 선생은 장사지내기 전까지 밖에서 지내면서 소식을 하였다.

효종이 처음 보위에 올라 정신을 가다듬고 다스림을 도모하는 한편으로 재야의 선비들을 찾으니, 현인들이 조정에 가득하여 사방에서 그 풍채를 바라보았다. 선생은 지금이야말로 뜻있는 선비가 분발할 때라고 여겨 왕중엄(王仲淹 왕통(王通))과 정이천(程伊川 정이(程頤))을 본받아 대궐 아래에서 글을 올리려 하다가 왕중엄이 처신을 무겁게 하지 않았다고 논한 호 치당(胡致堂 호인(胡寅))의 설을 보고는 마침내 하지 않았다.[1]

경인년(1650, 효종1) 봄, 성균관 유생들이 율곡(栗谷 이이)과 우계(牛溪 성혼) 두 선생을 문묘에 종사하자고 청하였다. 그러자 영남 사람 유직(柳稷) 등이 함께 상소를 올려 제멋대로 모욕하였기에 성균관에서 유직에게 부황(付黃)하는 벌을 시행하였다. 이때 등극 경과(慶科)가 있었는데, 유직의 상소에 참여한 자들은 모두 응시하지 않으려 하였다. 이어서 경상도 관찰사 민응협(閔應協)이 아뢰어 성상이 유직의 벌을 풀어주라고 명하였다. 선생은 유생들을 데리고 유직의 상소를 비판하였는데, 그중에 "현인을 무함한 자를 벌하는 것은 원래 선비의 책임이니 조정이 지시할 바가 아닙니다."라는 등의 말이 있었다.

상소를 들이자 성상이 도로 내주고 또 편치 않은 하교를 내렸기에 마침내 권당(捲堂)하였다. 승정원에서 이의를 제기하고 대사성 이후원(李厚源)과 우의정 조익(趙翼)이 연석에서 아뢰었으나 성상은 모두 들어주지 않았다. 지성균관사 윤순지(尹順之)가 상소하여 구원하였으나 비답이 더욱 엄격하였다. 선생이 일을 함께 한 사람들에게 말하기를,

> "성상께서 선비를 대우하기가 이처럼 야박하니, 앞으로 어찌 감히 다시 관직에 나아갈 생각을 하겠는가."

하고, 마침내 조용한 곳으로 물러나 지내며 다시는 과거공부를 하지

1 왕중엄이……않았다 : 당시 박세채는 《자치통감강목(資治通鑑綱目)》을 보다가 호인이 〈태평책(太平策)〉을 올린 왕통을 두고 처신이 무겁지 않아 큰일을 하기 어렵다고 비판한 내용을 보고 상소를 중지하였다. 《南溪集 正集 卷68 書己丑所擬上疏十二條後》

않았다. 학문에 전념하며 각고의 노력을 기울여 먹고 자는 것도 잊을 정도였으며, 상사와 제사, 병 치료할 때가 아니면 문밖을 한 걸음도 나간 적이 없었다.

무술년(1658, 효종9), 선생 나이 28세에 비로소 천거를 받았다. 기해년(1659) 봄, 익위사 세마에 제수되었다. 이해 5월 효종이 승하하였다. 선생은 예법에 근거하여 소렴(小斂) 이전에는 흑대(黑帶) 차림으로 대궐 아래의 곡하는 반열에 참석하였고, 성복(成服)한 뒤 집으로 돌아가 장사지내기 전까지 소식을 하였으며, 대상(大祥) 이전까지는 외침(外寢)[2]에서 지냈다. 이때 지관(地官)의 말을 믿고 산릉(山陵)을 수원부(水原府)에 정하려고 하였다. 선생이 판서 홍명하(洪命夏)에게 편지로 일깨웠는데, 대략의 내용은 다음과 같다.

"수원부는 산이 드물고 평탄하며 들이 넓고 한산합니다. 또 진(鎭)을 설치하느라 그 땅을 부수었으니, 이곳에 성상의 몸을 모시고자 하면서 나라를 위해 하늘에 국운이 오래 가기를 빈다면 잘못된 일이 아니겠습니까."

그 뒤 일이 마침내 정지되었다. 국상(國喪) 초기에 왕대비의 복제는 우암(尤菴 송시열(宋時烈))과 동춘(同春 송준길(宋浚吉)) 등 여러 현인이 예서에 실려 있는 기년설을 주장하면서 우리나라의 제도를 참고하여 사용하였다. 허목(許穆)은 가공언(賈公彦) 소(疏)의 차장(次長)에 대한 설[3]을 주장하면서 삼년복을 입어야 한다고 말하였다. 마침 윤선도

2 외침(外寢) : 중문(中門) 밖의 방으로 상을 치르는 사람이 지내는 곳이다.

3 가공언(賈公彦)……설 : 차장은 차남이다. 가공언은 장남이 죽으면 적처 소생의 차남을 장남으로 삼고, 그가 죽으면 장남의 경우와 마찬가지로 삼년복을 입는다고 하였다.

(尹善道)라는 자가 있어 이 기회를 틈타 흉소(凶疏)를 올렸는데 말이 지극히 위태롭고 두려웠다. 윤휴(尹鑴)가 또 군주를 낮추고 종통을 나눈다는 설[4]을 주장하여 민심을 흔드니, 온 세상이 두려워하였다.

선생은 윤휴와 알던 사이였는데, 이때 와서 〈복제사의(服制私議)〉와 도설을 지어 예서의 뜻을 자세히 논하여 윤휴에게 전해 보여주었다. 또 편지를 보내 경계하였는데, 그 대략은 다음과 같다.

"가장 먼저 종통의 의리를 꺼내면서 몰래 헌신(憲臣)의 논의를 주도하여 -허목이 장령이었다.- 그 비방이 비로소 퍼졌고, 삼수(三水) -윤선도가 삼수에 유배되었다.- 의 상소가 나오자 민심이 흉흉하고 중외가 놀랐다. 만약 우리 성상이 그 간사한 정상을 꿰뚫어보지 않았다면 거의 기묘년(1519, 중종14)의 전철을 따랐을 것이다."

또 다음과 같이 말하였다.

"조정을 비난하고 유현을 모함하며, 권신과 교통하고 권세에 아부하였다."

또 다음과 같이 말하였다.

"자기와 의견이 다른 자는 현명해도 날마다 멀리하고, 자기와 의견이 같은 자는 어리석어도 날마다 가까이하며, 실질적인 학문을 방해하고 바른 견해를 그르친다. 금릉(金陵)이 나라를 잃고 상산(象山)이 도를 망친 것[5]은 모두 여기서 비롯되었다."

《儀禮註疏 喪服》

4 군주를……설 : 윤휴가 이유태(李惟泰)에게 보낸 편지에서 기년복을 주장하는 송시열을 두고 한 말이다. 《肅宗實錄 1年 5月 26日》

5 금릉(金陵)이……것 : 금릉은 지금의 남경(南京)으로 이곳에 처음 도읍한 명나라

윤휴가 보고서 몹시 원한을 품었다.

갑진년(1664, 현종5)과 을사년(1665) 사이에 공경들이 번갈아 천거하여 곧장 6품으로 올라 종부시 주부에 임명되었다.

병오년(1666), 공조 좌랑, 익위사 사어에 임명되었다.

정미년(1667), 충청 도사(忠淸都事)에 임명되었으나 모두 나아가지 않았다.

이해 여름, 표류한 한인(漢人) 증승(曾勝), 진득(陳得), 임연관(林演觀)[6] 등이 제주(濟州)에 정박하였는데, 의관과 언어가 모두 중국의 제도를 따랐으며, 영력(永曆)[7] 정삭(正朔)의 역서(曆書)를 가지고 있었다. 그들은 대명 황제가 지금 아무 섬에 있으니 중흥의 업적을 조만간 기대할 수 있을 것이라 말하였다. 조정에서는 청나라를 두려워하여 구속하여 보냈다. 선생이 듣고서 개탄하며 눈물을 흘리고 이단상(李端相) 공에게 편지를 보내 안 된다고 강력히 말하였다. 그 대략은 다음과 같다.

"명나라와 우리나라는 밖으로는 군주와 신하의 의리가 정해졌고, 안으로는 아비와 아들의 은혜가 있습니다. 임진년(1592, 선조25) 나라를 다시 만들어 준 일은 실로 우리나라가 만세토록 차마 잊을 수 없습니다. 그러나 남한산성의 일 이후로 한결같이 강하고 포악한 적에게 억눌려 거의 금수의 지경에 빠진 지가 지금 30년이 다 되었습

를 말하며, 상산은 육구연(陸九淵)의 호이다.

6 임연관(林演觀) : 《현종실록》에는 임인관(林寅觀)으로 되어 있다. 《顯宗實錄 8年 6月 21日》

7 영력(永曆) : 남명(南明)의 연호이다.

니다.

뜻밖에 이번에 중국 선박이 마침 왔는데, 조종(祖宗)의 제사가 끊어지지 않았으며, 국세의 강함이 아직 익주(益州)[8]와 나란히 논할 만하다고 합니다. 우리나라 사람들의 기쁨은 한나라 관원의 위의를 다시 보는 것[9]보다 더합니다. 형세를 자세히 물어 훗날 복수할 근본으로 삼아야 하는데, 이렇게 하지 않고 구속하여 오랑캐의 조정으로 보내는 것은 유독 무슨 마음입니까?"

그 뒤 오삼계(吳三桂)가 남쪽 지방에서 군사를 일으켜 명나라의 회복을 명분으로 내세우며 일본에 격문을 보내 함께 일하기로 약속하였다는 소식을 들었다. 선생은 오삼계의 격문을 얻어보고 우암 송공에게 편지를 보내 말하였다.

"동래(東萊)의 계본이 어제 들어왔는데, 오삼계와 정금(鄭錦)이 의종(毅宗)의 둘째 아들을 옹립하고 연호를 주계(周啓)로 바꾸었다는 말이 있었습니다. 사람을 시켜 듣고는 저도 모르게 눈물을 줄줄 흘렸습니다. 그들이 일본에 격문을 전하고서 우리나라에 전하지 않았으니, 강하의 물을 쏟아부어도 이 수치를 씻기 부족합니다."

무신년(1668, 현종9) 가을, 다섯 자급을 뛰어넘어 시강원 진선에 임명되었으나 세 번 상소하여 체직되었다. 이해 겨울부터 기유년(1669) 여름까지 다시 진선에 임명된 적이 두 번, 장령에 임명된 적이

8 익주(益州) : 촉한(蜀漢)을 말한다.

9 한나라……것 : 후한(後漢) 광무제(光武帝)가 즉위 전 사예교위(司隷校尉)에 발탁되어 왕망(王莽)이 폐기한 한나라의 제도를 복구하자 늙은 관원들이 눈물을 흘리며 "오늘날 한나라 관원의 위의를 다시 보게 될 줄 몰랐다." 하였다. 《後漢書 卷1上 光武帝紀》

두 번이었으며, 별유로 재촉하여 부른 적이 두 번이었으나 모두 응하지 않았다.

계축년(1673) 8월, 다시 장령에 임명되었다. 9월, 국구 김우명(金佑明)이 청대하여 아뢰기를,

"전 교관 민업(閔業)의 아들 민세익(閔世益)이 폐질(廢疾)에 걸렸는데, 민업이 죽자 그의 손자 민신(閔愼)이 조부를 위한 상복을 대신 입었습니다. 이는 민업과 민세익에게 모두 아들이 없고, 민세익과 민신은 모두 아비가 없는 것입니다."

하였다. 성상이 해당 조에 조사하게 하였다. 민업의 장남 민세익은 미친 병이 있어 사람의 이치가 전혀 없었기에 상주가 될 수 없었다. 선생이 우암에게 문의하여 그의 손자에게 상을 대신 치르게 하였으니, 이는 실로 주자가 정한 논의에 따른 것이었다. 우암이 재차 상소하여 인혐하고, 선생도 당초 논의에 참여한 사람으로서 도성에 들어가 자수하는 상소를 올리고, 이어서 십여 달 동안 형조에서 대명하였다.

갑인년(1674, 숙종즉위년) 가을, 숙종이 등극하자 대신의 수의(收議)를 통해서 일이 해결되었다. 이는 을묘년(1675) 이후 사화(士禍)의 근본이 되었다. 선생은 배를 타고 강을 거슬러 올라가 양근(楊根)에 우거하였다. 이해 겨울, 시사가 크게 변하여 선생은 삭거사판을 당하고 우암은 또 멀리 유배되었다. 소인들이 조정에 가득하여 화가 일어날 기미가 갈수록 급해졌다. 선생은 양근에서 다시 지평(砥平)으로 들어갔다. 떠돌며 옮기는 사이에 온갖 곤궁과 액운을 당하였으나 잠시도 쉬지 않고 뜻을 가다듬고 학업에 독실하였다. 함양을 쌓고 의리를 정밀히 밝혀 행동으로 드러난 것이 더욱 거침없었다.

무오년(1678) 1월, 원주(原州) 장산(長山)으로 거처를 옮겼다. 이

해 여름, 서용하는 명이 비로소 내렸다.

기미년(1679) 가을, 양주(楊州) 금곡(金谷)으로 이사하였다.

경신년(1680), 정국이 바뀌자 연석의 대신과 유신의 천거로 인하여 가장 먼저 성균관 사업에 제수되었다. 임금이 별유로 부르며 대략 다음과 같이 말하였다.

"어리석은 내가 사문(斯文)에 종사하며 감히 태만한 적이 없었으나 학문이 나아지지 않고 다스림은 갈수록 낮아진다. 뛰어난 선비들을 얻어 곁에 늘어세우고 경전을 토론하며 다스리는 도를 절차탁마하기를 생각하였다. 얼마 전 시기하는 무리가 조정에 가득하여 훌륭한 인재가 있는데도 내가 듣지 못하였다. 경연을 자주 열지 않은 것은 아니지만 지도할 사람이 없다. 그대는 학문에 연원이 있고 몸가짐이 단정하여 한 시대의 중망을 받고 사림의 모범이 된다. 그간 낭패를 당한 것은 전적으로 중상모략하는 참소에서 나온 것인데, 마침 내가 어려서 깨닫지 못하였다. 이를 말하자니 회한을 어찌 견디겠는가."

선생이 상소하여 먼저 민씨 집안의 예를 그르친 죄를 인혐하고, 또 학업이 이루어지지 않아 성상을 깨우치고 성덕을 배양하기 부족하다고 아뢰었다. 재차 상소하여 힘껏 사직하였으나 모두 허락받지 못하였다. 7월, 사헌부 집의로 승진하여 임명되고 누차 제용감 정, 집의, 사업에 임명되었으나 모두 나아가지 않았다.

신유년(1681) 봄, 우암이 소명을 받고 도성에 들어와 아뢰기를,

"소신은 늙어서 임금을 보도하는 책임을 다할 수 없습니다. 박 아무개를 지성으로 불러와서 고문에 대비하소서."

하였다. 마침내 별유로 불렀는데, 대략 다음과 같았다.

"다스리는 방도는 반드시 학문에 근본을 두어야 하므로 옛날의 현명

한 제왕은 모두 강학에 힘써 반드시 저명하고 노숙한 선비를 찾아 도를 강론하는 바탕으로 삼았다. 나는 평소 그대가 학문을 쌓고 힘써 실천하며 포부가 범상치 않다는 말을 들었다. 내가 비록 어리석으나 경연에 출입하는 그대에게 힘입어 내가 총명을 계발하고 심신을 이해하게 한다면, 그대는 배운 바를 저버리지 않고 나도 얻는 것이 있으리니, 둘다 마땅하다고 하겠다."

4월에 가뭄으로 인하여 임금이 수찰(手札)로 별유하였는데, 성상이 연석에서 입으로 불러서 초고를 쓰게 하였다. 대략 다음과 같다.

"지금 가뭄이 몹시 참혹하여 백성의 일이 망극하다. 만약 마음을 바꾸어 올라와 연석에 출입한다면 비단 학문의 공부에 큰 도움을 줄 뿐만 아니라 정사를 보는 사이에도 반드시 도움되는 효과가 있을 것이다. 그대는 지극한 뜻을 유념하여 속히 멀리 떠나려는 마음을 돌려 나의 부족한 점을 보충하라."

5월에 지진의 변고로 인하여 또 별유를 선포하고 또 수찰로 별유하였다. 모두 상소하여 사직하였으나 허락받지 못하였다. 겨울에 집의, 사업에 임명되었다. 우레의 변고로 또 별유를 선포하고 재촉하여 불렀다. 선생이 사직하는 상소를 올렸는데 대략 다음과 같다.

"신은 젊어서 주자가 남긴 글을 읽다가 〈남강봉사(南康封事)〉와 〈재이차자(災異箚子)〉를 얻었는데, 모두 큰 가뭄이 든 날과 겨울에 우레가 친 뒤에 당시 군주에게 충언을 바친 것이었습니다. 신은 예로부터 신하가 천하의 큰일을 거론하여 군주에게 남김없이 말하기로는 결코 이보다 나은 것이 없다고 여겼습니다. 하나는 먼저 백성의 폐단을 거론하였으나 결국 군주의 마음을 중시하였고, 하나는 처음에는 고사를 아뢰었으나 요점은 실질적인 공로에 있었습니다. 옛날을 가지고 지금을 살펴보면 어찌 그것과 크게 다르겠습니까. 군주가 실천하는 도를 미루어 넓히고 바꾸어 통하게 하는 데 단지 한 번 전환하는 계기가 부족할 뿐입니다."

임술년(1682) 1월, 또 별유를 선포하였다. 4월, 집의에서 승정원 동부승지로 승진하여 임명되었다. 또 수찰로 별유하기를,

"그대는 대대로 녹봉을 받은 신하로 오랫동안 황야에 은둔하며 더럽혀지지 않으려는 뜻을 고수하며 생각을 바꿀 기약이 전혀 없다. 나의 허전한 마음과 조야의 불행이 어찌 끝이 있겠는가. 예로부터 유현의 거취는 실로 국가의 흥망에 관계된다. 하물며 지금 임금의 잘못을 탓하는 징조가 계속 나타나고 근심거리가 눈에 넘치는 날에 그대처럼 큰 덕과 무거운 명망으로 사림의 모범이 되는 사람이 아니라면 누가 연석에서 임금을 보도할 책임을 맡겠는가. 서늘한 가을바람이 언뜻 불고 강연이 이미 열렸으니, 그리운 마음 갑절로 간절하여 굶주리고 목마른 사람이 먹고 마실 것을 찾는 정도에 그치지 않는다."

얼마 후 이조 참의로 옮겼다. 모두 재차 상소하여 사직하였으나 허락받지 못하였다.

선생은 그간 은혜로운 소명이 내릴 때마다 연달아 임금이 수찰을 사용하였으니 받은 지우가 실로 범상치 않은데, 명에 응하지 않으면 분의가 불안하다고 여겼다. 이때에 와서 옛사람이 도성에 가서 아뢰고 사직한 전례를 본받고자 비로소 소명에 나아갔다. 중도에 이르러 또 상소하여 사직하니 성상이 체직을 허락하고 이어서 올라오라고 명하였다. 마침내 도성에 들어갔는데 정세가 궁하고 위축되어 억지로 여기까지 왔으나 감히 서울집에 머무르지 못하겠다는 뜻을 상소로 아뢰었다. 성상이 융숭한 비답으로 답하고 즉시 음식과 땔나무, 숯을 하사하라고

명하였다. 선생은 상소하여 사양하고 받지 않았다. 성상이 이날밤 야대(夜對)에 불러 만나고자 하였으나 곧 밤이 깊은 뒤 불러오기는 미안한 점이 있으므로 야대를 정지하였다. 또 이르기를,

"병이 있다고 들었는데 입시하게 하는 것은 강요하는 듯하므로 우선 조리하라."

하였다. 또 입대할 때 특별히 숙배를 제하라고 명하였다.

이튿날 선생이 충의위(忠義衛) 집사의 복색으로 나아가 뵈었으니, 관원으로서 자처하지 않은 것이었다. 성상이 이르기를,

"그간 부른 적이 한두 번이 아닌데 이제야 만났으니 기쁘고 다행한 마음을 어찌 말하겠는가."

하였다. 선생이 사양하기를 마치고 소매에서 차자 한 통을 올렸는데, 대략 다음과 같다.

"몇해 사이에 땅이 진동하고 혜성이 나타났으며 물이 붉어지고 바위가 움직이는 일이 없는 해가 거의 없었습니다. 신은 이것으로써 하늘이 위에서 노하였다는 것을 알겠습니다. 묵은 병폐를 제거하지 않고 새로운 법이 걱정스러우며, 흉년이 들고 정사가 번거로우니 어떻게 살겠습니까. 신은 이것으로써 백성이 아래에서 노하였다는 것을 알겠습니다.

만약 그 폐단을 한번 바로잡아 하늘과 사람의 마음을 얻고자 한다면, 먼저 큰 뜻을 세워 성인의 경지에 반드시 도달할 수 있고 삼대를 반드시 회복할 수 있다고 여겨 안과 밖, 처음과 끝에 조금도 거짓되거나 의심하는 일이 없은 뒤에 실질적인 공부에 힘써 이른바 이치를 밝힐 적에는 반드시 사색을 궁리격물(窮理格物)하는 방도로 삼고, 이른바 자신을 수양할 적에는 반드시 실천을 성의정심(誠意正心)의

요점으로 삼아야 합니다. 집안을 바로잡을 적에는 반드시 근엄으로 치우침을 경계하는 방도로 삼고, 나라를 다스릴 적에는 반드시 자세히 살피는 것으로 어진 이를 임용하는 바탕으로 삼아 두려워하고 힘써 굳세게 쉬지 않아야 합니다. 특히 천리를 보존하고 인욕을 막으며 군자를 가까이하고 소인을 멀리하는 것을 위주로 한다면 지극한 정성이 있는 곳마다 장차 기질이 변화하고 덕업이 수행되며 온갖 폐해가 사라지고 모든 정사가 시행되는 것을 볼 수 있을 것입니다. 비단 상제가 기뻐하고 나라의 근본이 편안하고 굳어질 뿐만 아니라, 천운이 순환하여 어진 자는 대적할 이가 없을 것이니 자연스럽게 원수와 수치를 갚고 중국을 높이는 데 이를 것입니다."

성상이 기뻐하며 가상히 받아들이고 물었다.

"나이가 몇인가? 지금 용모를 보니 몹시 노쇠하였다. 내가 각별히 유념하여 직무를 요구하지 않을 것이다. 부디 기력을 보아 때때로 경연에 출입하여 나의 부족한 점을 바로잡으라."

이날 성상이 선생을 만나 예우하는 모습이 지극하고, 머물라고 권면하기를 몹시 간곡히 하였으니, 실로 근래 군신 사이에 없는 일이었다. 선생은 처음부터 돌아갈 생각을 이미 정하였기에 중지할 수 없었으나, 성상의 돌봄이 융숭하여 저버리기 어려우므로 마침내 정자와 주자가 임금에게 고한 격언 중에 임금의 덕과 다스림의 도에 관계된 것을 모아서 하나의 책으로 엮었다. 또 각 조목 아래에 자신의 뜻으로 그 설을 부연하고 《경연고사(經筵故事)》라고 이름하였다. 사직 상소와 함께 바치고 당일로 도성을 나와 집으로 돌아왔다. 성상이 사관을 뒤쫓아 보내 비답을 전하며 돌아오라고 재촉하였다.

11월, 우레의 변고로 다시 수찰을 선포하였다. 12월, 다시 수찰로 재촉하여 불렀다. 성상이 앞에 승지를 불러 입으로 별유를 불러주었다.

"오늘날 국가를 한번 보라. 천재지변이 거듭 나타나고 나라를 위한 계책을 세우고 백성의 근심을 해결하는데 믿을 만한 것이 하나도 없다. 마치 큰 집이 무너지려 하고 끝없는 강을 건너는 듯하다. 이러한 때에 보잘것없는 한 몸으로 억조창생의 위에 있으니 밤낮으로 위태롭고 두려워 구제할 방법을 모르겠다. 그대는 경전을 연구하고 대대로 벼슬한 선비로서 지금처럼 어려움이 많은 때를 만나 경세제민의 방도를 생각하지 않고 한갓 은거할 뜻만 지킨다. 지금 한 해가 다 지나려 하고 설날이 머지 않았으니, 이러한 때 그리운 마음이 전보다 갑절이다."

연달아 상소하여 사직하였으나 융숭한 비답으로 윤허하지 않고 다시 수찰을 내렸는데, 대략 다음과 같다.

"강연이 이미 열리고 대로(大老 송시열)가 조정에 나왔으니, 어서 기다리는 나의 뜻을 유념하여 속히 길에 올라 함께 연석에 참석하라."

성상은 반드시 불러오려고 연달아 사관을 보내 함께 오게 하였다. 이때 기근이 겹치고 재해가 계속 나타나 성상이 몹시 경계하며 애통해 하는 하교를 내렸다. 윤음의 말뜻이 간곡하고 서글퍼 보는 사람들이 모두 감동하였다. 우암은 먼저 이미 조정에 나왔고, 또 편지를 보내 나오라고 권하였으며, 성상의 대우가 몹시 융숭하였으니, 큰 일을 할 수 있는 기회인 듯하였다.

선생은 마침내 명에 응하여 동교(東郊)까지 왔다. 사관이 선생의 병이 위중하다고 아뢰자 전교하기를,

"봄추위가 여전히 심하고 여관이 황량하니, 몸이 더 상할 우환이 필시 닥칠 것이라 내가 염려한다. 속히 도성에 들어와 조리하라."

하고, 어의를 보내 약물을 가져가서 간병하게 하고, 다시 수찰을 선포하였다. 재차 상소하였으나 윤허받지 못하였다. 동대문 밖에 와서 좌의정 민정중(閔鼎重) 공이 아뢴 일로 인하여 특별히 고신(告身)에 쓴 청나라 연호를 없애게 하였다. 선생이 즉시 이날 저녁 도성에 들어왔다. 이것이 선생이 조정에 서게 된 시작이니, 그 출처의 대의가 늠름하여 범할 수 없기가 이와 같았다. 상소하여 사직하였으나 융숭한 비답으로 인대하기를 재촉하고, 희정당(熙政堂)에서 인견하였다. 상이 이르기를,

"누차 사관을 보내 반드시 조정에 나오게 하고자 하였으니, 한때 어전에 나오게 하려고 그런 것 뿐만이 아니다. 원로가 들어올 때 함께 나랏일을 도모하여 시국의 어려움을 구제하는 것이 나의 지극한 바람이다. 내 몸이 마침 편치 않고 또 다릿병이 있어 걸음이 불편하다. 그런데 그리워하는 때 기쁘게도 그대가 도착하였기에 얼굴을 보기에 급급하여 즉시 데리고 들어오게 하였다. 부디 이 뜻을 유념하여 시종일관 나를 바로잡으라."

하였다.

선생이 소매에서 세 조목의 차자를 꺼내 바쳤는데, 첫 번째는 건강(乾剛)의 도를 체득하라는 것으로 대략 다음과 같다.

"강(剛)은 양(陽)의 덕이며 건(健)의 형체이니, 임금이 체득한다면 천리를 보존하여 인욕에 굴복하지 않을 수 있습니다. 견고히 지키고 장구히 시행하여 한 마음으로 만사를 바로잡고 한 몸으로 만백성을 바로잡으면 하늘의 덕을 지키고 지극한 다스림을 기대할 수 있습니다.

삼가 보건대 전하께서는 성스러운 자질이 비록 높으나 본원을 주

재하는 공부는 아직 다 확립하지 못하였고, 성스러운 뜻이 비록 크나 기강을 잡는 도리는 아직 다 밝히지 못하였습니다. 이 때문에 행위에서 나타나고 정사로 드러날 적에 종종 허심탄회하게 받아들이고 헤아려 가려내는 미덕이 부족하여 사사롭고 인색하며 바꾸고 흔들리는 일을 초래합니다. 예전에 공신의 명단을 추가로 녹훈한 일[10]을 속히 바로잡지 못하였으니, 그밖의 것은 미루어 알 수 있습니다. 비록 인욕으로 굳센 하늘의 덕을 해쳤다고 해도 변명할 수 없을 듯합니다."

두 번째는 황극(皇極)을 세우는 도리를 말하였으니, 그 대략은 다음과 같다.

"황극의 도는 중대한 인륜부터 사물과 언행 사이에 이르기까지 그 의리의 중도를 다하지 않음이 없어 천하 사방의 사람들로 하여금 본받아 바로잡게 하는 것입니다. 기자(箕子)가 무왕(武王)에게 고한 말이 간곡하고 자세하니, 왕자(王者)가 바르고 큰 본체를 확립하여 화합하는 아름다움을 이루어 만세 태평의 기틀로 삼고자 한 것입니다. 중대한 옥사가 끝나고 간사한 당파가 쫓겨난 뒤로 성상의 뜻이 굳게 정해지고 조정의 논의가 화합하였으니, 사악한 자와 바른 자가 분명히 드러나고 교화가 갈수록 높아져야 합니다. 그런데 도리어 뒤섞이고 흔들려 위태롭고 망하는 조짐을 면하지 못합니다. 신은 바라건대, 역적의 옥사에 얽힌 간사한 당파로서 대단히 용서할 수

10 공신의……일 : 이사명(李師命), 김익훈(金益勳), 조태상(趙泰相), 신범화(申範華), 이광한(李光漢), 이원성(李元成) 6인을 보사공신(保社功臣)에 추가로 녹훈한 일을 말한다. 《肅宗實錄 7年 5月 21日》

없는 자는 더욱 명백하게 처분하고, 이러한 부류가 아니면서 현명하여 등용할 만한 자는 탕척하고 죄를 씻어주어 원한을 품고 인재가 버려졌다는 탄식이 없게 하소서.

신이 듣기로 몇 해 전 전하께서 〈홍범(洪範)〉을 읽다가 기자가 우리나라에 공이 있다는 이유로 시종신을 보내어 그 묘소에 제사를 지냈다고 하니, 이는 참으로 역대 제왕들의 성대한 전례입니다. 그러나 그 예를 높이기보다 그 도를 행하는 것이 낫고, 그 사람을 존경하기보다 그 다스림을 본받는 것이 낫습니다. 다시 바라건대 거듭 살펴 속히 도모하소서."

세 번째는 중국과 오랑캐를 분변하는 도리였다. 그 대략은 다음과 같다.

"《춘추》의 의리는 반드시 중국을 안으로 삼고 오랑캐를 밖으로 삼는 것이 중대합니다. 국경을 이웃하고 우호의 맹약을 맺는 것도 그르다고 여기거늘, 하물며 주자가 아뢴대로 능침과 종묘의 원수는 의리상 같은 하늘 아래 살 수 없는데 가의(賈誼)가 말한 것처럼 해마다 폐백을 보내며 머리가 아래에 있는 것처럼 해서야 되겠습니까.

삼가 생각건대, 우리나라는 명나라에 대해 실로 군신과 부자의 의리가 있습니다. 임진년(1592, 선조25) 난리 때 천하의 군사를 움직여 구해주었으니, 뼈에 살을 붙여주고 죽은 사람을 살려주었다고 해도 그 은혜를 비유하기 부족합니다. 얼마 전 하늘이 보살피지 않아 연경이 함락되었습니다. 또 남한산성에서 항복한 수치를 지금까지 한번 씻지도 못하였는데, 폐백을 바치는 사신이 길에 이어지고 있습니다. 그런데도 인순고식하고 즐거워하며 그만둘 수 없는 일상적인 법도로 여깁니다. 이것이 어찌 우리 신민이 편안히 여길 수 있는 것이겠습니까.

우리 효종대왕께서는 어렵고 위태로운 시기를 만나 큰뜻을 분발하여 가장 먼저 원로를 등용하고 당시의 현명한 선비를 두루 불러들여 스스로 강해지고 복수설치하고자 하였습니다. 불행히 중도에 승하하였으니 천고의 통한이 되기 충분합니다. 그 후손으로서 계승하여 빛낼 방도를 생각하지 않을 수 있겠습니까."

또 세 조목 아래에 각기 작은 첩황(貼黃)[11]으로 남은 뜻을 미루어 밝혀 그 의도를 지극히 하였다. 성상이 몹시 가상하게 여기고 다시 이조 참의에 제수하였다. 세 번 상소하여 사직하였으나 허락받지 못하여 패초를 받들고 입대하여 《심경(心經)》 징분질욕장(懲忿窒慾章)을 강론하였다. 선생이 평소에 익숙히 강론하던 것으로 명백하고 간절하게 글뜻을 부연하고, 성의를 쌓기에 힘써 성상의 마음을 감동시켰다. 성상이 이르기를,

"자신을 수양하는 방도는 분노를 징계하고 욕심을 막는 것이 가장 절실하다. 나는 평소 갑자기 성내는 일이 없지 않은데, 지금 이 책을 보니 몹시 두렵다."

하니, 선생이 대답하기를,

"매번 성나고 욕심이 날 때 이 경계를 잊지 않는다면 정사와 행위가 모두 마땅할 것입니다."

하였다. 또 경으로 안을 바르게 하고 의로 밖을 방정하게 하는 설을 반복하여 아뢰니, 성상이 모두 가상히 받아들였다. 성상이 소매 속에

11 첩황(貼黃) : 상소에 덧붙이는 노란 종이로, 핵심을 기록하거나 미진한 내용을 추가할 때 사용한다.

서 옥관자 한 쌍을 꺼내 하사하고, 또 상의원에 명하여 초모(貂帽)를 만들어 하사하게 하였다.

선생은 이조 참의에 다시 임명된 뒤로 상소하여 사직한 것이 여덟 번이고 입시한 것이 여섯 번이었다. 네 번째 상소에 지난날 경의(敬義)에 관한 말을 거듭 논하였다.

"신이 듣기로 학문을 하는 방도는 요점을 알고 요약해서 지키는 것을 귀하게 여깁니다. 육경의 말에는 모두 지극한 도가 담겨 있으나 그 중대한 요점을 논하자면 《대학》의 격물, 치지, 성의, 정심, 《중용》의 명선, 성신보다 나은 것이 없습니다. 그러나 그 말이 지극히 절실하고 아울러 온갖 뜻을 포함하고 있는 것을 따로 찾는다면 단지 이른바 '경으로 안을 곧게 하고 의로 밖을 방정하게 한다.'에 있습니다. 궁리, 격물로 치지하고, 성의, 정심으로 수신하여 수미가 아울러 나아가는 것이 학문하는 중대한 방법입니다. 경으로 안을 곧게 하고 의로 밖을 방정하게 하여 크고 작은 것이 서로 바탕이 되게 하는 것이 학문을 하는 긴요한 방도입니다. 요순이 이른바 '정밀하게 하고 한결같이 한다.'와 공자가 이른바 '사욕을 이기고 예로 돌아간다.'는 곧 이 일입니다."

당시 우암이 차자를 올려 효묘(孝廟)를 세실(世室)로 올리도록 청하였다. 선생의 헌의(獻議)하였는데 대략 다음과 같다.

"신이 삼가 살피건대 세실이라는 것은 제왕의 덕을 보는 사당으로 영원히 전하여 옮기지 않는 것이니, 왕조의 예법이 참으로 이보다 큰 것이 없습니다.

삼가 생각건대, 효종대왕은 하늘이 내린 성스럽고 덕 있는 분으로 옛날의 현명한 임금을 잇기 충분합니다. 그러나 마침 하늘의 운수가 어려운 때를 만나 북쪽 사막에서 거의 십 년 동안 머물렀습니다. 왕위에 오르자 가볍고 약한 나라의 형세를 헤아리지 않고 마침내 대의를 앞장서서 밝히는 것을 자신의 임무로 삼았습니다. 어진 선비를 등용하고 군사를 훈련하며 밤낮으로 근심하고 염려하여 저 청나라와 나란히 서지 않겠다고 맹세하였으니 맑은 하늘의 태양보다 분명하였습니다. 뜻밖에 하늘이 돌보지 않아 큰 공훈을 이루지 못하였으나, 그 큰 뜻과 탁월한 업적은 천하 만세에 드러내어 빛낼 만합니다. 세실에서 대대로 옮기지 않는 것을 누가 안 된다고 하겠습니까.

그러나 의리는 끝이 없고 일의 체모가 지극히 중대하니, 중대한 논의를 하는 과정에 서로 다른 견해가 없지 않을 것입니다. 더욱 성실하고 신중히 하여 먼 훗날의 비방하는 논의를 없애고 한 나라의 법도를 남겨야 참으로 마땅합니다."

일곱 번째 상소하여 사직하면서 치사(致仕)한 신하 송시열을 머물게 하도록 권면하기를 청하며 아뢰었다.

"신이 방금 조보(朝報)를 보았는데 치사하게 해달라는 송시열의 청을 이미 윤허하셨다고 하니, 신은 더욱 놀랍습니다. 송시열은 세 조정의 큰 은혜를 입고 한 시대의 중망을 받아 변고와 위험을 겪고 백발에 조정으로 돌아왔기에 사방 사람들이 눈을 비비며 전하께서 자문하여 성공하고 위험을 편안함으로 바꾸기를 날마다 바라고 있습니다. 옛말에 이른바 '큰 과일은 먹히지 않는다.'[12]와 '이 백발의

12 큰……않는다 : 《주역》 〈박괘(剝卦) 상구(上九)〉에 나오는 말로, 하나 남은 양(陽)의 기운이 끊이지 않고 이어진다는 뜻이다. 여기서는 송시열이 장차 국세를 회복할 것이라는 뜻이다.

원로들에게 자문을 구한다.'[13]라는 말은 송시열이 아니면 감당할 수 없습니다. 또 신이 이번에 온 것은 본디 성상께서 애써 권면하셨기 때문이지만, 대로가 함께 나랏일을 하자고 편지로 일깨우기도 하였으니, 더욱 홀로 큰일을 하기 어렵습니다."

재차 입시하여 분노를 징계하고 욕심을 막는 방도를 거듭 논하였다.

"군주는 지위가 높아 기쁨과 분노가 중도에 맞기 더욱 어렵습니다. 신이 비록 성상의 덕을 헤아리지는 못하나, 정사로 나타난 것을 보면 성상께서는 실로 총명하고 영특한 자질이 있으니 반드시 다시 넓고 심원한 도가 있어야 균형을 이룰 수 있습니다."

또 아뢰었다.

"독서하는 법은 완미하고 체험하는 것을 위주로 삼아야 합니다. 경연의 진강은 본디 그만둘 수 없는 일이고, 한가로운 여가에 조용히 완미하여 더욱 힘을 얻어야 합니다. 성상께서 궁중에 계시면서 보는 것이 무슨 책인지 모르겠습니다. 법강 이외에 참고하여 보아야 하는 책은 그 수량과 항목을 정하고, 잡서를 두루 보지 말아야 합니다."

또 아뢰었다.

"지금 천재지변이 이렇게 극도에 이르렀고 백성의 삶이 피폐하여 하나도 믿을 것이 없습니다. 그러나 군주와 신하가 잘 만나 지성으로 권면하면 또한 하지 못할 일이 없습니다. 옛적 송 인종(宋仁宗) 때 범중엄(范仲淹)과 부필(富弼)을 재상으로 삼고, 인종이 천장각(天章閣)을 열게 하여 종이와 붓을 주고 시무를 상소로 올리게 하여

13 백발의……구한다 : 《서경》 〈진서(秦誓)〉에 나오는 말로 군주가 원로의 간언을 듣는다는 말이다.

경력(慶曆)의 치세를 이루었습니다. 지금 이를 본받아야 합니다."

또 아뢰었다.

"신이 듣기로 연초에 성상께서 대신에게 이르기를 '지금 대신 이하부터 사사로운 뜻에 흔들리지 말고 한결같은 마음으로 공무를 수행하라.'라고 하셨다고 합니다. 성상의 이 말씀은 신하들을 감동시키기 충분합니다."

또 아뢰었다.

"우리나라가 사람을 등용하는 법도는 지극히 좁고 누추합니다. 과거와 문벌 외에는 아무리 남다른 기특한 재주가 있더라도 등용될 길이 없습니다. 예전에 중종조에 선정신 조광조(趙光祖)가 건의하여 한 시대의 인재를 찾게 하고 서한(西漢)에서 선비를 시험한 규례에 따라 현량과(賢良科)를 설행하여 사람을 뽑았으므로 아름답고 밝은 국운을 이루었습니다. 오늘날에도 사람을 천거하는 길을 넓혀 상규에 구애받지 말고 크게 변통해야 합니다."

성상이 일일이 가상히 여기고 감탄하며 받아들였다.

세 번째 입시하였을 때 아뢰었다.

"주 선왕(周宣王)이 안으로 국정을 닦고 밖으로 오랑캐를 물리치며 쇠퇴한 나라를 일으키고 난리를 평정하였으니 참으로 시작을 잘 하였다고 하겠습니다. 그러나 그 끝을 보전하지 못하였으니 두려워하지 않을 수 있겠습니까."

또 경으로 안을 곧게 하고 의로 밖을 방정하게 하라는 말로 권면하고 경계하는 뜻을 거듭 아뢰었는데 말이 더욱 간절하였다. 성상이 이르기를,

"지금 힘써야 하는 것은 어느 일이 급한가?"

하니, 선생이 대답하였다.

"윗사람과 아랫사람이 경계해야 할 것은 사사로운 뜻〔私意〕 두 글자에 있습니다. 모든 일이 되지 않는 것은 이 때문에 그러합니다."

마침내 내사(內司), 궁가(宮家), 훈척(勳戚)의 폐단과 청탁이 사사로이 통하는 피해를 아뢰었다. 또 아뢰었다.

"인재를 배양하는 데 더욱 유념해야 합니다. 옛적 세종조에 김구(金鉤)와 김말(金末)이 오랫동안 성균관을 맡아 후배를 가르쳤고, 중종조에 윤탁(尹倬)이 오랫동안 대사성이 되어 인재를 배양하였습니다. 인조조에는 정엽(鄭曄)이 대사성이 되었는데, 경재(卿宰)가 될 때까지도 항상 겸임하여 가르치는 책임을 전담하였습니다. 그러므로 권장하고 성취한 일을 지금까지 칭찬합니다. 만약 큰일을 하고자 한다면 대사성을 각별히 가려뽑아 인재를 기르는 일을 전담하게 하는 것이 제일이니, 인재를 만드는 효과를 볼 수 있을 것입니다."

또 아뢰었다.

"윤증(尹拯)은 윤선거(尹宣擧)의 아들로 송시열의 문하에서 배웠으니 각별히 불러서 함께 나랏일을 도모해야 합니다."

다섯 번째 입시하였을 때 아뢰었다.

"정자는 경연관이 성상의 몸을 보호하는 일을 겸해야 한다는 뜻을 말한 적이 있습니다. 신이 삼가 들으니, 얼마 전 인대하였을 때 오랫동안 전좌(殿坐)에 계시느라 수라를 드실 때를 놓쳐 옥체가 불편해졌다고 합니다. 군주와 신하 사이는 분의가 비록 지엄하나 그 정의(情義)는 반드시 집안의 아비와 자식처럼 지성으로 서로 믿은 뒤에야 큰일을 할 수 있습니다. 인접할 때 간혹 날이 늦으면 수라를 드셔도 무방합니다. 또는 모시는 신하를 잠시 물러나게 해도 안 될 것이 없습니다. 이와 같이 하면 윗사람과 아랫사람의 정의가 서로 미더워져 조용히 회포를 다 말할 수 있습니다."

또 《중용》 첫장의 명(命), 성(性), 도(道), 교(教), 근독(謹獨) 등의 말뜻을 부연하고, 천지가 제자리를 찾고 만물이 길러지는 데 이르는 효과로 마쳤다. 또 아뢰었다.

"만사는 성실이 없으면 하는 일이 비록 정도에서 나오더라도 착실하지 않습니다. 마음에서 나오고 일로 시행하며 아랫사람을 대할 때에 이르기까지 모두 반드시 성실이 있어야 공업을 성취할 수 있습니다."

성상이 모두 마음을 기울여 가상히 받아들였다. 여섯 번째 입시하였을 때 아뢰었다.

"올해(1683, 계해년)는 인조대왕이 중흥한 해(1623, 계해년)이니, 성상께서는 각별히 두려워하며 유념해야 합니다. 송 태조(宋太祖)가 천명을 받은 해가 경신년(960)인데, 주자가 시를 지어 감회를 담았습니다. 신이 이달 13일 인정문(仁政門)에서 정사를 열 때 도승지 홍만용(洪萬容)이 말하기를 '오늘이 계해년 반정한 날인데, 인조대왕께서 이 문에 전좌(殿坐)하셨다.'라고 하였습니다. 신은 듣고서 저도 모르게 감격하여 눈물을 흘렸습니다. 지금 성상께서 임어하여 마침 갑자가 돌아온 해를 만났으니, 성조의 큰 공렬을 계승할 방법을 생각하지 않을 수 있겠습니까. 명나라가 구원병을 청하자 강홍립(姜弘立)이 몰래 광해군의 밀지를 받아 오랑캐에게 투항하였는데, 인조대왕이 즉위하자 광해군의 일을 몹시 통탄하고 명나라의 은혜를 갚기로 생각하였으니, 이것이 당시에 가장 중요한 의리였습니다."

마침 장령 안식(安烒)이라는 자가 남의 사주를 받아 전관(銓官)을 공격하였다. 선생은 마음 속으로 불안하게 여겨 이날 상소를 남겨두고 도성을 나왔다. 상소 말미에 지난날 언급한 세 가지 일과 천거하는 사람을 가려뽑는 일을 말하였는데, 성상이 비답하였다.

"그대는 산림의 덕 있는 노인으로 황야에 은둔하였는데, 마침 시사가 몹시 어려운 때를 만나 과인의 얕은 정성을 헤아리고 두려워하며 생각을 바꾸어 연석을 출입하였다. 경연에서 아뢴 말과 상소로 아뢴 말은 모두 임금에게 충성하고 나라를 걱정하는 진심에서 나왔으니, 이는 국가와 사림에게 큰 다행이었다. 오늘날 세도가 거의 잘 될 가망이 있었는데, 뜻하지 않게 지금 한때의 작은 혐의를 끌어 다급히 교외로 나가고 이어서 고향으로 돌아가려 하니, 경악하여 어쩔 줄 몰라 할 말이 없다. 지난날 언급한 세 가지 일로 말하자면 실로 사리에 합당하니, 즉시 채택하지 못한 것이 어찌 성의가 미덥지 못하여 그런 것이겠는가. 조용히 생각하려는 뜻이었다. 상소 말미에 언급한 가려뽑는 일은 묘당으로 하여금 거행하게 할 것이다. 부디 간곡한 뜻을 헤아려 근시와 속히 함께 돌아오라."

이날 밤 우암이 차자를 올렸다.

"신이 병중에 이조 참의 박세채가 떠나기를 고한 글을 얻어 보고 경악을 금치 못하여 대궐에 나아가 그 곡절을 아뢰고 싶은 마음 간절하였습니다. 또 지성으로 소환하기를 청하고자 죽음을 무릅쓰고 기어갔으나 중간에 이르기도 전에 기운이 다하고 숨이 끊어지려 하여 부득이 중지하였습니다. 아, 이 또한 시운과 관계됩니다. 신과 박세채는 비단 벗일 뿐만 아니라 혼인으로 인척이 되기까지 하였으니 집안 행실의 아름다움을 잘 알고 있습니다. 이미 출사하여 세상일을 담당하였으니 실로 종묘사직과 백성에게 다행한 일이라고 생각하였습니다. 사림이 서로 경하하며 세도가 거의 잘 될 것이라고 여겼는데, 지금 불행히 마음이 불안하여 갑자기 세상을 버리고 은둔하였습니다. 아, 이것이 무슨 모습입니까.

부디 따로 근시를 보내어 성상의 뜻을 말하고, 또 후회하고 깨우치는 단서를 보이신다면 멀리 떠나려는 마음을 어찌 돌리지 않겠습니까. 이른바 후회하고 깨우치는 단서라는 것은 그가 아뢴 말을 믿고 시행하지 못하였다는 것이니, 비록 대간의 말이 없었더라도 오래 머무르기 어려운 마음이 있는 것이 당연합니다. 이는 박세채의 상소에서 은미한 뜻을 대략 볼 수 있습니다. 그렇다면 대간의 말은 박세채의 번육(膰肉)[14]이 아니겠습니까."

또 주강에서 아뢰고 또 차자를 올려 그와 거취를 함께 하기를 청하였다. 성상이 또 수찰로 별유를 내리고 재촉하여 불렀다. 선생이 상소하여 사양하였으나 융숭한 비답을 내려 허락하지 않고, 연달아 승지를 보내며 더욱 간곡히 타일렀다. 또 말을 지급하게 하고, 관찰사에게 하유하여 직접 만나서 타이르게 하였다. 선생이 또 마침내 억지로 소명을 받들어 나아가니 즉시 인견하였다. 선생이 아뢰었다.

"신이 교외로 나간 날 무지개가 해를 꿰뚫는 변고가 있다고 들었습니다. 해는 군주의 상징인데, 음란한 무지개가 침범하는 일이 며칠 사이에 거듭 나타났으니, 이는 음이 강성해지고 양이 미약해지는 형상입니다. 송나라 신하 장구성(張九成)이 말하기를 '한번 선한 생각을 하면 상서로운 바람과 온화한 기운이 생기고, 한번 악한 생각을

14 번육(膰肉) : 제사 고기이다. 공자가 제사 고기를 받지 못하였다는 핑계로 노(魯)나라를 떠난 것처럼 박세채가 대간의 말을 핑계로 관직에서 물러났다는 말이다. 《史記 卷47 孔子世家》

하면 요사한 별과 재앙이 생긴다.'라고 하였습니다. 전하께서 한가로이 홀로 계실 때 만약 착실하게 근독 공부를 한다면 하늘의 노여움을 조금 누그러뜨릴 수 있을 것입니다."

또 공물을 줄이는 폐단을 말하고, 1년 기다렸다가 시행하여 도성 백성의 마음을 위로하기를 청하였다. 훗날 또 아뢰었다.

"성현의 수많은 말이 무엇인들 인(仁)을 구하는 공부가 아니겠습니까마는, 그 요점은 단지 경을 지키고〔居敬〕 앎을 지극히 하며〔致知〕 힘써 실천하는 데〔力行〕 있습니다. 이것이 주부자의 학문하는 공부입니다. 지금은 비록 신료를 인접하고 경학을 강론하더라도 반드시 존양성찰의 공부를 유념하여 조금도 끊임이 없은 뒤에야 비로소 실질적인 효과가 있을 것입니다."

또 아뢰었다.

"신이 얼마 전 인견하였을 때 궐문에 머물러 기다리는데 두세 여인이 차비문(差備門)에서 모처로 향하는 것을 보고 신은 놀랍고 의아함을 견디지 못하였습니다. 비록 사대부의 집으로 말하더라도 그럭저럭 예법을 지키는 집에서는 노비들이 감히 마음대로 출입하지 못합니다. 더구나 대궐 안이 얼마나 중요한 곳인데 이런 일이 있는 것입니까."

성상이 모두 가상히 받아들였다.

한달 전에 우암이 태조에게 존호를 추가로 올리는 일을 말하여 수의(收議)한 일이 있었다. 그러나 선생은 한창 대각의 논의에 구애되어 감히 헌의하지 못하다가 이때 와서 입시하여 주강을 마치고 아뢰었다.

"신하가 군주를 추모하여 높이고 미덕을 칭송하는 것은 지극한 천리와 인정에서 나온 것으로 만세토록 공통으로 행하는 도입니다. 주공(周公)과 같은 성인도 반드시 문왕(文王)과 무왕(武王)의 덕을 이루고 태왕(太王)과 왕계(王季)를 왕으로 추존하여 선조에게까지 미쳤으니 그 도가 지극하다고 하겠습니다. 다만 당초 의논하여 정할 때 반드시 자세하고 신중하게 하여 터럭만큼도 미비한 논의가 없은 뒤에야 비로소 신하의 도를 다할 수 있습니다.

한(漢)나라는 질박함에 가까워 단지 효문제(孝文帝)와 효경제(孝景帝)라고만 일컬었으나, 당(唐)나라는 예법이 점차 복잡해져 존호를 추후에 올리는 일이 많았습니다. 그 뒤 안진경(顔眞卿)이 단지 본래의 시호만 따르도록 청하였습니다. 지금 치사한 신하 송시열이 그간 차자를 올려 이렇게 시호를 의논하는 일이 있게 되었습니다. 종묘의 예법은 중대하니 바야흐로 완전하게 정하여 거행하려 하는데, 신의 구구한 견해로 이렇게 아뢰니 지극히 참람합니다.

다만 열성(列聖)의 행장을 보니, 태조가 태상왕(太上王)으로 있을 때 이미 계성신무(啓聖神武)라는 존호를 올렸고, 대행왕(大行王)이 된 뒤에 추가로 지인계운 성문신무(至仁啓運聖文神武)라는 시호를 올렸습니다. 이는 역대의 제도에서 비록 근거할 만한 예문은 없으나, 존호를 따른 뜻은 분명한 듯합니다. 위화도(威化島)에서 회군(回軍)한 의리로 말하자면, 송시열은 태조의 큰 공덕이니 넣지 않을 수 없다고 하였으나, 제왕의 시호는 나라를 열고 창업하며 덕을 닦고 수성(守成)한 실상으로 정해야 합니다. 회군한 일은 즉위하기 전의 일이니, 별도로 칭송해야 합니다."

그 뒤 연석에서 대신이 막아서 선생의 논의는 결국 시행되지 않았다. 그러나 경전을 배우는 학생과 학자 중에 예를 아는 사람은 모두 선생의 말을 옳다고 여겼다. 또 아뢰었다.

"지금 서북 변방의 일이 몹시 걱정스럽습니다. 지금 백성이 기근에 시달리고 나라의 형세가 약할 때 비록 손을 대기는 어려우나, 변방의 일을 다스리고 군정(軍政)을 수행하여 밝히는 일은 소홀히 할 수 없습니다. 효종조에 성과 무기를 수선하라는 명을 누차 내렸는데, 그때 길가의 고을이 아니면 수축한 일이 많았습니다. 평안 감사(平安監司) 신익상(申翼相)이 조정에 하직 인사를 할 날이 머지 않았으니, 묘당으로 하여금 시행해야 하는 일의 절목을 헤아리게 한다면, 훗날 힘을 얻을 수 있을 것입니다."

또 아뢰었다.

"《서경》에 이른바 신(辛), 임(壬), 계(癸), 갑(甲) 나흘만에 집을 나갔고 세 번 그 문을 지나가며 들어가지 않았다는 것[15]이 바로 우임금의 근면한 덕입니다. 《논어》에 이른바 거친 의복을 입고 거친 음식을 먹으며 궁실을 낮게 하였다는 것이 우임금의 검소한 덕입니다. 군주의 덕은 근검(勤儉) 두 글자보다 더한 것이 없으니, 실로 오늘날 절실한 공부입니다."

또 아뢰었다.

"사(私) 한 글자는 오늘날의 고질적인 폐단입니다. 내사와 궁가, 근시에 관계된 일을 유난히 옹호하는 사사로움이 뚜렷합니다. 성상께서 이미 이와 같으신데 어찌 신료만 책망할 수 있겠습니까."

성상이 모두 칭찬하며 받아들였다.

15 서경에……것 : 《서경》 〈익직(益稷)〉에 우임금이 도산씨(塗山氏)와 혼인하여 신, 임, 계, 갑, 나흘을 지내고 홍수를 다스리기 위해 집을 나갔다는 말이 실려 있다. 그가 세 번 자기 집을 지나면서도 들어가지 않았다는 말은 《맹자》 〈등문공 상(滕文公上)〉에 보인다.

이때 성상이 연달아 《심경》을 강하였는데, 선생이 사직 상소를 계기로 평소 편찬한 《심학지결(心學至訣)》을 바쳐 참고할 자료로 삼게 하였다. 또 주강에서 따로 정성과 예의를 더하여 치사한 신하 송시열을 불러들이도록 청하였다. 또 상소하여 덕을 닦고 정사를 세워 현인을 부를 바탕으로 삼도록 하였다. 5월에 입시하여 선생이 아뢰었다.

"한나라, 당나라, 송나라는 대대로 전한 세월이 오래되었다고 하겠습니다. 중간에 현명한 군주가 없지 않았으나, 그 다스림은 대체로 공리와 법령으로 천하를 유지하는 것이었습니다.

우리 효종대왕께서는 정밀하게 하고 한결같이 하라는 인조의 가르침을 받들어 초야의 선비를 불러들이고 학문 공부에 전념하여 경연을 자주 열고 강론을 게을리하지 않았을 뿐만 아니라, 대내에 계실 때도 안일을 일삼은 적이 없고 항상 서책을 마주하였으니, 시종일관 학문한 공로가 옛 성왕이라도 이보다 더할 수 없습니다. 그러므로 만년에 성덕의 성취가 근세의 제왕에 비할 바 아니었습니다. 그 효과는 마침내 대의를 밝히고 대본을 세워 동방에 수천년 동안 없던 성대한 공렬을 드러내었습니다.

또한 현종대왕은 효종의 단서를 널리 계승하였습니다. 또 《심경》을 좋아하여 매번 유신과 몹시 부지런히 강론하였습니다. 이 때문에 15, 6년 사이에 깊은 인과 두터운 은택이 백성을 흠뻑 적셨습니다. 지금 전하께서는 두 성군의 뒤를 이었고, 또 학문의 공부에 큰 뜻이 있습니다. 얼마 전 애통하다는 하교를 내려 백성의 세금을 전부 견감하고, 재야에 있는 유신을 연달아 불러 어려운 시절을 구제하고자 기약하십니다. 그러나 오늘날의 폐습은 여전히 예전과 같으니, 이는 참으로 신하들이 받들어 선양하지 못한 소치이나, 성상께서도 모범이 되어 인도하는 방법에 미진한 점이 없지 않은 듯합니다."

당시 가뭄이 몹시 심하여 선생이 청대하여 먼저 가뭄을 근심하고 비를 기원하는 뜻을 아뢰고, 다음으로 두려워하고 수신반성하여 재해를 없애는 근본으로 삼도록 아뢰었다. 다음으로 학문에 성심을 다하여 탐구하고 체인하는 실제에 노력하도록 아뢰었다. 다음으로 사욕을 제거하여 몸소 인도하는 방도로 삼도록 아뢰었다. 다음으로 어진 이와 그렇지 않은 이를 구별하여 임용하는 방도를 다하도록 아뢰었다. 다음으로 공도를 넓혀 무너진 기강을 엄숙히 하도록 아뢰었다. 또 상소하여 종묘의 두 왕후 위판의 태(太)자는 온당치 않으니 고쳐 쓰도록 아뢰었다.[16] 특명으로 가선대부 공조참판 겸 성균관좨주 비국당상으로 승진시켜 임명하였다. 세 번 상소하여 사직하였으나 허락하지 않았다.

당시 젊은 대관이 일을 과격하게 논하여 우암을 불안하게 만들어 고향으로 돌아가게 하였다. 또 김익훈(金益勳)의 처벌을 청하는 일로 대신을 공격하였다. 성상이 진노하여 체직하거나 파직하였다. 선생이 새로 내린 명에 사은숙배하러 나왔다가 그대로 입시하여 아뢰었다.

"며칠 사이 대각의 논의가 화평함을 잃어 연달아 엄한 비답으로 견책하는 명이 있었으니, 어찌 성상의 덕에 누를 끼치지 않겠습니까."

반복하여 아뢰고 도로 거두어들이도록 힘써 청하였다. 또 아뢰었다.

"기찰(譏察)은 왕자(王者)의 바르고 큰 도리가 아닙니다. 김익훈이 나라의 중임을 맡아 잘 처리하지 못하였으니 사람들의 말이 나오는

16 종묘의……아뢰었다 : 박세채는 신의왕후(神懿王后)와 원경왕후(元敬王后) 신위에 왕태후(王太后)라고 쓴 것은 고려의 제도이니 고쳐야 한다고 주장하였다.《肅宗實錄 9年 4月 19日》

것은 참으로 마땅합니다. 대간의 말은 단지 여론을 따랐을 뿐입니다. 반드시 명백히 처리한 뒤에야 여론이 조금 진정될 것입니다.”

그러나 성상은 받아들이지 않았다. 선생이 이어서 아뢰었다.

“신이 받은 새로운 명은 특별한 제수에서 나온 것입니다. 특별한 제수는 옛사람이 중비(中批)[17]라고 하였는데, 제수하는 사람이 모두 잘하지는 않았고, 받은 자도 불안한 것이 당연하니, 이것이 신이 반드시 끝까지 사직하려는 이유입니다.

또 신이 얼마 전 아뢴 세 가지 일에 대해 지금 넉 달이 지나도록 아직 지시가 없습니다. 신익상이 평안도 관찰사로 나갈 적에 묘당에서 따로 조처하라는 뜻을 감히 아뢰어 다행히 채택하여 받아들여주셨으나 곧 중간에 대신에게 저지당하였습니다. 사람을 천거하는 일 한 가지는 신이 떠난 뒤에 책임질 사람이 없을 것이니 도리어 무익합니다.

당초 송시열 역시 함께 나랏일을 구제하자는 뜻으로 신에게 편지를 보냈으므로 신이 과연 올라왔습니다. 지금 송시열이 뜻밖의 일로 이미 고향으로 돌아갔으니, 신이 혼자 남아 있은들 무슨 도움이 되겠습니까. 신이 만약 오늘 입대하여 그 정세를 아뢰지 않는다면 끝내 돌아가기를 청할 길이 없을 것이므로 이와 같이 번거롭게 아룁니다.”

성상이 자세히 면유하고 또 비망기를 내려 지극정성으로 만류하였다. 선생은 도성을 나와 상소를 남겨 돌아간다고 고하고, 아울러 자급을 거두어달라고 청하였는데, 대략은 다음과 같다.

“신이 맡은 이조와 공조의 관직은 본디 경연을 통해 얻은 것입니다.

17 중비(中批) : 특명으로 관원을 임명하는 것이다.

당시 사은숙배하러 나온 것은 모두 이 일이 중요하기 때문이었습니다. 지금 신이 이미 제대로 진대하지 못하여 스스로 파직되어 떠나려고 하였으니, 그간 받은 자급과 직명을 반드시 모두 거두어주셔야 행동에 장애가 없을 것입니다."

비지가 더욱 간곡하였고, 또 사관을 보내어 함께 오게 하였다. 선생이 재차 상소하였는데 대략은 다음과 같다.

"옛적 주자가 시강에서 파직된 뒤 대제(待制)의 직명을 함께 사직하고, 끝에서는 정자가 시강에서 파직한 뒤 관직을 바치고 고향으로 돌아가기를 청한 말을 인용하였으니, 이는 참으로 어리석은 신의 오늘 일에 해당합니다."

그 뒤의 사직소에 이 뜻을 다시 아뢰었다. 비답은 다음과 같았다.

"존경하고 믿고 예우하는 정성에 부족한 점이 많아 비록 충성스러운 말과 아름다운 계책이 있었으나 흔쾌히 받아들여 널리 시행하지 못하여 유현이 낭패를 당하고 지레 돌아가게 만들었으니 내 마음이 부끄럽기가 갑절로 더하다. 장차 천하 후세의 비난에 무엇으로 해명하겠는가."

다시 사관을 보내 지극한 뜻을 거듭 알렸다. 성상은 선생에게 병이 있다는 말을 듣고 특별히 어의를 보내 약물을 가지고 가서 간병하게 하였다. 또 본관(本官)에 명하여 월름(月廩)을 실어보내게 하였으나 선생이 사양하고 받지 않았다.

6월, 사헌부 대사헌에 임명되었다. 7월, 우의정 김석주(金錫胄)가 선생이 상소하여 대각의 논의를 신구(伸救)한 일 때문에 차자를 올렸는데 모욕하는 말이 있었다. 선생이 상소하여 인혐하고 죄를 청하고는 마침내 금천(金川)의 묘소로 가서 재차 정장(呈狀)하고 세 번 상소하여 사직하였으나 허락받지 못하였다.

10월, 체직되어 호조 참판에 임명되었다. 성상이 천연두를 앓는다는 말을 듣고 동교(東郊)로 나와서 기거를 자주 듣기 편하게 하였다. 그러나 조광한(趙匡漢)이 상소하여 공격한 일 때문에 감히 도성에 들어가지 못하였다. 성상의 환후가 나아지자 도성 밖에서 사정을 아뢰고 사직하고, 아울러 성상의 몸을 더욱 보호하는 방도를 덧붙였다.

성상이 천연두를 앓을 때 요사한 무당이 외척을 통해 궁중에 몰래 들어가 마음대로 요사한 술법을 부렸다. 기도하는 사이에 민간의 부녀자들도 견디기 어려운 점이 있었으나 자전(慈殿)이 모두 뜻을 굽히고 따랐기에 성상의 몸이 편찮아져 마침내 위독한 지경에 이르렀다. 그밖에 복식이 참람되고 재물을 요구하기가 끝이 없었기에 나라 사람들의 말이 자자하고 민심이 분개하였다. 사헌부에서 잡아 가두어 엄히 다스리려고 하였는데, 오래지 않아 논의가 여러 갈래로 갈라져 점차 해이해졌다. 선생이 상소하여 그의 죄를 바로잡기를 청하였으나 답이 없었다. 선생이 이 때문에 상소하여 스스로 탄핵하고 아울러 직명을 사직하였다. 따로 하유하여 부르고 이조 참판에 제수하였으나 재차 사직하여 체직되었다.

이보다 앞서 우암이 미촌(美村) 윤선거(尹宣擧)의 묘갈(墓碣)을 지었다. 그의 아들 윤증(尹拯)은 우암의 문인이었는데, 묘갈문이 자기 뜻에 맞지 않는다고 싫어하여 마침내 사이가 멀어졌다. 한번은 선생에게 편지를 보내 우암의 학문과 마음의 병통을 심하게 비난하면서 '본원이 완전히 검다.'라고 말하였다. 선생은 편지로 변론하였다. 얼마 지나지 않아 윤증의 편지가 다른 사람을 통해 누설되었다. 이로부터 회덕(懷德 송시열)과 이산(尼山 윤증)의 혐오가 더욱 깊어졌다. 선생은 이를 몹시 걱정하여 양쪽을 조제시키는 방도를 쓰려 하였다. 그가 우암에게 답한 편지는 대략 다음과 같다.

"남의 비문을 지을 적에 오로지 가장(家狀)의 글을 사용한 전례는 옛날에 없었습니다. 만약 번거로운 것을 삭제하고 요점을 뽑으며, 지나친 것을 덜고 중도에 맞게 하며, 포괄하고 재단하여 글을 완성한다면 비록 말하는 사람 열 명이 보더라도 더 이상 의심하지 않을 것입니다."

또 말하였다.

"자제와 후배가 아비와 스승을 높이는 것과 친구가 동년배를 평론하는 것은 무게와 깊이가 전혀 다릅니다. 세상의 자제와 후배는 반드시 작자로 하여금 전부 자기들 뜻을 따르게 하고자 한 뒤에야 비로소 마음에 맞을 것입니다. 이는 비단 이치와 형세를 모를 뿐 아니라 그 계책도 잘못되었습니다.

이천(伊川)이 명도(明道)의 행장을 지을 적에 얼마나 높였습니까. 그런데 한지국(韓持國 한유(韓維))의 지문(誌文)에서는 대부분 평범하게 말하여 도덕군자인줄 모르게 만들었습니다. 그러나 이천이 그 글을 사용하지 않았다는 말은 듣지 못하였습니다. 호 문정(胡文定 호안국(胡安國))은 양 귀산(楊龜山 양시(楊時))과 벗이었으나 중립선생(中立先生)이라고 일컬었으니 지극히 높인 것입니다. 그러나 죽은 뒤의 글에서는 그다지 칭송하지 않았는데, 양씨 집안에서 그 글을 사용하지 않았다는 말은 듣지 못하였습니다. 그러나 이는 모두 공평한 마음으로 정직하게 말하여 의심할 것이 없었으므로 사람들이 이간질하지 못하였습니다.

지금은 그렇지 않아 그 말이 많아질수록 사람들이 더욱 의심합니다. 위에 말한 것처럼 약간 윤색하고, 그럴 수 없다면 한 지국과 호 문정이 명도와 귀산에게 하였던 것처럼 이전의 법도를 고쳐 자신의 뜻으로 결단하더라도 안 될 것이 없습니다. 여주(驪州 윤휴)의 일처럼 평소의 논의가 합치하지 않은 일은 문맥에 따라 언급하더라도 무슨 해가 되겠습니까."

또 말하였다.

"주자는 처음에 오백풍(吳伯豊)이 조사(漕司)의 글을 받았다고 의심하였다가 그가 죽은 뒤에 도리어 지극히 애통해 하였습니다.[18] 양자직(楊子直)과 노덕장(路德章)의 무리가 뜻밖에 공격하자 한결같이 겸손히 사죄하고 포용하였으니,[19] 그 덕과 국량이 크다는 것을 더욱 잘 알 수 있습니다. 하락(河洛 정자)의 법문(法門)으로 말하자면 옛 친구는 정이 두터워 감히 의심할 수 없다고 형칠(邢七)을 처분하였으니,[20] 위대한 현인의 행위는 후세 사람이 미칠 수 있는 바가 아닙니다. 제 생각에 만약 어른이 먼저 후회하는 뜻을 보이지 않는다면, 그가 비록 문하에서 사죄하고자 한들 할 수 있겠습니까."

18 주자는……하였습니다 : 오백풍은 주자의 제자 오필대(吳必大)이다. 주자는 그가 조사의 글을 받았다는 말을 듣고 한탁주(韓侂冑)의 편이 되었다고 의심하였으나 나중에 사실을 알고 애통해 하였다. 《晦庵集 續集 卷1》《南溪集 正集 卷54 隨筆錄》

19 양자직(楊子直)과……포용하였으니 : 주자가 양자직과 노덕장을 훈계하였으나 그들이 반발하자 타이르고 포용하였다. 《晦庵集 卷45 · 54》《南溪集 正集 卷23 答宋尤齋》

20 옛 친구는……처분하였으니 : 형칠은 정이(程頤)의 제자 형서(邢恕)이다. 정이가 부주(涪州)로 유배되자 문인 사양좌(謝良佐)가 "이것은 족자(族子) 공손(公孫)과 형서가 한 짓입니다."라고 하니, 정이는 "족자는 어리석으니 책망할 수 없고, 벗은 정분이 두터우니 감히 의심할 수 없다." 하였다. 《近思錄 卷7》

자인(子仁)에게 보낸 편지는 대략 다음과 같다.

"예전에 감로사(甘露寺)에 있을 때 형이 장문의 편지를 보내 비간(比干)이 한 마디 하고 죽은 일에 견주려 하였습니다. 저는 '임금과 신하, 스승과 제자는 참으로 모두 의리로 합하였으니, 비간이 있다면 또 반드시 왕촉(王蠋)[21]이 있을 것입니다. 우선 참작하고 절충하여 그 대의를 보전해야 합니다.' 하였으니, 장문의 편지[22]가 필시 서로 절교하는 근본이 될 것이라는 말이었습니다."

또 말하였다.

"이른바 부친은 중하고 스승은 가볍다는 말[23]은 본디 도가 본디 같지 않아 드러내놓고 공격하며 형세상 양립할 수 없다는 뜻입니다. 지금은 그렇지 않아 고집하는 것은 단지 훗날의 일 한 가지 뿐입니다. 지은 글이 비록 작자의 의도에서 나오지 않았더라도 명(銘)을 따로 서술하고 총론을 재차 고쳤으니, 지극히 추중하고 자세히 들어주었다고 하겠습니다. 사문에 전하더라도 한이 없을 것입니다."

또 말하였다.

"사우와 군신은 모두 의리로 합하였다는 말은 제 생각도 그러합니다. 다만 그 섬기는 방도가 다릅니다. 군주에게 진언할 때는 과감하게 하는 것을 위주로 하니, 불행히 그 군주가 받아들이지 않으면 무겁게

21 왕촉(王蠋) : 전국시대 제(齊)나라 사람으로 연(燕)나라 장수 악의(樂毅)가 화읍을 포위하고 항복을 요구하였으나 따르지 않고 자결하였다. 《史記 卷83 田單列傳》

22 장문의 편지 : 윤증이 송시열에게 보내려던 신유의서(辛酉擬書)를 말한다.

23 이른바……말 : 윤증이 스승 송시열을 배반하였다는 여론이 비등하자 숙종이 윤증을 옹호하며 한 말이다. 《肅宗實錄 24年 11月 1日》

는 죄를 얻고 가볍게는 쫓겨납니다. 그러나 군신의 의리는 끝내 버릴 수 없습니다. 스승에게 질의할 적에는 과감하지 않고 숨기지 않는 것을 위주로 삼습니다. 불행히 그 스승이 받아들이지 않으면 무겁게는 절교하고 가볍게는 소원해집니다. 그러나 스승과 제자의 의리는 끝내 버릴 수 없습니다. 그렇다면 이른바 의리로 합쳤다는 말은 '부자 관계는 천성(天性)이다.'에 상대하여 떠날 수 있는 도가 있다고 말한 것에 불과합니다. 군주와 신하, 스승과 제자가 죄를 얻거나 쫓겨나면 그 대의가 없어진다는 말이 아닙니다."

또 말하였다.

"형의 뜻을 보니 부자와 군신 두 가지는 본디 지극한 본성과 큰 의리가 있어 하늘처럼 끝이 없지만, 스승의 경우는 공자와 안자, 증자의 관계가 아니면 군신 관계와 대체로 같다고 여길 수 없다는 것인 듯합니다. 스승과 제자의 의리에 대한 〈단궁(檀弓)〉의 기록[24]은 참으로 지극한 경우를 말하여 그 나머지를 포괄한 것입니다. 정자와 장자가 '스승에게 복상하는 것은 부모, 형제, 붕우와 같다.'라고 하였으니, 심상 3년이 그 안에 있다는 것을 알 수 있습니다.[25] 그렇다면 정의가 깊고 얕다는 말을 가지고 마침내 곧장 스승만 군주나 부친과는 다르다고 말하기는 어려울 듯합니다. 만약 그렇다면 기년복을 입는 사람

24 스승과……기록 : 《예기》 〈단궁 상(檀弓上)〉의 "스승을 섬기되 범하거나 숨기지 말고, 정해진 곳 없이 좌우에서 봉양하며, 죽을 때까지 부지런히 복종하여 심상(心喪) 3년을 입는다.〔事師, 無犯無隱, 左右就養, 無方, 服勤至死, 心喪三年.〕"라는 말을 가리킨다.

25 심상……있습니다 : 원문은 '固已和心喪三年在其中'인데, 《남계집》에 근거하여 '和'를 '知'로 바로잡아 번역하였다.

이하는 모두 여기에 참여할 수 없습니다. 이는 명목은 사제 관계이면서 옆에서 봉양하지 못하고 과감히 말하지도 숨기지도 못하며 죽을 때까지 부지런히 복종하지도 않으며, 그저 헤아려 공복(功服)이나 시복(緦服)을 입을 뿐인 것입니다. 고금 천하에 어찌 이와 같은 도리가 있겠습니까. 난자(欒子)가 말한 '임금과 스승, 부친이 살려주었으니 한결같이 섬겨야 한다.'라는 말은 치우쳐서 몹시 어질지 않게 될 것입니다."

또 말하였다.

"문안하는 절차와 논의하는 사이에 한결같이 공정하고 화평한 도로 한다면 스승과 제자의 의리를 저절로 헤아려 대단히 어그러지는 지경에 이르지 않을 것입니다. 그런데 형은 도리어 극언하고 논의를 다하며 말뜻이 몹시 박절하여 전혀 돌아보지 않고, 곧장 자기와 대등한 사람도 감당할 수 없는 일을 스승 노인에게 하였습니다. 사리가 여기에 이르러 결코 여지가 없습니다."

또 말하였다.

"형이 당한 부친과 스승의 역경은 실로 고금에 없는 것입니다. 참으로 경전의 뜻을 살펴보고 현인의 전철로 재단하며 헤아리고 저울질하여 후하게 행하고 박하게 행하지 않아서 중도를 얻어 지나치거나 미치지 못해야 합니다. 끝내는 그렇게 하지 않고 한편으로는 곧장 말하는 것을 의리로 여겨 지나치게 박절하고 촉급하며, 한편으로는 스스로 밝히는 것을 위주로 삼아 끝내 흠이 되고 말았으니, 진퇴가 마땅함을 얻지 못하였다고 하겠습니다."

또 말하였다.

"형의 편지는 참으로 한 무리의 젊은이들이 우옹을 공격하고자 하나

엿볼 기회를 얻지 못하였을 때 나왔습니다. 그리하여 관원과 선비들이 너도나도 격분하여 지금 다행히 크고 공정한 공안을 얻었다고 여기며 마침내 감히 공공연히 어른을 모욕하면서 낭자한 정도에 그치지 않았습니다. 논의가 복잡하여 난장판이 되어 부딪치는 자는 부서지고 걸리는 사람은 망합니다. 비록 맹자가 이 경우를 당하더라도 그 미친 파도를 조금도 돌릴 수 없을 것인데, 하물며 저처럼 누추하고 열등한 자는 어떻겠습니까. 오직 피차 사대부의 사사로운 뜻의 소굴에 빠져서 국가의 무궁한 화를 조성하지 말아야 합니다. 행여 오랜 세월이 지난 뒤에 그 본심이 당파를 세워 사심을 행하는 무리와 다르지만 성현의 공정한 문하에 죄를 얻었다는 것을 대략 알아주기를 바라니, 이것이 제가 밤낮으로 자숙하는 이유입니다."

선생은 우암에게 그가 스스로 새로워지도록 허락하라고 권하였고, 또 이산의 처신이 터무니없다고 책망하였다. 그 사이에 만든 말은 모두 고심과 진정에서 나온 것이니, 지금 읽어도 사람을 감탄하게 한다. 마지막에 보낸 편지는 다음과 같다.

"구구한 저의 생각은 본디 앞서 말씀드렸습니다. 심하게 무너진 뒤에 거의 손을 댈 곳이 없으니, 비단 형이 내 말을 따르지 않았을 뿐만 아니라 나도 형을 위해 충성을 다하지 못하였습니다."

또 《사우고증(師友考證)》을 저술하여 스승과 제자의 의리가 몹시 무겁고 크다는 점을 거듭 밝혔으니, 의리로 타일러 그가 두려워하며 후회하고 깨닫기를 바라서였다. 그간 거의 20여 통의 편지를 보냈으나 충성스러운 말이 통하지 않고 틈이 더욱 벌어져서 끝내 세도의 큰 화가 되었다. 또 한번은 남에게 보낸 편지에 말하였다.

"이산이 여윤(驪尹 윤휴)과 힘을 합쳐 대로를 공격하니 실로 몹시 불가한 일이다. 이와 같이 하기를 그치지 않는다면 그의 부친에게 참으로 작지 않은 누를 끼칠 것이다."

또 말하였다.

"스승과 혈전을 벌여 나쁜 소문이 나지 않게 하라는 경계를 어겼으니 실로 분수를 넘어서고 정도를 넘어선 죄가 있다."

또 말하였다.

"이산이 근래 역적을 비호하는 남구만(南九萬), 윤지완(尹趾完)의 논의와 같으니, 실로 근본이 된다."

엄격하게 배척하고 깊이 우려한 것이 또 이와 같았다.

7월, 또 수찰로 부름을 받았다. 사직 상소를 올리면서 하늘과 사람이 함께하는 의리, 재해와 상서가 부류에 따라 응하는 도리를 극진히 아뢰었다. 대사헌에 제수되자 사직하였으나 허락받지 못하였다. 8월, 금천(金川) 묘소로 가서 그곳의 학도들과 산사에서 강학하였다. 당시 성상이 선생을 뒤늦게 그리워하여 액정 하인들로 하여금 이곳을 찾아오게 하고 선조(宣祖)의 어필을 반사하였으며, 또 근래의 안부가 어떠한지 물었다. 선생은 이곳이 서울과 멀고 선비들의 풍속이 순박하다고 여겨, 매번 성묘하러 갈 때마다 서원에서 유생들과 모였다. 때로는 서당에서 관례의 의식을 때때로 연습하고, 때로는 상읍례를 행한 뒤 《가례》, 〈백록동규〉, 〈서명〉, 사마광의 〈거가잡의〉, 율곡의 〈학규〉, 《격몽요결》 등의 책을 강하였다. 또 여가에 어른과 아이를 데리고 산수에서 읊조리다 돌아왔으니, 시원스레 속세를 벗어난 생각이 들었다.

을축년(1685, 숙종11) 2월, 이조 참판에 임명되었다. 7월, 가뭄으로 인해 또 별유를 내려 불렀다. 8월, 연달아 대사헌에 임명되었으나 모두 나아가지 않았다.

병인년(1686) 2월, 또 이조 참판에 임명되었으나 재차 상소하여 사직하고 《주문습유(朱文拾遺)》를 바쳤다.

정묘년(1687) 1월, 무지개의 변고 때문에 별유를 내려 부르자 상소를 올려 사직하고 직명을 다시 환수하기를 청하였으나 허락받지 못하였다.

3월, 양주(楊州)에서 파주 광탄(廣灘) 만성정(晩醒亭)으로 이사하였다. 만성정 앞에는 큰 시내가 넘실거리는데 넓어서 배를 띄울 만하였다. 선생은 즐겁게 소요하며 마침내 남계(南溪)라는 호를 지었다. 원근에서 배우러 오는 선비들이 날마다 더욱 찾아와 함께 개울가에 집을 짓고 공부하는 장소로 삼았다.

당시 장릉(長陵)을 천장(遷葬)하는 논의가 오랫동안 결정되지 않았는데, 이때 와서 어가가 직접 행차하여 살펴서 정하고자 하였다. 성상은 선생의 집이 길가에 있다는 말을 듣고 특별히 소명을 내리고 말을 지급하게 하였다. 선생은 능을 옮기는 일은 중요하며 소명이 간곡하니 감히 집에 있을 수 없다고 여겨 능 아래로 나아갔다. 성상은 선생이 뒤따라 온 것을 알고 용안에 기쁨이 드러나 즉시 숙배를 제하고 인견하겠다고 명하였다. 선생이 아뢰었다.

"모든 일은 반드시 대의를 익숙히 강론한 뒤에야 후환이 없을 수 있습니다. 오늘 능을 옮기는 일의 가부는 단지 산릉의 흠결의 경중과 세월의 오래되고 가까움에 달려 있습니다."

성상이 말하였다.

"경의 말이 옳다. 감히 자세히 살피지 않을 수 있겠는가."

선생이 아뢰었다.

"신이 밖에서 들으니 근래 전하의 조처는 기쁨과 노여움이 아랫사람들의 바람에 흡족히 맞지 못하다고 합니다. 신은 비록 초야에 있으나 나라를 걱정하고 임금을 사랑하는 마음을 잊지 못합니다. 지금부터 더욱 힘쓰소서."

성상이 깊이 받아들이고, 어가를 따라 도성에 들어오라는 뜻을 간곡히 면유하였다. 선생이 아뢰었다.

"신은 늘 당론이 국가의 큰 화가 될 것이라고 염려하였습니다. 그러므로 몇해 전 조정에 들어갔을 때 폐습을 제거하고자 하였으나 잘 처리하지 못하여 결국 낭패를 당하고 돌아왔습니다. 신이 어찌 감히 다시 조정에 들어가겠습니까."

선생이 물러나오자 성상이 또 비망기를 내렸는데 말이 몹시 간곡하였다. 뒤에 남아 상소를 올린 뒤 대죄하자 성상이 연달아 사관을 보내 '나의 지극한 뜻을 유념하여 간절한 바람을 저버리지 말라.'라고 하유하였다.

무진년(1688) 5월, 대사헌으로 있다가 자헌대부 이조판서로 특별히 승진하였다. 선생이 사직 상소를 올렸는데 그 대략은 다음과 같다.

"신은 재주가 부족하고 학문이 황폐하여 남보다 한참 못하니, 세 조정을 거치는 동안 출사하지 않겠다고 맹세하였습니다. 그러다가 임술년(1682) 가을에 이르러 대궐 아래에서 사정을 아뢰고 사대(賜對)하는 은혜를 입자 미천한 마음에 감격하여 나라에 몸바칠 뜻을 품었습니다. 이어서 연달아 소명을 받으니 대대로 녹을 받은 신하가 나라와 기쁨과 슬픔을 함께 하는 의리를 하유하셨습니다. 마침 원로가 또 먼저 조정에 있다는 말을 듣고 서로 의지하여 일을 도모할 수 있다고 여겼습니다. 이 때문에 조정에 나아가기로 결심하였으니, 묘당과 대각의 논의가 어그러졌다는 것은 전혀 몰랐습니다. 마침내 일마다 경계를 올리다가 낭패를 당하여 속히 돌아가는 결과를 면치 못하였습니다. 신 역시 당파를 만든다는 지목을 함께 받았는데 본말이 이와 같으니 재차 잘못을 저지르지 않고자 합니다. 구구한 마음은 신명에게 맹세할 수 있습니다.

맡은 직무로 말하자면 이조 판서는 옛날 총재(冢宰)의 직임입니다. 주(周)나라의 제도에 따르면 임금의 거조에 참여하니 실제로는 임금을 보도하는 직임에 관계됩니다. 한나라와 당나라 이후로는 등용을 전담하여 치란이 이루어졌습니다. 만약 감식안이 정밀하고 밝으며 경력이 노숙한 사람이 아니라면 차지해서는 안 됩니다. 그런데 지금 하루아침에 가져다가 어리석은 신에게 맡겼으니, 만약 일찌감치 스스로 잘 처신하지 않는다면 끝에 가서는 죄와 흠이 번갈아 나타나 지난날처럼 낭패를 당하고 속히 돌아가는 정도에서 그치고자 하여도 할 수 없을 것입니다."

네 번 상소하였으나 모두 허락받지 못하였다. 다섯 번째 사직 상소를 올리면서 아울러 시무 만언소를 아뢰었다. 선생은 예전 계해년(1683) 무렵 상소 한 통을 완성하였는데, 모든 시무를 거론하고 강령과 조목으로 구분하였으나 미처 올리지 못하고 도성을 떠났다. 이때에 와서 갈수록 융숭해지는 은혜와 지우에 몹시 감격하여 마침내 구본(舊本)을 다시 다듬어 바쳤다. 모두 12조목이고, 조목마다 항목이 있고, 항목 아래에 또 작은 항목이 있었다.

첫째는 '큰 뜻을 분발할 것〔奮大志〕'이다. 그 아래에 두 조목이 있으니 '왕도를 살필 것〔審王道〕'과 '대의를 밝힐 것〔明大義〕'이다.

둘째는 '성학에 힘쓸 것〔勉聖學〕'이다. 그 조목은 넷이니 '경연을 부지런히 할 것〔勤經筵〕', '중대한 근본을 바로잡을 것〔正大本〕', '군자를 가까이할 것〔親君子〕', '소인을 멀리할 것〔遠小人〕'이다.

셋째는 '내치를 바로잡을 것〔正內治〕'이다. 그 조목은 둘이니 '대궐을 엄숙히 할 것〔嚴宮闈〕', '절약과 검소를 숭상할 것〔崇節儉〕'이다. '대궐을 엄숙히 할 것'에 작은 항목이 있으니 '내사를 혁파할 것〔罷內司〕', '환관을 경계할 것〔戒宦寺〕', '외척을 가르칠 것〔敎戚屬〕'이다.

넷째는 '법규를 세울 것〔立規模〕'이다. 그 조목은 둘이니 '충성을 숭상할 것〔尙忠〕', '엄격함을 위주로 하고 관대함으로 구제할 것〔主嚴濟寬〕'이다.

다섯째는 '기강을 진작할 것〔振紀綱〕'이다. 그 조목은 넷이니 '상벌을 공정히 할 것〔公賞罰〕', '현인과 악인을 분별할 것〔辨賢邪〕', '붕당을 깨뜨릴 것〔破朋黨〕', '요행을 억제할 것〔抑僥倖〕'이다. '붕당을 깨뜨릴 것'에 작은 항목이 있으니 '두 현인을 표창할 것〔褒揚二賢〕', '영남인을 수용할 것〔收嶺南〕', '교육과 경계를 엄격히 할 것〔嚴敎戒〕'이다.

여섯째는 '어진 인재를 구할 것〔求賢才〕'이다. 그 조목은 둘이니 '천거를 논함〔論薦〕'과 '널리 등용함〔通用〕'이다.

일곱째는 '언로를 열 것〔開言路〕'이다. 그 조목은 둘이니 '간언을 구할 것〔求言〕', '간언을 받아들일 것〔納諫〕'이다. '간언을 구할 것'에 작은 항목이 있으니 '자신을 책망할 것〔責己〕', '자세히 살피는 관원을 둘 것〔置看詳官〕'이다.

여덟째는 '다스리는 법을 제정할 것〔制治法〕'이다. 그 조목은 여섯이니 '부지런히 정사를 볼 것〔勤聽政〕', '정부의 옛제도를 복구할 것〔復政府故制〕', '삼공, 육경, 삼사의 장관, 팔도의 감사를 가려뽑을 것〔選任三公六卿三司長官八道監司〕', '장리를 가려뽑을 것〔擇長吏〕', '오래 임용하여 등급을 뛰어넘어 옮길 것〔久任超遷〕', '출척(黜陟)'이다. '가려뽑을 것'에 작은 항목이 있으니 '치적을 이루면 등용할 것〔績成徵用〕', '내직과 외직을 교차할 것〔內外交差〕'이다. '출척'에 작은 항목이 있으니 '어사를 따로 보낼 것〔別遣御史〕'이다.

아홉째는 '선조의 법전을 계승할 것〔述祖典〕'이다. 그 조목은 하나이니 '경제사를 설치할 것〔設經濟司〕'이다. 작은 항목은 '《경제육전》을 참고할 것〔參用經濟六典〕', '《대전속록》을 수정할 것〔修正續錄〕', '선정의 소장을 채용할 것〔採先正章疏〕', '오랜 폐단을 개혁할 것〔革舊弊〕', '새로운 제도를 반포할 것〔頒新制〕'이다.

열 번째는 '선왕을 본받을 것〔法先王〕'이다. 그 조목은 셋이니 '향당(鄕黨)', '경계(經界)', '학교(學校)'이다. '향당'에 작은 조목이 있으니 '사민(四民)'이고, '경계'에 작은 조목이 있으니 '농상(農桑)', '수리(水利)', '사창(社倉)'이다. 학교에 작은 항목이 있으니 '존현당(尊賢堂)', '선사법(選士法)', '공거(貢擧)', '향약(鄕約)'이다.

열한 번째는 '군정을 닦을 것〔修軍政〕'이다. 그 조목은 넷이니 '내정(內政)', '군제를 정할 것(定軍制)', '장수의 인재를 선발할 것〔選將才〕', '훈련을 밝힐 것〔明訓鍊〕'이다. '군제를 정할 것'에 작은 조목이 있으니 '오위를 복구할 것〔復五衛〕', '별도의 병사를 정선할 것〔精選別兵〕'이다. '장수의 인재를 선발할 것'에 작은 조목이 있으니 '병법을 강론할 것〔講兵法〕'이다. '훈련을 밝힐 것'에 작은 조목이 있으니 '무기를 수리할 것〔繕器械〕', '양식을 쌓을 것〔峙糧資〕', '군마를 준비할 것〔備戰馬〕'이다.

열두 번째는 '방어에 전념할 것〔專守禦〕'이다. 그 조목은 셋이니 '산성을 보수할 것〔修山城〕', '행궁을 설치할 것〔置行宮〕', '변방에 큰 진을 설치할 것〔沿邊設大鎭〕'이다. '큰 진을 설치할 것'에 작은 조목이 있으니 '토병을 모집할 것〔募土兵〕', '둔전을 설치할 것〔設屯田〕', '섬들을 개간할 것〔開諸島〕', '수전을 연습할 것〔習水戰〕', '전함을 준비할 것〔備戰艦〕'이다. 성상이 융숭한 비답을 내리고 가상히 받아들였다.

일곱 번째 상소하고 고양에 도착하였으며, 여덟 번째 상소하고 도성 서쪽으로 나아갔다. 아홉 번째 상소에 대한 비답이 더욱 간곡하여 3일 뒤 나가서 숙배하였다. 성상이 즉시 인견하고 몹시 지극히 위로하며 하유하였다. 선생이 아뢰었다.

"예로부터 제왕의 학문은 격물, 치지, 성의, 정심에 불과할 따름입니다. 사물의 이치를 연구하고 앎이 지극해지는 공부가 지극해지면 천하 사물의 이치가 모두 마음과 눈 사이에 분명해져서 뜻을 성실히 하고 마음을 바르게 하는 것은 비록 마루 위와 안방 안을 벗어나지 않더라도 안팎이 환히 트이고 만물이 모두 보여 터럭만큼의 은미한 병통도 용납하지 않을 것이니, 그러한 뒤에야 집안이 가지런해지고 나라가 다스려지며 천하를 평정하는 것에도 그대로 적용할 수 있습니다. 지금 전하께서 학문을 강론하고 덕을 닦은 지 여러 해가 되었는데, 간혹 사물에 응대하는 사이에 위대한 성인의 화평하고 정대한 기상에 몹시 어긋나는 경우가 있습니다."

이어서 소매에서 아뢰는 차자 한 통을 꺼내 바쳤다. 그 첫째는 대략 다음과 같다.

"구구한 신이 개나 말이 주인을 그리워하는 정성으로 임금의 덕에 잘못된 점이 있으면 스스로 멀리하기 어려워 감히 옛 전례를 본떠 어리석은 정성을 바칩니다. 성(誠) 한 글자를 핵심으로 삼았으니, 참으로 지금의 형세는 군주와 신하가 멀어지고 궁중과 부중이 몸을 달리하며 거짓말이 간간이 나오고 놀라운 기미를 헤아리기 어려우니, 붕당의 기습은 오히려 그 다음 문제입니다. 요컨대 반드시 이

관건에 투철한 뒤에야 다른 일을 비로소 헤아려 행할 수 있습니다.

삼가 생각건대, 전하는 지기가 맑고 밝으며 학문이 정밀하고 독실합니다. 경연으로 말하자면 더욱 부지런하고, 정사로 말하자면 게을리하지 않습니다. 이는 거의 성이라고 할 수 있습니다. 다만 행위로 나타난 것으로 미루어보자면, 전하의 거조와 희노애락은 여전히 지극히 당연한 이치를 얻지 못하고 있습니다. 신은 지금 조용히 중도에 맞는 성인의 성(誠)을 전하에게 바라는데 지금 도리어 이와 같으니, 이것이 신이 밤낮으로 방황하며 황극(皇極)에 마음을 두고 반드시 덕을 성취하기를 보고자 하는 이유입니다."

두 번째는 다음과 같다.

"군주가 세상을 다스리고 사물에 대응할 적에 마음에서 드러나고 행동으로 나타나는 것이 사리에 맞고 인심에 부합한 뒤에야 여러 정사가 공평해지고 지극한 다스림이 이루어집니다. 신이 삼가 보니 전하께서 지난해 일 때문에 한두 대신을 물리쳤는데, 이것이 일일이 중도에 맞는지 모르겠습니다.

영돈녕부사 김수항(金壽恒)은 이름난 선조의 가르침을 받고 문학에 뛰어나며 단정하여 두 조정의 지우를 입어 정승의 자리에 올라 마침내 후사를 부탁하는 명을 받았습니다. 어려운 시기를 만나자 상소를 올렸다가 유배되어 큰 절개가 더욱 드러났습니다. 판중추부사 이단하(李端夏)는 젊은 시절부터 조용히 지내면서 경술과 행실이 세속과 전혀 달랐습니다. 조정에 올라서는 논의가 화평하고 충성이 지극하였으며, 특히 백성의 일을 유념하였습니다. 두 신하 같은 사람을 전하의 조정에서 찾더라도 미칠 만한 사람이 없습니다. 그런데 갑자기 한 마디 잘못하고 한 가지 일을 그르쳤다고 마침내 모두 파직하고 이어서 질책하였으니, 실정에 전혀 맞지 않습니다. 성상의 덕에 얼마나 누를 끼치겠습니까."

세 번째는 다음과 같다.

"사람에게는 칠정(七情)이 있는데, 그중 분노가 발하기 쉽고 제어하기 어렵습니다. 분노를 징계하거나 막는 것은 모두 사욕을 이기고 선을 따르는 방도입니다. 작년 김만중(金萬重)을 유배할 적에 전하께서 몹시 분노하여 하옥하고 힐문하고는 마침내 외딴 변방으로 유배하였습니다. 죄를 얻은 관건이 전하는 이야기를 아뢰었기 때문이라고 들은 듯한데, 그 이야기가 비록 몹시 터무니없으나 민간에서 전하는 이야기가 이미 많은데 전하 홀로 듣지 못하였기에 일을 계기로 아뢴 것이니 어찌 깊이 죄 줄 필요가 있겠습니까. 순임금의 신하들은 순임금에게 단주(丹朱)처럼 오만하지 말라고 경계하였으니, 지금 보면 참으로 놀랍습니다. 그러나 순임금이 이 때문에 덕을 손상하지 않았고, 그 신하 역시 이 때문에 죄를 얻지 않았습니다. 지금 그 사건이 대궐에 관계된 것이고, 그 말도 또 몰래 의논한 것에 비할 바 아니니, 성상께서 들어주고 너그러이 용납하는 도리에 있어서 이와 같아서는 안 될 듯합니다."

네 번째는 다음과 같다.

"신이 듣기로 주자가 말하기를 '삼대의 성군으로 정사를 잘 수행한 자는 모두 집안을 가지런히 하는 데 근본을 두었다. 남자는 바깥에 자리를 바로하고, 여자는 안에 자리를 바로하여 부부의 구별이 엄격한 것이 집안이 가지런한 것이다. 아내는 위에서 남편과 몸을 나란히 하고, 첩은 아래에서 받들어 적서(嫡庶)의 구분이 정해지는 것이 집안이 가지런한 것이다.'라고 하였습니다. 이는 당시 군주를 위해 충언을 다 바친 것이니, 후세 군신의 중대한 귀감이 됩니다.

신이 삼가 보건대, 이징명(李徵明)과 한성우(韓聖佑) 등이 대궐의 일을 말하였다가 전후로 죄를 얻었으니, 이는 태평성대의 기상이 아닌 듯합니다. 요컨대 대궐 안에 궁녀를 두는 것은 원래 일상적인 이치입니다. 더구나 지금은 후사를 넓힐 방도를 생각하느라 또 다른 때와는 다르니, 경계해야 할 것은 안팎의 구별을 반드시 엄격하게 하고, 위아래의 분수를 반드시 정하며, 은혜를 믿고 정사에 관여하는 단서에 불과합니다. 지금 설령 신료가 한 말이 비록 성상의 생각에 몹시 맞지 않더라도 반드시 더욱 통렬히 성찰하여 잘못이 있으면 고치고 없으면 더욱 힘써야 합니다. 비단 성상의 덕이 이로 인해 더욱 높아질 뿐만 아니라, 비빈(妃嬪)으로 말하더라도 장차 두려워하고 근신하여 저절로 허물이 없이 성상의 뜻을 받들 것이니, 위아래와 궁중과 부중이 어찌 순조롭고 바르지 않겠습니까."

다섯 번째는 다음과 같다.

"신이 듣기로 주자가 말하기를 '구경(九經)[26]에 친척을 친애한다〔親親〕하였는데, 어떤 일을 맡긴다고 말하지 않은 이유는 무엇인가. 만약 친척을 친애한다는 이유로 어진지 아닌지를 따지지 않고 함부로 맡긴다면, 불행히 감당하지 못하였을 때 죄를 다스리면 은혜를 상하고 다스리지 않으면 법을 폐기하게 된다. 이 때문에 부유하게

26 구경(九經) : 천하를 다스리는 아홉 가지 법으로, 몸을 닦는 것〔修身〕, 현자를 높이는 것〔尊賢〕, 친척을 친애하는 것〔親親〕, 대신을 존경하는 것〔敬大臣〕, 신하들을 제몸처럼 여기는 것〔體群臣〕, 백성을 자식처럼 사랑하는 것〔子庶民〕, 먼 지방 사람을 회유하는 것〔柔遠人〕, 제후들을 회유하는 것〔懷諸侯〕이다. 《中庸章句 第20章》

하고 귀하게 하고 친하게 하고 후하게 하지만 일을 맡긴다고 말하지는 않은 것이다. 이것이 친애하여 보전하는 방법이다.'라고 하였습니다.

예전에 이것을 가지고 역대로 종친을 대우한 법을 보았더니, 이를 어기지 않는 경우가 드물었습니다. 우리나라로 말하자면 나라의 제도를 정하여 직무를 맡기지 않았습니다. 중간에 어찌 등용할 만한 종친 한두 사람 없었겠습니까. 그러나 끝내 흔들리지 않았으니 그 의리가 엄격합니다.

신이 삼가 들으니 작년에 사간원에서 동평군(東平君) 이항(李杭)을 혜민서 제조로 삼은 일을 논하였으나 끝내 체직하지 않았다고 합니다. 생각건대, 이는 이른바 일을 맡긴다는 말에 비할 바 아니니, 참으로 세조조 이후 없던 일입니다. 그런데 밝으신 성상께서는 즉시 따르지 않으시고, 대간은 굳게 고집하지 않았으니 윗사람과 아랫사람이 모두 잘못한 듯합니다.

세도는 더욱 낮아지고 사람의 마음은 선하지 않아 성상의 돌보심이 융숭하여 직질을 준 자 및 다른 사람과 달리 자주 성상을 뵙는 자를 따지지 않으니, 듣는 사람은 모두들 이렇게 된 이유를 알지 못하고 '어찌하여 성상의 은혜가 여기에 이르렀는가.'라고 합니다. 점점 지적하여 성상에게까지 번지는 경우가 없지 않으니, 참으로 신중하지 않을 수 없습니다.

선정신 이이(李珥)가 예전에 이 일을 논하여 '치우치고 사사로움이 지나치게 후하면 구하는 것을 반드시 따라주고 죄가 있어도 다스리지 않아 정사에 해가 됩니다. 만약 범범하게 대하여 가까이 하지 않고 한번도 만나지 않으면 길 가는 사람처럼 소원할 것입니다. 이는 모두 선왕이 친척을 친애하는 의리가 아닙니다.' 하였으니, 그 말이 몹시 정확합니다. 만약 전하께서 특별히 제조에서 파직하고, 나머지 성상을 찾아뵙고 물건을 주는 일을 반드시 여러 종친들과 똑같이 한다면, 위로는 지나치게 중시하는 은혜가 없을 것이고, 아래로는 두루 혜택을 입는 은혜가 있을 것이니, 실로 오늘날 보전하는 지극한 방도입니다."

당시 후궁이 총애를 독차지하여 장차 왕비를 바꿀 조짐이 있었다. 동평군 이항은 은밀한 곳과 결탁하여 궁중을 출입하며 수시로 접견하였으며, 하사받는 일이 몹시 잦아 혜민서 제조에 특별히 제수하라는 명까지 있었다. 말하는 조정 신하는 잇따라 쫓겨났으므로 선생이 소매에서 올린 차자에 아뢰어 미리 경계하였다. 그러나 말이 시행되지 않아 끝내 기사년(1689)의 변고가 일어났다. 성상은 차자에서 논한 동평군에 관한 말은 필시 시기하는 종친에게서 나왔을 것이라 여겨 의금부로 잡아다 국문하여 엄히 신문하라는 하교를 내렸다. 성상의 위엄이 진동하고 말뜻이 지극히 엄격하였다. 선생은 즉시 도성 밖으로 나갔다. 영의정 남구만(南九萬)과 우의정 여성제(呂聖齊)가 청대하여 아뢰었는데 대략 다음과 같다.

"박세채는 얼마 전 초야에서 왔기에 기휘를 몰라서 저촉하는 말을 하였습니다. 성상께서 들어주시는 도리에 있어서 쓸 만하면 쓰고 쓸 수 없으면 내버려둘 뿐입니다. 어찌하여 말씀이 이처럼 엄격하십니까. 전하께서 임어하신 지 십여 년 동안 후사가 없어 사람들의 마음이 안정되지 않아 윗사람과 아랫사람이 의심하고 두려워하는 때에 가까운 종친이 자주 출입한다는 이야기가 민간에 전파되었기에 박세채가 감히 차자에서 아뢴 것이니, 이는 지나친 염려에서 나온 것입니다."

성상이 몹시 노하여 남구만과 여성제 두 정승을 모두 북쪽 변방에 위리안치하고, 선생의 본직과 겸직들을 모두 개차하라고 명하였다. 그러자 승정원, 사헌부, 사간원, 홍문관 및 영의정 김수흥(金壽興), 영중추부사 민정중(閔鼎重), 판중추부사 이상진(李尙眞) 등이 잇따라 구원하였다. 어떤 이는 차자를 올리고 어떤 이는 상소를 올려 두 번 세 번에 이르렀다. 좌의정 조사석(趙師錫)은 눈물을 흘리며 간언하기까지 하였다. 성균관 유생 조유수(趙裕壽) 등 240여 명, 경기 유생 김혼(金混) 등 110여 명, 평안도 유생 이두최(李斗最) 등 4백여 명, 황해도 유생 오환두(吳煥斗) 등 110여 명, 전라도 유생 백광호(白光瑚) 등 420여 명이 잇따라 상소를 올렸는데 처음부터 끝까지 몇 달 동안 말하는 사람은 더욱 간절해지고 조야가 동요하였으며 사람들이 모두 탄식하였다. 11월이 되자 비로소 겸직과 이조 판서에 도로 제수하는 명이 내렸다. 그간 비망기의 온당치 못한 하교는 차례로 도로 거두어들였다. 성균관 유생들이 상소하여 더욱 정성과 예의를 더하여 기필코 다시 불러들이기를 청하였다. 비답하기를,

"조정에서 이미 예전의 직질을 회복시켰으니, 예우하는 일이 어찌 앞뒤가 다르겠는가. 그대들은 지나치게 염려하지 말라."

하였다. 선생이 재차 상소하여 체직되었다가 곧 대사헌에 임명되었다.

기사년(1689) 1월, 의정부 우참찬에 임명되었다. 당시 조정의 정국이 또 바뀌어 주벌과 유배가 날마다 이어졌다. 율곡(栗谷 이이)과 우계(牛溪 성혼) 두 선생도 문묘(文廟)에서 쫓겨났다. 선생이 상소를 올렸는데 대략은 다음과 같다.

"신이 삼가 들으니 근래 조정에서 크게 출척을 시행하여 이전과 완전

히 반대가 되었다고 하니, 명분과 실제를 가려내는 정사는 신을 먼저 해야 마땅합니다. 이것이 신이 감히 다시 고개를 들고 호소하며 직질을 뒤늦게 거두어주기를 바라며 그만두지 못하는 이유입니다. 또한 신은 이로 인해 옛사람이 스스로 탄핵한 전례를 본받지 않을 수 없습니다. 문성공(文成公) 신 이이(李珥)와 문간공(文簡公) 신 성혼(成渾)은 도가 크고 덕이 높아 실로 우리나라 오현(五賢)이 남긴 자취를 계승하여 출처와 언행이 분명히 드러났습니다. 신은 어릴 적부터 그 책을 읽고 그 사람을 사모하기를 옛 현인보다 더하였습니다. 그러나 당습(黨習)에 구애되고 사론이 선하지 않아 성조(聖朝)에 와서 문묘에 배향된 뒤에도 여전히 다 복종하지 않았으니, 신은 세도를 위하여 개탄합니다. 예전에 올린 장문의 상소에서 특별히 한 조목을 만들어 여러 도로 하여금 그들이 남긴 글과 사적을 간행하도록 청하여 선비들이 보고 감동하여 흥기하기를 바랐습니다. 그런데 지금 들으니 어떤 이가 상소하여 결국 문묘에서 쫓겨났다고 합니다. 뜻하지 않게 옛적에 바른 사람을 미워하는 한쪽의 행위가 오늘날 다시 일어나 마침내 당초에 덕을 숭상하고 현인을 높이는 전하의 성대한 미덕이 막혀서 시행되지 못하고, 십년 동안 제사지내던 곳을 하루아침에 갑자기 철거하게 만들었으니, 이 또한 몹시 어질지 않습니다. 신처럼 표창하기를 미리 청한 자는 저지른 죄가 더욱 큽니다. 삼가 바라건대, 신을 담당 관사에 내려 그 죄의 경중을 논의하게 하소서."

성상이 본직과 여러 겸직을 체직하도록 허락하였다.

4월, 중궁이 사가로 나와서 지낸다는 말을 듣고 이때부터 두문불출하며 손님을 만나지 않았다. 6월, 우암이 초산(楚山)에서 사사(賜死)하는 명을 받고 선생에게 편지를 보내 세도의 책임을 맡겼다. 선생이 그를 위해 망곡(望哭)하고 3개월간 소대(素帶)를 착용하는 제도를 행하였다. 이산이 듣고서 몹시 분을 품고 성내는 말을 많이 하였다. 이에 선생은 몇 년 동안 한가로이 지내면서 책을 저술하고 도를 강론하였다. 때때로 문생과 상읍례를 행하기도 하고 관례를 익히기도 하였으며 입을 닫고 시사를 말하지 않았다.

6년 뒤 갑술년(1694, 숙종20) 4월, 성상이 화를 내린 것을 후회하여 조정이 다시 바르게 되었다. 흉인들은 쫓겨나고 중전은 복위하였다. 특지로 숭정대부 의정부 우찬성에 임명하였다. 선생이 상소하여 사직하자 비답하기를,

"아! 경이 도성을 떠난 지 벌써 6년이 지났다. 어리석은 나의 그리움은 오래될수록 더욱 간절하다. 나라에 충성하고 임금을 사랑하는 경에게 유독 그리워하는 마음이 없겠는가."

하였다. 얼마 후 또 승진시켜 의정부 좌의정 세자부에 임명하고 규례대로 겸직하였다. 또 금위영, 사직서 도제조를 겸하였다. 선생은 상소하여 힘껏 사직하다가 세 번째 상소에 이르러 대의를 아울러 언급하고 소갑(疏匣)에 밀봉하여 장남 박태은(朴泰殷)을 시켜 승정원에 곧장 바치게 하였다.

상소가 들어간 뒤 밤 3경에 비밀 비답을 내리고 이어서 밀갑(密匣)에 넣어 사관을 보내 전유하였다. 상소는 대략 다음과 같다.

"삼가 생각건대 국가가 어려운 운수를 만난 지 50여 년 뒤에 우리 효종대왕께서 대의를 분발하여 장차 큰일을 하려고 하였는데, 불행히 중도에 승하하셨으니 이는 신민의 지극한 아픔입니다. 그러다가 전하에 이르렀으니 참으로 이른바 '짐에게 평성(平城)의 근심을 남겼다.'[27]라는 말입니다.

삼가 생각건대, 밝으신 성상께서는 선왕의 뜻을 체득하여 반드시 계승하는 업적을 유념하실 것입니다. 다만 시운이 아직 어렵고 나라 안에 일이 많아 아직 미치지 못하였을 뿐입니다. 신이 예전 계해년(1683)에 올린 세 통의 차자에서 첫 번째로 이 일의 대략을 말하였고, 또 무진년 사직할 때 만언소를 이어서 올렸으니, 그 귀결은 번번이 이를 중시하는 것이었습니다. 형세를 헤아리지 않고서 갑자기 이를 가지고 적국에 종사하고자 하는 것이 아니라, 요컨대 대의에 어둡지 않고 힘을 쌓아 기회를 살펴 훗날을 잘 도모하려는 것이었습니다. 만약 그렇게 하지 못한다면 장차 위아래가 바뀌고 강상이 끊어져 없어져 나라는 나라답지 않고 사람은 사람답지 않을 것입니다.

신은 초야에 자취를 감춘 지 40년 동안 중간에 누차 소명을 받았으나 늘 사직하는 글을 올리며 감히 규례를 따르지 못하였습니다. 그러다가 조정에 나오자 전하께서 미천한 신의 고신(告身)에서 청나라 연호를 특별히 삭제하게 하였습니다. 성상께서 시종일관 곡진히 이루어주신 은혜가 아니라면 신은 본디 여기에 이르지 못하였을 것입니다.

다만 생각건대 정승의 직임은 다른 조(曹)에 있을 때와는 다르니, 청나라 사신이 오면 반드시 홍제원(弘濟院)에서 영접하고 남궁(南宮 예조)에서 나란히 만나야 합니다. 또 큰일이 있으면 역시 명을 받들고 국경을 나갈 수도 있으니, 이것이 신이 놀라고 두려워하며

27 짐에게……남겼다 : 한 무제(漢武帝)가 "고황제는 짐에게 평성의 근심을 남겼다." 하였다. 평성은 고조가 흉노에게 포위되어 곤욕을 치른 곳이다. 여기서는 병자호란의 치욕을 말한다. 《史記 卷110 匈奴列傳》

죽어도 감히 명을 받들지 못하는 이유입니다."

일곱 번 상소하였으나 융숭한 비답을 내려 허락하지 않았다. 가다가 연서역(延曙驛)에 도착하여 여덟 번째 상소를 올리니 연달아 사관과 승지를 보냈고, 아홉 번째 상소를 올리자 특별히 중신을 보내어 각별히 돈유하였다. 도성 서쪽으로 나아가 열 번째 상소를 올렸으나 허락을 받지 못하였다. 이어서 전지를 내려 만나기를 재촉하니, 마침내 대궐에 나아가 사은하였다. 성상이 즉시 인견하겠다고 명하니 선생이 아뢰었다.

"나라의 운수가 다시 태평해져 하늘의 태양 같은 성상이 거듭 밝아지고 중전이 복위하였으니 이는 참으로 고금에 없는 큰 경사입니다. 다시 다스리는 초기에 신처럼 형편없는 자가 가장 먼저 발탁을 받았는데, 다만 이 지위는 신이 평소에 꿈도 꾸지 않던 것입니다. 어찌 감히 감당하겠습니까.

누차 사직 상소를 올렸으나 성상께서 들어주지 않으시고 분의가 두려워 어쩔 수 없이 교외로 나아가 직명에서 체직된 뒤 한 차례 입대하여 용안을 우러러 보고 돌아오고자 하였습니다. 성상께서 헤아려주시지 않아 은혜와 예우가 더욱 융숭해지고 대궐이 지척이라 감히 달아날 수 없어 지금 비로소 들어와 은혜로운 명에 사은하였습니다. 머물렀다가 진하하는 반열에 참여하고자 하나, 직무로 말하자면 신의 질병이 이미 고황에 들어 결코 직무를 수행할 가망이 없습니다."

성상이 말하였다.

"경은 그동안 매번 재주와 질병과 고사 세 가지 일로 사양하였다. 그러나 경은 일찍부터 사림의 중망을 받았으니 지금 정승의 책무를 경이 아니면 누가 감당하겠는가. 질병으로 말하자면 나이가 아직 많지 않으니 한때 걸린 병이 대단히 억지로 힘쓰기 어려운 지경에는 이르지 않았다. 고사로 말하자면 예로부터 산림의 사람이 덕망을 지니고 대궐로 들어와 정승이 된 자가 많이 있다. 세 가지 일로 헤아려보면 별달리 불편한 단서가 없다. 누차 간곡히 권면한 뜻은 단지 진하하는 반열에 참여하게 하기 위해서만은 아니다."

선생이 아뢰었다.

"근래 성상의 처분은 모두 신민의 바람에 부합합니다. 다만 예로부터 처음에는 맑고 밝았으나 마무리를 잘한 자는 드물었습니다. 바라건대 밝으신 성상께서는 더욱 힘써서 그 마무리를 삼가소서."

성상이 선온(宣醞)을 명하였다. 6월에 중전 복위를 진하하는 반열에 참석하고 나아가 별단 계차(別單啓箚) 4본을 올렸는데, 그 첫 번째는 대략 다음과 같다.

"삼가 생각건대 우리 전하는 총명하기가 몹시 뛰어나고 타고난 어짊과 효성이 지극합니다. 즉위하신 이래 정사를 시행하고 인을 베풀어 중외 신민에게 내린 것이 거의 지극한 방도를 다하였습니다. 그런데 도리어 시사가 누차 변하여 비단 대궐 안에 중대한 분수가 도치되었을 뿐만 아니라 조정에서도 죄를 짓고 죽는 자가 이어지니, 선정신 이언적(李彦迪)이 이른바 '송나라 3백년 동안 한 사람의 대신도 죽인 적이 없고, 고려 5백 년 동안 한 사람의 간언하는 신하도 죽인 적이 없으니, 지극히 어질고 두터워 나라의 수명이 길어 오랜 세월을 누렸다.'라는 말과는 몹시 다릅니다. 얼마 전 하늘이 성상을 깨우쳐 혁연히 진노하여 오래지 않아 중전이 다시 임어하고 소인들을 물리쳤으며 옛신하를 불러들였으니, 이는 참으로 하늘의 이치에서 바로 나온

전하의 본심입니다. 비록 일식과 월식, 바람과 우레의 익(益)[28]이라도 그 성대함을 비유하기 부족합니다."

그 두 번째는 대략 다음과 같다.

"불행히 조정이 당론으로 서로 다투어 갑인년 이후로 지금까지 21년 동안 조정이 네 번 변하였습니다. 처음에는 종반(宗班)이 대신 전(奠)을 올리는 날에 일어났고,[29] 두 번째는 외척이 조정을 맡았을 때 이루어졌습니다.[30] 기사년의 일로 말하자면 전하께서 후사를 몹시 간절히 걱정하셨기 때문이었고, 오늘의 거조는 중궁의 원통함을 특별히 살피셨기 때문이니, 성상의 깊은 우려와 먼 생각에서 나와 성상께서 홀로 결단하신 것이 어찌 분명히 드러나지 않겠습니까. 그런데 잘못된 말이 오랫동안 그치지 않아 옥사의 발단이 되기까지 하였습니다. 비록 모든 왕을 능가하고 전대를 뛰어넘는 성대한 전하의 덕으로도 오히려 미진한 점이 있는 듯하니, 그 근본을 따져보면 모두 두 당이 번갈아 바뀌고 사사로운 뜻이 점차 치성해진 탓이며, 전하께서도 표준을 세워 임어하여 그들이 사욕을 부리지 못하게 막지 못하셨습니다."

그 세 번째는 대략 다음과 같다.

28 바람과 우레의 익(益) : 《주역》 〈익괘(益卦)〉의 상사(象辭)에 "바람과 우레가 익이니 군자가 보고서 선을 보면 옮겨가고 허물이 있으면 고친다." 하였다.

29 종반(宗班)이……일어났고 : 1674년(현종15) 인선왕후(仁宣王后)가 승하하자 복창군(福昌君) 이정(李楨)을 대전관(代奠官)으로 삼았다. 이를 계기로 갑인예송이 일어났다. 《顯宗實錄 15年 2月 23日》

30 두……이루어졌습니다 : 1680년(숙종6) 김석주(金錫胄)가 허견(許堅)의 역모를 고변하고 정권을 잡았을 때를 말하는 듯하다.

"이른바 인심(人心)은 천리(天理)가 있는 곳입니다. 처음에는 미천한 민간의 부녀자와 아이에게서 나오니, 비록 성현이라도 변화시켜 바꿀 수 없습니다. 뇌물이 통하지 못하고 무력으로 굴복시키지 못하며 교묘한 변설로 어지럽히지 못하여 선을 선하게 여기고 악을 미워하는 결과로 귀결되니, 위에 있는 사람이 깊이 살피고 자세히 처리해야 합니다. 더구나 관계된 바가 작지 않으니 어떻겠습니까.

삼가 생각건대 역대에 배위를 바꾼 일은 기강과 교화의 근원에 있어서 참으로 작은 일이라고 여겨 용서할 수 없습니다. 그렇다면 아래에 있는 사람이 바르게 간언하지 못하고 도리어 도와서 이루게 하였다면 그 죄를 어찌 헤아릴 수 있겠습니까. 질운(郅鄆)과 이간(夷簡)[31]의 부류는 거의 주살을 피할 수 없습니다. 기사년의 일은 온 나라 사람의 인심이 모두 옛적의 우의정〔남구만〕에게 허물을 돌리니, 홀로 외척과 몹시 긴밀하였기 때문입니다. 정국이 변한 뒤에 죄명이 다시 나왔으니 이른바 '관원을 고깃덩이로 만들었다.'라는 말은 참으로 중대합니다. 성상께서 언급하신 언문 간찰[32]과 감옥에서 주고받은 것이 전후로 부합하니, 이는 더욱 중외의 인심이 반드시 법을 적용하고야 말려고 하는 이유입니다.

중궁이 복위하던 날, 조정 사대부로부터 외딴 산과 깊은 골짜기에

31 질운(郅鄆)과 이간(夷簡) : 질운은 후한(後漢) 사람으로 광무제(光武帝)가 곽 황후(郭皇后)를 폐위하자 광무제의 뜻을 따랐다. 《後漢書 卷29 郅鄆傳》 이간은 송(宋)나라 여이간(呂夷簡)이다. 인종(仁宗)의 비 곽 황후 폐위를 주도하였다. . 《宋史 卷311 呂夷簡列傳》

32 언문 간찰 : 장희재(張希載)가 인현왕후를 무함하기 위해 대궐에 들인 글이다. 《肅宗實錄 20年 5月 20日》

사는 부녀자와 아이, 절름발이와 앉은뱅이의 무리에 이르기까지 모두 기뻐하며 춤을 추고 서로 경하하였으니, 인심의 천성이 6년 동안 없어지지 않았다는 것을 알 수 있습니다. 그런데 병조 판서가 여기에 대해 머뭇거리고 의심하여 속히 앞장서서 논의를 말하고자 하였고, 또 승정원의 신하들이 그 논의로 인하여 회의하기를 계청하였습니다. 전해 들은 이야기와 다르고 관계가 몹시 중요합니다. 부디 담당 관사에 명하여 그 득실을 논하고 경중을 참작하여 처리하게 한다면 인심과 국세가 자연히 편안하고 순조로워질 것입니다."

네 번째는 전적으로 붕당의 화에 대해 논하였다. 중궁을 복위시키라는 명이 내린 초기에 병조 판서 서문중(徐文重)과 이조 참판 박태상(朴泰尙) 등이 대궐 아래에 모여 상소하여 명을 거두는 일을 논하려 하였고, 승정원의 여러 사람이 또 회의하도록 계청하였기에 며칠 지체되었다. 영의정 남구만(南九萬)이 들어와 또 '신은 복위를 기쁘게 여기고 또 장씨의 호칭을 강등한 것을 슬퍼하니, 오늘날 신하의 마음이 어찌 기사년 여러 사람의 마음과 다르겠습니까.'라는 말을 하였다. 이 때문에 중외의 인심이 모두 분개하고 통탄하였다. 그러므로 차자에서 언급한 것이다. 비답하기를,

"덧붙여 아뢴 별단 계차의 말뜻이 자세하고 간절하여 나라를 걱정하고 임금을 사랑하는 정성에서 나왔으니 감탄하여 마지않는다."

하였다. 그리하여 서문중, 박태소 이하 승정원의 여러 사람이 의금부에서 대명하였다. 그중 무식한 무리가 공공연히 분개하고 몰래 비방하여 두 번째 소본의 어구를 집어내어 본뜻을 바꾸었으니 화를 끼치려는 의도였다. 남 정승도 보고서 몹시 성내고 또 일마다 방해하는 일이 있었다. 선생은 인심과 세도를 어찌할 수 없다는 것을 알고 이때 돌아

갈 뜻이 더욱 굳어졌다. 하례하는 반열에서 돌아왔다가 이질에 걸리자 성상이 어의를 보내 곁을 떠나지 말고 간병하게 하였다. 재차 차자를 올려 체직을 청하고 아울러 음식물을 사양하였다.

당시 선생은 서대문 밖에 우거하고 있었다. 성상이 말하였다.

"대신은 군주의 팔다리이다. 어찌 하루라도 팔다리 없이 나라를 다스릴 수 있는 자가 있겠는가. 대신이 오랫동안 도성 밖에 머물고 있으니 온당치 않다. 다시 승지를 보내 내 뜻을 거듭 알리라."

선생이 마침내 입대하여 간절히 물러나기를 구하고, 또 성학에 시작과 끝이 있기를 권면하였다. 성상은 지난 일을 몹시 스스로 뒤늦게 허물하며 타이르고 머물라고 권면하기를 몹시 지극히 하였다. 선생이 아뢰었다.

"장희재의 일은 당초 성상께서 국모를 모해하였다고 하교하셨습니다. 그러므로 대간이 그 뜻을 굳게 지켜 한 달이 넘도록 쟁론하였습니다. 그러나 대신은 일반적인 법을 벗어난 일을 염려하였으니, 이 때문에 인심이 불쾌해 하고 오랫동안 답답해 하는 것입니다. 또 예법으로 말하면 세자의 외가는 장씨가 아니라 중궁이니, 세자가 조금 장성하여 살필 줄 알면 필시 대의를 위해 친척을 버리려는 마음이 있을 것입니다."

선생이 누차 청대하여 국법을 바로잡고자 하였으나 남구만(南九萬)과 유상운(柳尙運)이 밤을 틈타 청대하여 힘껏 장희재를 편들어 선생이 건의한 일을 일체 흔들고 망쳐 시행되지 못하게 하였다. 신사년(1701, 숙종27)의 화가 일어나자 사람들은 비로소 선생의 말에 승복하였다. 또 이전에 차자로 아뢴 네 조목의 뜻을 일일이 거듭 아뢰었다. 제4조에 이르러 아뢰었다.

"나라에 붕당의 화를 막지 않는다면 장차 나라가 망할 것입니다. 지금 만약 대고(大誥)의 글에 따라 중외에 선포한다면 괜찮을 듯합니다. 주자(朱子)의 주장(奏狀)에 사사로이 지은 조서를 바쳤는데, 신하가 왕의 말씀을 대신 짓는 일은 감히 할 수 없습니다. 그러나 그렇지 않으면 성상의 뜻을 선포할 수 없으니, 신 역시 주자의 뜻을 본떠 글 한 편을 지어 바치겠습니다."

성상이 말하였다.

"지어 바치라."

선생이 아뢰었다.

"기사년 중궁을 폐위할 때 이만원(李萬元)이 몹시 힘써 쟁론하였고, 이봉징(李鳳徵)도 상소를 올렸으나 성상께 전해지지 않았습니다. 지금 비록 다른 일로 모두 벌을 받았으나 상벌을 분명히 하는 방도에 있어서 참작하여 용서하는 방도가 없어서는 안 됩니다."

성상이 즉시 석방하라고 명하였다. 또 아뢰었다.

"이후정(李后定)의 집안은 대대로 효도하고 우애하며 청렴결백합니다. 기사년에 상소 한 통을 지어 올렸으나 승정원에서 저지당하였습니다. 신이 근래 소본을 보았는데 언론이 분명하고 바르며 말뜻이 간절하여 무너진 풍속을 일으키기 충분합니다. 역시 표창하는 일이 있어야 합당합니다."

성상이 말하였다.

"해당 조(曹)로 하여금 거행하게 하라."

이때 날이 이미 저물었다. 환관이 서로 말하였다.

"성상께서 아직 수라를 드시지 않았다는 것을 모르는가?"

강관이 물러나기를 청하였으나 선생은 소회를 다 아뢰지 않을 수 없다고 여겨 계속 아뢰었다.

"서문중(徐文重)의 일에 대해 대계(臺啓)가 정지하지 않아 아직 결말이 나지 않았습니다. 민심이 격분하여 마지않으니, 비유하자면 물을 다스릴 적에 소통하고 인도하지 않으면 반드시 갑자기 터지는 우환이 생기는 것과 같습니다. 이 일에 조금 처분을 보이면 나라의 체모를 높이고 민심을 바로잡을 수 있습니다."

성상이 말하였다.

"서문중 등의 일은 대계대로 처리하라."

당시 처음 하는 일이 많아 사람들이 관망하는 마음을 품어 위태로운 말로 선동하고 갑작스러운 계기를 헤아릴 수 없었다. 선생이 조정에 들어가 묘당에 앉아 말과 낯빛을 움직이지 않고 조처가 마땅하니, 이미 무너진 윤리가 다시 바르게 되고 거의 어두워진 시비가 다시 밝혀졌으며 조정의 체모가 비로소 모양을 갖추었다. 선생은 사부의 직임을 겸하였기에 세자 상견례를 행하고 물러나 사람들에게 말하였다.

"세자가 온화하고 순수하여 사랑스러우니 실로 종묘사직의 복이다."

기쁨이 안색에 드러났다. 차자를 올려 삼성추관(三省推官)을 사직하고 이어서 체직되기를 청하니, 다시 수찰로 머물라고 권면하였다.

7월, 차자를 올려 녹봉을 사양하고, 입대하여 지은 교문(敎文)을 바치며 아뢰었다.

"성상께서 반드시 그 시비를 분명히 말한 뒤에야 임금과 신하의 정의가 서로 통할 수 있습니다."

교문은 대략 다음과 같다.

"옛날 다스림을 이룬 도리는 모두 임금과 신하가 덕을 함께하기를 힘썼다. 당우(唐虞) 삼대(三代) 무렵에는 모두 이를 따랐다. 고요

(皐陶)의 말을 살펴보면 '하늘의 순서에 법도가 있으니 우리의 다섯 가지 법도에서 나왔으며, 하늘의 차례에 예법이 있으니 우리의 다섯 가지 예법에서 나왔다. 함께 협동하여 화합을 이루었다.'라고 하였다. 그리고 기자(箕子)가 무왕(武王)에게 고하기를 '임금이 표준을 세워 오복을 수렴하여 그 백성에게 널리 베푼다. 너의 표준에 나아가 너의 표준을 보전하라.'라고 하였다. 그 군주와 신하가 저절로 마음을 합치기에 이르렀으니 이른바 순임금이 아홉 관원을 임명하자 성대하게 서로 사양하였고, 주나라에 신하 3천 명이 있었으나 한결같은 마음이었던 것이 모두 이 도이다.

이 이후로 전례를 거행하지 않고 임금의 법도가 서지 않아 윗사람과 아랫사람이 맹세를 지키지 않고 당습이 생겼다. 한(漢)나라의 남부(南部)와 북부(北部), 당(唐)나라 우승유와 이종민의 당, 송나라의 천당(川黨), 낙당(洛黨), 삭당(朔黨), 명나라의 동림당(凍林黨)과 서림당(西林黨)이 잇따라 우환이 되었다. 처음에는 한 사람의 사사로운 뜻에서 일어났으나 끝내는 반드시 사직을 폐허로 만들고 백성을 도탄에 빠뜨리기에 이르렀으니, 이것이 어찌 천고에 나라를 소유한 자의 밝은 거울이 아니겠는가.

우리 열성조는 성스럽고 신령한 분들이 계승하였다. 선조조에 이르러 비로소 조정 관원에 동인, 서인이라는 지목이 있었으니, 애초에 조제(調劑)하지 않은 것은 아니지만, 그들이 사이가 나빠진 단서는 첫째로 계미년(1583) 병조 판서를 탄핵한 데서 격해졌고,[33] 재차

33 계미년……격해졌고 : 송응개(宋應漑) 등이 이이(李珥)를 탄핵한 일을 말한다. 《宣祖實錄 16年 7月 16日 · 19日》

기축년(1589) 역적의 옥사[34]를 다스리면서 격해졌다. 이어서 원수가 되어 틈이 날마다 깊어졌다. 이어서 인륜을 무너뜨린 광해군의 세상을 만났으니 본디 말할 것도 없다. 계해년(1623, 인조1)에 인조가 중흥하자 종묘사직이 다시 바르게 되고 선비들이 전부 모여 거의 보합하는 아름다움을 이루었으나 마침내 기해년(1659, 효종10) 복제의 논의에서 몹시 격해졌다. 비록 네 조정의 밝은 성군이 인도하였는데도 완전히 진정시키지 못하였다. 하물며 나처럼 통치에 어둡고 용사가 헛갈리는 자가 장차 어떻게 안정시키겠는가. 선유가 당(黨)자를 풀이하여 '공정하지 않다.'라고 하였고, 또 '서로 도와 잘못을 감춘다.'라고 하였다. 이것이 어찌 사군자가 할 일이겠는가.

갑인년(1674, 현종15) 이래로 세운이 누차 변하여 한 번 나아가고 한 번 물러나니 단지 서로 겨루는 형세를 돕기에 충분하였을 뿐이다. 마침내 당시 일을 주관하는 사람으로 하여금 피차를 막론하고 각기 당습을 주장하게 하였으니 청탁과 노소를 대략 미루어 알 수 있다. 매번 이를 생각할 때마다 마음이 아프다.

지난해 내가 시 한 편을 지어 조정 신하들에게 효유하였는데, 아직 이로 인해 마음을 바꾸고 풍속을 바꾼 자가 있다는 말을 듣지 못하였다. 이것이 어찌 조정 신하만의 잘못이겠는가. 모두 내가 기뻐하고 분노하기를 잘못하고 간혹 시비에 어두워 진퇴와 출척이 모두 마땅함을 얻지 못한 소치이다. 이제 장차 사사로운 뜻을 대거 제거하고 공도를 크게 넓혀 나라와 함께 다시 시작하여 한결같이 똑같이 여기며 지난 일을 통렬히 징계하여 피차에 구애받지 않고

34 기축년 역적의 옥사 : 기축옥사를 말한다.

오직 재주 있고 현명한 자를 높이고 등용하여 심복의 역할을 맡기고 중요한 수족으로 부릴 것이다. 그렇게 하면 공정하고 분명한 이치에 이르고 화평한 복을 누릴 수 있을 것이다. 이에 삼가 송 인종(宋仁宗) 때 백관에게 조서를 내려 붕당을 경계한 일을 본떠 한 편의 글을 지어 신하들에게 호소한다.

모두 나의 말을 듣고 너희들의 심지를 바르게 하며 너희들의 위와 장을 씻어내어 사사롭고 인색하며 치우치고 얽매인 견해가 없도록 한다면 어찌 좋지 않겠는가. 사심을 품고 윗사람을 잊으며 이견을 내기에 힘쓴다면 이는 교화를 벗어난 백성과 다름이 없으니 내가 가볍게 용서하지 않을 것이다. 부디 각기 나의 탕탕평평(蕩蕩平平)하는 뜻을 유념하여 후회가 없도록 하라."

성상이 보기를 마치고 좋다고 칭찬하였다. 선생이 말하였다.

"이 글은 위로 성상을 핍박하는 말이 있어 온당치 않은 줄 지극히 잘 알지만, 예로부터 신민에게 효유하는 글은 반드시 겸손하고 자책하는 말이 있은 뒤에야 신하들을 감화시킬 수 있습니다. 그러므로 당나라 육지(陸贄)가 조서를 지을 적에 매번 지난날 일을 그르치고 화를 초래한 이유를 말하였으니, 당시 교만하고 사나운 장졸 중에 간혹 감동하여 우는 자도 있었습니다."

또 말하였다.

"당파를 제거하는 근본은 마음을 지극히 공정하게 지키는 데 달려 있으니, 용사와 출척에 조금도 균등하지 않은 폐단이 없게 하여 오랫동안 시행하면 민심이 자연히 변하여 움직일 것입니다. 만약 단지 한때 반포한 글을 가지고 힘을 얻기를 바란다면 겉치레를 면치 못할까 걱정입니다."

또 말하였다.

"신이 그간 올린 차자와 상소는 모두 감히 임금의 덕을 우선하였고, 또 반드시 학문을 근본으로 삼았습니다. 오늘 성상을 가까이서 모시는데 어찌 새로운 이야기가 있겠습니까. 대체로 학문은 앎과 실천 두 가지를 벗어나지 않습니다. 이른바 함양과 성찰의 방도는 모두 앎과 실천에 나아가 말한 것이고, 경을 주장하는 공부는 함양과 성찰을 통틀어 말한 것입니다. 성상께서 신료를 인접할 때는 신하들이 모두 알고 있으니 잘못하는 일을 볼 수 없으나, 대궐 안에서 홀로 있을 때는 성상 홀로 아시니, 더욱 유념해야 합니다. 전하께서는 매번 갑작스럽게 기뻐하고 성낸다고 말씀하시는데, 지금 새로 정사한 지 이미 몇 달이 지났습니다. 그러나 정사를 시행하는 사이에 대단히 말할 만한 기뻐하고 성낸 일이 없습니다. 예로부터 선배 신하들은 모두 군주의 선한 단서가 발현하는 것을 큰일을 할 기회로 삼았습니다."

또 말하였다.

"중전이 동궁을 기르기를 한나라 마 황후(馬皇后)가 장제(章帝)를 기르고 송나라 유 황후(劉皇后)가 인종(仁宗)을 길렀던 것처럼 지극한 마음에 참으로 차이가 없습니다. 세자는 영특하고 숙성하니 어찌 대간과 신민의 마음을 모르겠습니까. 그렇다면 장희재를 토죄하고자 하는 것은 중궁을 편안히 하고자 해서이고, 중궁을 편안히 하고자 하는 것은 세자를 편안히 하고자 해서입니다. 세자가 편안하면 희빈(禧嬪)이 절로 편안해지니, 이 일은 명백하여 알기 쉽습니다. 영의정도 어찌 모르겠습니까마는 우려가 지나쳐 인지상정이 미치지 못하는 점이 있습니다.

동궁의 효도하는 마음으로 국모를 모해한 사람이 죽지 않아서 불안한 것이 아니라 도리어 외척이 죄를 입는 것을 불안해한다면, 이것이 어찌 이치에 맞겠습니까. 이는 세자에게 바른 도를 바라지 못하는 것입니다. 성상께서 뜻을 굳게 정하고 나라의 대체와 신민의 대의를 굽어살펴 다시 영의정이 지난날 실언한 뜻을 효유하고 대계를 윤허하신다면, 중궁과 세자와 희빈이 모두 편안해지는 방도가 여기에 있습니다."

이어서 조정 신하 중에 명망과 문학이 각별히 수용하기에 알맞은 권상하(權尙夏), 김창협(金昌協) 등 몇 사람을 천거하고, 또 따로 인재를 천거하는 뜻을 아뢰니, 성상이 모두 가납하였다.

또 말하였다.

"청렴한 관리를 권면하고 탐욕스러운 관리를 징계하는 것은 나라의 중요한 일입니다. 근래 장법(贓法)이 엄격하지 않아 이 때문에 탐관오리가 중외에 이어집니다. 만약 이 버릇을 통렬히 개혁하지 않으면 나랏일은 손쓸 수 없을 것입니다. 신이 보건대 명종조의 청백리는 몹시 많았으나 선조조 이후로 선발된 자가 점점 적어지더니 효종조 이후로는 그 일이 마침내 폐지되었습니다. 지금 조종의 옛 규례대로 탐관오리는 적발하여 벌을 주고 청렴한 관리는 묘당으로 하여금 정밀히 선발하게 하여 권장하고 징계하는 방도로 삼으소서."

당시 탐욕이 풍조를 이루고 뇌물이 공공연히 통하였다. 선생이 변통하여 그 기습을 바로잡고자 하였으나 동료 정승이 고의로 지체하며 즉시 거행하지 않았다. 선생이 세상을 떠나자 사사로운 당파의 한두 사람으로 책임을 때웠고, 선생이 뽑은 십여 사람은 한 명도 들어가지 않았다. 또 말하였다.

"근래 도성의 습속이 크게 변하여 사치가 갈수록 심해집니다. 지금 향약(鄕約)에서 가장 긴요한 조건을 뽑아 교령(敎令)이라 명명하고, 《경국대전》의 금령에서 시행할 만한 것을 뽑아 금령(禁令)이라 명명하여 백성으로 하여금 교령과 금령을 모두 시행하는 뜻을 분명히 알게 하면 풍속을 바로잡을 수 있고 법도를 가다듬을 수 있습니다."

성상이 부스럼병을 앓아 오랫동안 경연을 중지하였는데 선생이 차자를 올렸다. 대략은 다음과 같다.

"정자가 말하기를 '군주가 하루 사이에 어진 사대부를 접하는 때가 많고 환관과 후궁을 가까이 할 때가 적으면, 저절로 기질이 변화하여 덕성을 성취할 수 있다.' 하였습니다. 지금 전하는 춘추가 이미 한창이고 학문이 이미 높습니다만, 구중궁궐에 한가로이 있을 때 움직이기 전에 경계하고 두려워하며 장차 발현할 때 홀로 있는 것을 삼가며, 경을 주장하여 근본을 세우고, 자신을 이겨 사욕을 제거하는지 모르겠습니다. 삼가 바라건대, 며칠 안에 경연을 열라고 명하신다면 성상의 덕을 닦고 강학하는 공부가 끊기고 중지되는 우환이 없을 것입니다. 그리고 신도 돌아가기 전에 이를 통해 작은 정성을 대략 바칠 수 있을 것입니다."

또 아뢰었다.

"성현의 말이 모두 지극하지만 성경(誠敬) 두 글자가 더욱 긴요합니다. 성상께서 경연을 여는 것이 조종조의 공통된 옛규례라는 것만 알고 성경의 실제 공부를 모른다면 끝내 유익한 효과가 없을 것입니다."

또 성균관 대사성을 가려뽑아 국초의 김구(金鉤), 김말(金末), 인조조 정엽(鄭曄)의 교사절목(敎士節目)처럼 하여 교화하고 인도할 방도로 삼도록 청하였다. 또 차자를 올려 해직되어 고향으로 돌아가 노모를 봉양할 것을 청하고, 이어서 우레와 우박의 재해를 계기로 사면해 주기를 청하였으나 모두 허락하지 않았다.

마침 성상이 공릉(恭陵)에 행차하며 선생에게 가마를 타고 뒤따르라고 명하였으나 선생은 차자를 올려 사양하였다. 돌아오는 길에 병 때문에 뒤에 남아 촌가에 머물러 있었는데, 성상이 어의를 보내 간병하게 하고 또 사관을 보내 데리러 오게 하였다. 선생이 차자를 올려 대죄하고 상소하여 물러나기를 청하였다. 비답하기를,

"경이 병에 걸린 것은 먼 길을 달렸기 때문이니 조금 병이 낫기를 기다리면 조정으로 돌아올 수 있으리라 여겼다. 뜻밖에 한창 의지하고 있는데 훌쩍 떠날 뜻을 품었으니, 비록 내가 덕이 없어 큰일을 하기 부족하지만 경은 대대로 녹봉을 받은 신하로 유독 선왕을 추념하여 보답하는 방도를 생각하지 않는가. 더구나 지금 강연이 자주 열리니 인도할 책임을 경이 아니면 누가 맡겠는가."

하였다. 재차 상소하였으나 성상이 융숭한 비답으로 답하고 비답 말미에 이르기를,

"계하한 책자는 경이 조정으로 돌아오기를 기다려 의논하여 처리할 것이니, 이 또한 유념하지 않으면 안 된다."

하였다. 특별히 승지를 보내 선유하고, 이어서 반드시 데리고 오라고 명하였다. 이른바 계하한 책자라는 것은 지난날 선생이 입시하였을 때 아뢰기를,

"신이 무진년(1688)에 바친 책자가 아직 궁중에 있어서 성상께서 다시 살펴보신다면 필시 채택할 부분이 있을 것입니다. 비국으로 내려 따를 수 있는지 여부를 살펴 아뢰게 한다면, 신의 몸은 비록

물러나더라도 신의 말은 시행될 수 있을 것입니다."

하였는데, 그 뒤 성상이 그 상소를 찾아 자세히 살펴보고 묘당에 내렸으니, 이를 가리키는 말이었다. 네 번 상소하고 명소패를 도로 바치고 파주로 돌아오니, 승지와 어의가 따라갔다. 비답하기를,

"이번에 옛집으로 돌아간 것이 영원히 떠나려는 의도에서 나온 것이라면 어찌 명소패를 와서 바칠 리가 있겠는가. 이미 사관으로 하여금 가져가 전하게 하였으니, 따뜻한 봄이 되기를 천천히 기다렸다가 조용히 도성으로 와서 모자가 단란하게 모여 지극한 소원을 이루는 것이 나의 바람이다."

하였다. 우레의 변고로 인하여 여섯 번 상소를 올려 사직하고 또 사면을 청하였으나 모두 융숭한 비답을 내리며 허락하지 않았다.

선생은 '계하한 책자는 경이 오기를 기다려 상의하겠다.'라는 하교를 받았고, 집으로 돌아온 뒤 누차 상소를 올렸으나 비지가 갈수록 간곡하고 은혜와 지우가 갈수록 높아져 갈 만한 조짐이라고 여겼다. 또 소명을 받고 나아가 도성 밖에 와서 상소하며 산반(散班)으로 조정에 들어가기를 청하였다. 성상이 재촉하여 인견하게 하니 선생이 입대하여 간절히 직명을 사직하고 이어서 말하였다.

"신이 얼마 전 고양(高陽)에 있으면서 삼가 성상의 비답을 받으니, 전에 바친 책자를 상의하고자 한다는 하교가 있었습니다. 지금 묘당과 의논하여 정해야 하는데 성상의 뜻이 과연 어떠한지 모르겠습니다."

하고, 물러나 차자로 만언소를 올리고 부록으로 시행할 수 있음을 분명히 밝혀 성상의 뜻을 굳게 하였다. 차자는 대략 다음과 같다.

"정백자(程伯子 정호)가 자기 군주에게 말하기를 '임금의 뜻이 정해

져야 천하의 일이 이루어집니다. 뜻을 정한다는 것은 한결같은 마음으로 뜻을 성실히 하여 선을 택하고 굳게 지키는 것입니다. 의리를 먼저 다하지 않으면 많이 들어도 미혹되기 쉽고, 뜻을 먼저 정하지 않으면 선을 지켜도 바뀌곤 합니다. 오직 성인의 가르침을 반드시 따라야 한다고 여기고, 선왕의 다스림을 반드시 본받아야 한다고 여겨 후세의 잡박한 정사에 이끌리지 않고 세속의 인순하는 논의에 현혹되지 않는 데 달려 있습니다.' 하였습니다. 정자의 이 말은 명백하고 통쾌하니, 참으로 전하께서 오늘날 본받아야 합니다. 요컨대 이는 성(誠) 한 글자를 벗어나지 않습니다.

지금 신이 아뢴 여러 조목이 만약 쓸 수 없다면 그만이거니와 만약 쓸만하다면 아홉 가지를 거행하고 하나를 빠뜨리는 것도 성실이 아니고, 그 겉만 내걸고 속을 다하지 않는 것도 성실이 아닙니다. 신은 이에 대해 더욱 느끼는 바가 있습니다. 옛적 주자가 송 효종(宋孝宗)에게 신축년(1181) 연화전(延和殿)에서 입대하였을 때 손수 일곱 통의 차자를 올렸는데, 그 두 번째 첩황(貼黃)에 '신이 작년에 바친 봉사는 원본이 남아있지 않은 듯하여 지금 따로 베껴 써서 책으로 만들고 자루에 거듭 봉하여 이미 합문 안에 바쳤습니다.'라고 하였으니, 이른바 경자봉사(庚子封事)를 가리키는 말입니다.

효종은 송나라가 남쪽으로 옮긴 뒤의 훌륭한 군주이며, 주자를 표창하고 예우하였습니다. 그런데 1년 사이에 마침내 원본이 남아 있지 않게 되었습니다. 지금 신은 7년 동안 물러나 있었는데, 성상께서 거두어 비부(祕府)에 두었고, 이어서 신의 청에 따라 다시 자세히 살펴보고 묘당에 내려 의논하여 시행할 바탕으로 삼으셨습니다. 이는 아마도 하늘의 운수가 그 사이에 있는 듯하니, 어찌 단지 미천한 신의 사사로운 다행이겠습니까. 만약 그르치고 흔들려 처음에는 기뻐하게 만들었다가 끝내는 슬프지 않을 수 없게 만든다면, 몹시 걱정스럽지 않을 수 없습니다."

재차 인대하였으나 번번이 질병으로 억지로 벼슬하기 어려운 상황을 아뢰며 물러나 돌아가기를 힘껏 청하였다. 선생이 10월에 다시 들어갔던 것은 이전에 올린 만언소에서 말한 내용이 모두 나라를 경영하는 원대한 계획이며 시국을 구제할 급선무였는데 성상께서 채택하여 시행할 뜻이 있었으므로 행여 큰일을 할 기회라 여겨 마침내 이렇게 간 것이었다.

도성에 들어온 뒤 문인 김간(金榦), 이정영(李挺英), 윤지화(尹志和) 등과 함께 상소에 인용한 문자의 본원과 출처를 수정하여 열람에 편하게 하여 예람에 대비하였다. 성상으로 하여금 12조목에 아뢴 내용이 모두 성현의 가르침에서 나온 것임을 알게 하여 근거를 찾아 차례로 시행하기를 바란 것이었다.

그러나 동료 정승이 유감을 품어 논의가 대부분 어긋나 예전에 계하한 책자를 두고 견식과 역량이 감당할 수 없다고 하며 도로 봉하여 바쳤고, 세속의 논의가 또 따라서 백방으로 저지하였다. 선생은 그 말이 반드시 시행될 수 없다는 것을 알았고, 또 청나라 사신이 장차 도착한다는 말을 듣고서 11월에 또 《계치록(稽治錄)》 1책을 차자와 함께 바쳤다. 이튿날 두 번째 차자를 올리고 즉시 떠나 서대문 밖으로 나가서 묵고, 세 번째 차자를 올려 돌아갈 뜻을 거듭 고하였다. 차자의 말미에 청나라 사신이 국경에 도착하여 방해가 되는 일이 많다고 하며, 명소패와 밀부를 승정원에 바치고 마침내 파주로 돌아갔다. 차자에 대한 비답이 몹시 간곡하여 백여 자가 이어졌으며 말미에는 '염려가

지나치니 이를 혐의로 삼아서는 안 된다.'라는 하교가 있었다.

선생이 거듭 상소하여 사직하였는데, 대략은 다음과 같다.

"지금 직명이 아직 체직되지 않았는데 사신이 장차 오려고 합니다. 나가서 기다리자니 신의 본심이 아니고, 나가지 않자니 저들이 반드시 의심할 것입니다. 작은 나라가 큰나라의 부림을 받을 때 강포하고 거스르는 짓을 무엇인들 하지 못하겠습니까. 신이 목도한 것으로 헤아리면 경진년(1640, 인조18) 다섯 신하가 갈 적에[35] 관원들의 기운이 막혔고, 경인년(1650, 효종1) 여섯 사신이 왔을 때[36] 온나라가 진동하였고, 산림의 덕 있는 선비들은 거의 죽음을 면치 못할 뻔하였으니, 이는 모두 중간에서 참소한 자의 효과입니다. 고 상신 이경석(李景奭)이 화를 당한 일[37]로 말하자면 효종대왕께서 대장 이완(李浣)으로 하여금 사신을 죽이고 절교를 고하고자 하였으니, 당시의 일이 위태로웠다 하겠습니다. 모든 절차에 어찌 이미 지나간 일이라는 이유로 지금 다른 염려가 없다고 보장하겠습니까."

연달아 상소를 올려 본직과 겸직 및 녹봉을 사양하였으나 모두 허락받지 못하였다.

을해년(1695) 1월 26일, 심한 감기에 걸려 어지러워 인사불성이었다. 승지가 아뢰니 성상이 어의를 보내 약물을 가지고 가서 간병하고

35 경진년……적에 : 청나라에서 김상헌(金尙憲) 등을 심양으로 압송한 사건을 말한다. 《仁祖實錄 19年 1月 20日》

36 경인년……때 : 청나라에서 여섯 명의 사신을 한꺼번에 파견한 일을 말한다. 《孝宗實錄 1年 2月 8日》

37 이경석(李景奭)이……일 : 1650년(효종1) 청나라 사신이 이경석을 의주 백마산성(白馬山城)에 구류한 일을 말한다. 《孝宗實錄 1年 3月 13日》

연달아 서계를 올리게 하였다. 2월 5일은 선생의 조부 오창공(梧窓公 박동량)의 기일이다. 가묘가 고양군 종손(박태두(朴泰斗))의 관아 안에 있었는데, 이때 선생의 병은 이미 어찌할 수가 없었다. 깨끗한 자리를 깔라고 명하고 의관을 정제하고 관아를 향하여 곡하고 절하였다. 모부인이 나와서 병을 살폈으나 선생은 평소처럼 무릎 꿇고 엎드리며 모시는 자로 하여금 부축하여 안으로 돌아가게 하였다. 이부자리를 정돈하고 누워 장남 태은(泰殷)에게 붓을 잡게 하고 입으로 유소(遺疏)를 불렀으나 기운이 이미 미약하여 소리가 나지 않았다. 목구멍에서 들리는 은미한 말은 모두 임금을 사랑하고 나라를 걱정하며 붕당을 타파해야 한다는 말이었다. 마침내 이날 신시(申時)에 만성정(晩醒亭) 정침(正寢)에서 세상을 떠났다.

선생은 1년 전 11월 25일 고향으로 돌아왔는데, 12월 29일 깊은 밤에 기이한 기운 한 줄기가 집을 둘러싸 빛이 땅을 비추었고, 이해 1월 2일 밤에도 그러하였다. 이달 2일 밤에는 그 기운이 더욱 기이하여 무지개와 같은 모습이고 등촉 같은 빛이었는데 구불구불 멀리 둘러쌌다가 한참 뒤에 흩어졌다. 이웃 사람들이 보고서 모두 기이하게 여겼다. 아, 철인(哲人)의 죽음이 어찌 우연이겠는가.

부고가 알려지자 성상이 거애(擧哀)하고 관판(棺板)을 하사하라고 명하였으며 특별히 도승지를 보내 조문하고, 세자도 궁료를 보내 조문하였다. 또 각기 넉넉하게 부조를 하사하였다. 즉시 비망기를 내렸다.

> "아, 좌의정은 한 시대의 중망을 지니고 사림의 영수가 되었다. 평소의 언행은 반드시 예법을 따랐고, 정승에 올라서는 낯빛을 바로하고 조정에 섰으니, 그가 부지런하고 간곡하게 연석과 상소에서 아뢴 말은 모두 진심에서 흘러나온 것이었다. 내가 의지하기가 기둥과

주춧돌보다 더하였다. 지난 겨울 마침 사고로 인하여 차자를 남겨두고 도성을 떠났기에 바야흐로 승지를 보내 지극한 뜻을 권면하고 하유하여 태도를 바꾸고 조만간 조정에 돌아오기를 기대하였다. 한 번 병에 걸려 오랫동안 앓다가 갑자기 부고를 들을 줄 어찌 생각하였겠는가. 눈물로 옷깃을 적시며 슬픔을 억제하기 어렵다. 해당 조로 하여금 상례와 장례에 필요한 물품을 각별히 넉넉하게 제급하고, 녹봉도 3년에 한하여 그대로 지급하여 지극한 뜻을 표하라."

또 전교하였다.

"예전에 좌의정이 올린 봉사에서 의정부 서사(議政府署事)는 다시 설치하기 어렵고, 내수사 역시 혁파하기 어렵다는 뜻을 이미 하교하였다. 그러나 이밖의 조건 중에 어찌 채택하여 시행할 것이 없겠는가. 묘당으로 하여금 상의하여 내게 물어 처리하게 하여 나라를 위해 충성을 바친 선비 정승의 말을 채택하는 실상이 있게 하라."

성상의 전지가 내리자 사람들이 모두 감탄하고 공경하였으니, 성상의 돌보심은 살아서나 죽어서나 다르지 않기가 이와 같았다. 그러나 동료 정승이 시종일관 미루어 하나도 채택하여 시행한 일이 없었으니, 세상을 다스리려는 선생의 뜻과 죽은 이를 애도하는 성상의 은혜가 모두 사라져 드러나지 않았다. 사람들이 모두 개탄하며 눈물을 흘리는 자도 있었다.

선생이 병들었을 때 왕세자가 장차 《소학》을 읽으려 한다는 말을 듣고,

"세자는 타고난 자질이 뛰어나 학문을 장차 이룰 것이니 가르치고 인도하는 방법을 미리 강구하지 않으면 안 된다."

하고, 마침내 평소 편집한 《소학독서기(小學讀書記)》를 다시 정리하

여 자세하게 갖추도록 힘써서 왕세자가 입학하기 전에 바치고자 정성을 다하여 편집하며 밤낮으로 쉬지 않았다. 그러다가 병세가 심해져 책이 완성되자마자 선생은 세상을 떠났다. 장남 태은(泰殷)이 선생이 남긴 뜻으로 다시 베껴써서 상소를 올리고 바쳤다. 비답하기를,

"그대의 상소를 보고 이어서 책자를 보니, 선경(先卿)이 동궁을 위해 바친 정성이 여기서 더욱 독실하다. 아, 어진 정승은 죽었으나 남긴 책이 아직 남아 있으니 나도 모르게 감탄하며 애도하는 마음이 속에서 더욱 간절하다. 조만간 시강원에 내려 권강하는 바탕으로 삼겠다."

하였다. 이해 4월 장단(長湍) 초현산(招賢山) 자좌(子坐)의 언덕에 예장하였다. 제의(祭儀)와 장례(葬禮)는 한결같이 선생이 평소 정한대로 행하였다. 문인으로 상복을 입은 자가 2백여 명이었으며, 장지에 온 자가 천여 명이었다. 성균관 유생과 서원의 선비들도 모두 제문을 가져와 치제하였다.

무인년(1698) 3월, 문순(文純)이라는 시호가 내렸으니, 도덕이 있고 견문이 넓은 것을 문(文)이라 하고, 중도와 정도에 맞고 온화하고 순수한 것을 순(純)이라 한다. 훗날 묏자리가 불길하여 을유년(1705) 8월 평산(平山) 면곡(綿谷)으로 이장하였다.

선생은 타고난 자질이 몹시 뛰어나고 영특하기가 남달랐다. 맑고 밝고 온화하고 순수하며 어질고 후하며 화락하였으며 흉금이 시원하고 언행이 정대하여 사람들이 상서로운 봉황이나 난새처럼 바라보았다. 어렸을 때 《격몽요결(擊蒙要訣)》을 배우고서 이미 그 말을 알고 마음속으로 좋아하였으며, 훗날 성균관에서 상소하는 일이 한번 터지자 곧 이 학문에 종사하며 외물을 사모하는 마음을 끊고 뜻을 독실히 하여

도를 구하였으니, 당시 나이 스물이었다. 이때부터 깊이 생각하고 힘써 연구하며 마음을 가라앉히고 완미하여 부지런히 힘써 분명히 알지 못하면 놓지 않았으니, 터득한 것이 날로 더욱 늘어나고 나아간 경지가 날로 더욱 깊어졌다.

학문을 할 적에는 이치를 궁구하여 앎을 지극히 하고, 자신의 몸에 돌이켜 실천하였으며, 경(敬)자 하나에 집중하여 더욱 공을 들였다. 한번은 〈주일설(主一說)〉과 〈논경제요(論敬提要)〉를 지어 스스로 경계하였다. 경이라는 것은 성인이 되는 학문의 처음과 끝에서 모두 없어서는 안 되기 때문이다. 경으로 앎을 지극히 하면 아는 것이 더욱 정밀해지고, 경으로 실천하면 보존하는 것이 더욱 굳어져, 몸으로 체험하고 마음으로 체험하여 한가롭고 고요한 가운데 조용히 이해하여 글과 말, 형상 너머에서 초연히 깨달았다. 발현하기 전에 경계하고 두려워하는 것이 끊임이 없었으며, 이미 발현한 뒤에는 성찰하는 것을 조금도 간과하지 않았다. 공부하는 차례는 한결같이 염락(濂洛)의 종파(宗派)에 근원하였으며, 고정(考亭 주자)에게서 터득한 것이 더욱 많았다. 만년에 이르러서는 엄격하고 사납던 것이 화평하게 변하고, 애쓰던 것이 익숙하게 변하였다. 천연스러운 가운데 저절로 완성된 법도가 있었으니, 선생은 학문에 대해 편안하면서 완성되었다고 하겠다.

도를 닦을 적에는 도라는 것은 잠시도 떨어질 수 없으니 그러하지 않은 때가 없고 없는 사물이 없다고 여겼다. 마음을 주관하면 인의예지의 성(性)과 측은(惻隱), 수오(羞惡), 공경(恭敬), 시비(是非)의 정(情)이 되고, 몸에 갖추면 손, 발, 귀, 눈, 입, 코의 쓰임이 되며 사물과 접하면 부자, 군신, 부부, 장유, 붕우의 상도가 된다. 밝으면 해와 달이 되고 은미하면 귀신이 되며, 지극히 크면 천지의 운수와 고금의 변화가 되고, 지극히 작으면 먼지 한 톨처럼 은미하고 잠시 숨쉬는 사이처럼 짧아진다. 마땅히 그러하여 그만둘 수 없고 그러한 이유로서 바꿀 수 없다는 점을 볼 수 있어 끝까지 미루어 융합하고 관통하니, 선생은 도에 대해서 옛성인에게 질정하여도 의심이 없다고 하겠다.

스스로 터득한 것으로 말하자면, 일찍 과거 공부를 그만두고 시골에서 덕을 수양하였다. 스승을 통하지 않고 도의 본체를 일찍 깨달아 의리의 근원을 환히 보고 환한 구역을 홀로 보았다. 천고의 비밀을 열고 옛사람이 드러내지 못한 것을 드러내었다. 채우고 수양한 것이 완전하고 두터우며 덕업이 높고 넓었다. 안에서 수양한 것을 밖에서 확인할 수 있고, 마음에서 터득한 것을 일에 시행할 수 있었으니, 후세의 우활한 선비가 말은 잘하지만 실속이 적고, 본체만 있고 작용이 없는 것과는 달랐다. 행실로 드러난 것으로 말하자면 안색은 온화하나 말은 매서웠고 정신은 안정되고 기운은 맑았으며, 너그러우면서도 법도가 있고 온화하면서도 치우치지 않았다. 움직일 때나 멈출 때나 모두 법도에 맞았으며 말과 행동에 모두 법도가 있었다. 이부자리와 자리는 반드시 단정히 쌓고 서책과 책상은 반드시 정돈하였다. 한 방에 단정히 앉아 고개 숙여 책을 읽고 고개 들어 생각하며 질병이나 사고가 있어도 잠시도 멈추지 않았으며, 잠깐 사이나 다급한 상황에서도 조금도 게을리하지 않았다. 태만한 기운이 몸에 드러나지 않았고, 온화한 용모가 저절로 얼굴과 등에 드러났다. 비록 편안히 있는 때에는 화평하고 화락하였지만, 사변에 응대할 적에는 의리로 결단하니 단호하여 범할 수가 없었다.

집에 있을 적에는 날이 밝기 전에 일어나 세수하고 머리 빗고 의관을 정제하고 가묘에 배알하였으니, 비록 비바람이 치거나 춥고 더워도 그만둔 적이 없었다. 대부인을 모실 적에는 정성과 공경이 모두 지극하여 낯빛을 보고 뜻에 순종하며 얼굴빛을 부드럽게 하였다. 집안이 화목하고 엄숙하여 사람 소리가 없는 듯하였으나 모든 일이 저절로 다스려졌다. 우암 선생이 효행이 순수하고 독실하다고 연석에서 아뢰었다.

집안이 몹시 가난하여 음식을 간혹 바치지 못하는 경우도 있었다. 선생이 한번은 소명을 받고 한양에 있을 때 성상이 듣고 특별히 모부인에게 옷감과 음식물을 하사하여 총애하였다. 자제를 가르칠 적에는 반드시 효도와 공경을 우선하였으며, 노비를 다스릴 적에는 위엄과 은혜를 함께 베풀었다. 선조를 모시는 일에는 더욱 신중을 다하였으니, 삭참과 망참, 속절과 기제, 사중월의 시제 때는 채소와 과일, 생선과 고기의 수량을 한결같이 《가례》에 따랐으며 각기 등급이 있었다. 성묘는 정자와 주자가 이미 시행한 규례에 따라 한식과 10월 초하루에 하였다.

한번은 관례와 혼례를 세상에서 행하는 자가 없다는 점을 문제로 여겨 마침내 고금의 예서를 두루 상고하고 덜고 보태고 절충하여 한 책으로 모으고 아울러 제례에까지 미쳤으니 《삼례의(三禮儀)》라고 명명하였다. 집안에서 시행하니 사대부 집안에서도 사모하여 변화하였다. 젊은 시절 집이 도성 남쪽 연접도감(延接都監)과 가까웠는데, 청나라 사신이 올 때마다 채붕(彩棚)을 설치하고 놀이를 벌이면 도성의 남녀들이 앞다투어 가서 보았다. 함경도에서 바치는 세포(細布)는 사대부 집안에서 그 가격이 비싼 것을 이익으로 여겨 다투어 바치기를 도모하였는데, 선생은 집안 사람들을 엄히 경계하여 일절 금지하게 하였다. 젊어서부터 《춘추》의 의리에 엄격하여 이러한 사소한 일이라고 해서 조금도 소홀히 하지 않았다. 멀고 가까운 손님을 모두 맞이하여 만났으며, 항상 그들이 지극히 기뻐하도록 하였다. 길흉사에 경하하고 조문하는 일은 빠뜨리지 않았으며 모두 예의가 있었다. 스스로 봉양하는 것으로 말하자면 의복과 거처가 비록 몹시 해지고 누추하여도 편안하게 처신하였다.

조정에서 벼슬할 적에는 임금의 마음을 바로잡고 조정을 바로잡으며 인륜을 밝히고 대의를 부지하는 것을 급선무로 여겼다. 출처의 의리에 더욱 엄격하여 때가 나아갈 만하면 나아가고 때가 물러날 만하면 물러났으며, 도를 손상하여 팔리기를 구하거나 제몸의 편의를 따라 구차히 편안하려는 생각을 한 적이 없었다. 또한 일체 세상에서 은둔한 선비처럼 멀리 떠나 돌아오지 않으며 제몸을 깨끗이 하고 인륜을 더럽히지도 않았다. 한번은 문인에게 답하기를,

> "선비는 한 번 나아가고 한 번 물러나는데 각기 마땅한 것이 있으니, 한결같이 나오지 않으면 선비가 아니라 은사이다. 공자, 맹자, 정자, 주자를 보면 알 수 있다."

하였다. 임술년(1682)에 한 번 나온 것은 은명에 한 번 사은하고 돌아가기 위해서였으니, 이것이 소명에 나아간 시작이다. 그 뒤 고신의 연호를 제거하도록 명하자 마침내 조정에 들어왔으니, 이것이 출사한 시작이다.

갑술년(1694)에 이르러 중전의 자리가 다시 바르게 된 뒤로는 가장 먼저 발탁에 응하여 정승의 지위에 올랐다. 열 번 상소하여 사직하였으나 은혜로운 하유가 더욱 간곡하였기에 개연히 세도를 만회하고 시대의 어려움을 구제하는 것을 자기의 임무로 여겼다. 아는 것은 모두 말하고 말할 적에는 모두 다하였으니, 임금을 바로잡은 요점은 경연에서 아뢴 말에서 볼 수 있고, 나라를 다스리는 계책은 만언소에 찬란하

다. 이는 이윤과 부열이 자기 군주를 훈계하고 주자가 대궐에 들어가 봉사를 아뢴 것과 같은 법도라고 하겠다.

병자년(1636) 이후 천지가 뒤집히고 갓과 신발이 자리를 바꾼 것처럼 모든 것이 도치되자 선생은 마음 속으로 통탄하며 복수할 뜻이 간절하였다. 전후로 차자와 상소로 항상 이 의리를 분명히 게시하였다. 비록 나라가 작고 힘이 약하며 때를 만나지 못하여 일이 결국 이루어지지 않았으나 복수설치의 의리는 해와 별처럼 찬란하니 천하 후세에 할 말이 있을 것이다.

항상 붕당의 화가 반드시 나라를 망하게 할 것이라 여겨 늘 당론을 없애고 사류를 보합하는 방책에 연연하였다. 대고(大誥) 한 편은 지극히 공정하고 사심이 없는 데서 나왔으니, 그 당시 뜻을 잃은 무리 중에는 여기에 힘입어 온전히 살아남은 자도 많았다. 임금과 신하가 만나지 못하였다고 할 수 없으나 당시 논의가 시기하고 질투하여 여러 사람의 꾸짖음이 잇달아 와서 선생이 잠시 조정에서 편안히 지내며 평소 품은 뜻을 펴지 못하게 하였으니, 하늘이 다스리고자 하지 않았기 때문이리라. 오직 강상을 부지하고 인심을 맑게 하여 이미 어두워진 의리를 다시 밝히고 이미 무너진 세도를 다시 진작하여 모두 찬란히 빛나 탁월하여 미칠 수 없으니 그 공로가 몹시 훌륭하다.

나아가기는 어려워하고 물러나기는 쉽게 여겼으며, 구차히 용납받으려 하지 않았니 이것이 평소 스스로 자숙한 것이다. 이 때문에 그간 도성으로 들어간 적은 다섯 번에 불과하며 조정에 있은 기간은 몇 달도 차지 않았으니, 도를 행하기 어렵기가 이와 같다. 그러나 나라를 위하는 일념은 백발이 되도록 또렷하였다. 조정에서 한 가지 좋은 정사를 시행하면 기쁨이 말에 드러났고, 한 가지 잘못이 있으면 근심이 낯빛에 드러났으니, 나아가거나 물러났다고 해서 차이가 있은 적이 없었다.

아! 주나라를 높이는 것은 중대한 의리인데 원수를 잊은 자가 배격하고, 당을 없애는 것은 공적인 논의인데 사당을 비호하는 자가 흔들었다. 정론이 시행되지 않고 사설이 횡행하니, 그 유폐가 결국 신축년(1721)과 임인년(1722)에 관원을 도륙하는 데 이르러 극에 달하였다. 식견 있는 선비는 모두 이를 슬퍼하고 한탄한다.

남을 가르칠 적에는 인품의 고하와 재주의 얕고 깊음에 따라 모두 마음을 열어 성의를 보였으며 반복하여 가르쳤으니, 요점은 뜻을 세우는 것을 위주로 하고 몸소 실천하는 것을 근본으로 삼았다. 책을 가르치는 차례는 처음에 《소학》, 《심경》, 《근사록》, 다음으로 《대학》, 《논어》, 《맹자》, 《중용》을 가르치고, 모두 섭렵하고 관통하기를 기다린 뒤에 육경과 제자, 사서에 미쳤으니 차근차근 순서가 있었고 단계가 몹시 엄격하였다. 배우는 자들이 절실하지 않은 것을 물으면 명백히 깨우쳐 숨긴 적이 없고, 깨닫지 못한 뜻이 있으면 자세히 알려주기를 게을리하지 않았다. 종유하며 질의하는 무리가 온화함에 젖고 덕에 감화되어 각기 터득한 것이 있었다. 한번은 말하였다.

"《격몽요결》 혁구습장(革舊習章)은 실로 초학자가 맹렬히 살필 부분이다."

또 말하였다.

"앎과 실천 두 가지 중에 하나를 버리고서 학문을 할 수는 없다."

문인들이 검속은 잘하지만 연구를 못하는 이를 보면 넓히지 못할까 걱정하고, 학문에만 전념하고 실천을 느슨히 하는 자를 보면 핵심을 지키지 못할까 염려하여 반드시 두루 공부하여 한쪽에 떨어지지 않게 하였다. 또 말하였다.

"근래에 배우는 젊은이가 많지 않은 것은 아니지만 모두 인순하고 머뭇거려 크게 진보한 사람을 한 사람도 보지 못하였으니, 모두 과거의 해가 고질이 되었기 때문이다."

늘 과거의 해가 이단보다 심하다고 말하며, 이단의 해는 문 밖의 도적과 같고, 과거의 해는 문 안의 도적과 같다고 비유하였다. 그 말이 간절하고 서글퍼 손바닥에 피멍이 생길 정도였으니,[38] 듣는 사람들이 자기도 모르게 부끄럽고 두려워 땀을 흘렸다.

남을 대할 적에는 충성으로 자신을 다하고 서(恕)로 남에게 미쳤다. 친척과 화목하고 벗에게 신의 있고 어려운 이를 구휼하고 은혜와 의리가 독실하고 후하여 젊은이나 어른이나 귀한 이나 천한 이에게나 예모가 각기 마땅하였다. 친구의 상에는 모두 건대(巾帶)를 착용하고, 문인이 죽으면 모두 마제(麻制)를 하였다. 범범히 아는 사람의 부고를 들어도 하룻동안 소식을 하였다. 소명을 받고 서울집에 머무를 때는 성상이 하사한 음식물을 내외의 친척 및 상을 당한 사람에게 모두 나누어 주고, 하나도 집으로 가져오지 않았다.

남의 선한 일을 들으면 감탄하며 칭찬하기를 미치지 못할 듯이 하고, 남의 잘못을 보면 조용히 인도하기를 반드시 의로운 방도로 하였다. 정성이 닿는 곳마다 감동하여 통하여, 어진 이나 어리석은 이나 선한 이나 악한 이나 모두의 마음을 얻었다. 교만하고 사나운 이는 그 교화

38 손바닥에……정도였으니 : 몹시 간곡하고 절실하다는 말이다. 주자는 〈사물잠(四勿箴)〉의 정밀한 뜻을 깨닫고 "한 번 몽둥이로 치면 한 줄기 멍이 생기고 한 번 손바닥으로 치면 손바닥에 피멍이 생긴다.〔一棒一條痕, 一摑一掌血〕" 하였다. 《晦庵集 卷45 答楊子直》

에 복종하고, 포악하고 오만한 자는 공경을 다하였다. 비록 취향이 다르고 의견이 다른 사람이라도 감히 선생에게 오만한 말을 하지 못하였다. 간혹 이단과 관계된 것을 보면 평소 친분이 있던 사람이라도 사절하여 물리치고 조금도 용서하지 않았다. 예론(禮論)을 빙자하여 사림에 화를 일으키려 하는 자가 있으면 편지를 보내 절교하였다. 왕수인(王守仁)의 학문을 전적으로 숭상하여 미혹되어 깨닫지 못한 자가 있었는데, 분명히 변론하여 깨우쳤다. 현실을 벗어나 오묘한 곳에 마음을 쓰는 자 역시 몹시 걱정하여 물리쳐 우리 도를 어지럽히고 민심을 현혹시키지 못하게 하였다. 그리하여 배우는 자들이 모두 이 학문이 바르다는 것을 알고 휩쓸리듯 향하였다.

우암 선생과 같은 시대에 태어났는데, 선생은 뜻이 같고 도가 맞다고 여겨 즐거이 교유하고 강론하며 절차탁마하여 시종일관 변치 않았다. 간혹 의견이 귀결되지 않는 경우가 있더라도 한때의 소견이 조금 다른 것은 개의치 않았다. 이산 윤씨(尼山尹氏 윤증)와도 친하게 지냈으나 그가 훗날 큰 낭패를 일으키자 선생이 말하기를,

“이 사람은 스승과 제자 사이에 분수를 다하지 못한 점이 많으니, 앞으로는 단지 옛 의리로 인사나 주고받을 뿐이다. 의리로 말하자면 강론할 수 없다.”

하였다. 재야의 선비 몇 사람을 조정에 추천한 적이 있는데, 이산은 언급하지 않았고, 계해년(1683) 이후로는 불러들이라는 뜻 역시 연석에서 한번도 아뢰지 않았다.

저술이 수백여 권이나 되었다. 우리나라 유현의 언행이 세월이 오래되어 거의 어두워지자 선생이 편집하여 고려부터 우리나라에 이르기까지 상하 수백 년 동안 사우와 관계된 것은 그 연원을 찾아 일일이 수록

하여 드러내어 후세 사람으로 하여금 감동하여 흥기하게 하였다. 초학자가 방향을 잃는 것을 안타깝게 여겨 《교법요지(教法要旨)》를 저술하였고, 제례가 잘못된 것이 많음을 우려하여 《제의정본(祭儀正本)》을 저술하였다. 《거가요의(居家要義)》는 집안의 규범을 바로잡기 위한 것이고, 《계치록(稽治錄)》은 다스림의 도를 말하기 위한 것이다. 《육례의집(六禮疑輯)》과 《심학지결(心學至訣)》로 말하자면 규모가 크고 조목이 정밀하여 품절(品節)의 방도와 정심 수신의 요점이 손바닥을 가리키듯 명백하여 더 이상 남은 것이 없었으니, 주자의 《통해(通解)》와 서산(西山 진덕수)의 《심경》 이후로 오직 이 책 뿐이다.

기자(箕子)의 유적이 민멸될까 두려워하여 《범학전편(範學全編)》을 남겼고, 스승과 제자의 분의가 무너지는 것을 우려하여 《사우고증(師友考證)》을 남겼다. 《심경》과 《가례》에 요해(要解)를 남겼고, 《논어》와 《맹자》에 찬요(纂要)를 남겼고, 《대학》에 보유변(補遺辨)을 남겼고, 《시경》에 요의(要義)를 남겼고, 《춘추》에 보편(補編)을 남겼고, 《가어(家語)》에 외편(外編)을 남겼다.

음악에 대해서는 후세에 율척(律尺)이 이미 사라져 무너진 지 이미 오래되었는데, 마침내 《의례통해(儀禮通解)》와 《율려신서(律呂新書)》 및 두씨(杜氏)의 《통전(通典)》, 《문헌통고(文獻通攷)》에서 채집하여 《악경유편(樂經遺編)》을 만들었다. 이단을 물리친 것으로는 《양명학변(陽明學辨)》이 있고, 바른 학문을 밝힌 것으로는 《성현규모(聖賢遺模)》가 있다.

그밖에 《일용제훈(日用諸訓)》, 《학법총설(學法總說)》, 《사례변절(四禮變節)》, 《독서기(讀書記)》, 《백록규해(白鹿規解)》, 《주문습유(朱文拾遺)》, 《선성수필(先聖手筆)》, 《이학통록보집(理學通錄補集)》,

《이락연원속록(伊洛淵源續錄)》, 《삼선생유서(三先生遺書)》, 《중흥유적(中興遺蹟)》, 《서원고증(書院攷證)》, 《증산염락풍아(增刪濂洛風雅)》, 《퇴계어록(退溪語錄)》, 《율곡집(栗谷集)》 속집(續集), 외집(外集), 별집(別集), 《우계집(牛溪集)》 속집 등의 책은 경전의 뜻을 드러내기도 하고 사문을 돕기도 하였으며, 학문의 차례를 논하기도 하고 변례의 질문을 말하기도 하였다. 그 계왕개래(繼往開來)의 공로와 저술의 풍부함이 실로 근대 유현 중에 없는 것이었다. 그밖에 허다한 문자는 다 수록할 수 없다. 또 문집 70여 권이 있어 조정의 명으로 간행하여 세상에 전하였다.

원씨(元氏)와 혼인하였으니 정경부인에 봉해졌고, 잠야(潛冶) 박지계(朴知誡)의 문인 부윤 두추(斗樞)의 딸이다. 정숙하고 삼가며 아름답고 순하여 몹시 부녀자의 덕이 있었다. 4남 3녀를 낳았으니 장남은 태은(泰殷), 차남은 태여(泰輿)이며 모두 판관을 지냈다. 다음은 태정(泰正)으로 일찍 죽었고, 다음은 태회(泰晦)이다. 딸은 현감 송순석(宋淳錫), 부사 신성하(申聖夏), 이덕명(李德明)에게 시집갔다.

태은은 후사가 없어 태여의 장남 필신(弼莘)을 후사로 삼았으니 현감을 지냈다. 태여는 2남을 두었으니 장남은 태은의 후사가 된 자이고, 다음은 필부(弼傅)로 세마를 지냈다. 태정 역시 후사가 없다. 태회는 2남을 두었으니 장남 필위(弼渭)는 요절하였고 다음은 필륭(弼隆)이다. 송순석은 1남을 두었으니 광원(廣源)이다. 신성하(申聖夏)는 3남을 두었으니 장남은 방(昉)으로 헌납을 지냈고, 다음은 경(暻)이고, 다음은 서(曙)이니 진사를 지냈다. 이덕명은 1남을 두었으니 응협(應協)이다. 필신은 3남을 두었으니 사협(師協), 사정(師貞), 사열(師烈)이고 나머지는 모두 어리다.

삼가 생각건대, 선생의 행장을 짓는 일은 참으로 그 일을 중시하지 않을 수 없고, 그 솜씨를 가리지 않을 수 없으니, 그 도덕을 깊이 알고 또 덕행을 잘 말할 수 있는 사람이 아니라면 어찌 그 집필을 맡길 수 있겠는가. 선생이 세상을 떠난 지 지금 이미 오래되었다. 동문 중에 부탁할 만한 사람은 거의 다 죽었다. 내가 비록 불초하여 아는 것이 없으나, 단지 오랫동안 배웠기에 동지 여러 사람이 그 책임을 맡게 하였기에 감히 시종일관 굳게 사양할 수 없었기에 이렇게 손가락에 피가 나고 얼굴에 땀이 흐르는 일을 하였다. 견식이 용렬하고 비루하며 글재주가 서투르다는 것을 스스로 알고 있으니, 이것이 어찌 선생의 미덕을 만에 하나라도 형용하기 충분하겠는가.

아, 우리나라는 외지고 비루하여 문헌을 징험할 수 없다. 기자가 동쪽으로 온 뒤에 고려 말에 정 문충공(鄭文忠公 정몽주)이 비로소 굴기하여 우리나라 이학(理學)의 우두머리가 되었다. 우리나라에 이르러 유학의 교화가 널리 시행되어 현인들이 가득 일어났으니, 정암(靜庵 조광조), 퇴계(退溪 이황), 율곡(栗谷 이이) 등 여러 선생이 앞에서 창도하고 뒤에서 계승하여 사문의 맹약을 주도하였으니, 우리 도의 성대함이 낙민(洛閩 정자와 주자)에 견주었다. 우리 선생께서 그 뒤를 이어 일어나 그 사람들을 존숭하고 그 도를 찬술하여 학문이 넓고 깊으며 도덕이 순수하고 완벽하였다. 마음이 명백하고 논의가 화평하며 출처가 정대하고 사업이 찬란하니, 여러 선생이 전한 도가 찬란히 세상에 다시 밝아져 마치 밝은 하늘의 해처럼 환히 비춘다. 선생과 우암이 실로 그 책임을 맡았으니, 참으로 주부자가 이른바 문왕(文王)은 기(岐)를 다스리고 주공(周公)은 예법을 제정하였다는 말이다. 어찌 성대하지 않은가. 이에 감히 얕은 견해로 선생의 언행 대략을 간략히 서술하고, 또 사사로이 도통에 관한 설로 마쳐 덕을 아는 사람이 상고하기를 기다린다.

후재집

제45권

행장
行狀

교관 강공 행장

教官姜公行狀

공의 휘는 석하(錫夏), 자는 우경(禹卿), 성은 강씨(姜氏), 호는 죽은(竹隱)이며 선대는 진주(晉州) 사람이다. 시조 휘 이식(以式)은 수 양제(隋煬帝)가 고구려를 정벌할 때 원수로 방어하는 공로를 세웠다. 그 뒤 휘 계용(啓庸)이 박사를 지냈고, 이 이후로 대대로 문벌이 되어 벼슬이 이어졌다. 6대가 지나 휘 회백(淮伯)에 이르러 정당문학 진현관대제학을 지냈으며 호는 통정(通亭)이다. 이분이 휘 석덕(碩德)을 낳았으니, 우리나라에 들어와 이조 참판을 지냈고 시호는 대민(戴愍), 호는 완역재(玩易齋)이다. 대민이 휘 희맹(希孟)을 낳았으니 좌리공신(佐理功臣)에 녹훈되고 진산군(晉山君)에 봉해졌으며 시호는 문량(文良), 호는 사숙재(私淑齋)이다. 문량공은 휘 귀손(龜孫)을 낳았으니 의정부 우의정을 지내고 진원군(晉原君)에 봉해졌으며 시호는 숙헌(肅憲)이니 공의 7세조이다.

고조 휘 극성(克誠)은 홍문관 응교를 지내고 직제학에 추증되었으며 호는 취죽(醉竹)이다. 증조 휘 경선(慶先)은 강원 도사(江原都事)를 지내고 도승지에 추증되었다. 조부 휘 진창(晉昌)은 훈신의 장남으로 규례대로 3품 부사과에 임명되었으며 호조 참판 청천군(菁川君)에 추증되었다. 후사가 없어 당제(堂弟) 참판공 휘 진소(晉昭)의 아들을 후사로 삼았으니, 바로 공의 부친이다. 휘는 대후(大後)이며 연풍 현감(延豐縣監)을 지냈다. 훗날 경신년(1680, 숙종6) 회맹제(會盟祭)에 참석하여 첨지중추부사로 승진하였다. 신미년(1691) 봄, 전임 교관으로 있을 때 인재 양성에 효과가 있었다는 이유로 나라의 고사에 따라 상으로 가선대부를 받고 청양군(菁陽君)에 습봉(襲封)되었으며 3대를 추증하였다. 직제학 이하의 증직은 모두 그가 추은(推恩)한 것이다. 모친 광산 김씨(光山金氏)는 현감 혁(奕)의 딸이며 을사사화의 명현 전한 규(虯)의 증손이다. 두 아들을 두었으며 공이 둘째이다. 숭정 갑신년(1644, 인조22) 12월 28일 임오일, 한양 성남의 옛집에서 공을 낳았다.

태어나면서 자질이 고아하였으며 모습이 맑고 수척하였다. 어렸을 적에 청양공이 그의 나약함을 걱정하여 과정을 정하여 책 읽는 일을 독촉하지 않았다. 조금 자라자 분발하여 학문을 하였는데, 가르치지 않아도 문리가 크게 진보하였다. 16세에 경서를 전부 통달하고 마침내 '도덕문장(道德文章)' 네 글자를 써서 자리에 걸고 스스로 경계하였다. 과정을 엄격히 세우고 하루종일 똑바로 앉아 엄숙히 책상을 마주하고 집중하여 탐구하며 옛사람의 위기지학(爲己之學)에 전념하였으며, 외우고 구절을 뽑는 속된 선비의 일은 유념한 적이 없었다. 어버이 곁에 있을 때는 안색을 보고 미리 뜻을 알았으며, 혼정신성(昏定晨省)을 그만두지 않았다. 추운 겨울에는 몸으로 따뜻하게 덮으니, 청양공이 매우 가상히 여겨 과거공부를 요구하지 않았다. 하루는 김 부인이 울면서 공에게 말하기를,

"내가 너희 형제를 양육하며 밤낮으로 바란 것은 힘써 공부하여 과거에 급제하여 집안을 빛내고 부모를 영예롭게 봉양하는 것이었다. 불행히 네 형이 일찍 기이한 병에 걸리고 너도 벼슬에 나아갈 뜻이 없으니 내 바람은 무너졌다."

하였다. 공이 무릎 꿇고 명을 듣고는 어버이의 마음을 상하게 할까 몹시 두려워하여 비로소 과거공부를 하였다. 먼저 시험삼아 사부(詞

賦)를 지었는데, 글을 지으면 곧 《초사(楚辭)》의 법도를 터득하였다. 갑인년(1674) 진사 초시에 제3등으로 합격하고, 을묘년(1675) 봄 사마시에 높은 성적으로 합격하였다. 이때부터 명성이 널리 퍼지고 교유하는 사람이 날마다 늘었다.

공은 기왕 뜻을 굽히고 머리를 숙여 과거공부를 면하지 못하였으니, 우선 나의 재주를 갈고닦아 때가 오기를 기다려야 하며, 표절하는 작은 재주로 요행을 바라서는 안 된다고 여겨 더욱 책을 읽고 글을 지으며 몹시 부지런히 공부하였다. 한때 글짓는 선비들이 모두 미칠 수 없다고 여기며 조만간 과거에 급제하리라 기대하였다. 그러나 누차 회시(會試)에 응시하였으나 번번이 낙방하였다. 고관(考官)은 합격자를 발표할 때마다 공의 이름이 뽑히지 않아 한탄하였다. 나이 예순이 되도록 여전히 포의였기에 많은 사람들이 원통하게 여겼다.

타고난 성품이 깨끗하여 시속과 어울리지 않았고, 평소 함께 공부한 벗들은 대부분 권력을 가진 재상이었으나 한번도 그들의 집에 찾아가지 않았다. 백발로 누추한 골목에 살면서 한 그릇 밥과 한 사발 물조차도 없는 경우가 많았으나 이 때문에 개의치 않았다.

정해년(1707) 2월, 비로소 공론 때문에 동몽교관에 임명되었다. 제수하는 글이 내리자 공은 서글피 눈물을 흘리며,

"운명이 기구하고 지업이 어그러져 이제 이가 빠지고 머리가 세어 남은 날이 얼마 없는데 겨우 낮은 벼슬을 얻어 부모님이 살아계실 때 녹봉으로 봉양하지 못하였으니 이것이 나의 한이다."

하였다. 책상자를 지고 집으로 찾아오는 한양의 자제가 갈수록 늘어나자 재주에 따라 가르치니 장차 성대하게 성취할 가망이 있었다. 오래지 않아 공이 갑자기 홍역에 걸려 이해 3월 24일 정침에서 세상을

떠났다. 병이 위독하던 날, 아들 계부(啓溥)의 손을 잡고 말하고자 하는 것이 있었으나, 기운이 이미 미약하여 소리를 내지 못하였다. 입 속에서 작은 소리로 하는 말은 거의 분간할 수 없었다. 오직 '운명이다.'라는 한 구절과 '심의복건(深衣幅巾)' 네 글자만 겨우 알아들을 수 있었다. 5월 계축일, 안산(安山) 선영 청양공의 묘소 왼쪽 축좌(丑坐)의 언덕에 장사지냈다.

공은 키가 크고 이마가 넓으며 풍격이 수려하였다. 흉금이 편안하고 담박하며 운치가 고상하고 빼어났다. 교묘히 기회를 보아 변하려는 생각이 마음에 싹트지 않았고, 이익을 영위하는 말이 입에서 나오지 않았다. 곤궁하나 현달하나 얻으나 잃으나 한결같이 우연에 맡겨두고 기뻐하며 순리대로 처신하여 터럭만큼도 그 마음을 얽매는 것이 없었다. 효성스럽고 우애 있는 행실은 천성에서 나왔으며, 정성을 다하여 부모의 뜻을 봉양하고 곁에서 모시며 어기지 않았다. 김 부인의 병이 심해지자 손가락의 피를 내어 약에 섞어 바쳤다. 부인이 병들었을 때 큰 배를 먹고 싶어하였는데, 제철이 아니라 결국 얻지 못하자 이를 지극한 슬픔으로 여겨 죽을 때까지 배를 먹지 않았다.

맏형 처사공 석리(錫履)가 여러 해 병을 앓았는데 끝내 후사가 없었다. 임종을 앞두고 울면서 말하기를,

"내 아우가 훗날 아들을 얻으면 내 아들로 삼아 선조의 제사가 끊어지지 않게 하라."

하였다. 공은 눈물을 훔치며 공경히 승낙하였다. 훗날 아들 하나만 두었는데 끝내 형수에게 양보하고, 청양공이 생전에 남긴 유언에 따라 남계(南溪) 박 선생(朴先生)에게 질문을 드리니, 임시 조처가 중도에 맞아 예법의 취지를 잃지 않았다. 공이 혼인하기 전에 이씨 집안과

혼사를 의논하였는데, 어떤 이가 이씨 집안이 청빈하다고 말하였다. 공이 낯빛을 바로하고 말하기를,

"만약 그렇다면 가난한 집안의 딸은 시집갈 때가 없는 것인가. 용문(龍門)의 경계와 속수(涑水)의 논의[1]는 참으로 격언이다."

하고, 마침내 청양공에게 여쭙고 혼인하니, 사람들이 이를 통해 공의 근본이 이미 바르다는 것을 알았다.

한번은 근세의 학자 중에 군사부일체의 의리를 아는 사람이 드물며 사우의 도리가 무너지기가 지금보다 심한 적이 없었다고 탄식하였다. 동몽교관이 된 뒤로 배우러 오는 사람이 있으면 반드시 어버이를 사랑하고 어른을 공경하며 스승을 높이고 벗을 가까이하라는 말로 간곡히 잘 인도하며 이끌고 격려하니, 들은 사람이 경청하며 모두 그 가르침에 복종하였다. 한달 남짓 가르치자 이미 감동하여 흥기하는 효과가 있었다. 공이 세상을 떠나자 마제(麻制)를 한 자가 7, 8명이었다.

문예를 일찍 성취하여 동년배에게 추중을 받았다. 중년 이후로 과거문장에 싫증을 내었으나 때때로 글을 지으면 절로 일가를 이루었다. 그의 시는 맑고 굳세며 호방하여 두소릉(杜少陵 두보)의 박자가 있었다. 그 문장은 혼후하고 전중하여 몹시 작자의 솜씨가 있었다. 〈기자송(箕子頌)〉, 〈만력신황송(萬曆神皇頌)〉, 〈만동사장편(萬東祠長篇)〉, 〈청정권열부(請旌權烈婦)〉, 〈엄 효녀(嚴孝女)〉 등 여러 작품은 모두

1 용문(龍門)의……논의 : 용문은 수(隋)나라 왕통(王通), 속수는 송(宋)나라 사마광(司馬光)이다. 왕통은 "혼인을 하면서 재물을 논하는 것은 오랑캐의 도이다." 하였고, 사마광은 "혼인을 의논할 때는 사위와 며느리의 성품과 행실, 집안의 법도가 어떠한가를 먼저 살펴야 하니, 구차하게 부귀를 흠모해서는 안 된다." 하였다. 《小學 嘉言 第5》

의리에 근거하고 사실을 드러내어 모두 교화에 도움이 될 만하였다. 운이 없어 반평생 불우하여 도성 남쪽에서 두문불출하니 집안이 쓸쓸하였다. 오건(烏巾)과 학창의(鶴氅衣) 차림으로 그 사이에서 지내며 오직 경전과 역사를 토론하고 글을 지으며 즐기는 것을 지극한 즐거움으로 삼았다. 제자백가의 책에도 모두 해박하고 통달하였다. 때때로 난과 국화를 심어 아침저녁으로 읊조리며 한가로이 지내며 유유자적한 흥취를 담았다. 만년에는 대나무를 더욱 사랑하여 섬돌에 줄지어 심고 〈죽은기(竹隱記)〉를 지었다. 그가 자호를 죽은(竹隱)이라 한 것도 이 때문이다.

덕을 숨기고 빛을 감추며 가난을 편안히 여기고 뜻을 즐거워하였으니, 과시하고 자랑하는 사람을 보면 자기를 더럽히는 것처럼 여기는 정도에 그치지 않았다. 시사를 논할 적에는 늘 격앙하고 강개하여 입에서 말이 나오는 줄도 몰랐다. 아, 이 몇 가지 일을 보면 공의 아름다운 자질과 기특한 포부가 탁월하고 빛나며 남달리 뛰어나다는 것을 알 수 있다. 만약 때를 만나 조정에 올라 시행하였다면 위로는 임금의 부족한 점을 보충하고 아래로는 혼란한 시속을 진정시켰을 것이니, 사업에서 나타난 것이 이 정도에 그치지 않았을 것이다.

그러나 쌓기만 하고 내놓지 않았으며 답답하게 드러내지 못한 채 곤궁하게 살면서 지위가 재주에 맞지 않았고, 언론과 풍채를 한 번도 당시에 시행하지 못하였다. 하늘이 또 장수하지 못하게 하였으니 어찌 《중용》에서 이른바 처한 상황을 순리대로 받아들이는 사람이 아니겠으며, 맹자가 이른바 수양하여 명을 받드는 사람이 아니겠는가. 저술한 문집 약간 권이 집에 보관되어 있다.

배위 전의 이씨(全義李氏)는 태사 도(棹)의 후손이며 평안 도사(平

安都事) 성전(晟傳)의 딸이다. 1남 1녀를 낳았으니, 아들 계부(啓溥)는 진사를 지냈고 처사공의 후사가 되었다. 딸은 청풍(淸風) 김태로(金泰魯)에게 시집갔으나 일찍 과부가 되었다. 아들 치후(致垕)는 겨우 관례를 하였다. 진사는 처음에 유학 허환(許瓛)의 딸에게 장가들어 아들 주귀(柱龜)를 낳았는데 어리다. 이어서 봉사 정온(鄭溫)의 딸에게 장가들어 1남을 낳았으니, 공이 살아있을 때 훗날의 일을 맡기려던 자이다. 공이 죽은 뒤 오래지 않아 요절하였다.

진사군은 나와 공의 교분이 가장 친밀하고 오래되었다고 여겨 지금 상복을 입고 멀리서 나를 찾아와 눈물을 흘리며 공의 뜻과 행실을 기록한 글을 몹시 간절히 청하였다. 의리상 글재주가 부족하다고 사양할 수 없어 삼가 가장(家狀) 원고를 보고 대략 손질하여 돌려주어 훗날 입언군자(立言君子)의 채택에 대비한다.

증 병조판서 서성군 행 남평현감 한공 행장

贈兵曹判書西城君行南平縣監韓公行狀

공의 휘는 순(楯), 자는 사한(士閑), 성은 한씨(韓氏)이며 청주(淸州) 사람으로 고려 태위 삼중대광 난(蘭)의 후손이다. 태위 이하는 대대로 문벌이었다. 6세가 지나 휘 강(康)에 이르러 유학으로 충렬왕(忠烈王)의 재상이 되어 종묘를 수선하고 사냥을 중지하며 굶주린 백성을 진휼하고 시신을 묻어줄 것을 청하였으며, 관직은 수문전대학사를 지내고 치사(致仕)하여 고양백(高陽伯)에 추증되었다. 고양백은 휘 사기(謝奇)를 낳았으니 우간의대부를 지내고 고양후(高陽侯)에 추증되었다. 고양후는 휘 악(渥)을 낳았으니 도첨의우정승을 지내고 충숙왕 때 우대언으로 왕을 따라 원(元)나라에 들어갔다. 이때 심양왕(瀋陽王) 호(暠)가 왕위를 엿보고 참소를 지어내었는데, 공이 기이한 계책으로 왕을 화에서 빠져나오게 하였다. 논공행상하여 철권(鐵券)을 하사받고 상당부원군(上黨府院君)에 봉해졌으며 시호는 사숙(思肅)이다. 고양백에서 사숙공까지 3대의 일은 《고려사(高麗史)》에 자세히 실려 있다.

사숙공은 휘 방신(方信)을 낳았으니 정당문학을 지내고 서원군(西原君)에 봉해졌다. 서원군은 휘 영(寧)을 낳았으니 우리나라에 들어와 병조 판서를 지냈다. 판서의 증손 휘 치형(致亨)은 영의정을 지내고 성종조 좌리공신(佐理功臣)에 책록되었으며 시호는 질경(質景)이니 공의 5대조이다. 고조 휘 적(迹)은 현감을 지내고 승지에 추증되었다. 증조 휘 승경(承慶)은 첨사를 지내고 병조 참판 서원군(西原君)에 추증되었다. 조부 휘 옥(沃)은 승지를 지냈다. 부친 휘 극심(克諶)은 충훈부 도사를 지냈다. 모친 양천 허씨(陽川許氏)는 순적부위 흥(興)의 딸이다. 가정(嘉靖) 갑인년(1554, 명종9) 한양 신문(新門) 밖 유점동(鍮店洞)에서 공을 낳았다.

공은 태어나면서부터 빼어나 얼굴이 모나고 이마가 넓어 모습이 범상치 않았다. 약관의 나이가 되자 호탕하고 용맹이 있었는데, 진사 황정길(黃廷吉) 공에게 수학하여 태도를 고치고 독서하였으며, 기세가 웅장하였다. 황공이 기특하게 여겨 아끼며 사위로 삼았다. 나이 29세에 붓을 던지고 임오년(1582, 선조15) 알성 무과에 급제하여 선전관으로 있다가 평양 판관(平壤判官)으로 승진하여 임명되었다. 평양은 평소 화려한 곳으로 일컬어졌는데, 공은 몸가짐을 몹시 엄하게 단속하여 한결같은 마음으로 공무를 수행하고 청렴결백에 힘썼다. 부임할 때 해진 이불 하나를 가지고 갔는데, 임소에 도착하여 부인이 바꾸기를 청하자 공이 기뻐하지 않으며,

"이불이 비록 해졌으나 덮을 수 있다. 만약 찢어진 곳이 있으면 기우면 그만이다. 어찌 새로 만든 것을 내 몸에 덮을 수 있겠는가."

하고 끝내 들어주지 않았다. 하루는 구들이 뚫려 불꽃이 올라와 침구가 모두 타버렸다. 관아 사람들이 장난삼아 말하기를,

"조화옹이 공의 고집을 싫어해서 이 해진 이불을 불태웠다."

하였다. 당시 흉년을 만나 들판에 굶어죽은 시신이 많았다. 공은 백성을 자식처럼 여겨 황정(荒政)에 마음을 다하고 적절한 방법으로 돌보아 살린 사람이 몹시 많았다. 체직되어 돌아간 뒤 고을 백성이 그리워하여 비석을 세워 칭송하였다.

갑신년(1584) 8월, 모친상을 당하였다. 예법을 넘을 정도로 슬퍼하

였으며 상복을 벗지 않았다. 심상(心喪)하는 중이라도 여전히 거적을 깔고 흙덩이를 베고 자며 치아를 보이며 웃은 적이 없었으니 사람들이 모두 어려운 일이라고 여겼다. 병술년(1586) 상을 마쳤다.

경인년(1590)에 이르자 왜적이 창궐하여 변방의 흔단이 이미 싹텄다. 조정에서 남쪽 지방을 몹시 걱정하니, 재신(宰臣)이 담력이 있고 지략에 능한 자를 골라 양남 지방의 수령으로 삼아 백성을 보호하고 외적을 막을 계책으로 삼도록 청하였다. 그리하여 공이 남평 현감(南平縣監)에 임명되었다. 10월에 임지에 도착하여 적절히 조처하기를 평양에 있을 때와 한결같이 하니, 아전과 백성이 모두 안도하였다.

고을 사람들은 귀신을 숭상하고 기도하기를 좋아하여 무당의 무리가 날마다 산 위의 신당(神堂)에 모이고 남녀가 밤낮으로 섞여 지냈다. 공이 말하기를,

"풍속을 망치기가 이보다 심한 것이 없다. 어찌 요물로 하여금 사도(邪道)를 끼고 우리 백성을 현혹하게 할 수 있겠는가."

하고 즉시 그 신당을 부수고 불태우게 하니, 온 고을의 풍속이 이로 인해 조금 바뀌었다.

이때 남쪽의 경보가 갈수록 급해져 공은 왜적이 반드시 올 줄 알았다. 마침내 신묘년(1591) 7월, 높고 험준한 곳에 의지하여 산성을 쌓고 양식을 모으고 무기를 준비하여 만일의 사태에 대비하였다. 이듬해 임진년(1592) 4월, 왜적이 대거 쳐들어왔다. 동래(東萊)가 먼저 함락되고 여러 진(鎭)이 와해되었다. 양경(兩京 한양과 개성)을 지키지 못하여 어가가 파천하였다.

7월, 적병 한 갈래가 영남에서 무주(茂朱), 용담(龍潭) 등지로 다가왔는데 그 기세가 몹시 날카로워 민심이 두려워하였다. 공이 말하기를,

"지금 팔도가 거의 적의 소굴이 되었는데 오직 호남 일대만이 조금 깨끗하다. 국가가 훗날 중흥하는 것은 전부 여기에 달려 있다. 만약 호남을 잃으면 이는 국가가 없어지는 것이다."

하고, 창평 현령(昌平縣令) 윤열(尹悅)과 약속하여 이달 16일 군사를 내어 함께 적을 섬멸하기로 약속하였다. 떠나려 하자 공의 처첩이 다투어 공의 옷소매를 잡고 울면서,

"위로는 늙으신 아버님이 있고 아래로는 처자가 있는데 지금 어찌 제몸을 잊고 삶을 가벼이 여겨 죽을 곳으로 가고자 하십니까."

하니, 공이 말하기를,

"우리 형제는 다섯 사람이니 비록 내가 없어도 아직 네 사람이 있어 우리 아버님을 봉양할 수 있다. 또 나는 이미 나라에 몸을 바쳤으니 이러한 때에는 부자의 은혜라도 둘다 온전히 보전할 수 없다. 하물며 가족이야 말할 것이 있겠는가. 나라를 위해 한 번 죽는 것이 나의 직분이다."

하고, 옷깃을 떨치고 나왔다. 아우 기(機)를 돌아보며,

"이번에 가면 나는 반드시 돌아오지 못할 것이니, 만약 내 시신을 찾고자 한다면 몸에 찬 인수(印綬)를 증거로 삼아라."

하였다. 마침내 조방장 아무개와 합세하여 장차 중도에 복병을 두었다가 적을 유인하여 공격하려고 하였다. 적이 이미 금산(錦山)을 함락하였다는 말을 듣고, 또 의령 현감(宜寧縣監) 오응창(吳應昌)이 관직을 버리고 달아났다는 말을 듣고서 분개하여 눈물을 흘리며 밤새도록 자지 않았다. 21일 아들 진영(震英)에게 보낸 편지에 이르기를,

"나는 내일 금산의 적에게 진격할 것이니, 너는 네 어머니를 모시고 보성(寶城)의 외가 친척 이경남(李慶男)의 집에 의지하여 피난할

곳으로 삼아라. 급하게 이사하는 사이에 모든 일을 신중히 하여 동요하지 말고 반드시 조용히 처리하여라."

하였으니, 이것이 공의 절필(絶筆)이었다. 마침내 곧장 금산의 적이 있는 곳으로 가니, 고경명(高敬命) 공은 이틀 전에 이미 패배하여 죽었다. 적병이 이긴 지 얼마 되지 않아 기세가 몹시 씩씩하였다. 공은 아홉 고을의 수령과 서로 기각지세(掎角之勢)를 이루어 송현(松峴) 아래에 멈추어 진을 쳤다. 적이 먼저 창평(昌平)의 군사를 공격하자, 창평의 군사가 바람에 휩쓸리듯 무너졌다. 공이 병사를 이끌고 달려들어가 탄환과 칼날을 무릅쓰며 하루종일 힘껏 싸워 죽이고 다치게 한 자가 상당하였다. 얼마 후 윤열(尹悅)이 말을 채찍질하여 먼저 도망가려는 것을 보고 공이 사나운 목소리로 크게 소리치기를,

"윤열아! 남아는 죽을 뿐 남과 함께 위험을 앞두고 달아나 살 수는 없다."

하고, 홀로 나아가 싸우기를 그치지 않았다. 이때 날이 이미 캄캄해졌는데, 어떤 왜적이 쌓인 시신 아래에서 죽은 체 하고 있다가 갑자기 말 앞으로 검을 휘두르며 뛰어나왔다. 공은 안장에 의지하여 움직이지 않다가 갑자기 칼날을 맞고 말에서 떨어져 죽었으니, 임진년(1592) 8월 9일이었다. 집안 사람이 어지러운 시신 가운데에서 공을 찾았더니 허리에 여전히 인수(印綬)를 차고 있었다. 마침내 시신을 거두어 남평 땅에 임시로 매장하였다.

16년이 지난 정미년(1607), 윤열(尹悅)이 전라도 병사가 되어 담당하여 계획하여 양주(楊州) 서산(西山)으로 돌아와 장사지내고 부인과 합장하였으니, 바로 질경공 묘소의 동쪽 기슭이다. 남평 관아의 하인 석숭(石崇)은 금산 전투에서 공을 따랐는데, 늘 8월 9일이면 고기를

물리치고 먹지 않으며,

"오늘은 우리 원님 한공이 싸우다 죽은 날이다."

하고 반드시 눈물을 줄줄 흘렸다. 그 당시 금산에서 순절한 사람으로 또 태헌(苔軒) 고경명(高敬命), 중봉(重峯) 조헌(趙憲), 집의 이광륜(李光輪), 사간 유팽로(柳彭老), 첨정 안영(安瑛), 남해 현감(南海縣監) 변응정(邊應井), 태헌의 아들 고인후(高因厚), 중봉의 아들 조완기(趙完基) 등 여러 공이 있었는데 모두 공과 앞서거니 뒤서거니 죽었으며, 그들이 죽은 곳이 또 같은 고을이었기에 금산의 부로들이 제단을 쌓고 사당을 지어 제사지냈다. 제단은 의단(義壇)이라 하고 사당은 종용당(從容堂)이라고 하였으니, 조용히 죽음으로 나아갔다는 뜻을 취한 것이다.

공이 처음 죽었을 적에 본도의 순찰사가 그 상황을 장계로 아뢰었으나, 장계를 가져간 사람이 중도에 이르러 적에게 해를 당하여 마침내 행재소에 전달하지 못하였다. 이 때문에 오랫동안 표창하고 녹훈하는 은전을 받지 못하였다. 효종조에 자손의 호소로 인하여 병조 참의에 추증하였고, 현종조에 또 정려하였다. 지금 성상 임진년(1712, 숙종 38) 겨울, 대신이 탑전에서 아뢰어 남해 현감 변응정의 전례에 근거하여 병조 판서 서성군(西城君)으로 추가로 추증하고 시호는 의장(毅壯)이라 하였다.

공은 자질이 남다른데다 지기가 뭇사람보다 뛰어나 어릴 적부터 이미 보통 아이와 달랐다. 자라서는 몸가짐을 다스리고 뜻을 가다듬어 몹시 독실히 지조를 지켰다. 집안에서는 부모님을 기쁘게 하는 즐거움을 다하였으며, 상을 치르고 제사를 지낼 적에는 슬퍼하고 공경하는 실제를 다하였다. 성품도 담박하고 욕심이 적어 화려한 것을 좋아하지 않았으며 관직에 있으면서 직무를 수행할 적에 터럭만큼도 범하지 않았다. 요망한 사당을 부수어 백성의 풍속을 바로잡고, 산성을 쌓아 방어에 대비한 일로 말하자면 모두 정사의 근본과 외적을 막는 계책을 얻었다.

왜구가 쳐들어와 팔도가 짓밟히자 평소 임금이 덕택에 옷을 입고 임금 덕택에 음식을 먹은 자들이 모두 수치를 잊고 모욕을 무릅쓴 채 쥐나 토끼처럼 달아나 그저 제몸과 처자를 보전하는 것을 좋은 계책이라고 여겼다. 오직 공만은 홀로 앞장서서 의리를 내세워 적을 토벌하고 위험을 보고서 목숨을 바쳤다. 나약한 군졸을 이끌고 사나운 적에게 맞서 그저 임금이 있는 줄만 알고 제몸이 있는 줄 몰랐으며, 의리가 있는 줄만 알고 이해가 있는 줄은 몰랐다. 그가 처자의 청을 거부하고 영결한 말과 아우에게 시신을 거두라고 한 말을 보면 엄격하고 명백하며 늠름하고 매서우니 귀신을 감동시키고 조물주를 울게 할 만하다.

군중에 있으면서 아들에게 보낸 편지는 가르침이 간곡하고 처치가 차분하니, 비록 생사가 갈라지는 위급한 때를 만나서도 조금도 겁내거나 놀라는 뜻이 없었다. 진중에서 피를 뿌리며 하늘에 맹세하고 죽기를 집에 돌아가듯 여겼으며 전장에 시신을 눕혔으니, 제몸을 바쳐 나라에 보답하려는 계책을 평소 가슴 속에 정한 사람이 아니라면 이와 같이 할 수 있겠는가. 의단에 제향되었으니 수양(睢陽)의 쌍묘(雙廟)[2]에 부끄러울 것이 없고, 나라에서 증직하고 정려하는 일을 또 차례로 거행하였으니 살아 있는 사람이나 죽은 사람이나 모두 유감이 없다. 임진년

2 수양(睢陽)의 쌍묘(雙廟) : 당(唐)나라 안록산(安祿山)의 난이 일어났을 때 수양성을 지키다가 죽은 장순(張巡)과 허원(許遠)의 사당이다. 《舊唐書 卷187下 張巡列傳》

추가로 증직한 일로 말하자면 공이 죽은 뒤 갑자가 두 번 돌아온 해이니, 그 일이 더욱 기이하다.

공은 갑인년에 태어나 임진년에 죽었으니 향년은 39세이다. 부인 장수 황씨(長水黃氏)는 이조 참판에 추증된 성균 진사 정길(廷吉)의 딸이다. 엄숙하고 바르며 공을 섬기며 어김이 없었다. 공이 죽은 지 3년 뒤에 죽었다. 3남을 두었으니 장남은 진영(震英)으로 무과에 급제하여 첨추를 지냈고, 차남은 인영(仁英), 삼남은 도제(道濟)이다. 첨추공은 2남 2녀를 낳았으니 장남 담(曇)은 좌승지에 추증되었고 차남은 경(炅)이고 딸들은 원익길(元益吉)과 이계(李枅)에게 시집갔다. 인영은 4남을 낳았으니 민(旻), 잡(𣇵), 성(晟), 면(冕)이다. 승지공은 2남 5녀를 낳았으니 아들 익주(翊周)는 문과에 급제하여 첨추를 지냈고 차남은 차주(次周)이다. 장녀는 어모장군을 지낸 나의 선친 휘 도(濤)에게 시집갔고, 차녀는 무과에 급제하여 부사를 지낸 고계원(高啓元)에게 시집갔고, 삼녀는 여중구(呂重九), 사녀는 조천구(曺天球) 오녀는, 성자동(成自童)에게 시집갔다.

경은 3남을 낳았으니 상주(相周), 석주(錫周), 위주(緯周)이다. 민은 1남을 낳았으니 필주(弼周)이다. 잡은 3남을 낳았으니 세주(世周), 후주(後周), 우주(佑周)이다. 성은 3남을 낳았으니 윤주(胤周), 득주(得周), 유주(有周)이다. 면은 2남을 낳았으니 태주(泰周), 찬주(纘周)이다. 첨추공은 4남 4녀를 낳았으니 아들은 석(錫), 집(鏶), 집(鍓), 협(鋏)이고 딸들은 윤호(尹頀), 무과에 급제하고 수사를 지낸 윤오상(尹五商), 윤세미(尹世美), 진사 남궁일(南宮鎰)에게 시집갔다. 차주는 2남을 낳았으니 익(釴), 수(鏽)이다. 상주는 2남을 낳았으니 진사 빈(鑌), 인(鏔)이다. 우주는 아들이 없어 인을 후사로 삼았다.

위주는 2남을 낳았으니 용(鎔), 상(鏛)이다. 내외 손자는 많아서 기록하지 못한다.

공의 사현손(嗣玄孫) 석(錫) 씨는 나의 내종형이다. 그가 자기 아들 덕기(德驥)를 시켜 공의 뜻과 행실을 기록한 글을 몹시 간곡히 청하였다. 또 나와 아우 재(栽)는 어려서부터 선비(先妣)의 곁에서 공이 순절한 일을 익숙히 들었으니, 의리상 글재주가 없다고 사양할 수 없다. 이에 감히 그 세계와 사실을 이상과 같이 대략 서술하니, 훗날 입언군자(立言君子)가 사실을 살펴보기 바란다. 그러나 서투른 글솜씨로는 드러낼 수가 없으니, 아, 슬프다.

외현손 청풍 김간이 삼가 행장을 쓰다.

성균 생원 이공 행장
成均生員李公行狀

공의 휘는 희하(喜夏), 자는 혜중(惠仲)이며 계보는 선파(璿派)에서 나왔다. 8대조 수평군(須平君) 휘 군생(群生)은 공정왕(恭靖王)의 별자(別子)이다. 고조 휘 수령(壽齡)은 선교랑을 지냈고, 증조 휘 용손(龍孫)은 의영고 주부를 지냈고, 조부 휘 우문(遇文)은 장사랑을 지냈고, 부친 휘 식(植)은 충의를 지냈다. 모친 전주 최씨(全州崔氏) 는 장사랑 승종(承宗)의 딸이다. 숭정 갑신년(1644, 인조22) 3월, 평산(平山) 은둔리(隱遯里)에서 공을 낳았다.

어려서부터 영특하여 성인과 같았다. 8세에 충의공의 등에 큰 종기가 나서 문드러지고 고름이 생겼는데, 공이 빨아서 독한 즙을 내니 며칠 지나지 않아 나았기에 고을 사람들이 모두 기이하게 여기며 효성에 감응한 결과라 하였다. 9세에 바깥의 스승에게 나아가 같은 마을의 임준(任濬) 공에게 배웠는데, 임공은 질박하고 충실한 그를 아껴서 원대하게 될 그릇으로 대우하였다.

13세에 모친상을 당하였다. 이때 종형제들은 모두 부모가 다 살아 있었는데, 공만 어린 나이에 갑자기 모친을 잃었고 또 형제가 적어 쓸쓸하고 괴로워 밤낮으로 통곡하며 물 한 모금도 마시지 않았다. 충의공이 지나치게 몸이 상하여 병이 들까 염려하여 마음을 너그럽게 가지도록 비유하여 타일렀으나 끝내 변치 않았다.

18세에 임공이 먼 고을의 수령으로 부임하자 공은 어버이의 명에 따라 판서 구당(久堂) 박장원(朴長遠)에게 배우러 갔으니, 구당은 충의공의 외종질이었다. 공을 친자식처럼 사랑하여 배필을 찾아 혼인시켜 주었다. 초례를 치르는 날에 박공이 직접 예절을 가르쳤다. 공은 얼굴이 붉고 풍성하며 어깨와 등이 곧고 행동이 모두 법도에 맞았기에 자리에 가득한 이름난 공들이 모두 주목하였다. 간혹 한양에 살면서 유학하는 길을 넓혔다. 공은 어버이 곁에 모시는 사람이 없다고 염려하여 가족을 데리고 집으로 돌아와 혼정신성하는 여가에 손수 창려(昌黎 한유(韓愈))의 글과 사마천(司馬遷), 반고(班固)의 사서를 초록하고, 천 번을 넘게 읽었는데도 그만두지 않았다. 이때부터 붓을 잡으면 글재주가 넉넉하였다.

충의공은 마흔이 넘어 비로소 공을 낳았기에 평소에는 비록 몹시 사랑하였으나 학문을 감독할 적에는 조금도 용서하지 않았다. 이 때문에 공이 글재주를 일찍 성취하였다. 임자년(1672, 현종13)에 현석(玄石 박세채) 선생이 배천군(白川郡)에 우거하자 공이 즉시 가서 수업하며 《심경》과 《근사록》을 읽고 비로소 학문하는 중대한 방도를 알았다.

병진년(1676) 겨울, 부친상을 당하자 유언에 따라 집 뒤에 장사지내고, 선비(先妣)의 묘소를 옮겨 합장하였다. 상례와 제례는 한결같이 《가례》를 따랐으며, 아침저녁으로 전(奠)을 올린 뒤 항상 거적에서 지내며 상복을 벗지 않았다. 예법을 넘을 정도로 슬퍼하여 지팡이를 짚은 뒤에야 일어서니 보는 사람들이 모두 위태롭게 여겼다.

이보다 앞서 공은 어버이를 위해 과거공부를 하여 그간 6차례 향시에 합격하였으나 회시(會試)에서 번번이 낙방하였다. 공은 어버이의 뜻을 위로하고 기쁘게 하지 못한 것을 늘 한스러워하였는데, 이때에 와서 더욱 큰 슬픔으로 여겼다. 상을 마치자 과거에 응시할 뜻이 없었으나 친구들에게 이끌려 억지로 나아갔는데 신유년(1681) 사마시에 급제하였으나 즐거워하는 바가 아니었다.

무진년(1688) 가을, 선생이 이조 판서로 조정에 나아가서 일을 말하였다가 도성을 떠나자 공은 온 도의 유생들의 앞장을 서서 대궐에 호소하며 신변하니, 사론이 훌륭하게 여겼다. 계사년(1713) 6월 정침에서 세상을 떠나니 향년 70세였다. 이해 9월, 평산(平山) 이현(梨峴) 유좌묘향(酉坐卯向)의 언덕에 묏자리를 정해 장사지냈다.

공은 타고난 자질이 순후하고 도량이 넓었다. 턱살이 늘어지고 이마가 넓었으며 행동거지가 전아하여 사람들이 바라보고서 훌륭한 사람인 줄 알았다. 선생의 문하에 귀의해서는 이 학문에 전념하여 더욱 덕을 닦고 학업을 익혔다. 특히 경(敬)을 지키고 이치를 궁구하며 반성하여 실천하는 요점에 힘을 다하였다. 당시 선생의 문하에서 배우는 사람이 몹시 많았는데, 지조가 확고하고 순수하여 잡스럽지 않기로는 모두 공을 으뜸으로 꼽았다. 선생이 한번은 공에게 말하기를,

"그대는 자질이 몹시 좋아 동년배가 미칠 바가 아니다. 만약 학문의 공부로 날마다 단련하여 시종일관 쉬지 않으면 선배의 지위에 도달하기 어렵지 않을 것이다."

하였으니, 스승에게 인정받은 것이 이와 같았다. 항상 근세에 사우의 도가 사라졌다는 이유로 몹시 마음으로 개탄하였다. 선생이 세상을 떠나자 기년복을 입었고, 과거 임공이 죽었을 때도 기년복을 입었으며, 평소 마음 맞던 친구가 죽었을 때도 반드시 마복(麻服)을 입었다. 한번은 횡거(橫渠 장재(張載))의 《정몽(正蒙)》을 읽다가,

"글뜻이 심오하여 후학이 이해하지 못하는 곳이 많으니, 결국 평이하고 통창한 정자와 주자의 글만 못하다."

하였다. 또 말하기를,

"육 상산(陸象山 육구연(陸九淵))의 간편한 기상은 원래 불교에서 온 것이고 우리 유가의 법이 아니다."
하였다. 또 시 읊기를 좋아하지 않아 매번 후세에 쓸데없이 화려한 것만 숭상하여 옛 시의 육의(六義)[3]의 뜻을 완전히 잃었으니 성정(性情)에 도움이 되지 않고 몸과 마음에 해가 된다고 탄식하였다. 이 때문에 읊조리는 글을 전혀 짓지 않았다.

평생 말을 빨리 하거나 안색을 갑자기 바꾸지 않았으며, 뜻에 거슬리는 일을 당해도 성내는 말이나 꾸짖는 소리가 입에서 나오지 않았다. 교유하는 사이에서는 오래될수록 더욱 공경하였고 농담을 한 적이 없었다. 간혹 여럿이 모여 떠들썩한 가운데서도 반드시 옷깃을 바로잡고 단정히 손을 맞잡아 엄숙하여 덤비기 어려운 모습이 있었다. 죽을 때까지 남의 잘못을 말하지 않았으며, 와서 말하는 사람이 있으면 응수하지 않고 못 들은 척하였다. 주량이 몹시 컸으나 서너 사발을 마시면 곧 멈추었기에 한번도 술기운이 얼굴에 올라오지 않았다. 성품이 또 소박하여 자신의 봉양을 몹시 박하게 하여 거친 밥과 해진 옷도 싫어하지 않았다. 어떤 사람이 말하면,
"서생의 옷과 음식은 이것도 충분하다."
하였다. 집안을 고요히 쓸고 날마다 경전을 일삼았다. 경전의 정문(正文)은 익숙하게 반복하여 마치 자기 말처럼 외었다. 후배를 가르칠 적에는 일과를 권면하기를 게을리하지 않았다. 일가의 자제들 중에 수업을 받는 자가 많이 모였는데, 공은 모두 이끌고 도와주어 재주에

3 육의(六義) : 《시경》의 핵심인 풍(風), 아(雅), 송(頌), 부(賦), 비(比), 흥(興)이다.

따라 가르쳤다. 친족들과 한 골짜기에 함께 살았는데, 아침저녁으로 어울리며 경전과 역사를 강론하기도 하고 제술을 가르치기도 하며 한결같이 친애하고 화목하기를 위주로 삼았다. 이를 미루어 남을 대하고 일에 응할 때 그가 처신한 방법은 모두 각기 도리에 맞았다.

어른을 대할 적에는 반드시 공경을 다하였고, 어린이를 대할 적에는 반드시 돌보아주었으며, 노비를 대할 적에는 반드시 관대하게 하였고, 이웃을 대할 적에는 반드시 화평하게 하였다. 이 때문에 윗사람과 아랫사람에게 모두 환심을 얻었다. 세상을 떠나던 날, 고을 사람은 어른 아이를 가리지 않고 모두 기어와 통곡하였는데 거의 5백 명이나 되었다. 장사를 치를 때도 호상(護喪)하는 사람이 수백 명이 넘었다. 간혹 알지 못하던 사람도 종종 전(奠)을 가져와 조문하였다. 자신에게 평소 몸소 실천하여 실제로 얻은 교화가 넘쳐흘러 자연히 멀리까지 미친 사람이 아니라면 어떻게 사람들에게 이처럼 깊은 흠모를 받았겠는가. 아, 현명하다.

배위 밀양 박씨(密陽朴氏)는 통덕랑 상(緗)의 딸이다. 공보다 14년 먼저 세상을 떠나 다른 곳에 따로 장사지냈는데, 이때 와서 공의 묘소 왼편으로 옮겨 부장(祔葬)하였다. 2남 2녀를 두었는데, 장남 선(墡)은 남양 홍씨(南陽洪氏)와 혼인하였으니 통덕랑 이성(以聖)의 딸이다. 차남 경(坰)은 처음에 여흥 민씨(驪興閔氏)와 혼인하였으니 통정대부 군수 진원(震元)의 딸이다. 이어서 권씨(權氏)와 혼인하였으니 통덕랑 세익(世翊)의 딸이다. 두 딸은 유학 한구(韓球), 생원 박서룡(朴瑞龍)에게 시집갔다. 선은 2남 1녀를 두었으니 아들은 진대(鎭大), 진형(鎭亨)이고 딸은 신용휴(申用休)에게 시집갔다. 경은 1남 진복(鎭福)을 두었으니 어리다.

옛적 임자년(1672) 봄에 나는 아우 중고(仲固)와 함께 배천(白川)의 저택으로 선생을 뵈러 가서 그대로 머물러 공부하였다. 당시 공과 임대년(任大年 임원구(任元耈)), 김사직(金士直 김유(金楺))은 이미 먼저 문하에 와 있었다. 이때 가서 비로소 공의 얼굴을 알았는데, 마침 공과 한 집에 함께 지냈고, 또 한 책을 함께 배우면서 마음 속으로 공의 수려한 풍모와 풍부한 문학을 사모하였다. 매일 스승에게 수업을 받고 물러나서는 의심스러운 글과 심오한 뜻을 반드시 먼저 공과 마주하여 토론한 뒤에 선생에게 질문하였으니, 이와 같이 한 것이 거의 두 달이었다. 헤어져 동쪽으로 돌아오니 산천이 가로막고 세상사가 이어져 다시는 공과 종유하지 못한지 40여 년이 되었다. 선생은 이미 세상을 떠났고, 대년과 아우는 이어서 세상을 떠났는데, 지금 공이 또 세상을 떠났다. 옛일을 생각하면 슬픈 마음을 견딜 수 없다.

이번에 공의 아들 선과 경 등이 나를 공의 오랜 벗이라 여겨 멀리 편지를 보내 공의 뜻과 행실을 기록한 글을 몹시 간곡하게 청하였다. 사직도 편지를 보내 권하였으니 무슨 말로 사양하겠는가. 자신을 헤아리지 않고 삼가 가장(家狀) 원고에 따라 그 대략을 이상과 같이 간략히 서술하니, 입언군자(立言君子)가 헤아리고 살피기를 바란다.

본생 5대조고 어모장군 행 충청도수군우후부군 행장
本生五代祖考禦侮將軍行忠淸道水軍虞候府君行狀

공의 휘는 숭의(崇義), 자는 의중(宜仲), 성은 김씨(金氏)이며 청풍(淸風) 사람이다. 고려에서 문하시중을 지내고 청성부원군(淸城府院君)에 추증된 휘 대유(大猷)의 후손이다. 시중 이하 여러 대 동안 벼슬이 이어졌다. 본조에 이르러 휘 관(灌)이 호조 참의를 지내고 의정부 좌찬성에 추증되었으니 공의 5대조이다. 고조 휘 의지(義之)는 한성 부윤을 지냈고, 증조 휘 후(珝)는 진의부위를 지냈다. 조부 휘 계경(季卿)은 학문과 행실로 세상 사람들의 존중을 받았고 호조 참의에 추증되었다. 부친 휘 윤(潤)은 진주 하씨(晉州河氏) 영(泠)의 딸과 혼인하여 18세에 죽었으니, 공은 유복자이다.

공은 어려서 집안에서 가르침을 받지 못하였으나 하 부인(河夫人)은 성품이 엄격하고 법도가 있어 늘 공에게 경계하기를,

"내가 듣기로 과부의 아들이 알려지지 않으면 사람들이 교유하지 않는다고 하니, 이것이 내가 몹시 걱정하는 것이다."

하니, 공이 울면서 가르침을 받고 부인을 엄한 아버지처럼 섬겼다. 그러나 이로써 몸가짐을 단속하고 행실을 다스리는 방도의 중요한 요점을 알 수 있다. 어렸을 적 산인(山人)에게 배운 적이 있는데, 함께 배우는 아이 중에 그 스승을 모욕하는 자가 있었다. 공이 낯빛을 바로하고 꾸짖기를,

"옛사람은 한 글자 스승[4]도 있었는데, 지금 우리들이 고개 숙여 배우니 스승과 제자의 의리가 있다. 어찌 산인이라고 해서 가볍게 여길

수 있겠는가."

하였다. 아이들이 모두 부끄러워 승복하니, 들은 사람들이 기이하게 여겼다.

어려서부터 침착하고 굳세며 덕성이 있었다. 장성할 무렵 붓을 던지고 활쏘기와 말타기를 일삼아 누차 응시하였으나 번번이 낙방하였다. 공의 재주를 아는 사람들은 모두 한탄하고 애석해 하였다. 그러나 공은 끝내 득실 때문에 기뻐하거나 슬퍼하지 않았다. 당시 요직을 맡아 권세가 몹시 성대한 인척이 있었는데, 어떤 이가 공에게 찾아가라고 권하자 공이 말하기를,

"곤궁과 영달은 운명에 달린 것이니, 사적인 길을 통해 외람되게 벼슬을 구해서는 안 된다."

하고, 한 번도 그 집을 찾아간 적이 없었으니, 사람들이 모두 어려운 일이라 여겼다.

정승 이준경(李浚慶)이 중국에 사신으로 갈 때 공은 집사로 따라갔다. 거의 만 리를 다녀왔는데 시종일관 삼가서 터럭만큼도 어기지 않았다. 이 정승이 감탄하며,

"참으로 대장부이다."

하였다. 그 뒤 공의 이름을 들은 사신은 반드시 공을 데리고 갔다. 이 때문에 공이 연경에 간 적이 전후로 세 번에 이르렀는데 그때마다 청렴하고 삼간다고 일컬어졌다. 이 정승이 더욱 아끼고 중시하며 늘 말하기를,

4 한 글자 스승 : 당(唐)나라 정곡(鄭谷)이 승려 제기(齊己)의 시 한 글자를 고쳐주어 '일자사(一字師)'로 불렸다. 《詩人玉屑 一字師》

"만약 아무개처럼 사신의 임무를 수행한다면 어찌 임금의 명을 욕되게 할 것을 걱정하겠는가."

하고, 조정에 천거하여 밀어주었기에 세 진(鎭)에 제수되어 모두 임기를 마치고 체직되었다. 물러나 충청도에 별장을 짓고 몸소 농사 짓고 고기 잡아 어버이에게 음식을 바쳤다. 이밖에는 재산을 일구어 풍족하게 지내려는 뜻이 전혀 없었다. 만년에 서녀(庶女)를 얻었는데, 서녀가 사랑을 믿고 요구하는 것이 있었다. 공이 말하기를,

"은혜 때문에 의리를 덮는 것은 옛사람이 경계하였으니 나는 하지 않겠다."

하고 끝내 들어주지 않았다. 정덕(正德) 2년 정묘년(1507, 중종2) 2월 19일에 태어나 융경(隆慶) 3년 기사년(1569, 선조2) 11월 10일에 세상을 떠났으니 향년 63세이다. 관직은 충청 수군우후(忠淸水軍虞候)에 이르렀다. 이듬해 경오년(1570) 봄, 청주(淸州) 오근(梧根) 취령산(鷲嶺山) 묘향(卯向)의 언덕에 장사지냈다.

공은 용모가 씩씩하고 기상이 넓었다. 바탕이 후하고 도량이 컸으며 성품이 너그럽고 행실이 방정하였다. 어버이를 효성스럽게 섬기고 윗사람을 공경히 받들었으며, 몸가짐은 검소하게 하고 남을 대할 적에는 온화하였다. 세 차례 연행을 갔는데 지조를 더욱 가다듬었다. 만년에 충청도의 별장으로 돌아와 벼슬에 나아갈 뜻이 없었다. 권세와 이익, 복잡하고 화려한 것은 뜬구름처럼 아득한 것으로 여겼다.

비록 관직이 낮아 당시 시행하지 못하였으나 언행과 처사에 사군자의 기풍이 많았다. 친척들이 그 덕을 칭찬하고 고을 사람들은 그 의리에 복종하였다. 자하(子夏)가 이른바 "비록 배우지 않았더라도 나는 반드시 배웠다고 말하겠다."라는 말이 공을 두고 한 말이리라.

배위 진주 정씨(晉州鄭氏)는 고려에서 예문 제학을 지낸 시양(時揚)의 후손이며 예빈시 판관 기(磯)의 딸이다. 성품이 조용하고 엄숙하여 시부모에게 효도하고 친족과 화목하였으며 첩에게 혜택을 베풀고 여러 사람에게 두루 은혜를 베풀었다. 남편을 섬길 적에는 그 뜻을 따르기에 힘썼으나 때때로 경계하여 많은 도움이 되었다. 공과 같은 해 태어나 4년 동안 공을 따르다가 죽었는데 공과 함께 부장(祔葬)하였다.

4남 3녀를 두었으니 장남 회(繪)는 효성과 우애로 이름났고, 차남 계(繼)는 동종(同宗)인 대호군 휘 여광(汝光)의 후사로 나갔다. 학문이 순수하고 행실이 순후하여 당시 사우에게 인정을 받았으며, 사헌부 집의에 추증되었다. 삼남 강(綱) 역시 순수하고 삼가는 행실이 있었으며 병절교위를 지냈다. 사남 기(紀)는 무과에 급제하여 만호를 지냈다. 딸들은 이조 판서 안자유(安自裕), 시직 채무역(蔡無易), 목사 유철(柳澈)에게 시집갔다. 측실이 또 2남 1녀를 두었으니 아들은 권(綣)과 첨지중추부사 신(紳)이고 딸은 동지중추부사 이수신(李綏信)에게 시집갔다.

회는 2남을 두었으니, 장남 경백(敬伯)은 충성스럽고 진실한 행실로 고을 사람들의 우러름을 받았으니 호는 칠송거사(七松居士)이다. 차남은 공백(恭伯)이다. 세 딸은 김대기(金大奇), 무과에 급제하여 선전관을 지낸 허임(許任), 생원 박정홍(朴廷弘)에게 시집갔다. 집의공은 4남을 두었으니 장남은 충백(忠伯)으로 효행이 탁월하여 동물까지 감동시켰으며 호조 참의에 추증되었다. 차남은 효백(孝伯)이며, 삼남 인백(仁伯) 역시 의로운 행실로 일컬어졌고 훗날 이조 판서에 추증되었다. 사남은 예백(禮伯)이다. 강은 4남을 두었으니 수백(守伯), 제백(悌伯), 진백(振伯), 무과에 급제하여 선전관을 지낸 안백(安伯)이다. 기는 2남을 두었으니 동지를 지낸 몽백(夢伯)과 첨지중추부사를 지낸 응백(應伯)이다. 딸 하나는 무과에 급제하여 선전관을 지낸 이남두(李南斗)에게 시집갔다.

경백은 1남을 두었으니 익수(益修)이고, 공백은 1남을 두었으니 무과에 급제하여 군수를 지낸 익현(益賢)이다. 참의공은 1남을 두었으니 부사직을 지낸 익신(益新)이다. 효백은 4남을 두었으니 장남은 익겸(益謙)으로 무과에 급제하여 선전관을 지냈고, 차남은 익건(益健), 삼남은 익후(益厚), 사남은 익성(益聲)으로 진사를 지내고 효성으로 알려져 지평에 추증되었다. 네 딸은 부장 장운명(張雲溟), 나용(羅瑢), 박대성(朴大成), 정익주(鄭翊周)에게 시집갔다. 판서공은 3남을 두었으니 장남 익려(益礪)는 총명하여 문장에 능하였으나 일찍 요절하였고, 차남은 극부(克孚), 삼남은 극형(克亨)으로 잠야(潛冶) 박지계(朴知誡)의 문하에서 수업하였고 호는 사천 선생(沙川先生)이다. 관직은 공조 정랑을 지냈으며 의정부 좌찬성에 추증되었다. 예백은 딸 하나를 두었으니 진사 지여량(池汝亮)에게 시집갔다. 수백은 3남을 두었으니 익정(益精), 익명(益明), 익창(益昌)이며, 두 딸은 군수 이복생(李復生), 진사 오익삼(吳益三)에게 시집갔다. 제백은 1남을 두었으니 익준(益俊)이고, 딸 하나는 진사 허영(許嶸)에게 시집갔다. 진백은 딸 하나를 두었으니 판관 박정룡(朴廷龍)에게 시집갔다. 안백은 1남을 두었으니 익기(益器)이고, 두 딸은 유창근(柳昌根), 이정휘(李廷輝)에게 시집갔다. 몽백은 2남을 두었으니, 익구(益久)와 현감을 지낸 익견(益堅)이다. 응백은 2남을 두었으니, 익중(益重)과 익진(益珍)이며 두 딸은 곽청후(郭淸厚), 박문진(朴文震)에게 시집갔다.

익수는 4남을 두었으니 호성(好誠), 호철(好哲), 호례(好禮), 무과에 급제하여 주부를 지낸 호열(好說)이고 두 딸은 성위(成暐), 유익명(柳翼明)에게 시집갔다. 익현은 1남을 두었으니 인(認)이고, 두 딸은 김정남(金挺南), 김우(金瑀)에게 시집갔다. 사직공은 2남을 두었으니 바로 선친의 형제이다. 장남 휘 수(洙)는 참봉을 지냈고, 차남 휘 도(濤)는 어모장군을 지냈다. 두 딸은 이명흠(李命欽), 민영수(閔穎壽)에게 시집갔다. 익겸은 적자(嫡子) 후사가 없다. 익건은 2남을 두었으니 형(瀅), 명(溟)이고 딸 하나는 변정표(卞廷彪)에게 시집갔다. 익후는 3남을 두었으니 효행으로 정려를 받은 연(演), 제(濟), 호(浩)이며 딸 하나는 현감 조창한(趙昌漢)에게 시집갔다. 익성은 4남을 두었으니 격(激), 척(滌), 약(瀹), 감역을 지낸 부(溥)이며, 두 딸은 이후직(李後稷), 윤상징(尹尙徵)에게 시집갔다. 극부는 1녀를 두었으니 경완(慶琬)에게 시집갔다. 찬성공은 5남을 두었으니 관찰사를 지내고 영의정에 추증된 징(澄), 생원을 지낸 담(澹), 현감을 지낸 혼(混), 목사를 지낸 순(洵), 견(涀)이다. 세 딸은 진사 조세달(趙世達), 군수 박상일(朴尙一), 사간 임원구(任元耈)에게 시집갔다. 익정, 익명, 익창, 익준은 모두 후사가 없다. 익기의 계자(繼子)는 숙(淑)이고, 익구의 계자는 호정(好鼎)이며, 세 딸은 무과에 급제하여 현감을 지낸 홍우민(洪禹民), 심섬(沈暹), 홍매(洪邁)에게 시집갔다. 익견은 2남을 두었으니 두문(斗文), 호정(好鼎)이고, 딸 하나는 조석창(趙錫昌)에게 시집갔다. 익중은 1남을 두었으니 낙(洛)이고, 세 딸은 변경(卞璟), 무과에 급제하여 만호를 지낸 박세정(朴世貞), 유문익(柳文翼)에게 시집갔다. 익진은 3남을 두었으니 숙(淑), 섭(涉), 옥(沃)이며, 두 딸은 김상로(金商老), 허철(許澈)에게 시집갔다.

호성은 1남을 두었으니 진원(振源)이다. 호철의 계자는 진옥(振玉)

이다. 호례는 1남을 두었으니 진해(振海)이다. 호열은 3남을 두었으니 진옥(振玉), 진욱(振郁), 진덕(振德)이다. 인은 2남을 두었으니 하중(夏重), 하진(夏珍)이다. 참봉 부군은 아들이 없어 불초한 나 간(榦)을 후사로 삼았다. 어모장군은 2남을 두었으니 간(榦), 집의를 지낸 재(栽)이다. 형은 2남을 두었으니 항(杭), 주(柱)이다. 명은 2남을 두었으니 즙(楫), 노(櫓)이다. 연은 3남을 두었으니 영(榮), 경(檠), 규(槼)이다. 제는 3남을 두었으니 지(楮), 정(棖), 해(楷)이다. 호는 3남을 두었으니 무과에 급제하여 영장을 지낸 상(相), 훤(楦), 완(梡)이다. 격은 1남을 지냈으니 무과에 급제하여 군수를 지낸 추(樞)이다. 척은 2남을 두었으니 벽(檘), 단(檀)이며, 단은 약(瀹)의 후사가 되었다. 부는 1남을 두었으니 헌(櫶)이다. 의정공은 3남을 두었으니 우의정을 지낸 구(構), 교리를 지낸 유(楺), 군수를 지낸 무(楙)이다. 혼은 2남을 두었으니 장(檣), 억(檍)이다. 순은 3남을 두었으니 정자를 지낸 고(槹), 허(栩), 방(枋)이다. 견은 5남을 두었으니 규(樛), 후(槨), 담(澹)의 후사가 된 희(檥), 요(橈), 서(楈)이다. 숙은 1남을 두었으니 건(楗)이다. 호정은 2남을 두었으니 진탁(振鐸), 두문의 후사가 된 진우(振禹)이다. 낙은 1남을 두었으니 재흥(再興)이다. 옥은 2남을 두었으니 체({木+逮}), 운({木+運})이다.

진원은 3남을 두었으니 의로(義魯), 운태(運泰), 형로(亨魯)이다. 진욱은 2남을 두었으니 극로(克魯), 점로(漸魯)이다. 진해는 1남을 두었으니 창제(敞齊)이다. 진덕은 2남을 두었으니 진옥의 후사가 된 양로(養魯), 탁로(卓魯)이다. 하중은 2남을 두었으니 남석(南錫), 삼석(三錫)이다. 하진은 2남을 두었으니 우석(禹錫), 구석(九錫)이다. 간은 2남을 두었으니 일찍 죽은 태로(泰魯), 사로(師魯)이며, 재는 1남을 두었으니 이로(以魯)인데 모두 요절하였다. 항은 1남을 두었으니 종로(宗魯)이다. 주는 2남을 두었으니 학로(學魯), 택로(宅魯)이다. 즙은 2남을 두었으니 필욱(必煜), 노(櫓)의 후사가 된 홍로(弘魯)이다. 영은 1남을 두었으니 택로(澤魯)이다. 경은 1남을 두었으니 영의 후사가 된 장로(章魯)이다. 규는 1남을 두었으니 승로(承魯)이다. 지는 1남을 두었으니 중로(重魯)이다. 정은 3남을 두었으니 좌로(佐魯), 우로(佑魯), 필로(弼魯)이다. 해는 3남을 두었으니 여로(汝魯), 이로(以魯), 병로(秉魯)이다. 상은 3남을 두었으니 성로(聖魯), 완의 후사가 된 형로(亨魯), 건의 후사가 된 덕로(德魯)이다. 훤은 1남을 두었으니 채로(采魯)이다. 추는 3남을 두었으니 일로(一魯), 무과에 급제하고 선전관을 지낸 몽로(夢魯), 응로(應魯)이다. 단은 4남을 두었으니 봉로(鳳魯), 벽의 후사가 된 광로(光魯), 헌의 후사가 된 증로(曾魯), 창로(昌魯)이다. 구는 2남을 두었으니 현감을 지낸 희로(希魯), 지평을 지낸 재로(在魯)이다. 유는 5남을 두었으니 참봉을 지낸 정로(正魯), 정언을 지낸 취로(取魯), 성로(省魯), 약로(若魯), 상로(尙魯)이다. 무는 3남을 두었으니 흥로(興魯), 무과에 급제하고 도사를 지낸 득로(得魯), 익로(益魯)이다. 억은 1남을 두었으니 어리다. 고는 3남을 두었으니 장남 최로(最魯)는 요절하였고 둘은 어리다. 방은 2남을 두었는데 모두 어리다. 진탁은 3남을 두었으니 동로(東魯), 명로(鳴魯), 휘로(徽魯)이다. 진우는 2남을 두었으니 원로(元魯), 경로(景魯)이다. 재흥은 2남을 두었으니 창로(昌魯), 언로(彦魯)이다.

의로는 2남을 두었으니 치형(致珩), 치황(致璜)이다. 운태는 1남을 두었으니 치무(致茂)이다. 태로는 1남을 두었으니 진사를 지낸 치후(致垕)이다. 종로는 4남을 두었으니 치중(致重), 치강(致剛)이며 나머지는 어리다. 필욱은 1남을 두었으니 치남(致南)이다. 홍로는 1남을 두었으니 치삼(致三)이다. 희로는 1남을 두었으니 치만(致萬)이다. 재로는 1남을 두었으니 치일(致一)이다. 취로는 1남을 두었으니 어리다. 흥로는 3남을 두었으니 장남은 치복(致福)이고 나머지는 어리다. 동로는 1남을 두었으니 치옥(致玉)이다. 창로는 2남을 두었으니 치갑(致甲), 치주(致胄)이다. 언로는 1남을 두었으니 치화(致和)이다. 나머지 외손 및 서출은 계파와 친소를 막론하고 많아서 다 싣지 못한다.

공이 세상을 떠난 뒤 1백여 년 뒤 나의 족제 진옥이 공의 가장(家狀) 원고를 나에게 보내며,

"우리 선조의 걸출한 도량과 관대한 덕, 청렴결백한 지조, 공경하고 삼가는 행실이 이처럼 탁월하여 옛사람에게 부끄럽지 않으니, 비단 자손의 모범으로 삼을 만할 뿐만 아니라 후세에 전해 보일 만합니다. 연대가 오래되면서 점차 민멸되어 전하지 않을까 몹시 두려우니, 그대가 어찌 한 마디 하여 기록하지 않습니까."

하였다. 내가 공경히 받아 읽으니 먼 선조를 추모하고 길이 사모하는 마음을 견디지 못하였다. 그 의리는 노쇠하고 글재주가 없다고 사양할 수 없다. 이에 감히 대략 원고에 의지하여 그 대개를 이상과 같이 서술한다. 아, 슬프다.

숭정 기원후 87년 갑오년(1714, 숙종40) 월 일, 5대손 간이 삼가 행장을 쓴다.

사오당 김공 행장

四吾堂金公行狀

공의 휘는 형수(馨秀), 자는 훈경(薰卿), 성은 김씨(金氏)이며 자호는 사오(四吾)이다. 선조는 덕수(德水) 사람으로 고려에서 예부 상서를 지낸 해풍부원군(海豐府院君) 휘 숭선(崇善)의 후손이다. 공은 경인년(1650, 효종1) 12월 24일에 태어났다. 겨우 더벅머리에 이가 날 무렵부터 놀기를 좋아하지 않았고, 도량이 있고 독서를 좋아하였다. 판서 이공(李公) 아무개가 듣고서 소매에 국화를 넣고 찾아가,

"너의 지조가 아름다워 이것을 주겠다."

하였다. 겨우 십여 세에 빈 방에서 홀로 자는데, 밤에 도깨비불이 남문 앞에 생겼다. 공은 단정히 앉아 시를 읊으며 못 본 척하였더니, 잠시 후 불이 저절로 사라졌다. 사람들이 모두 말하기를,

"이 아이의 기백이 남보다 뛰어나다."

하였다. 부지런히 힘써 공부하여 부모의 이름을 알리기를 기약하여 나이가 약관을 넘자 명성이 널리 퍼졌다. 또 몸가짐을 단속하고 행실을 가다듬으며 지조를 몹시 엄하게 지켜 고을에서 간혹 바둑을 두는 자들이 어지러이 앉아 떠들다가도 공이 오는 것을 보면 곧 치워버리고 의관을 정제하고 엄숙하고 공손히 맞이하였으니, 그 사람됨이 존경을 받고 조심하기가 이와 같았다.

크고 작은 향시에 그간 열 번 넘게 합격하였으나 운수가 없어 번번이 회시에서 낙방하였다. 공은 어버이의 마음을 기쁘게 해 드리지 못한 것을 한스러워하였으나, 또한 득실 때문에 마음에 누를 끼치지 않았다.

30세가 되어 연달아 모친상과 부친상을 당하였다. 통곡하고 가슴 치며 슬퍼하다가 거의 죽을 지경에 이르렀다. 집안이 평소 가난하여 아침저녁 제수를 마련하기가 때때로 어려웠는데, 공은 이 때문에 더욱 심하게 애통해 하였다. 하루는 홀연 사냥하는 사람이 여막을 지나다가 노루를 바치고 가니, 이웃 사람들이 경탄하며 모두 효성이 감응한 결과라 하였다.

양전(量田)할 때, 양전을 감독하는 사람이 공에게 은혜를 베풀고자 사정(私情)을 따른 흔적이 현저하였는데, 공은 마음 속으로 몹시 불안하게 여겨 관아에 아뢰어 죄를 다스렸다. 그러나 그 사람도 감히 원망하는 말을 하지 못하였다. 고을에 가난한 사람이 어버이의 상을 당하여 관의 재목을 준비하지 못하자, 공은 참마(驂馬)를 떼어내어 판자를 사다 주었다. 관을 싣고 배로 가는 사람이 앞 강물의 물가로 떠내려와 정박하여 오도가도 못하자 배에 탄 사람들이 오랫동안 굶주리고 추위에 떨어 병이 나서 일어나지 못하였다. 당시 공은 딸을 위해 마련한 혼수 물품의 절반을 내어 급히 가서 그들을 구해 살렸다.

병자년(1636, 인조14), 북쪽 오랑캐가 깊숙이 쳐들어오자 공은 가족을 데리고 배를 타고 피난하려고 생각하였다. 미처 내려가기 전에 해적의 기병이 갑자기 왔다. 공의 장녀는 14세이고 차녀는 12세였는데 함께 울면서,

"의리상 이 적에게 더럽혀질 수 없다."

하고, 배 위에서 동시에 물에 뛰어들어 죽었다. 공의 서제(庶弟)의 아내는 젖먹이 딸을 등에 업고 있었는데, 역시 물에 뛰어들었다. 공의 동서의 서모가 함께 배에 타고 있었는데, 또 따라서 물에 뛰어들었다. 공과 서제는 적에게 사로잡혔다. 적은 공의 기상과 모습이 보통과 다

른 것을 보고 감히 핍박하지 못하고 존중하고 예우하였다. 또 군사를 피할 곳을 알려주고, 그 서제만 데리고 가려고 하였다. 공이 그의 손을 잡고 비처럼 눈물을 흘리며 슬픈 말로 그 목숨을 구걸하니, 적이 보고서 측은히 여겨 2리쯤도 못 가서 풀어주어 보냈다.

당시 용모가 빼어난 젊은 부녀자가 적에게 항거하며 굴하지 않다가 죽었는데, 누구의 딸인지 알 수 없었다. 공이 흙을 덮고 기록하였다가 난리가 끝난 뒤에 그 집을 찾아가니 사족이었다. 공은 그 부녀자의 절의를 사모하여 장차 계례(笄禮)를 치를 딸 하나가 있다는 말을 듣고 생질에게 장가들게 하였다.

집안 여종이 벗 박황(朴璜)의 소유가 되었다가 아들 하나를 낳고 박황이 죽었는데, 또 적자(嫡子) 후사가 없었다. 공이 상심하며 그 모자를 속량(贖良)하고, 박황의 묘에 가서 제문을 읽고 고하니, 많은 사람들이 의롭게 여겼다. 나이 79세에 집에서 세상을 떠나 아무 땅 아무 방향의 언덕에 장사지냈다.

아, 공은 자질이 순수하고 아름다우며 기개가 뛰어났다. 비록 학문에 전념한 적은 없지만 마음가짐과 일처리가 저절로 도에 가까웠다. 평소 의대(衣帶)를 반드시 가다듬고 상제(上帝)를 마주하듯 엄숙하였으니, 어려서부터 늙을 때까지 시종일관하였다. 비록 자제 곁이라도 해이하고 게으른 모습을 보이지 않았다. 항상 일찍 부모를 잃어 끝까지 효도하지 못한 것을 몹시 슬퍼하여, 아이들이 부모 곁에서 노는 모습을 볼 때마다 눈물을 흘리며 상심하여 마지않았다. 삼년상을 마치자 마침내 과거공부를 그만두고, 선친의 기일을 만날 때마다 추모하고 통곡하여 처음 상을 당하였을 때와 한결같이 하였다. 희생을 잡고 제수를 차리는 일은 반드시 직접 살펴보았으며, 간혹 뜻에 맞지 않으면 하루종일 슬퍼하고 한스러워하여 안팎의 사람들이 송구해 하여 감히 편안히 앉아 있지 못하였다. 제사를 거르지 않고 정성과 공경을 모두 다하였으며, 비록 사소한 채소와 과일이라도 햇것이 나오면 반드시 올렸다. 이웃 아이들이 사모하여 교화되어 올리지 않으면 서로 먹지 못하게 경계하였다.

집안의 도가 몹시 엄숙하여 내외의 구별이 있었다. 7세 이상의 남녀는 밥을 먹을 때 그릇을 함께 쓰지 않고 한 자리에 앉지 않았다. 맏며느리 이하의 며느리는 맏며느리에게 더욱 엄격히 예를 지켰으며, 어깨를 나란히 하고 다니지 못하며 같은 반열에 앉지 못하였다. 아래로 집안의 노비에 이르기까지 각기 화목하기에 힘써 보고 감동한 사람들이 모두 존경하고 신뢰하였다. 간혹 송사하여 판결이 나지 않은 자는 관청에 가지 않고 와서 묻고 결정하였다.

광해조에 와서 공이 말하기를,

"인륜과 기강이 이미 무너졌으니 나라가 어지럽다."

하고, 더욱 자취를 감추어 당세에 뜻이 없었다. 그러나 간혹 시사에 이야기가 미치면 반드시 오열하며 눈물을 흘렸다. 충성스럽고 후한 마음은 천성에서 나왔으니, 친구가 혼례나 상례를 치르면 멀고 가까움을 헤아리지 않고 집안 사정에 따라 모두 도왔다. 그가 말을 팔고 관을 사서 상을 당한 곤궁한 사람을 도와준 일과 급한 이를 구하고자 재물을 덜어 관을 실은 배에 탄 사람을 구제한 일은 모두 성심에서 나온 것으로 꾸밈이 없었으니, 다른 사람은 미칠 수 없었다.

더욱 공경할 만한 점은 한 집안의 다섯 부녀자가 위급한 때를 당하여 바르고 매서운 지조를 가다듬어 깊은 물속으로 뛰어들기를 평지 가듯 하였고 한 번 죽기를 기러기 털처럼 가볍게 여겼다. 몸을 깨끗이 하고 절개를 보전하여 한 사람도 구차하게 살기를 도모하는 뜻이 없었으니, 천지간의 바른 기운이 김씨 한 집안 안에 모였다는 것을 알 수 있다.

서제와 우애가 지극히 독실하여 그가 사로잡혔을 때 지성으로 풀어 달라고 애걸하여 오랑캐를 감동시켰으니, 이는 강백회(姜伯淮)가 도적을 만나 아우를 살려달라고 애걸한 일[5]과 앞을 다툴 만하다. 난리가 평정되자 관청에서 순절한 경내의 부녀자를 찾았는데, 공이 말하기를,

"사대부 여인이 변란을 만나 죽음을 결정하는 것은 일상적인 일이다. 어찌 이것을 스스로 자랑하겠는가."

하고, 끝내 알리지 않았다. 병자년(1636)과 정축년(1637) 이후 천지가 뒤집히고 위아래가 바뀌자 공은 이때부터 성시(城市)에 한 번도 가지 않았다. 모든 문서에 청나라 연호를 쓰지 않고, 조정에 있는 친구에게는 절대 찾아가지 않았다. 청음(淸陰) 김 상국(金相國 김상헌(金尙憲))이 연경에서 살아 돌아왔다는 말을 듣고 마음 속으로 몹시 경모하여 길에서 절하고 맞이하였으며, 그 뒤 누차 그가 우거하는 곳에 찾아갔다. 청음이 조정에 나아가자 공은 탄식하고 애석해하여 마지않으며 큰 절개가 손상되었다고 여겨 마침내 다시 가지 않았다.

만년에 지은 장가(長歌)는 한가로이 사는 흥취를 써낸 것으로 그 말이 유려하고 그 뜻이 소탈하여 속된 생각이 한 점도 없었으니, 평생 지킨 바를 여기서 대략 알 수 있다. 몇 해 전 조정에서 《여지승람(輿地勝覽)》을 다시 편수하자 이 고을의 여러 선비들이 공의 탁월한 행실과

5 강백회(姜伯淮)가……일 : 강백회는 후한의 강굉(姜肱)이다. 강굉이 아우 계강(季江)과 함께 길을 가다가 도적을 만났다. 도적이 죽이려 하자 형제가 다투어 죽겠다고 하였기에 도적이 모두 풀어주었다. 《後漢書 卷53 姜肱列傳》

아름다운 절개가 수록하기 참으로 합당하며 끝내 없어지게 할 수 없다고 하며 마침내 공론을 모아 조정에 아뢰었으나, 그 일에 대해 끝내 대답이 없었다. 배위는 아무 씨이며 자녀는 몇 사람이다.

삭녕 군수 양공 행장

朔寧郡守梁公行狀

공의 휘는 지(誌), 자는 언신(彦信), 성은 양씨(梁氏)이며 대대로 남원(南原) 사람이었다. 고려 때 휘 능양(能讓)이 있었는데 병부 시랑을 지냈다. 8대를 전하여 휘 준(俊)에 이르러 문과에 급제하여 성균 좨주를 지냈다. 좨주는 판도판서 휘 우(祐)를 낳았고, 판서의 현손 위 성지(誠之)는 9세에 글을 지을 줄 알았다. 생원시와 진사시에 합격하고 연달아 문과에 급제하였으며 또 발영시(拔英試)에 급제하였다. 성종조에 좌리공신(佐理功臣)에 참여하고 남원군(南原君)에 봉해졌으며 대제학을 겸임하였다. 시호는 문양(文襄)이며 호는 눌재(訥齋)이니 바로 공의 5대조이다.

고조 휘 찬(瓚)은 무과에 급제하여 승지를 지냈고, 증조 휘 숙(淑)은 유일(遺逸)로 지평에 임명되었다. 조부 휘 윤지(允智)는 봉사를 지냈고, 부친 휘 사제(思齊)는 첨지중추부사를 지냈다. 모친은 죽산 안씨(竹山朴氏)이며 가정(嘉靖) 계축년(1553, 명종8) 8월에 공을 낳았다.

젊어서 강개하여 지조가 있어 항상 말하기를,

"사람의 도리는 집에 있으면 효도를 다하고 관직에 있으면 충성을 다할 뿐이다."

하였다. 음서로 관직에 보임되어 적성 현감(積城縣監)으로 나갔다. 만력(萬曆) 임진년(1592, 선조25) 여름, 왜적이 대거 침략하여 어가가 서쪽으로 피난하였다. 이해 가을 삭녕 군수(朔寧郡守)로 옮겨 임명되었다. 공은 명을 듣고 눈물을 흘리며 서둘러 행장을 꾸려 부임하였다.

당시 왜적의 대군이 철원(鐵原)에 진을 치고 있었는데, 공은 조만간 경내를 침범할 것을 알고 조용히 집안 사람들을 불러 말하기를,

"이 고을 주위 사면이 모두 적의 소굴이며 그 기세가 몹시 날카롭다. 지금 작은 성과 다친 군졸을 가지고 어찌 한창 사나운 적을 대적하겠는가. 형세상 필시 요행이 없을 것이다. 신하가 난리를 당하면 의리상 구차히 살지 않거늘, 하물며 나는 대대로 벼슬한 신하로 나라를 위해 한 번 죽는 것이 나의 뜻이다. 다만 부모님이 주신 몸을 전장의 쌓인 해골 사이에 둔다면 지하에서 천만 년 동안 끝없이 통탄스럽고 한스러울 것이다. 내 얼굴에 크고 검은 점이 있으니 이것을 표식으로 삼을 만하다. 또 내가 착용한 약두(掠頭 망건)에 흰 선을 둘러 표시하였으니, 내 시신을 거두는 자는 이것으로 구분하여라."

하였다.

마침 경기 감사 심대(沈岱) 공이 도착하여 객사(客舍)에 천막을 쳤다. 공이 감군(監軍)으로 군문 밖에 있는데, 적이 밤을 틈타 기습하여 우리 군사가 놀라 무너졌다. 공은 주먹을 휘두르고 칼날을 무릅쓰며 혼자 저항하여 싸웠으나 힘이 다하여 붙잡혔다. 적을 꾸짖으며 굴하지 않다가 마침내 해를 당하였다. 심공도 적에게 해를 당하였으니 10월 18일이었다. 공이 해를 당하였을 때 적이 칼로 목을 잘라 몸과 머리가 다른 곳에 있었다. 적이 물러나 시신을 찾을 때 집안 사람이 그 표식으로 알아보고 머리만 얻어 염습하여 장단(長湍) 진동면(津東面) 임좌(壬坐)의 언덕으로 돌아와 장사지냈으니, 선영을 따른 것이었다.

아, 공은 명문가의 후손으로 순정한 자질을 타고나 어려서부터 이미 충효의 큰 절개를 알았다. 섬나라 오랑캐가 쳐들어와 나랏일이 다급해져 적의 깃발이 향하는 곳이 바람에 휩쓸리듯 와해되었다. 장수의 직임

을 맡은 자는 온 성을 가져다 적에게 맡기기도 하고, 군수의 인수를 찬 자는 나라를 배신하고 도망하여 살기도 하였다. 당시 공은 삭녕의 직임으로 옮겨 맡은 지 몇 달 지나지 않았는데 분개하여 몸을 돌아보지 않고 의리를 내세워 적에게 저항하였다. 반드시 죽을 줄 알고 미리 시신을 부탁하고 나라에 보답하기로 맹세하며 낙원으로 가듯 하였다. 마침내 관찰사 심공과 동시에 싸우다 죽었으니 당당한 충렬의 기운은 우주를 지탱하고 해와 별처럼 빛나기 충분하다. 위로 당(唐)나라 수양(睢陽)[6]과 비교하더라도 어찌 대뜸 많이 양보하겠는가.

배위 남양 홍씨(南陽洪氏)는 군수 덕원(德元)의 딸이다. 후사가 없고 딸 하나가 있어 직장 정형원(鄭馨遠)에게 시집갔다. 홍씨는 공이 싸우다 죽고 후사가 없어 조정에 아뢰어 조카 응개(應漑)를 후사로 삼았으니, 무과에 급제하여 부사를 지냈다. 일찍 죽고 아들이 없어 족자(族子) 경(儆)이 공의 제사를 주관하였다.

나는 이로 인하여 감개하는 바가 있다. 공이 죽은 뒤에 부인이 집안을 계승하였는데 대를 이을 사람이 없었고, 이어서 또 후사가 따라서 죽었으니 외롭고 쇠퇴하여 공의 탁월하고 빛나는 중성을 조정에 아뢰지 못하여 정려문이 내리지 않았으며 애도하고 추증하는 일이 없었다. 공의 평소 집안 행실과 관직에 있을 때의 사적이 모두 흐려져 인멸되어 후세에 드러나지 못하였다. 부자 사이에도 대가 또 거듭 끊겼으니, 어찌하여 하늘의 보답이 이처럼 어긋나는 것인가. 슬프다.

공의 외후손 진사 정형주(鄭衡周)가 본종(本宗)과 상의하여 사실을 수집하여 상언하여 드러내고자 생각하였다. 그러나 이제 연대가 오래

6 당(唐)나라 수양(睢陽) : 418쪽 주2 참조.

되고 문헌을 징험할 수 없어 십수 년 동안 경영하였으나 끝내 이루지 못하였다. 아, 이것이 어찌 양씨만의 불행이겠는가. 실로 성조(聖朝)의 흠전(欠典)이다. 진사군이 양씨의 가승(家乘)에서 약간의 말을 뽑아 나에게 보여주며,

"이것이 그 대략입니다. 자세한 것은 상고할 수 없습니다. 비록 그러하나 서술해주기를 바랍니다."

하였다. 나는 오랫동안 공의 이름을 사모할 줄 알았기에 이에 감히 늙고 병들어 혼미하다고 사양하지 않고 대략 손질하여 돌려주어 입언군자(立言君子)의 채택에 대비한다.

동지중추부사 최공 행장
同知中樞府事崔公行狀

공의 휘는 방언(邦彦), 자는 미백(美伯), 성은 최씨(崔氏)이며 계보는 전주(全州)에서 나왔다. 먼 선조 휘 아(阿)는 고려에서 문하시중을 지냈고 시호는 문성(文成)이다. 우리나라에 들어와 휘 담(霮)은 검교, 호조 참의, 집현전 제학을 지냈다. 이분이 휘 덕지(德之)를 낳았으니 호가 연촌(煙村)이다. 일찍 당시의 기대를 받고 예문관 직제학으로 늙어서 관직을 그만두고 고향으로 돌아갔다. 당시 사육신(死六臣) 등 여러 현인이 떠나는 그를 노래하며 칭송하여 이소(二疏)[7]에 비겼다. 사림이 존경하고 사모하여 평소 자취를 남긴 곳에 모두 사당을 세워 제사지내니, 《동유사우록(東儒師友錄)》에 보인다. 3대를 거쳐 휘 언청(彦淸)은 제용감 봉사를 지냈으니, 일두(一蠹) 정 선생(鄭先生 정여창(鄭汝昌))의 외손이다. 평소 외물을 사모하지 않아 병을 핑계로 조용히 지내니, 세상 사람들이 작은 일두라고 하였다. 이분이 공의 5대조이다.

고조 휘 희수(稀壽)는 일곱 고을을 차례로 맡아 모두 치적이 있었다. 만년에 안동 판관(安東判官)이 되었는데, 젊은 수령을 보고는 허리를 굽히기 부끄러워 마침내 인수(印綬)를 버리고 고향으로 돌아갔다. 증

7 이소(二疏) : 한(漢)나라 소광(疏廣)과 그의 조카 소수(疏受)를 말한다. 각기 태자태부와 태자소부로 있다가 벼슬이 높으면 후환이 생긴다며 그만두고 고향으로 돌아갔다. 《漢書 卷71 疏廣傳》

조 휘 응하(應夏)는 현감을 지냈다. 자신을 깨끗이 하고 자숙하여 끝내 광해조에 자취를 더럽히지 않았다. 사계(沙溪) 김 선생(金先生 김장생(金長生))이 현명하다고 칭찬하며 덕 있는 사람이라고 하였다.

조부 휘 탁(琢)은 금용(金墉)의 화(禍)[8]가 일어나자 상소하여 간흉 이이첨(李爾瞻)을 논죄하고 두문불출하며 세상일을 단념하였다. 인조가 반정하자 비로소 문과에 급제하였으나 지조가 고결하여 세속과 어울리려 하지 않았다. 이 때문에 시속과 맞지 않아 관직이 병조 낭청에 그쳤다. 우암(尤菴) 송 선생(宋先生 송시열(宋時烈))이 묘지명을 썼다.

부친 휘 세영(世榮)은 삼가 감무(三嘉監務)가 되어 사문(斯文)의 사인(士人) 권감(權鑑)의 옥사[9]를 신원하다가 관찰사를 거슬렀으나 시종일관 정도를 지키며 흔들리지 않았다. 정사가 어질고 관대하여 온 고을이 잘 다스려졌다. 떠난 뒤 고을 사람들이 비석을 세워 그 덕을 칭송하였으며, 지금도 그리워하여 노래한다.

모친 연산 서씨(連山徐氏)는 호조 좌랑에 추증된 효적(效績)의 딸이며 병조 참판에 추증된 수(澍)의 손녀이다. 자애롭고 온화하며 가난을 편히 여기고 의리를 즐겨 끼니를 자주 걸렀으나 조금도 한탄하는 말이 없었다. 숭정(崇禎) 갑술년(1634, 인조12) 9월 1일 갑인에 공을 낳았다.

공은 타고난 자질이 침착하고 고요하며 기상이 단정하고 장중하였

8 금용(金墉)의 화(禍) : 금용은 진(晉)나라 황태후 양후(楊后)가 유폐된 곳이다. 여기서는 인목대비 폐위를 말한다. 《晉書 卷94 董養傳》

9 권감(權鑑)의 옥사 : 삼가 유생 권감이 송시열을 높이면서 다른 유생들과 대립하며 물의를 일으키다가 하옥된 사건을 말한다. 《肅宗實錄 2年 3月 17日》

다. 어렸을 적부터 함부로 말하거나 웃지 않았으며, 앉을 때는 반드시 무릎을 꿇고 다닐 때는 반드시 천천히 걸었기에 엄숙하여 성인의 법도가 있었다. 보는 사람들이 기이하게 여기며 모두 타고났다고 하였다. 자라서 우암 선생의 문하에서 수업을 받았는데 독실한 뜻으로 힘써 실천하며 각고의 노력으로 공부하였다. 당시 선생의 문하에서 배우는 사람이 몹시 많았는데, 충실하고 확고하기는 모두 공에게 양보하였다. 어버이의 뜻으로 과거공부를 그만두지 않아 누차 과거시험장에서 이름을 날리며 번번이 앞자리를 차지하였다. 계축년(1673, 현종14) 두 차례 향시에서 합격하고 복시(覆試)가 하루밖에 남지 않았는데, 여동생이 산후병에 걸렸다. 공이 말하기를,

"과거가 비록 중요하나 남매의 우려가 가볍지 않다."

하고, 마침내 응시하지 않았다. 이때부터 벼슬에 뜻이 없어 이 학문에 전념하며 한결같이 본원을 함양하는 것을 근본으로 삼고, 말단적인 장구와 문자는 일삼지 않았다. 실천이 갈수록 더욱 굳어지고 조예가 갈수록 더욱 깊어지며 명성이 갈수록 더욱 알려졌다. 노봉(老峯) 민정중(閔鼎重)과 퇴우(退憂) 김수홍(金壽興) 두 정승이 경학에 밝고 행실을 닦았다는 이유로 조정에 천거하여 계해년(1683, 숙종9) 현릉 참봉(顯陵參奉)에 임명되었다.

공은 명을 듣자 즉시 사은숙배하였다. 어떤 이가 자신을 가벼이 여긴다고 의심하자 공이 말하기를,

"관문을 지키며 목탁을 치는 일은 성인의 훈계가 분명하고,[10] 옛사람

10 관문을……분명하고 : 맹자는 늙은 부모를 위해 부득이 벼슬한다면 관문을 지키며 목탁을 치는 미천한 벼슬을 해야 한다고 말했다. 《孟子 萬章下》

이 격문을 받고 기뻐한 일[11]이 바로 나의 오늘 일과 같다. 예로부터 성현의 행동은 그저 도에 부합하기를 추구하였을 뿐, 관직의 높고 낮음을 가지고 출처를 결정하였다는 말은 듣지 못하였다."

하였다. 현릉은 세대가 먼 조위(祧位)로서 난리를 겪은 뒤에 제기 따위를 잃어버린 것이 제법 많았다. 전임자는 인순하며 구차히 도모하여 몹시 무성의하였다. 공이 말하기를,

"하루 직분을 맡으면 하루의 책임을 다해야 한다."

하고, 즉시 예조에 보고하여 수리하였다. 새벽에는 일찍 일어나 능침을 봉심(奉審)하고, 낮에는 견여(肩輿)를 타지 않고 도보로 산을 순찰하였다. 비록 추위와 더위가 심해도 하루도 거르지 않았다. 자신을 몹시 엄하게 다스리고 스스로 봉양하는 것도 간략하였다. 긴 여름날에는 점심을 먹지 않으며,

"옛사람은 사당의 관원이 되어 사사로이 양식을 싸서 갔으니, 내가 어찌 아침 저녁 식사 외에 배불리 먹기를 구하겠는가."

하니, 능 사람들이 그 은혜에 감동하여 지금까지 칭송이 그치지 않는다.

병인년(1686), 광흥창 봉사로 승진하였다. 광흥창은 오래 묵은 포흠(逋欠)이 많았는데, 공은 섬 이외의 남은 쌀을 따로 저장하여 예전에 줄어든 것을 보충하였다. 일을 마치기 전에 부친상을 당하였으니, 당시 공의 나이 50이 넘었다. 예제를 넘어설 정도로 피눈물을 흘리다가 눈병을 얻었다. 우암 선생이 편지를 보내 경계하고 울면서 간청하는 벗도 있었으나 침과 뜸이 효과가 없어 결국 왼쪽 눈으로 색깔을 구별하지

11 옛사람이……일 : 후한(後漢)의 모의(毛義)가 수령으로 임명하는 격문을 받자 연로한 어머니를 위해 기뻐하며 벼슬에 나아간 일을 말한다. 《後漢書 卷39 劉平等列傳》

못하게 되었다.

기사년(1689), 흉인들이 조정을 맡고 중전이 궁궐을 나가서 높은 자리와 낮은 자리가 바뀌고 인륜이 끊어졌다. 전 판서 오두인(吳斗寅) 공과 박태보(朴泰輔) 공 등이 대궐에 호소하며 상소를 올리고, 공도 함께 참여하였다. 상소가 들어가자 성상이 몹시 진노하여 전정(殿庭)에서 친히 국문하였다. 오두인, 박태보 두 정승은 중형을 받고 도성문을 나오자마자 죽었다. 공이 시신을 쓰다듬으며 통곡하기를,

"사람이 누군들 죽지 않겠는가마는 제자리에서 죽기가 어렵다. 나는 사람이 미천하고 관직이 낮아 그 일을 함께 하였으나 함께 죽지 못하였으니 어찌 마음에 부끄럽지 않겠는가."

하고, 죽을 때까지 한스러워하였다. 얼마 후 우암 선생이 초산(楚山)에서 사사(賜死)하는 명을 받자 공과 동지 이여구(李汝九) 등 여러 사람이 상소하여 스승을 신원할 방도를 의논하며 다투어 소두(疏頭)가 되려고 하였다. 이여구는 공에게 늙은 어버이가 살아 계신다는 이유로 억지로 스스로 맡았다. 이여구가 유배되자 공은 죄가 같은데 요행히 면하였으니 의리상 부끄럽다고 여겨 상소하여 죄를 청하였으나 승정원에서 막고 아뢰지 않았다. 제문을 가지고 우암 선생을 통곡하고, 양주(楊州) 선영 아래에 집을 짓고 그 집에 양정당(養正堂)이라 편액하였으니, 선생이 예전에 손수 쓴 것이었다. 문미(門楣)에 걸고 의지하고 우러르니 엄숙하고 공경하여 마치 스승을 모시는 것 같았다.

갑술년(1694) 정국이 바뀌어 황산 찰방(黃山察訪)에 임명되었다. 처음에는 부임하지 않으려 하였으나 집이 가난하고 어버이가 늙었다는 이유로 권하는 사람이 많았기에 공은 억지로 떠났다. 임소에 도착하여 그 폐단을 전부 제거하니 역졸(驛卒)이 크게 소생하였다. 겨울에 전생

서 직장으로 승진하였다. 체직되어 돌아오니 역졸이 비석을 세워 칭송하였다.

을해년(1695) 가을, 모친상을 당하였다. 통곡하고 발구르고 기절하기를 한결같이 부친상 때처럼 하니, 몸을 상하여 병이 들어 거의 일어나지 못하게 되어 보는 사람들이 위태롭게 여겼다. 상을 마친 뒤 경안찰방(慶安察訪)에 임명되자 병을 이유로 글을 올려 체직되기를 도모하였다. 이후 집에서 지낸 지가 또 2년이었다.

신사년(1701), 광릉 참봉(光陵參奉)에 임명되고 8월에 익위사 시직으로 옮겼다. 서연(書筵)에 들어갈 때마다 강관(講官)이 함께 글뜻을 부연하여 아뢰게 하도록 권하였으나 공이 말하기를,

"시직의 직임은 그저 좌우에서 시위하는 일을 맡을 뿐이니, 강관과는 일의 체모가 같지 않다. 만약 번갈아 경서의 뜻을 아뢴다면 이는 나의 직분을 넘어서는 것이고, 또 스스로 자랑한다는 혐의가 있다."

하였다. 집안이 가난하여 입직할 때 아침과 점심을 준비하지 못하여 해가 중천에 뜨면 밥을 한 번 먹을 뿐이었기에 사람들이 모두 '일중궁료(日中宮僚)'라고 하였다. 부솔, 위솔, 사재감 주부로 옮겼다.

갑신년(1704), 외직으로 나가 이인 찰방(利仁察訪)이 되었다. 역에는 사흘 동안 지공(支供)하는 일을 10개의 역이 번갈아 맡는 규례가 있었는데, 유래가 이미 오래되었다. 각 역이 이기기에 힘써 사흘에 소 한 마리를 잡았다. 중간에 한 찰방이 소를 면제하고 쌀을 받았는데, 뒤에 온 사람이 그 쌀을 받고 또 고기를 요구하여 마침내 역의 큰 폐단이 되었다. 공이 도임하자 즉시 그 쌀을 면제하고, 또 반찬의 가짓수를 줄이니 온 역이 안도하여 청렴하고 공평하다고 칭찬하였다.

기축년(1709), 익찬에 임명되었다. 경인년(1710), 사어로 옮겼다.

계사년(1713), 상의원 첨정으로 옮겼다가 정4품으로 나이 여든이 되었다는 이유로 첨지중추부사로 승진하였다. 기해년(1719) 숙종대왕이 기로소에 들어가 베푼 은혜로 가선대부의 품계에 오르고 동지중추부사에 임명되었다. 계묘년(1723), 공의 나이가 아흔이 되자 어떤 사람이 공의 자제에게 조정에 아뢰어 은혜를 바라도록 요구하였다. 공이 듣고서 몹시 놀라며,

"은택을 요구하는 일은 군자가 부끄럽게 여긴다. 더구나 지금 스승이 모욕을 당하고 친구가 화를 당하였으니 오직 속히 죽어서 모르기를 바랄 뿐이다. 지금이 어느 때라고 이런 말을 하는가."

하였다.

4월에 독한 이질을 앓았다. 조금 낫자 빗질하고 세수하여 부축을 받고 평소처럼 가묘(家廟)에 배알(拜謁)하였다. 아들들이 울면서 간쟁하였으나 듣지 않았다. 병이 다시 심해지자 여위어 몸져 누워 앉고 눕는데도 남의 도움이 필요하였다. 그러나 손으로는 스승의 문집과 설씨(薛氏 설선(薛瑄))의 《독서록(讀書錄)》을 놓지 않았다.

이듬해 갑진년(1724) 3월, 병이 위독해지자 한숨을 쉬며 탄식하기를,

"나는 올해 91세이니 죽어도 한이 없다. 다만 동문의 여러 사람이 모두 죽고 누암(樓巖)[12] 한 사람만 남았는데 죽을 나이에 멀리 유배되어 사면받을 기약이 없어 스승의 문하가 더욱 외로우니 내가 눈을 감을 수 없다."

12 누암(樓巖) : 정호(鄭澔)를 말하는 듯하다. 당시 강진(康津) 신지도(薪智島)에 유배 중이었다.

하고, 억지로 일어나 유언을 쓰려고 하였으나 기운이 다하여 도로 누웠다. 마침내 윤4월 26일 도성 서쪽 정침(正寢)에서 세상을 떠났다. 이해 10월 9일 양주(楊州) 관아 동쪽 금촌(金村) 해좌(亥坐)의 언덕에 장사지냈으니 선영을 따른 것이었다.

공은 사람됨이 독실하고 자애로웠으며 겉치레를 하지 않았다. 온화하기는 봄바람과 같고, 환하기는 얼음병 같았다. 바른 길을 출발하여 덕성이 일찍 완성되었다. 젊은 시절 책을 끼고 거리를 지나는데 어떤 젊은 여인이 문에 기대어 그를 보고 웃었다. 공은 이후로 다시는 그 길로 다니지 않았다. 어떤 이가 물으니 공이 말하기를,

"불결한 사람이 있다."

하고, 끝내 분명히 말하지 않았다. 아는 사람들은 이미 선비의 기상이 있다는 것을 알았다. 집안이 가난하여 집에서 편히 지내지 못하였다. 참봉 김영후(金榮後)는 공의 종조고부(從祖姑夫)인데, 충청도에서 부유하기가 으뜸이었다. 그가 별장 하나를 허락하자 공이 꺼려하며 말하기를,

"한번 잊기 어려운 은혜를 입으면 끝내 난처한 단서가 있다."

하였다. 또 한 친구가 자기 별장을 나누어주자 공이 말하기를,

"내가 만약 하루아침에 들어가 산다면 별장을 지키는 노비는 반드시 살 곳을 잃고 나를 원망할 것이니 내가 어찌 그렇게 하겠는가."

하였다. 우암 선생이 몹시 중시하여 "한 가지 의롭지 않은 일을 행하거나 한 사람의 무고한 사람을 죽여 천하를 얻더라도 하지 않는다.〔行一不義, 殺一不辜, 得天下不爲〕"와 "문을 닫고 책을 보며 홀로 환한 경지를 본다.〔閉戶看書, 獨睹昭曠〕" 등의 말을 써서 주었으니, 칭찬하고 권면하는 뜻을 알 수 있다. 한번은 스승의 뜻을 받들어 이기홍(李箕洪),

이희조(李喜朝)와 함께 이정(二程)의 글을 편집하였으니 일이 모두 수암(遂菴) 권공(權公 권상하(權尙夏))의 서문에 실려 있다.

책을 읽다가 의심스러운 곳을 만나면 곳곳에 찌를 붙였다가 편지로 질문하지 않고 직접 스승을 찾아가 건마다 자세히 물어 그 귀결을 지극히 하였다. 사는 집이 비바람도 막지 못하고 작은 문이 있어 겨우 사람이 들어갔다. 판서 민진후(閔鎭厚)가 와서 보고는,

"이 집은 밖에서 보면 몹시 더울 듯하나 안은 제법 시원하다."

하였다. 공이 말하기를,

"넓은 집에 사는 사람이 어찌 초가집의 일을 아는 것입니까. 집이 낮아 하늘이 멀어 시원한 기운이 저절로 생깁니다."

하였다. 판서 권상유(權尙游)는 몸이 비대하여 출입하기가 어려웠다. 자기도 모르게 땀을 흘리며,

"이 문을 고치지 않으면 다시 올 수 없다."

하였으니, 세상 사람들이 미담으로 전한다. 집이 습하고 낮고 좁고 누추하여 견딜 수가 없었으나 공은 항상 그 안에 있으면서 기쁘게 유유자적하였다. 비가 오면 그릇으로 새는 물을 받았고, 마른 곳으로 책상을 옮겨 책을 보면서,

"즐거움이 여기에 있다."

하였다.

예전에 미촌(美村) 윤선거(尹宣擧)와 스승과 제자의 의리가 있었는데, 그의 아들 윤증(尹拯)이 우암의 문인으로서 나중에 지극히 패악을 부리자 공이 통렬히 배척하며,

"형칠(邢七)[13]이 다시 태어났다."

하였다. 그러나 그간 윤증을 공격하는 선비의 상소에서 말이 미촌에

게 미칠 때마다 자질들을 경계하여 모두 참여하지 못하게 하면서,

"나는 노서(魯西 윤선거)에게 스승과 제자의 분수가 있었으니, 어찌 살아 있었을 때는 공손히 모시다가 죽은 뒤에 창을 거꾸로 잡을 수 있겠는가."

하였다. 어떤 사람이 그의 처신을 의심하자 공이 말하기를,

"내가 만약 옛의리를 잊고 이제 와서 거꾸로 공격한다면 이 또한 하나의 윤증이다. 내가 이렇게 하는 것은 오로지 노서만을 위한 것이 아니라 실로 우리 스승(송시열)을 위해서이다."

하였다.

양주(楊州)에 있을 때 남계(南溪) 박 선생(朴先生 박세채)의 집과 가까워 때때로 가서 강론하였다. 선생은 공이 노서의 일에 대처한 것을 듣고 말하기를,

"그대는 옛날의 군자다운 사람이라 하겠으니 지금 세상의 선비가 아니다."

하였다. 그 뒤 이인(利仁)으로 가면서 노강서원(魯岡書院)에 들렀으나 윤증을 만나지 않고 갔다. 윤증의 아들 윤행교(尹行敎)가 웅교로 감영에 가서 상소를 봉하고 역관(驛館)에 들어가지 않고 역촌(驛村)에서 말을 갈아타며 시험하였는데, 공은 끝내 만나러 나오지 않았기에 윤행교가 몹시 원한을 품었다. 항상 자손에게 경계하기를,

"집에 있으면 효성스럽고 자애로우며 남을 만나면 공경하고 삼가며, 벼슬하면서 조급히 나아가려는 마음이 없고, 가난하게 살면서 의리를 지켜 죽을 생각을 하면 저절로 걱정하고 두려워하거나 구차한

13 형칠(邢七) : 347쪽 주20 참조.

일이 없다."

하였다. 주량이 몹시 컸으나 적당히 취하면 그만두었으니 어지러운 지경에 이른 적이 없다. 필법도 굳세어 사람들이 다투어 전하여 병풍에 두루 퍼졌다. 만년에 혼자 살았는데 어떤 이가 첩을 들이라고 권하자 공은 정 고옥(鄭古玉 정작(鄭碏))의 "나는 지금 서른 여섯에 홀아비가 되었다.〔我今三十六年鰥〕"라는 구절을 외며,

"고옥은 나에게 조상이 되는데, 후손으로서 조상을 본받는 것이 옳지 않겠는가."

하였다.

나이 아흔에도 여전히 일찍 일어나 씻고 빗질한 뒤 공경히 가묘에 알현하였으며, 기제사를 만나면 한겨울이라도 목욕을 거르지 않았다. 집안 사람들이 병들까 염려하여 주부자(朱夫子)가 일흔에 전중(傳重)한 일[14]을 인용하여 비유하니, 공이 말하기를,

"이것은 단지 자신의 근력이 어떠한지 헤아릴 뿐이다. 근력이 할 만하면 어찌 미리 병을 염려하여 그만둘 수 있겠는가."

하고, 더욱 청결히 하여 자신의 성심을 다하였다.

공은 흉금이 넓고 전혀 더러운 것이 없었다. 행실을 몹시 고상하게 다스려 한결같이 충실하였다. 몸가짐은 반드시 엄정하게 하고 세상을 살 적에는 자취를 감추기에 힘썼다. 학문은 성의(誠意)와 정심(正心)을 근본으로 삼고, 독서는 궁리(窮理)와 치지(致知)를 우선하였다. 단정히 방에 앉아 하루종일 상제(上帝)를 대하듯 하였으니, 바라보면

14 주부자(朱夫子)가……일 : 주자가 일흔이 되자 집안일을 아들에게 넘겨준 일을 말한다. 《朱子大全 卷86 致仕告家廟文》

늠름하여 두려워할 만하고 다가가면 온화하여 친할 만하였다. 이것이 비록 타고난 자질의 아름다움에 근본하였으나 어떠한 연원에서 왔는지 알 수 있다.

평소 말을 빠르게 하거나 안색을 갑자기 바꾸지 않았으며, 처사는 반드시 조용하고 너그러웠다. 태만한 기운을 몸에 드러내지 않았으며, 영위하는 말을 입밖에 내지 않았다. 남의 선을 들으면 반드시 본받기를 생각하고, 남의 잘못을 보면 가르쳐 인도하였기에 어진 사람이나 어리석은 사람이나 모두의 마음을 얻었다. 비록 취향이 다른 사람도 모두 존경할 줄 알았으니, 그중에 감화된 사람도 많았다. 삼연(三淵) 김창흡(金昌翕)이 항상 남에게 말하기를,

"옥동(玉洞) 최씨 어른은 금옥 같은 사람이다."

하였는데, 말하는 사람들이 실제 기록이라고 여겼다.

공처럼 어진 사람이 만약 때를 만나 평소에 쌓은 것을 다 펼쳤다면 위로는 임금의 덕을 보충하고 아래로는 복잡한 풍속을 진정시켜 시행한 바가 필시 탁월하여 볼만하였을 것이다. 그런데 낮은 관료로 침체되어 지위가 덕에 걸맞지 않았다. 만년에 자급을 뛰어넘은 것은 모두 장수하여 얻은 것이고, 또 조정에서 명한 품계가 아니었다. 사람들은 모두 세상에 공을 알아보는 사람이 없다고 탄식하였다. 평소 저술한 것과 남과 문답한 것은 대부분 수집하지 않아 약간 편만 집에 보관되어 있다.

배위 함평 이씨(咸平李氏)는 학생 봉양(鳳陽)의 딸이며 용계(龍溪) 선생 영원(榮元)의 손녀이다. 온화하고 어질고 부드러워 몹시 부녀자의 도가 있었다. 공보다 21년 앞서 세상을 떠났다. 처음에 양주(楊州) 동판곡(東板谷)에 장사지냈다가 공을 장사지내자 옮겨와 합장하였다.

4남 4녀를 낳았으니 장남은 수강(守綱)이고, 차남은 수기(守紀)로 중부(仲父) 방신(邦藎)의 후사로 출계하였고, 삼남은 수경(守經)인데 공이 살아 있을 때 모두 먼저 죽었다. 사남은 수약(守約)이다. 딸들은 통덕랑 황준(黃鐏), 부사 이정영(李挺英), 김일정(金日井), 윤수겸(尹壽兼)에게 시집갔다.

수강은 처음에 완산(完山) 이명관(李命寬)의 딸과 혼인하여 1남 보명(普命)을 낳았고, 다시 능성(綾城) 구하(具廈)의 딸과 혼인하여 2남 2녀를 낳았으니, 아들은 보익(普翼), 보천(普天)이다. 보천은 종인(宗人) 두일(斗一)의 후사로 출계하였다. 딸들은 신성헌(辛聖憲), 조광신(趙光臣)과 혼인하였다. 세 번째로 청풍(淸風) 김확(金礭)의 딸과 혼인하여 1남 보창(普昌)을 낳았으나 요절하였다. 수경은 풍양(豐壤) 조진운(趙振耘)의 딸과 혼인하여 1남 2녀를 낳았으니 아들은 보연(普淵)이고 딸들은 조중빈(趙重彬), 무과에 급제한 김상정(金相鼎)과 혼인하였다. 수약은 가평(嘉平) 이시응(李時膺)의 딸과 혼인하여 딸 하나를 낳고 아들이 없어 종제 정랑 수적(守迪)의 아들 보열(普悅)을 후사로 삼았다. 딸은 이명기(李鳴岐)에게 시집갔다.

황준의 계자 택하(宅河)는 무과에 급제하였다. 이정영은 1남 1녀를 낳았으니 아들 상화(相華)는 현감을 지냈고 딸은 김상량(金相良)에게 시집갔다. 김일정은 1남 1녀를 낳았으니 아들은 보연(普演)이고 딸은 박필상(朴弼商)에게 시집갔다. 윤수겸은 2남 1녀를 낳았으니 아들은 일(佾), 빈(儐)이고 딸은 고익성(高翊聖)에게 시집갔다. 보익은 1남 치운(致雲)을 낳았는데 공의 명으로 보명의 후사가 되었다. 나머지 내외 증손과 현손은 다 기록하지 못한다.

나는 공과 수십 년 넘게 교분을 맺었다. 비록 계속해서 어울리지는 못하였으나 아끼고 기뻐하고 존경하고 사모하는 마음은 깊었다. 불행히 근래 한쪽 편 사람들의 기운이 좋지 않아 여구와 동보가 잇따라 죽고, 지금 공이 또 죽었다. 백발로 남은 나는 단지 뒤에 죽는 사람의 슬픔이 있을 뿐이다. 지금 공의 고아 수약이 상복을 입은 지친 모습으로 수백 리를 멀다 않고 와서 공의 덕을 형상하는 글을 청하였다.

다만 생각건대, 나는 몹시 노쇠하고 또 글짓기에 익숙지 않으니, 불후하게 해 달라는 부탁을 어찌 감히 감당하겠는가. 다만 수약이 평소 서로 인정한 의리로 요구하며 더욱 간절히 청하기에 그 의리상 끝내 사양할 수 없었다. 이에 감히 스스로 헤아리지 못하고 삼가 가장(家狀) 원고를 보고 대략 손질하여 돌려주고 입언군자(立言君子)의 채택을 기다린다.

후재집

제46권

行狀 행장
諡狀 시장
傳 전

행장行狀

승지 이공 행장
承旨李公行狀

공의 휘는 민영(敏英), 자는 사행(士行), 계보는 선파(璿派)에서 나왔다. 세종(世宗) 장헌왕(莊憲王)의 별자(別子) 계양군(桂陽君) 휘 증(璔)은 좌익공신에 책훈되었으며, 시호는 충소(忠昭)이니, 이분이 그의 시조이다. 계양군은 영원군(靈源君) 휘 풍(灃)을 낳았고, 영원군은 도안군(道安君) 휘 철(轍)을 낳았고, 도안군은 문천정(文川正) 휘 수갑(壽甲)을 낳았다.

3대를 전하여 휘 택민(澤民)에 이르러 강동 현감(江東縣監)을 지내고 사헌부 집의에 추증되었으니 공의 증조이다. 조부 휘 기선(起先)은 독실한 뜻으로 힘써 공부하여 사우 사이에서 중시되었으나 일찍 세상을 떠나 뜻을 펴지 못하였다. 고령 현감(高靈縣監)을 지내고 이조 참판에 추증되었다. 부친 휘 몽석(夢錫)은 젊어서 문예로 이름났으며 사마시에 1등으로 합격하여 사람들이 모두 재상이 되리라고 기약하였다. 중년에 과거를 그만두고 여러 고을을 차례로 맡았으며 관직은 돈녕부 도정에 이르렀고 이조 참판에 추증되었으니 3대를 추증한 것은 공이 귀해졌기 때문이다. 모친은 정부인에 추증된 순흥 안씨(順興安氏)로 문성공(文成公) 유(裕)의 후손이며 부사 응창(應昌)의 딸이다. 숭정 기원후 계사년(1653, 효종4) 1월 14일, 한양에서 공을 낳았다.

어려서부터 행동거지가 보통 아이와 달랐으며 15세가 되자 글재주가 날로 진보하여 이미 작자의 기상이 있었다. 해서(楷書) 쓰는 법을 익혔는데 역시 굳세어 동진(東晉)의 글씨 솜씨와 암암리에 부합하였다. 형제와 함께 독서하고 강론하며 우애가 몹시 돈독하였고, 부모에게 순종하여 낯빛과 목소리를 부드럽게 하니 참판공이 기특하게 여겨 아꼈다.

기유년(1669, 현종10), 모친상을 당하였고, 상을 마치자 과거공부를 하여 누차 향시에 합격하였으나 회시에 낙방하였다. 갑자년(1684, 숙종10) 가을, 정시(庭試)에 을과(乙科)로 급제하여 승문원에 분관(分館)되고, 곧 의금부 도사에 임명되었다. 사람들은 모두 억울하다고 하였으나 공은 개의치 않았다.

병인년(1686), 김천도 찰방(金泉道察訪)으로 나갔다. 역(驛)에 노비포(奴婢布)가 많았는데, 공은 터럭만큼도 차지하지 않았다. 체직될 적에 몇 단을 가지고 가자 사람들은 사사로이 쓸 것이라고 의심하였는데, 한양에 도착하자 미비한 관청의 기물을 사서 돌려주니, 역 사람들이 지금까지 전한다. 기사년(1689) 전적으로 승진하고 음성 감무(陰城監務)에 임명되었으나 병으로 나아가지 않았다.

경오년(1690), 함경 도사(咸鏡都事)에 임명되고 춘추관 기주관을 겸하였다. 신미년(1691), 내직으로 들어가 직강, 병조 좌랑이 되었다. 임신년(1692) 정랑으로 승진하였다. 이해 겨울, 양산 군수(梁山郡守)가 되고 이듬해 체직되어 돌아왔다. 갑술년(1694) 가을, 명을 받들고 영남을 검전(檢田)하고 돌아와 전라 도사(全羅都事)에 임명되었다. 을

해년(1695) 4월, 정언에 임명되고 곧 장령으로 승진하였다. 이때부터 누차 정언, 헌납, 사간, 장령, 집의, 사서, 문학, 필선, 보덕에 임명되었으며, 중간에 사성과 장악원, 사도시, 사복시의 정이 되었다. 또 호서 검전어사(湖西檢田暗御史)가 되고 호남 암행어사(湖南暗行御史)가 되어 모두 그 직분을 잘 수행하였다. 지제교에 선발되어 항상 세 글자 직함을 지녔다. 이해 6월, 가뭄으로 죄수를 석방하면서 위리안치된 죄인 권대운(權大運)과 멀리 유배된 죄인 김여건(金汝鍵), 홍중현(洪重鉉), 이동근(李東根), 이제민(李濟民) 등을 사면하였다. 공은 당시 장령이었는데 안 된다고 쟁집하였다.

역적 장희재(張希載)가 오랫동안 형벌을 받지 않자 공이 아뢰기를,

"법은 만세토록 공정한 것이며 은혜는 한때의 사사로운 것입니다. 만약 한때의 사사로운 은혜로 만세토록 공정한 법을 폐기한다면 난신적자가 두려워할 줄 몰라 나라가 나라답지 않을 것입니다. 장희재가 국모를 모해한 죄는 그간 성상의 하교에 자세히 드러났습니다. 이는 참으로 귀신과 사람이 함께 분노하며 천지 사이에 용납하기 어렵습니다. 국법으로 감률하면 반드시 주살해야 합니다.

당초 흉서(凶書)의 내용은 비록 민암(閔黯)이 지은 것이지만, 언문 간찰에 써서 예람하도록 올린 자는 장희재입니다. 민암과 장희재의 죄는 같은데 한 사람은 죽고 한 사람은 살았으니 결코 이런 이치는 없습니다. 지금 장희재의 죄는 비단 신민이 함께 성토할 뿐 아니라 동궁도 반드시 갚아야 하는 원수입니다. 국법은 지엄하니 사사로운 은혜로 용서할 수 없습니다."

하였다.

이해 겨울, 권대운을 방귀전리(放歸田里)하라는 명이 내렸다. 공이

명을 도로 거두어달라고 청하며 아뢰기를,

"근래 징토하는 법이 엄격하지 않고 너그러이 용서하자는 논의가 크게 일어나고 있습니다. 권대운은 기사년에 국권을 잡은 영의정으로 신하가 차마 들을 수 없는 일을 당하여 바로잡을 생각은 하지 않고 자잘한 일처럼 여겼습니다. 6년 동안 인륜이 끊어지게 만든 것은 모두 그의 죄입니다. 유배하는 법을 시행한 것도 관대한 법인데, 얼마 되지 않아 어찌 갑자기 풀어줄 수 있겠습니까."

하였다. 병자년(1696) 2월, 강유(姜楡)라는 자가 흉소(凶疏)를 올려 우암(尤菴 송시열) 선생을 모욕하였다.[1] 공이 아뢰기를,

"선정신(先正臣) 송시열(宋時烈)은 세 조정이 예우한 원로로서 한 시대 사림의 종장(宗匠)입니다. 불행히 참소에 잘못 걸려 지하에서 한을 품고 있었기에, 정국이 바뀐 뒤로 가장 먼저 복관하라는 명을 내리고 누차 후회하는 말씀을 하셨기에 거의 공론이 펴지고 사설(邪說)이 일어나지 않으려 하였습니다. 그런데 지금 합향(合享)하는 일로 인하여 바른 사람을 해치려는 계책을 다시 시행하려 합니다. 이제억(李濟億)이 앞에서 창도하고 강유가 뒤에서 이었습니다. 심지어 평생 충성하고 보답하려는 정성을 두고 죄악이 가득찼다고 하였고, 참소를 당하여 원통하게 죽은 일을 두고 태평성대에 법에 따라 처형되었다고 하니, 더욱 통탄스럽습니다. 그 사우 사이의 글을 제기하여 은연중에 조롱하며 사류를 해치고 이간질하며 성상을 현란시키려는 일대 관건으로 삼았으니, 그 계책이 교묘하고 참혹합니

1 병자년……모욕하였다 : 강유는 송시열을 도봉 서원(道峯書院)에 합향(合享)하는 일을 반대하는 상소를 올렸다. 《肅宗實錄 22年 1月 22日》

다."

하였다.

송종원(宋宗元)이라는 자가 주인을 배반하고 액정(掖庭)으로 투속(投屬)하였는데, 성상이 법부(法府)의 송사 판결을 따르지 않고 특별히 면천하게 하였다. 공이 아뢰기를,

"전하의 액정 중에 어찌 부릴 사람이 부족하여 기필코 배반한 종을 옹호하여 용납해 두어 천승의 존귀한 임금으로써 일개 종을 다투는 것입니까."

하였다. 지평 신임(申銋)이 상소하여 당시 정승을 배척하였다가 성상의 뜻을 거슬러 외딴 변방으로 보임되자 공이 아뢰어 구하였다. 흉인 업동(業同)이 연서역(延曙驛)에서 저주한 옥사가 일어나 상소한 사람 강오장(姜五章) 등의 이름이 역적의 공초에서 나와 누차 형신하였으나 정승이 아뢴 일로 인하여 참작하여 처리하라는 명이 내렸다. 공이 아뢰기를,

"역적 방찬(方燦)이 앞서 흉물을 묻고, 강오장이 나중에 상소하여 안팎으로 호응한 실상이 낭자하여 감추기 어려우니, 그 의도는 비단 조정 신하에게 화를 옮기려 한 것만이 아닙니다. 성상께서 이미 장을 맞다 죽어도 아까울 것 없다고 하교하셨는데, 단지 대신이 한 마디 하였다고 정상을 실토하기를 기다리지 않고 지레 먼저 유배하였습니다. 형옥의 잘잘못에 관계된 바가 작지 않으니, 죄수가 적체되는 폐단이 있고 자복받기 어렵다는 이유로 참작하여 처리해서는 안 됩니다."

하였다.

무인년(1698) 봄, 박행의(朴行義)라는 자가 상소하여 선정신 이이

(李珥)를 모욕하였다. 공이 아뢰기를,

"이이의 도덕과 학문은 실로 낙민(洛閩 정자와 주자)의 비결이며 백대의 사표(師表)입니다. 불행히 세도가 번갈아 망하고 당습이 고질적인 폐단이 되어 일종의 시기하는 무리가 앞장서서 무함하는 말을 하였습니다. 다행히 우리 성상께서 사악한 말을 통렬히 배척하고 과감히 결단을 내리신 덕택에 여러 선비들의 청을 흔쾌히 따라 문묘에 올려 배향하였으니, 어질고 덕 있는 이를 높이는 정성이 어떤 왕보다 뛰어나 사문이 빛나고 조야에서 서로 경하합니다.

그런데 지금 박행의는 국시(國是)가 확고히 정해진 뒤에 거짓되고 패악한 논의를 주워모아 비단 그 사람을 비난하였을 뿐만 아니라 그 책까지 비방하였습니다. 이 《성학집요(聖學輯要)》 1부는 이이가 평생의 정력을 쏟은 책입니다. 옛성인의 가르침을 모아 《대학》의 뜻을 밝혔으니, 제왕이 수기치인(修己治人)하는 요점은 이 책보다 나은 것이 없습니다. 그런데 감히 '본디 스승삼을 만한 것이 아니니 어찌 꼭 이 책이어야 하겠습니까.'라는 따위의 말을 방자하게 임금에게 아뢰는 글에 썼습니다. 비망기의 말뜻이 그의 속셈을 통촉하였으니, 대낮에 해가 뜨면 도깨비가 달아날 곳이 없다는 말과 같습니다. 그런데 단지 문외출송의 벌만 시행하여 사림의 분노가 더욱 거세졌습니다."

당시 중국의 쌀을 기민을 구제한다고 하며 배에 싣고 평안도로 가져왔다. 정승 최석정(崔錫鼎)이 가서 오랑캐 사신을 접대하였는데, 그 오만한 글을 올려 군부에게 치욕을 끼치고, 또 청나라 사람이 사사로이 주는 선물을 받았다. 공이 아뢰기를,

"군신의 분의는 지엄하고 사명을 받는 일은 체모가 지극히 중요합니

다. 얼마 전 전 우의정 최석정이 사명을 받들고 평안도로 내려가서 일에 따라 주선하는 방도를 크게 잘못하여 패악하고 인륜이 없다는 모욕이 저들의 글에서 나와 우리 임금에게까지 미쳤으니, 신하된 자는 의리에 근거하여 엄히 배척하고 머리를 깨뜨려 죽기를 각오하고 다투어야 합니다. 그런데 도리어 '기뻐하기 부족하고 성내기 부족하다.'라는 임시방편의 말을 잘못 인용하며 끝내 추로(鄒魯)의 사람들이 칼에 엎어져 죽고 싶어한 의리[2]를 저버렸습니다.

또 사상(私商)을 금지한다는 청나라 자문이 분명한데, 애초에 법에 근거하여 배척하여 철수하여 돌아가게 하지 못하고, 조정의 명을 기다리지 않고 팔기를 허락한다는 뜻을 함부로 보인 결과 저들이 낭패를 당하여 원한을 품고 돌아갔으니, 훗날의 우려를 이미 말할 수 없습니다. 심지어 역관을 물리치고 태연히 사적인 선물을 받은 두 가지 일은 실로 천고에 드문 해괴한 일이며, 신하는 외국 사람과 교유하지 않는다는 의리에 몹시 어둡습니다. 관계가 지극히 중대하여 나라 사람들의 말이 갈수록 격렬해지니, 그 죄상을 따지자면 파직에 그칠 수 없습니다."

하였다. 양양 부사(襄陽府使) 오도일(吳道一)이 상소를 올려 구원하자, 공이 정승에게 아부하며 몰래 자기의 사욕을 이루려 한다고 반박하니, 한 번 아뢰어 윤허를 받았다.

경진년(1700) 4월, 파주 목사(坡州牧使)로 나갔다. 7월, 집의로 부

2 추로(鄒魯)의……의리 : 제 민왕(齊湣王)이 노나라에 가서 천자 대접을 받으려 하자 노나라는 성문을 잠그고 거부했고, 추나라에 가자 그곳 신하들이 차라리 칼에 엎어져 죽겠다며 거부했다.《史記 卷83 魯仲連鄒陽列傳》

름을 받고 돌아와 10월 동부승지에 발탁되어 순서대로 우부승지에 이르렀다. 임오년(1702) 어버이 봉양을 위해 양주 목사(楊州牧使) 자리를 얻었다. 양주는 경기의 중요한 땅이며 또 열 개의 능침이 있어 역(役)이 잦아 백성이 피폐하였다. 공이 상소하여 그 폐단을 조목별로 아뢰니, 묘당에 내려 변통하게 하였기에 양주 백성이 지금까지 혜택을 입고 있다.

갑신년(1704) 부친상을 당하였다. 공의 나이 쉰이 넘었으나 예법을 넘을 정도로 슬퍼하고 상복을 벗지 않았다. 상을 마치자 우승지를 거쳐 능주 목사(綾州牧使)로 나갔다. 당시 관찰사가 사소한 혐의 때문에 중고(中考)에 두자 공은 즉시 해직되어 돌아갔는데 행낭이 씻은 듯 비었고 관청의 창고는 가득하였다. 관찰사는 그가 청렴결백하다는 말을 듣고 마침내 후회하여 편지를 보내 뜻을 전하였다. 그 뒤 어사가 능주에 와서 백성의 여론을 채집하여 성상에게 아뢰고자 하였으나 이미 체직되어 결국 하지 못하였다.

이때부터 연달아 승정원에 들어가고, 또 사옹원과 상의원의 부제조를 겸하였고, 호조, 공조, 병조의 참의를 지냈다. 경인년(1710) 겨울, 동지 부사(冬至副使)에 차임되었으나 출발을 앞두고 어떤 일로 인해 체직되었다. 지방에서 관례대로 보내서 얻은 물건은 전부 신임 부사에게 보내고 하나도 차지하지 않았다.

임진년(1712) 의주 부윤(義州府尹)이 되어 몇 달 동안 일을 보았으나 단련사(團練使)가 직분을 수행하지 못하여 함께 파직되었다. 의주는 본디 청나라와 통상(通商)하여 물자가 쏟아지기에 그간 부윤이 된 자들은 청렴하다는 명성이 드물었다. 공이 돌아갈 적에 각 창고에 보관된 물건은 예전처럼 봉하여 기록하고, 달마다 거둔 방포(防布) 중에 남은 것도 모두 재고 장부에 기록하였다.

갑오년(1714), 청송 부사(青松府使)가 되었다. 전임 부사가 허위로 기록한 환곡이 몹시 많았는데, 공이 여러 가지 방법으로 긁어모아 수량대로 채웠다. 정유년(1717) 회양 부사(淮陽府使)에 임명되었다. 큰 흉년이 든 해를 만나 녹봉을 덜어 굶주린 백성을 구휼하였다. 어루만지고 돌보는 것이 젖먹이를 편한 자리에 두는 것보다 더하였다. 모든 비용을 더욱 절약하며 말하기를,

"나는 조정에 오른 뒤로 도움된 것이 없으나, 지키는 것은 단지 '탐내지 않는다〔不貪〕' 두 글자 뿐이다."

하였다. 임기가 차서 돌아가자 창고가 모두 가득차고 곡식은 몇 년 동안 지탱할 만하였다. 늙은 아전이 백여 년 동안 못 보던 것이라 하였다. 누차 승정원과 호조에 임명되었으나 모두 늙고 병들었다는 이유로 사직하여 체직되었다.

공은 평소 맑고 여위었는데 갑신년 상을 치른 뒤로 몸이 더욱 상하였다. 만년에는 오랫동안 질병을 앓아 침상에 누워 있는 때가 대부분이었다. 신축년(1721, 경종1) 겨울부터 한열(寒熱) 증상까지 걸렸고, 임인년(1722) 7월에는 점차 이질이 되었다. 스스로 일어나지 못할 줄 알고 죽은 뒤의 일을 명하였는데, 반드시 검소하고 간략하게 하고 그밖의 덧없는 형식은 모두 쓰지 않도록 하였다. 정신이 어지럽지 않고 평소처럼 담소하다가 잠시 후 세상을 떠났으니, 편안하기가 마치 잠자리에 들어 잠든 것 같았다. 향년은 70세이다. 부고가 알려지자 조정에서 전례대로 부조하였으나 사제(賜祭)는 시사가 크게 잘못되어 병오년(1726, 영조2)이 되어서야 비로소 시행되었다. 그 해 9월, 양주(楊州) 관아 동쪽 백석리(白石里) 선영 안 경좌(庚坐)의 언덕에 장사지냈다.

공은 용모가 빼어나고 기상이 중후하였으며, 효도하고 우애하는 본성은 하늘에서 타고났다. 늘 일찍 모친을 잃어 녹봉으로 봉양하지 못한 것을 죽을 때까지 지극한 슬픔으로 여겼다. 서모(庶母)를 섬길 적에도 그 뜻을 잘 따랐다. 평소 간략하고 과묵하여 말을 빨리 하거나 낯빛을 갑자기 바꾼 적이 없었으며, 남의 장단점을 논하지 않고 조정의 시비를 말하지 않았으며 남과 교유하기를 좋아하지도 않았다. 비록 평소 몹시 친하게 지내던 사람도 지위가 조금 높아지면 그의 집을 한 번도 찾아간 적이 없었다. 기예를 가진 사람을 접하지 않았으며, 장기 따위를 두지 않아 집안이 항상 조용하여 한미한 선비의 집 같았다.

오직 때때로 형제들과 모이는 것을 즐거움으로 삼았다. 맏형을 엄한 아버지처럼 섬기며 사랑과 공경을 모두 지극히 하였는데 늙어서도 더욱 독실하여 마치 사마 속수(司馬涑水)가 백강(伯康)을 대하는 것 같았다.[3] 제수가 일찍 과부가 되어 의지할 곳이 없자 맞이하여 한 방에 두고 의복과 음식을 함께하며 그 자녀를 자기 자식과 다름없이 돌보았다.

부인 집안이 평소 부유하였는데, 훗날 재산을 나누게 되자 공은 그 문권을 부인의 조카에게 돌려보내고 받지 않으며,

"나는 녹봉이 있으니 그럭저럭 살 수 있다. 그대는 상을 당한 뒤인데 내가 도울 힘이 없으니 이것으로 조금이나마 구제하고자 한다."

하니, 그 사람이 감동하여 눈물을 흘렸다. 비록 노비가 죄를 짓더라도

3 사마 속수(司馬涑水)가……같았다 : 사마 속수는 송(宋)나라 사마광(司馬光)이며, 백강은 그의 재종형 사마단(司馬旦)이다. 사마광은 사마단이 여든이 되도록 각별히 보살폈다. 《小學 善行》

꾸짖지 않고 간곡히 가르치고 경계하여 스스로 후회하고 복종하게 하였다. 늘 도 정절(陶靖節)의 '이 사람도 남의 자식이니 잘 대해 주어라.'[4]라는 말을 인용하여 자제를 권면하고 타일렀다.

남을 대할 적에는 온화한 기운이 가득하고 마음을 비우고 뜻을 겸손히 하여 간격을 두지 않았다. 이 때문에 어진 사람이나 불초한 사람이나 모두 믿고 기뻐하며 친애하였다. 마음가짐이 바르지 않은 자는 비록 곧장 내치지는 않았으나 친하게 지내지도 않았다. 좋아하는 물건이 없어 완상하는 물건을 만들지 않았고, 집에 좋은 물건이 없었다. 재산을 늘리려는 계획을 마음 속에 싹틔우지 않았으며, 재물에 관한 말을 입에서 꺼내지 않았다. 관직을 그만두고 집으로 돌아가자 간혹 죽도 먹지 못하였으나 여유롭게 처신하였다. 일을 만나면 신중히 살펴 지극히 공정하게 결단하였으며, 사사로운 뜻으로 조절하지 않았다.

대각에 있을 때 명문가의 자제가 낭자하게 탐욕을 부렸는데, 동료 대간이 유난히 비호하며 몹시 힘껏 해명하였다. 공은 돌아보지 않고 그가 백성을 학대하고 자신을 살찌운 실상을 논하였다. 어사로 있을 때는 아버지의 벗이 관직에 있으면서 형편없는 짓을 많이 하였기에 공이 다스리고자 하였다. 밤에 객관에 묵는데 그 사람이 몰래 자기 아들을 보내어 요행을 바랐다. 공은 엄한 말로 준엄히 꾸짖고 마침내 벌을 받게 하였다.

지제교로 누차 윤음을 맡았는데, 한번은 농암(農巖) 김창협(金昌協)의 치제문(致祭文)을 대신 짓자 삼연(三淵) 김창흡(金昌翕)이 몹시 칭

4 도 정절(陶靖節)의……주어라 : 도 정절은 진(晉)나라 도잠(陶潛)이다. 그가 노비 한 사람을 아들에게 보내며 이렇게 말했다.《小學 善行》

찬하였다. 전후로 7번 수령을 맡았는데, 다스림이 간략하고 자애로웠으며 명예를 바라지 않았다. 오직 아전을 단속하고 백성에게 너그러우며 어려운 이를 돕는 것을 임무로 삼았다. 관아의 가솔은 항상 적고 스스로 봉양하는 것이 몹시 간략하였으며 환곡을 거둘 때 말〔斛〕 밖으로 넘치는 것은 모두 백성에게 돌려주었다. 고을에 만약 백성에게 불편한 일이 있으면 일체 혁파하니, 실질적인 혜택이 아래에 미쳐 백성이 몹시 화합하였다. 기생이 있는 고을은 더욱 조심하였다. 또 벗과 잔치를 열어 술 마시는 일이 없으니 관청이 엄숙하고 맑아 외부 사람이 감히 출입하지 못하였다. 한번은 말하기를,

"요행히 한 번 급제하여 반평생 따뜻하고 배불렀으니 모두 나라의 은혜이다. 더구나 가족을 데려와 편안히 관아의 대접을 받으니 항상 과분하여 두렵거늘 또 무슨 집안을 윤택하게 할 생각을 하겠는가."

하였다. 공적인 비용 외에는 사사로운 비용이 전혀 없었다. 이 때문에 가는 곳마다 청렴하다는 명성이 있었다. 사양하고 받는 절차에 더욱 엄격하여 의리 없는 선물은 일체 물리쳤고, 역관의 부류는 집 가까이 오지 못하였다. 비록 고을을 맡은 가까운 친척이 있더라도 절대 '바란다〔乞〕'는 글자를 쓰지 않았다. 평소 술을 좋아하였으나 취기가 오르면 그만 마셨고 어지러워지는 지경에 이른 적이 없었다.

어려서부터 책 보기를 좋아하여 문을 닫고 고요히 앉아 책에 마음을 담아 경전과 제자, 역사에 모두 해박하였다. 비록 공무를 보는 곳에서도 일을 마치면 반드시 책을 펴고 읊조렸으며 늙어서도 더욱 부지런하여 조금도 게을리하지 않았다. 본받을 만한 옛사람의 좋은 말과 선한 행실을 보면 손수 초록하고 《요관(澆灌)》이라 이름하였다. 만년에는 성리서에 더욱 유념하여 스스로 터득한 뜻이 많았다. 《자경편(自警

編)》 보기를 좋아하여 한번은 말하기를,

"나는 여기서 몹시 많은 힘을 얻었다."

하였다. 비록 시에 종사하지는 않았으나 때때로 읊조리면 격조가 맑고 굳세어 두소릉(杜少陵 두보)의 절조가 있었다. 평소 당파를 좋아하지 않아 논의가 화평하였고, 궁달과 영욕은 모두 치지도외하였다. 논의를 주장하는 세상 사람들은 이 때문에 공을 중시하지 않았으나 공은 개의치 않았다. 조정에 있는 40년 동안 지위는 하대부(下大夫)에 불과하였기에 어떤 이가 한번 관찰사를 맡지 못하였다고 말하면 공은 문득 겸손해 하며,

"관찰사의 중임은 내가 감당할 수 없다."

하였다.

중광(重光)의 화[5]가 일어나 역적이 변고를 일으킬 당시 공은 병으로 누워 있었으나 상소를 올리고자 입으로 몇 줄을 읊다가 기운이 다하여 중지하고, 마침내 이기익(李箕翊)의 상소에 연명하였다. 회양에서 돌아온 뒤로는 물러나 쉬고자 결심하여 남에게 유양(維楊) 골짜기의 별장을 빌렸는데, 제법 산수의 승경이 있어 몇 칸의 초가를 지으려 하였다. 힘이 모자라 완성하지 못하였는데 공의 병은 이미 위독해졌다. 사제문(賜祭文)에 이르기를,

아, 경의 지조는	嗟卿志操
시종일관 한결같았다	始終如一

5 중광(重光)의 화 : 중광은 고갑자로 신(辛)에 해당한다. 1721년 일어난 신임사화를 말한다.

조정에 있은 지 40년 동안	立朝四紀
고요히 지조를 지켰다	恬靜自守
권세와 이익을 회피하고	斂避勢利
진출을 단념하였다	絶意進取
득실과 영욕에	得喪榮辱
전혀 기뻐하거나 성내지 않았다	略無喜慍
문을 닫고 깨끗이 청소하며	杜門掃軌
오직 경전에 탐닉하였다	惟耽經籍
그 고고하고 담박함을 맛보고	味其枯淡
마음껏 만족하였다	充然自得
일곱 고을의 수령을 지냈으나	官佩七符
집에는 아무 것도 없었다	家徒四壁
청렴한 평소의 절개는	淸苦素節
고금에 드물었다	古今罕有
세상에 덕 있는 사람 없으니	世無尙德
누가 침체한 것을 진작하랴	孰振其滯

하였으니, 참으로 실제에 맞는 말이다. 이를 보면 공의 평생을 짐작할 수 있다.

처음에 무송 윤씨(茂松尹氏)와 혼인하였으니 종사랑 빈(斌)의 딸이다. 유순하고 자애로우며 부인의 덕을 잘 갖추었다. 어른을 공경히 섬기고 형제와 친척에 이르기까지 두루 은혜를 베풀었다. 동서와 함께 살았는데, 집안 노비와 기물의 주인이 누구인지 몰랐다. 공보다 앞서 세상을 떠나 공과 같은 언덕에 다른 봉분으로 장사지냈다. 1남 2녀를 낳았다. 후취(後娶)는 남양 홍씨(南陽洪氏)이니 학생 우상(友尙)의 딸이다. 후사가 없다. 아들 순화(順華)는 승지 어사휘(魚史徽)의 딸과 혼인하여 5남을 낳았으니 두천(斗天), 익천(翼天), 규천(奎天)이고 둘은 요절하였다. 딸은 윤득일(尹得一)에게 시집갔으나 그가 일찍 죽었고 아들을 낳았으나 모두 요절하였다. 차녀는 승지 김응복(金應福)에게 시집갔다.

아, 공은 타고난 성품이 조용하고 담박하며 덕의 바탕이 일찍 이루어졌다. 집에 있을 적에는 효성스럽고 공경한다고 일컬어졌고, 친척과 지낼 적에는 화목하다고 일컬어졌고, 손님과 벗을 대할 적에는 신의 있다고 일컬어졌고, 관직을 맡아 일처리할 적에는 신중하고 청렴결백하다고 일컬어졌다. 벼슬길에 뜻을 끊고 교묘히 벼슬하는 것을 초개처럼 여겼으며, 만나는 바에 따라 운명처럼 편안히 여겼으니, 이는 또 말세에 보기 드문 일인데 세상에 아는 사람이 없다. 내직과 외직을 전전하며 재주를 널리 펴지 못하고 지위가 덕에 걸맞지 않았으니, 사람들은 이 때문에 공을 위해 탄식하고 애석해 한다.

나는 평소 공과 교분이 범범하지 않았는데, 지금 공의 아들 순화가 가장(家狀)을 가지고 와서 내게 보여주며 울면서 공의 행실을 기록한 글을 몹시 간곡히 청하였다. 나는 적임자가 아니라서 부끄러우나 정의에 있어서 끝내 사양할 수 없는 점이 있어 이에 감히 가장 초고를 대략 수정하여 입언군자(立言君子)의 채택에 대비한다.

부호군 증 호조참판 박공 행장

副護軍贈戶曹參判朴公行狀

공의 휘는 호원(浩遠), 자는 천경(天卿)이며 음성(陰城) 사람이다. 박씨의 계보는 신라에서 나왔으니, 합문지후 휘 아무개가 음성에 옮겨 봉해짐에 따라 관향으로 삼았고, 이때부터 벼슬이 이어졌다. 우리나라에 들어와 휘 순(淳)이 개국공신에 책록되고 청백리에 선발되었으며 이조판서 대장군을 지냈다. 당시 태조가 함주(咸州)에 분조(分朝)를 두어 전후로 문안하러 간 사신이 모두 살아돌아오지 못하였다. 이후 파견될 차례가 되면 사람들이 모두 회피하였다. 공은 태조가 잠저(潛邸)에 있을 때의 친구로 스스로 가기를 청하였다. 도착해서는 새끼 말과 어미 말의 일[6]을 가지고 성상을 감동시켜 마침내 어가를 돌리겠다는 허락을 받았으나 돌아오다가 영흥강(永興江)에 이르러 역시 죽음을 면치 못하였다. 태종이 가상히 여겨 공을 녹훈하고 정려를 하사하였으며, 토지와 백성을 넉넉히 하사하고 판승추부사에 증직하였다.-일이 국사에 보인다.- 나재(懶齋) 채수(蔡壽)가 공의 아들 참판공 흔(昕)의 묘지명을 지으면서 그 일을 기록하였고, 우암(尤菴) 송 선생(宋先生)이 그 시말을 몹시 자세히 기록하였다.

6 새끼……일 : 박순이 함흥에 도착하여 새끼 말을 묶어두고 어미 말을 타고 들어가니, 어미 말이 새끼를 돌아보느라 지체하였다. 박순은 태조에게 미물조차도 모자가 떨어지기 싫어한다며 한양으로 돌아가기를 권하였다. 《老峯集 卷9 判承樞府事朴公請諡行狀》

부인 임씨(任氏)는 공이 북쪽으로 떠난 뒤 밤낮으로 통곡하고 한데서 기도하며 살아돌아오기를 빌었으나 부고를 듣자 즉시 스스로 목을 매었다. 당시 참판공은 궐내에 입직하였는데, 역시 부고를 듣자 섬돌에 떨어져 죽었다. 조정에서 모두 정려문을 내려 표창하였다. 한 집안에서 남편은 충성을 지켜 죽고 아내는 절개를 지켜 죽고 아들은 효성을 지켜 죽었으니, 이는 고금에 드문 일이다.

참판은 휘 숙달(叔達)을 낳았으니 예조 참의를 지냈다. 참의는 휘 균(稛)을 낳았으니 18세에 요절하였고, 유복자 휘 수원(秀元)이 있어 효행으로 천거를 받아 감역이 되었다. 감역은 휘 연(淵)을 낳았으니, 역시 효성으로 이름나 자급을 뛰어넘어 6품에 올라 현감을 지냈으니 바로 공의 증조이다.

조부 휘 유녕(有寧)은 태어나면서부터 지극한 성품이 있어 상을 당하자 묘소 아래에서 여막살이하면서 산 밖으로 나오지 않고 집안일을 말하지 않았다. 3년 동안 죽을 마시며 예법을 넘을 정도로 슬퍼하여 수염과 머리카락이 전부 빠지고 용모가 갑자기 변하여 친구들이 보아도 알아보지 못하였다. 불행히 일찍 세상을 떠나 통훈대부 사헌부 집의에 추증되었다. 부인 이씨(李氏)는 이조 참판 중경(重慶)의 딸이다. 부인의 덕이 있고 서사(書史)에 통달하였다. 지금까지 자손들이 외워 전하는 시구는 음운이 맑고 시원하여 위로 성당(盛唐)과 핍진하다.

부친의 휘는 지함(至諴)이니 문장과 행실이 일찍 알려졌다. 자호는 일소옹(一笑翁)이다. 광해조에 흉인 이이첨(李爾瞻)이 그의 이웃에 살았는데, 그의 재주를 아껴 사람을 시켜 이익으로 꾀자 즉시 그 집을 팔고 영해(嶺海)로 피해 살며 한 번도 도성에 들어오지 않았다. 흉인이 주살당하자 비로소 과거에 응시하였는데, 전후로 17번 향시에 합격하였으나 모두 회시에 합격하지 못하였다. 통정대부 승정원 좌승지에 추증되었다.

공은 일소옹의 셋째 아들이다. 어려서부터 부모를 효성스럽게 섬기고 형제를 우애있게 대하여 집안에서 자제의 잘못을 저지른 적이 없었다. 일소옹이 말하기를,

“우리 집안에 전해오는 충효를 이 아이 덕택에 실추하지 않을 것이다.”

하였다. 일소옹의 병이 위독해지자 의원을 찾아 약을 묻는 일 외에는 한 번도 곁을 떠나지 않았다. 목욕하고 하늘에 빌며 대신 죽기를 바랐고, 변을 맛보고 손가락의 피를 내며 정성을 다하였다. 일소옹이 세상을 떠나자 물 한 모금 입에 넣지 않고 3년 동안 통곡하기를 하루처럼 게을리하지 않았기에 몸이 마르고 기운이 다하여 거의 죽을 것 같아 사람들이 모두 위태롭게 여겼다. 모부인을 모실 적에는 효성이 더욱 돈독하여 맛있는 음식을 올리며 입에 맞지 않게 한 적이 없었다. 때때로 어린아이의 장난을 하며 기쁘게 해 드렸다. 한번은 산골 별장에 우거하는데 모부인이 눈병을 앓아 거의 실명하게 되었다. 공은 반 달 넘게 밤낮으로 눈을 붙이지 못하였는데, 하루는 꿈에 어떤 어른이 말하기를,

“땅벌의 꿀이 아니면 치료할 수 없다.”

하였다. 공은 두루 찾았으나 아는 사람이 없었는데, 갑자기 어떤 사람이 와서 바쳤다. 급히 시험해보니 과연 신통한 효과가 있었다. 수년 뒤에 병이 다시 발작하자 전에 꿈에 나타난 자가 말하기를,

“흰 매의 눈알이 가장 좋은데 이것은 민가에서 항상 보관하는 물건이 아니다.”

하였다. 공은 더욱 간절히 근심하고 눈물을 흘렸다. 마침 막내아우

집의 종이 북관(北關)에서 매를 가지고 왔기에 시험해보니 또 효험이 있었다. 모부인이 한번은 혈붕(血崩)을 앓았는데, 이때 와서 증세가 더욱 위중해졌다. 예전에 가물치로 효과를 보았으나 추운 겨울이라 시내가 얼었다. 공이 물을 오르내리며 울면서 찾았는데, 갑자기 펄떡거리는 소리가 들려 급히 보았더니, 한 자 되는 가물치가 물이 얕은 곳에 있었다. 잡아서 바치니 이튿날 병이 깨끗이 나았기에 사람들이 모두 경탄하며 말하기를,

"이 사람의 이 일은 옛날에 대숲에서 운 맹종(孟宗)과 얼음을 깬 왕상(王祥)의 일[7]과 맞먹는다."

하였다.

경자년(1660, 현종1), 모친상을 당하자 부친상을 당하였을 때와 똑같이 슬퍼하며 가슴을 치고 발을 구르며 통곡하느라 기절하였다가 다시 깨어났다. 큰형이 먼저 죽자 그 아들을 돌보고 아끼며 자기 소생과 다름없이 여겼다. 둘째 형이 상을 치르다 지나치게 슬퍼하여 세상을 떠나자, 상례와 장례에 필요한 도구를 모두 스스로 맡아 조금도 유감이 없게 하였기에 사람들이 더욱 탄복하였다. 젊은 시절부터 신독재(愼獨齋) 김 선생(金先生 김집(金集))의 문하를 출입하였는데, 선생이 매번 지조가 방정하고 깨끗하다고 칭찬하였다. 문예가 일찍부터 뛰어났고 필법도 오묘하여 이름난 서원은 모두 공의 필적을 빌렸다. 창경궁(昌慶

7 대숲에서……일 : 맹종은 삼국시대 오(吳)나라 사람이다. 모친이 죽순을 좋아하였는데 겨울이라 구할 수 없기에 숲에서 울었는데 죽순이 나왔다. 왕상은 진(晉)나라 사람으로 계모가 잉어를 먹고 싶다고 하기에 얼음을 깨고 찾았는데 잉어가 스스로 나왔다. 《三國志 吳書 孫晧傳》《晉書 王祥列傳》

宮)을 중수하자 문미의 편액은 태반이 공의 필적으로 썼기에 성상이 재차 구마(廐馬)를 하사하여 표창하였다. 사우 집안의 병풍도 공의 필적이 많았다.

공은 자신이 종자(宗子)가 아니므로 제사를 주관할 수 없다고 여겨 서자(庶子)가 밖에 있으면 등급을 낮추어 제사를 지낸다는 주자의 설을 방증으로 삼아 초하루와 보름에 반드시 신위를 설치하고 간략히 차례를 지냈다. 부모의 기일을 만날 때마다 기일에 앞서 재계하고 목욕하여 부모가 살아계신 듯이 여기는 정성을 다하였다. 음식을 앞에 두면 번번이 물리치고 먹지 않으며,

"돌아가신 어버이의 병이 위중하던 예전의 오늘을 돌이켜 생각하니 내가 어찌 차마 음식을 넘기겠는가."

하고, 제사가 끝나야 비로소 음식을 먹었다.

대종(大宗)의 집이 병란으로 몰락하자 승추공(承樞公 박순) 종가 제사를 오랫동안 주관할 사람이 없었다. 공이 우암, 동춘, 남계 선생에게 여쭙고 조정에 아뢰어 종통을 회복하였다. 둘째 형의 딸이 부모를 잃고 계례를 치를 나이가 되자 공이 남편을 골라 시집보냈다. 한번은 《가례》의 제사지내는 예와 선유의 격언으로 심신에 절실한 것을 모아 《훈의(訓儀)》라 이름하고 아들들에게 주며,

"너희가 평생 받아 쓰면 선조를 받들고 자신을 지키는 도리를 거의 지킬 수 있을 것이다."

하였다. 또 《규범(閨範)》을 지어 손녀에게 주며,

"부인은 비단 여공(女工)에 힘쓸 뿐 아니라 반드시 마음가짐을 지키고 행실을 깨끗이 하여 온순하며 덕이 있어야 부인이라 할 수 있다."

하였다.

공은 평소 중병을 앓았는데 정묘년(1687, 숙종13) 가을이 되자 증세가 더욱 심해졌다. 모시고 앉은 아들들에게 말하기를,

"한(漢)나라 소열제(昭烈帝)는 '악이 작다는 이유로 해서는 안 되고, 선이 작다는 이유로 하지 않아서는 안 된다.〔勿以惡小而爲, 勿以善小而不爲.〕'라고 하였으니, 이 열세 글자는 너희들이 죽을 때까지 외워야 한다."

하였다. 또 말하기를,

"형들은 모두 건강하였으나 일찍 죽었는데, 나는 지금 고희가 되도록 장수하였으니 또 무엇을 바라겠느냐. 한스러운 것은 임 부인(任夫人)의 묘표를 도모한 지 이미 오래이고 승추공의 연시(延諡)는 조정의 명령이 이미 내렸으나 지체되어 이루지 못하고 죽는다. 이 두 가지 일만은 마음 속에 잊히지 않는다."

하였다. 사위 김간(金幹)을 불러 유계(遺戒)를 쓰게 하고 뒷일을 처리하였는데, 자세한 여러 조목이 모두 자질을 가르치는 말이었다. 또 학문을 성취하라는 뜻으로 나를 권면하였다. 쓰기를 마치자 소리 높여 읽게 하고 상자에 보관하라 명하였다. 정신이 또렷하여 죽음을 슬퍼하는 뜻이 전혀 없었으니, 병석에서 모시고 있는 자조차 위급한 줄 몰랐다. 얼마 후 편안히 세상을 떠났으니 이해 9월 2일이었으며, 나이는 69세였다. 고양(高陽) 아무 산 아무 방향의 언덕에 장사지냈으니, 참판공 묘소 서쪽 겨우 몇 걸음 안이다. 가선대부 호조참판 겸 동지의금부사 오위도총부 부총관에 추증되었다. 훗날 자손이 아뢴 일로 인하여 연신(筵臣)이 아뢰어 특별히 정려하라는 명이 내렸다.

아, 공은 기질이 온화하고 고아하며 타고난 성품이 어질고 효성스러웠다. 어버이를 섬기는 정성은 신명과 통하였으며, 우애하는 독실함은

본심에 근본하였다. 옛사람에게 부끄럽지 않게 행실을 다스렸고, 온 집안 사람들이 보고 감동하였다. 평소 화락하고 화평하여 비록 남과 다른 적이 없었지만, 그 마음가짐과 행실은 모두 효성과 우애에서 흘러나와 저절로 남이 미칠 수 없는 점이 있었다. 근본이 서서 마음의 덕이 저절로 온전하니, 이는 인륜을 세우고 무너진 풍속의 모범이 되기 충분하다. 어찌 밖에서 오는 명예로 한때 빛나는 자와 비슷한 부류로 여겨 나란히 논할 수 있겠는가. 승추공 이후로 대대로 충성과 효도로 큰 절개를 세운 사람이 있었으니, 지금 공의 탁월한 행실은 참으로 근본이 있다. 맹자가 말하기를, "요순의 도는 효도와 공경 뿐이다." 하였으니, 공이 어찌 그런 사람이 아니겠는가.

배위 완산 이씨(完山李氏)는 아무 관직 아무개의 딸이며 사암(思菴) 정승 박순(朴淳)의 외현손이다. 규방의 위의가 아름다웠고 남편을 섬길 적에 순종하여 어김이 없었고, 동서를 대할 적에 가까이하고 사랑하였으며, 친족과 지낼 적에 화목하기에 힘썼고, 자식들을 가르칠 적에 의로운 방법으로 하여 옛 여사(女士)의 풍도가 있었다. 공보다 앞서 세상을 떠나 공의 묘소 왼쪽에 부장(祔葬)하였다. 4남 1녀를 낳았으니 장남 진귀(震龜)는 70세까지 장수하여 처음에 첨지중추부사에 임명되었고, 나중에 또 80세로 동지중추부사에 임명되어 3대를 추증하였다. 증조 이하의 증직은 모두 그가 추은(推恩)한 것이다. 다음은 시귀(時龜), 세귀(世龜), 원귀(元龜)이며, 사위는 김간이다.

진귀는 순천(順天) 김완(金鋎)의 딸과 혼인하여 1남 3녀를 낳았다. 아들 정규(廷珪) 역시 효도로 이름났는데 지금 감찰이다. 사위는 신치원(申致遠), 진사 안형(安衡), 민귀징(閔龜徵)이다. 시귀는 완산(完山) 이문유(李文裕)의 딸과 혼인하였으나 후사가 없어 아우 세귀의 아들을 데려다 후사로 삼았다. 세귀의 초취(初娶)는 파평(坡平) 윤함(尹涵)의 딸인데 후사가 없고, 재취(再娶)는 여흥(驪興) 민광로(閔光魯)의 딸로 4남 1녀를 낳았다. 장남은 정황(廷璜), 차남은 정선(廷璿)으로 바로 시귀의 후사이고, 삼남은 정호(廷瑚), 사남 정련(廷璉)은 어리다. 사위는 진사 안구(安衢)이다. 원귀는 창녕(昌寧) 조빈(曺璸)의 딸과 혼인하여 2남 2녀를 두었다. 아들은 정기(廷琦)와 정환(廷瓛)이고, 사위는 부사 유이함(柳以咸), 성연(成筵)이다. 김간은 2남 1녀를 낳았는데 아들은 모두 일찍 죽고 손자 치후(致垕)는 참봉이며 사위는 참봉 이보명(李普溟)이다.

정규는 2남을 두었으니 장남은 경흠(景欽)이고 차남은 어리다. 정선은 3남 2녀를 두었고, 정기는 1남을 두었고, 정환은 1남을 두었는데 모두 어리다. 신치원은 2남을 두었으니 장남 수(燧)는 생원이고 차남은 어리다. 사위 둘은 신정삼(辛鼎三)과 한태증(韓泰增)이다. 안형은 2남 1녀를 두었고, 민귀징은 2남 2녀를 두었고, 안구는 1남을 두었고, 유이함은 1남을 두었는데 역시 모두 어리다. 성연은 후사가 없다.

공의 아들들이 공의 가장(家狀)을 내게 보여주며,

"우리 선친을 아는 사람으로는 그대만한 사람이 없으니, 어찌 한마디 하여 은혜를 베풀어주시지 않을 수 있겠습니까."

하였다. 삼가 생각건대, 나는 약관에 공의 집으로 장가들어 오랫동안 공을 모시며 누차 가르침과 인도를 받아 깨우친 것이 많았다. 명분은 장인과 사위지만 실로 스승과 제자를 겸하였으니, 의리상 노쇠하였다고 사양할 수 없어 삼가 가장을 보고 그 개략을 이상과 같이 대략 서술하니, 입언군자(立言君子)가 채택하기를 바란다.

시장 諡狀

증 영의정 행 형조판서 평흥군 신공 시장
贈領議政行刑曹判書平興君申公諡狀

공의 휘는 준(埈), 자는 평중(平仲)이며 평산(平山) 사람이다. 휘 숭겸(崇謙)이 고려 태조를 보좌하여 대구(大丘)의 동수(桐藪)로 견훤(甄萱)을 토벌하러 따라갔다가 일이 급해지자 주군을 대신하여 몸소 죽었으니, 한(漢)나라 기신(紀信)의 일[8]과 같았다. 시호는 장절(壯節)이며 지금까지 숭의전(崇義殿)에서 제향하니 이분이 공의 시조이다.

7대조 좌의정 휘 개(槩)가 처음으로 본조(本朝)를 섬겨 영묘(英廟 세종)을 도와 태평을 이루고, 황희(黃喜), 허조(許稠)와 함께 우리나라의 명재상으로 일컬어진다. 호는 인재(寅齋), 시호는 문희(文僖)이며 묘정(廟庭)에 배향되었다. 6대조 휘 자준(自準)은 충청도 관찰사(忠淸道觀察使)를 지냈고, 고조 휘 상(鏛)은 이조 판서를 지냈고 시호는 문절(文節)이며 세상 사람들이 기묘완인(己卯完人)이라고 한다. 증

8 한(漢)나라 기신(紀信)의 일 : 한 고조(漢高祖)가 항우(項羽)에게 포위당하자 기신이 한 고조로 위장하여 거짓으로 항복하고 고조를 빠져나가게 하였다. 《史記 卷8 高祖本紀》

조 휘 화국(華國)은 성균관 생원을 지냈고 덕을 숨긴 채 벼슬하지 않았다. 의정부 영의정 평주부원군(平洲府院君)에 추증되었다.

조부 휘 입(砬)은 한성부 판윤을 지냈고, 북쪽 변방을 지켜 이탕개(尼湯介)를 평정하여 큰 공을 세웠다. 임진왜란이 일어나자 도순변사로 충주(忠州)에서 죽었다. 훗날 영의정 평양부원군(平陽府院君)에 추증되었다. 부친은 휘가 경진(京禛)이다. 인륜이 무너지는 광해군 때를 만나자 공이 먼저 대의를 내세워 인묘(仁廟)의 등극을 도왔다. 정사공신(靖社功臣) 원훈(元勳)으로 평성부원군(平城府院君)에 봉해졌다. 훈련대장, 호위대장, 포도대장을 겸임한 것이 15년이었으며, 재차 병조 판서를 지내고 관직이 의정부 영의정에 이르렀다. 시호는 충익(忠翼)이며 묘정에 배향되었다. 모친 정경부인 조씨(趙氏)는 부사직 정현(廷顯)의 딸이다. 만력(萬曆) 임진년(1592, 선조25) 1월 3일 공을 낳았다.

공은 어려서부터 보통 아이와 달리 기질이 침착하고 도량이 넓었기에 사람들이 원대하게 될 그릇이라고 칭찬하였다. 임자년(1612, 광해군4) 벼슬을 시작하고, 병진년(1616) 율봉도 찰방(栗峯道察訪)에 임명되었다가 무오년(1618) 관직을 버리고 돌아왔다. 도감 낭청으로 있다가 6품으로 승진하여 장례원 사평을 역임하였다. 이보다 앞서 광해군이 혼란하여 종묘사직이 위태로워지려 하였다. 의정공과 공은 산골에 숨어 살면서 늘 나랏일을 생각하며 개탄하고 한스러워하였다. 발란반정(撥亂反正)을 자기 임무로 삼겠다고 맹세하고는 인묘(仁廟)를 가리키며 공에게 말하기를,

"신령하고 성스럽고 문무에 뛰어나니 천명이 귀속한 분이다. 내게는 두 아우와 네가 있으니 큰일을 결정할 만하다."

하고는 바로잡을 계책을 정하였다. 이때 의정공은 당시 정승 박승종(朴承宗)에게 시기를 받았는데, 그가 아뢰어 효성령 별장(曉星嶺別將)에 임명하고 속히 부임하게 하였다. 박승종이 헤아려 알고서 몹시 꺼렸던 것이다. 떠나기에 앞서 공에게 경계하기를,

"내가 비록 멀리 나가지만 두 아우와 네가 일을 처리할 만하니, 너는 더욱 힘쓰거라."

하였다. 이때부터 공은 숙부 동평(東平 신경유(申景裕)), 동성(東城 신경인(申景禋)) 두 공 및 승평(昇平), 김류(金瑬) 공, 연평(延平) 이귀(李貴) 공, 능성(綾城) 구굉(具宏) 공, 능천(綾川) 구인후(具仁垕) 공과 밤낮으로 은밀히 논의하여 중대한 계책을 도모하는 것을 도왔다.

임술년(1622) 제천 현감(堤川縣監)으로 나갔다. 공은 이때 벼슬하는 것이 원래 본뜻이 아니었으나 뜻을 굽히고 부임하여 아전과 군졸을 돌보고 고을의 자제 중에 계책과 용력이 있는 자를 뽑아 몰래 부대를 늘렸다. 그리하여 연서역(延曙驛)에서 여러 공과 모여 우리 인묘를 받들고 어리석은 군주를 폐위하고 난신적자를 주살하여 인륜이 다시 밝아졌으니, 계해년(1623, 인조1) 3월 13일이었다.

5월, 승진하여 개성부 경력(開城府經歷)에 임명되었다. 음관(蔭官)으로 이 관직을 차지한 자는 우리나라 이래로 공 뿐이었기에 사람들이 모두 영예로 여겼다. 얼마 후 3등 공신으로 책훈되어 분충찬모 정사공신(奮忠贊謨靖社功臣)의 호칭을 하사받고 품계를 뛰어넘어 당상관이 되어 남원 부사(南原府使)에 임명되었다.

갑자년(1624), 역적 이괄(李适)이 도성을 침범하였다. 공은 변란이 일어났다는 소식을 듣고 군병을 이끌고 당일로 길에 올라 밤낮으로 갔는데, 한강 나루에 도착하니 성상이 이미 남쪽으로 행차할 계책을

정하고 이미 어가를 출발시켰다. 공은 길 옆에서 맞이하여 뵈었다. 당시 뜻하지 않게 변란이 일어나 어가가 강가에 도착하였는데 나룻배가 기다리지 않았다. 공은 전라 병사(全羅兵使) 이경직(李景稷)과 함께 배 2척을 찾아내고 검을 짚고 호위하며 건넜다. 정오가 지났는데 성상이 아직 수라를 들지 못하자 공이 자루 속의 다과를 꺼내 바쳤다. 이어서 공주(公州)까지 어가를 호위하였다. 성상이 마침내 남쪽으로 갈 뜻이 생겨 공을 호남 관향사(湖南管餉使)로 삼고 군량을 마련하게 하였다. 공이 즉시 명을 받고 남쪽으로 내려갔는데, 오래지 않아 역적 이괄이 주살당하였다.

을축년(1625) 충주 목사(忠州牧使)에 임명되었다. 도망한 역적 무리를 잡은 공으로 가선대부로 승진하고 평흥군(平興君)에 봉해졌다. 정묘년(1627), 오랑캐가 도성을 침범하자 공이 또 병사를 이끌고 근왕(勤王)하였다. 어가가 강화도로 행차하여 공에게 군사를 거느리고 도성에 남으라고 명하며 김상용(金尚容) 공을 부장(副將)으로 삼았다. 위엄과 명망이 평소 드러났기에 도성의 대궐을 지키는 직임은 공이 아니면 할 수 없기 때문이었다. 김공은 평소 공을 중시하였기에 군중의 일을 모두 맡겼다. 공은 명령이 엄격하고 분명하며 조처가 마땅하였기에 안팎이 안도하고 도성 백성이 편안히 여겨 은연중에 하나의 장성(長城)과 같았다. 오랑캐 군사가 철수하여 돌아가자 강화도에서 복명(復命)하니 성상이 특별히 위로하였다. 임기가 차서 체직되어 돌아왔다.

기사년(1629) 삼척 부사(三陟府使)에 임명되고 얼마 못 가서 사직하여 체직되었다. 신미년(1631) 양주 목사(楊州牧使)에 임명되고 계유년(1633) 체직되어 돌아와 본래의 품계로 도총부 부총관을 겸하였다. 갑술년(1634) 안동 부사(安東府使)에 임명되었다. 안동은 영남의 큰 고을로 사무가 번잡하였는데, 공이 흔들림없이 다스려 1년도 못가서 교화가 널리 시행되었다.

병자년(1636), 오랑캐가 대거 침략하여 곧장 한양으로 오는데 기세가 비바람 같아 어가가 다급히 남한산성(南漢山城)에 머물렀다. 공은 변란이 일어났다는 소식을 듣고 급히 군사를 내어 왔는데, 충주에서 본도의 병사를 만나 군병을 맡겨 거느리게 하고 급히 임소로 돌아와 성을 수리하고 군사를 모집하여 성을 지킬 계책으로 삼았다. 안동은 본디 영남의 도회이며 또 옛적 고려왕이 이곳에서 홍건적을 피하였다가 결국 나라를 되찾았으므로 미리 준비하여 어가가 올 곳을 마련하려는 것이었다. 당시 오랑캐가 몹시 기세등등하여 조만간 조령(鳥嶺)을 넘으려 하였다. 백성이 모두 짐을 지고 서 있었으나 공이 진무한 덕택에 온 경내가 홀로 편안히 안도하였다.

정축년(1637) 임기가 차서 돌아왔다가 오래지 않아 수원 부사(水原府使)에 임명되었다. 이때 큰 난리가 겨우 평정되어 피폐한 백성이 일어나지 못하고 있었다. 수원은 경기의 중요한 진(鎭)으로 백성을 다스리고 적을 막는 임무를 아무나 감당할 수 없었으므로 묘당에서 특별히 천거한 것이었다. 오래지 않아 일 때문에 파직되어 돌아왔다.

경진년(1640) 여주 목사(驪州牧使)에 임명되고, 임오년(1642) 광주 부윤(廣州府尹)에 임명되었다. 광주는 한강 남쪽의 요새로 조정에서 적임자를 찾기 어려웠기에 공을 옮겨 임명하였다. 겨우 1년이 되자 온 경내가 잘 다스려져 광주 백성이 비석을 세워 칭송하고 사모하였다. 계미년(1643), 의정공의 상을 당하였다. 당시 공의 나이 52세였는데 상복을 벗지 않고 한결같이 예법을 따랐다. 을유년(1645) 상을 마치고 강화부 유수(江華府留守)에 임명되었다. 난리를 겪은 뒤로 백성이 도망하고 성과 해자가 무너졌다. 공이 처음 도착하여 백성을 불러오고 편안히 모이게 하였으며 힘을 다해 수리하였다. 뜻밖의 비방 때문에 상소하여 체직되자 사람들이 모두 애석하게 여겼다.

병술년(1646) 장례원 판결사에 임명되었다. 영국공신(寧國功臣) 회맹제(會盟祭)에 참석하고 가의대부로 승진하였다. 정해년(1647) 또 광주에 임명되었다. 광주 백성이 추모하여 마지않았기 때문이었다. 무자년(1648) 모친의 병 때문에 누차 사직하여 체직되어 돌아왔다가 곧 상을 당하였다. 상례와 제례는 모두 부친상 때와 같이 하였는데, 슬퍼하느라 몸이 쇠약해져 사람들이 모두 일어나지 못할 것이라 걱정하였다. 경인년(1650, 효종1) 상을 마치고 즉시 한성부 좌윤 겸 부총관에 임명되고, 얼마 후 또 광주에 임명되었다. 공은 광주를 전후로 세 번 맡았는데, 이때에 이르러 끝내 사양하며 벼슬을 차지하지 않았다. 얼마 후 또 좌윤에 임명되었다.

신묘년(1651) 홍주 목사(洪州牧使)에 임명되었다. 홍주는 충청도의 큰 고을이나 피폐한 지 이미 오래되었으므로 공으로 하여금 소생시키게 하려는 것이었다. 부임한 지 6개월이 지나 충청 수군절도사(忠淸水軍節度使)로 옮겨 임명되었다. 조정에 하직 인사를 하지 말고 부임하라고 명하였다. 당시 조정에서는 병영이 바닷가 고을에 있어 불편한 일이 많으니 청주(淸州)로 옮겨 설치하기를 논의하였는데, 적임자가 없으면 계획하기 어려울 것이라 여겼다. 좌의정 이시백(李時白) 공이 탑전에서 아뢰기를,

"병영은 새로 만드는 곳인데 병사 구의준(具義俊)이 비록 청렴하고 부지런하지만 조절하는 재주가 없으니 일을 처리하기 어려울까 걱정입니다. 수사 아무개는 평소 재능이 많고 또 지략도 있으니 바꾸어

차임하는 것이 마땅합니다."

하였다. 성상이 특별히 공을 병마절도사 겸 청주 목사(淸州牧使)로 옮겨 임명하고 유서(諭書)와 밀부(密符)를 내려보냈으니, 공이 수영에 도착한 지 열흘도 차지 않은 때였다. 공이 병영에 도착하니 모든 일이 초창기라 거의 모양을 이루기 어려웠다. 그러나 힘을 다해 경영하여 성과 해자를 수리하고 병영을 새로 세우니, 시행하고 조처한 일이 모두 시의에 맞았다. 병영에 속한 이들은 옮기는 것이 괴로운 줄 몰랐고, 고을 백성도 모두 도와서 완성할 뜻을 품었다. 신임 관원과 전임 관원이 서로 돕고 군사와 백성이 몹시 화합하였다. 이해 가을, 수원 부사(水原府使)로 옮겨 임명되었다. 묘당에서 병영의 규모가 이미 정해졌고, 경기의 군사를 맡는 일은 훈국에 버금가니 사람을 가려 뽑지 않을 수 없다고 논의하였기 때문이다.

계사년(1653) 겨울, 특별히 형조 참판에 임명되었다. 당시 조정에서 대장을 맡을 신하를 가려뽑아 중임을 맡기려 하였다. 성상이 마음 속으로 정하여 특명으로 선발한 것은 장차 뜻을 두려고 하였기 때문이다. 공이 상소하여 굳게 사양하니, 성상이 "경은 공훈이 있는 중신으로 재주와 명망이 참으로 합당하다."라고 전교하였다. 묘당에서 얼마 후 천거하여 어영대장과 비변사 당상으로 임명하였다. 공이 또 상소하여 굳이 사양하니, 성상이 답하기를,

"비단 경의 집안이 대대로 무장을 지내고 훈척의 자리에 있을 뿐만 아니라 재주와 명망이 참으로 합당하니 마음을 다하여 더욱 공경히 직무를 행하라."

하였다. 공이 부득이 명을 받들었다.

이보다 앞서 정승 이완(李浣) 공이 이미 어영대장이 되었는데 성상

이 훈국으로 옮겨 제수하라고 명하고, 공으로 대신하였다. 영의정 김육(金堉) 공이 상소하여 이공을 어영청에 그대로 두고 곧장 공을 훈련대장으로 삼도록 청하였다. 어영청의 체모는 훈국에 버금가고, 또 작고한 의정공이 훈국에 거의 20년 동안 있었기에 군병이 평소 그 위엄과 명망에 복종하였기 때문이다. 공은 훈국의 직임을 본디 대대로 맡았으니, 실로 자제가 부형을 지키는 것과 같았다. 성상이 비록 "장수를 임명하는 것은 중대한 일이니 바꾸기 어렵다."라고 하교하였으나 공론이 추천하고 인정하였다는 것을 더욱 잘 알 수 있다. 공은 임명된 뒤로 군무에 전념하여 밤낮으로 게을리하지 않았다. 훈련에 방도가 있었으며 은혜와 위엄을 함께 베풀었으며, 재주와 용맹이 있는 자를 선발하니 군사들이 몹시 기뻐하였다. 사람들은 제 아비의 풍모가 있다고 하였다.

어영청은 설치한 지 비록 오래되었으나 종전에 이 직임에 있던 자는 역참을 오가는 것처럼 바뀌었기에 위임하여 성취를 요구한 효과가 없었다. 군정에 관계된 모든 일은 대부분 초창기라 두서를 잡지 못하였다. 공은 법도를 강구하여 군제를 새롭게 하고, 삼남 지방의 한정(閑丁) 수만여 명을 얻었다. 훈국의 제도를 대략 본떠 건장한 자는 군사로 삼고 그 나머지는 보인(保人)으로 지정하고 쌀을 바치게 하여 군량으로 삼았으며, 번차를 정하여 번갈아 교대하게 하였다. 번을 설 때는 훈련하고, 번을 쉴 때는 고향으로 돌아가 농사를 지으니, 실로 주(周)나라 병농일치(兵農一致)의 뜻이 있었다. 한양의 호위는 고단하지 않고 양식을 낭비하지 않았으며, 무예를 정밀히 훈련하고 좌작진퇴(坐作進退)를 익숙하게 연습하여 대궐의 친병(親兵)과 다름이 없었다. 권력이 무겁기가 훈국과 나란하니, 마치 한(漢)나라의 남군(南軍)과 북군(北軍)[9] 같아 지금까지도 의지한다. 이는 모두 이공과 함께 방략을 의

논하여 정하고 시종일관 완성한 것이다.

갑오년(1654) 여름, 대간이 살옥(殺獄)을 다스린 일 때문에 형조 당상을 파직하도록 청하였다. 형조에서 판서와 참판으로 현고(現告)하자 성상은 판서 홍무적(洪茂績)만 파직하였으니, 성상이 공을 아까워하였기 때문이다. 도승지 김익희(金益熙)가 아뢰기를, "두 사람을 현고하였는데 한 사람만 벌을 받는 것은 온당치 못합니다." 하니, 성상이 부득이 모두 파직하라고 명하였다. 그날 저녁 특별히 비망기를 내리기를,

"어영대장의 중임은 결코 아무에게나 맡길 수 없다. 특별히 남다른 은전을 베풀어 즉시 서용하여 도로 본직에 제수하고, 패초하여 부절(符節)을 주어 잠시도 비우지 말게 하라고 엄격하고 분명하게 전유하라."

하였다. 공은 즉시 상소하여 홍무적과 함께 벌을 받기를 청하였다. 성상이 비답하기를,

"이는 경을 위해 사사로이 하는 일이 아니다."

하였다. 성상이 의지하고 중시하기가 이와 같았다. 가을에 좌윤에 임명되고, 9월에 특명으로 품계를 뛰어넘어 형조 판서에 제수되었다. 공이 재차 상소하여 간곡히 사직하였으나 윤허를 받지 못하였다.

이때 효종은 큰일을 할 뜻이 있어 천하에 대의를 펴고자 뛰어난 선비를 두루 불러들이고 밤낮으로 현인과 호걸을 생각하였다. 재야에 숨은

9 한(漢)나라의 남군(南軍)과 북군(北軍) : 한나라의 금군(禁軍) 제도이다. 성 안은 위위(衛尉)가 지휘하는 남군이 맡고, 성 밖은 중위(中尉)가 지휘하는 북군이 맡았다. 《漢書 刑法志》

선비를 초빙하여 심복으로 삼고, 간성(干城)과 같은 인재를 발탁하여 군권을 맡겼다. 공과 이 정승이 가장 먼저 군대의 권한을 맡아 나란히 군무를 맡았다. 은밀히 계획한 계책과 내수외양(內修外攘)하는 방책을 공이 참여하여 듣지 않은 적이 없었으나 일이 비밀스러워 사람들은 듣지 못하였다. 공은 평소 집안에서 신중하였으므로 집안 사람과 부자 사이에서도 알지 못하였다.

공은 남다른 지우를 입은 이래 오직 국궁진췌(鞠躬盡瘁)하기를 기약하여 마음과 힘을 다하며 오직 맡은 임무에 효과를 거두지 못하여 성상이 알아준 은혜를 저버릴까 걱정하였다. 전후로 5, 6년 동안 밤낮으로 분주하여 하루도 병으로 쉰 일이 없었기에 피로가 쌓여 병이 되어 이미 어찌할 수 없는 지경이 되었다. 을미년(1655) 봄, 노쇠하여 임무를 감당하기 어렵다는 실상을 아뢰고 누차 상소하여 체직되었다. 겨울에 판윤에 임명되었다. 총관은 겸임하기도 하고 체직되기도 하였다. 병신년(1656) 겨울, 한성부의 일로 연좌되어 파직되었다가 즉시 서용되었다.

정유년(1657) 여름, 공조 판서에 임명되고, 가을에 총융사의 자리가 비자 묘당에서 공을 먼저 추천하였다. 영의정 정태화(鄭太和) 공이 입대하여 공이 아니면 안 된다는 뜻을 극진히 아뢰니, 성상이 즉시 공을 임명하였다. 공이 또 상소하여 병이 심한 실상을 아뢰었으나 성상이 답하기를 "이는 우연히 한 일이 아니니 경은 사직하지 말라." 하였다. 공은 비록 늙고 병들었다는 이유로 사직하였으나 묘당에서는 여전히 공을 놓아두려 하지 않았고, 성상의 돌보심도 쇠하지 않았기 때문이었다.

무술년(1658) 봄, 일 때문에 파직되었으나 곧 서용하라는 명이 내렸다. 초여름부터 병이 더욱 심해지자 성상이 특별히 내의(內醫)를 보내 진찰하게 하고, 또 내국의 진귀한 약제를 하사하였다. 마침내 5월 10일 대사동(大寺洞) 집에서 세상을 떠나니 향년은 67세였다. 죽음을 앞두고도 정신과 언어가 평소와 다름이 없었고, 간곡히 말한 것은 모두 나라 걱정하는 말이었으며 집안일은 한 마디도 하지 않았다. 부고가 알려지자 성상이 이틀 동안 조회를 정지하고 예법대로 부조하고 증직하였으며, 예관(禮官)이 치제(致祭)하였다. 7월 9일, 광주 곤주암(鵾洲巖) 간좌(艮坐)의 언덕에 장사지냈으니 판윤공 묘소 옆이다.

공은 타고난 자질이 중후하고 근실하며 말이 없고 기쁨과 슬픔을 낯빛에 드러내지 않아 사람들이 그 깊고 얕음을 헤아릴 수 없었다. 평소 교유를 좋아하지 않았고, 권세와 이익, 복잡하고 화려한 것을 담박하게 보았다. 시세를 따라 부응하며 당세의 명예를 취하는 사람을 보면 자기가 더러워질 것처럼 피하였다. 그러므로 경상(卿相)의 지위에 올랐으나 집안이 한미한 선비의 집처럼 쓸쓸하였다. 번거로운 일을 다스리는 재주가 뛰어나 누차 큰 고을을 맡았으나 단지 풍속에 따라 다스리며 혁혁한 명성을 구하지 않았다. 그러나 가는 곳마다 은혜로운 정사를 베풀었기에 떠난 뒤에 백성이 모두 그리워하였다.

형조와 한성부는 평소 일이 많기로 일컬어졌는데, 공은 여유롭게 처리하며 비록 문서가 산처럼 쌓이고 호소하는 사람이 뜰에 가득하더라도 귀로 듣고 입으로 판결하며 순식간에 처리하면서 이치에 맞지 않는 것이 없었다. 항상 번거롭게 하지 않고 동요시키지 않는 것을 위주로 삼아 낭료에게는 너그러이 용서해주는 경우가 많았으나 엄격하게 대하였다. 아전에게는 함부로 회초리를 때린 적이 없으나 죄를 저지른 자는 반드시 벌을 내렸다. 사람들이 이 때문에 공정하고 분명하다고 복종하였으며 관대하고 공평하다고 즐거워하였다.

장수가 되어서는 호령이 엄격하고 분명하여 군정(軍政)이 정돈되고 엄숙하였다. 위엄과 은혜를 함께 베풀고 고락을 함께 하였으므로 사졸들이 쓰이기를 즐거워하였다. 막료에게는 성심을 다하여 대우하니 집안의 부자와 같았다. 그러나 만약 죄를 저지르면 조금도 용서하지 않았다. 계획을 세울 적에는 가장 낮은 편비(偏裨)의 말이라도 쓸만하면 반드시 마음을 비우고 받아들였다. 그러므로 사람마다 지혜를 다하고 덕망을 우러르며 너도나도 윗사람을 위해 죽을 마음을 품었으니, 장수 집안에 장수가 있다고 사람들이 모두 칭찬하였다.

공은 효성이 순수하여 어려서부터 항상 의정공을 모셨는데 비록 몹시 춥거나 더운 날씨에도 감히 편안한 옷을 입고 뵙지 않았으며, 하루 종일 곁에서 모시면서 조금도 해이하지 않았다. 비록 관직이 재신(宰臣)의 반열에 올랐으나 자제의 예를 더욱 신중히 지켰다.

선부인을 섬길 적에는 완곡하게 뜻을 받들며 거스른 적이 없었다. 선부인이 만년에 병에 걸려 여러 해 앓았는데, 공은 탕약을 달이는 이외에도 한결같이 기쁘게 하려는 마음을 먹고, 또 집안일로 수고를 끼치고 싶지 않아 크고 작은 일을 모두 직접 다스렸다. 제철 채소와 과일은 반드시 직접 바쳤으며, 의복과 음식은 반드시 넉넉히 준비하였다. 하사하는 명이 있으면 마음을 기쁘게 해 드리기에 힘쓰면서 곡진히 하지 않은 것이 없었다.

부친상과 모친상을 모두 50세가 넘어서 당하였는데, 거적에서 지내고 거친 밥을 먹는 절차를 6년 동안 하루처럼 하였다. 제례와 장례는 반드시 몸소 하였으며, 질병이 있지 않으면 자제에게 대신 시킨 적이 없었다. 집안 사람들을 다스릴 적에는 은혜로우면서 위엄이 있어 집안이 엄숙하였다.

남을 대할 적에는 간격을 두지 않았으나 엄격하여 흔들 수 없는 뜻이 있었다. 자신의 봉양은 몹시 간소하게 하여 두 가지 고기 반찬을 먹지 않았고, 온전한 비단옷을 입지 않았기에 일가 사람들이 감히 기이하고 바르지 않은 옷을 입고서 앞에 나타나지 못하였다. 아우 도정공이 일찍 죽고 어린 고아 둘만 있었는데, 공이 자식처럼 돌보며 가르쳐 성취시켰다. 또 막내아들 여철(汝哲)에게 글공부를 그만두고 무과에 응시하여 선조를 계승하게 하여 마침내 국가의 간성(干城)으로 쓰이게 하였다.

큰누이가 곤궁하게 사느라 혼사를 마치지 못한 자녀가 많았고, 막내 누이는 아들 없이 홀로 살고 딸 둘 만 있었는데, 공이 직접 계획하여 아들은 장가 보내고 딸은 배필을 골라주었으며, 폐백에 쓰는 물건도 모두 스스로 마련하며 준비하지 않은 것이 없었고 인정과 예의에 합당하도록 힘썼다.

의정공의 막내 누이가 연로하여 홀로 살며 의지할 데가 없었는데, 매번 관청에서 퇴근한 여가에 번번이 먼저 찾아뵈었다. 때로는 어버이가 계신 곳으로 불러와 기쁘게 모셨다. 모든 일에 뜻을 굽혀 따르며 그 마음을 기쁘게 하였다. 어떤 벗이 일찍 죽었는데, 공은 그의 고아를 가까운 친척과 다름없이 돌보았다. 그가 과거에 급제하여 벼슬하게 되자 의복과 수레, 말을 모두 마련해주어 자립하게 하였으니, 사람들이 모두 그 풍도와 의리에 감복하였다.

공의 배위 증 정경부인 안동 김씨(安東金氏)는 부사 질(晊)의 딸이다. 자애롭고 어질며 규방의 법도가 있어 시부모를 효성스럽게 섬겨 친척들이 모두 본받았다. 공보다 22년 앞서 세상을 떠나 공과 합장하였다. 2남 1녀를 두었다. 장남은 여정(汝挺)이니 사마시에 합격하여 현감을 지냈다. 차남은 여식(汝拭)이니 사마시에 합격하여 목사를 지냈다. 사위는 이홍식(李弘式)이다. 측실에게서 7남 3녀를 두었으니 만호 여형(汝逈), 진사 여린(汝遴), 만호 여근(汝近), 여통(汝通), 첨지 여적(汝逷), 첨사 여규(汝逵), 동지 여구(汝逑)이며, 딸은 권형(權衡), 한언(韓堰), 찰방 권언경(權彦經)에게 시집갔다.

여정은 2남 4녀를 두었으니 아들 박(珀)과 숙(璛)은 모두 요절하고, 계자(繼子) 완(琓)은 문과에 급제하여 영의정 평천군(平川君)을 지냈다. 사위는 조건주(曺建周), 이반(李磐), 이기석(李箕碩), 필선 유성운(柳成運)이다. 여식은 2남 3녀를 두었으니 아들 완(琓)은 여정의 후사로 출계하였고, 유(瑜)는 통덕랑을 지냈다. 사위는 김수(金洙), 박태회(朴泰晦), 유명봉(兪命鳳)이다. 완은 3남을 낳았으니 도정 성하(聖夏), 문과에 급제하여 교리를 지내고 유(瑜)의 후사로 출계한 정하(靖夏), 요절한 정하(鼎夏)이다. 성하는 3남을 낳았으니 문과에 급제하여 부제학을 지낸 방(昉), 경(暻), 사마시에 급제한 서(曙)이다. 정하는 2남을 낳았으니 호(晧), 상(晌)이다. 나머지는 다 기록하지 못한다.

공의 현손 경(暻)은 나를 오랫동안 종유하여 실로 집안의 교분이 있었다. 지금 그의 조부 평천(平川 신완) 정승이 편찬한 가장(家狀)을 내게 주며 시장(諡狀)을 짓게 하였다. 나는 적임자가 아니라고 사양하였으나 허락받지 못하였다. 삼가 생각건대, 공의 부자 2대는 사직을 보존한 공로가 있고, 충효에 대한 보답으로 큰 복을 누렸으니, 마치 왕 무공(王武恭)이 무강(武康)의 미덕을 따르고 조 남원(曹南院)이 무혜(武惠)의 아름다움을 계승한 것과 같다.[10] 관직을 맡아서는 사업이 한기(韓琦), 범중엄(范仲淹)[11]에 맞먹었으며, 남은 단서는 넉넉히 공수(龔遂)와 황패(黃霸)[12]가 될 만하다. 검소한 절개와 집안에서의 행실은 행실이 독실한 군자도 어려워하는 바이다. 아, 이를 보면 공의 시말을 알 수 있다. 삼가 이상과 같이 편찬하여 감히 태상시에 고한다.

10 왕 무공(王武恭)이……같다 : 왕 무공은 송(宋)나라 절도사 왕덕용(王德用)이며, 무강은 그의 부친 왕초(王超)로 역시 절도사를 지냈다. 《宋史 王德用列傳》 조 남원은 송나라 명장 조위(曹瑋)이며 무혜는 그의 부친으로 개국공신인 조빈(曹彬)이다. 《宋史 曹瑋列傳》

11 한기(韓琦), 범중엄(范仲淹) : 모두 북송의 명재상이다.

12 공수(龔遂)와 황패(黃霸) : 모두 한나라의 순리(循吏)이다.

전傳

열녀 송씨전
烈女宋氏傳

열녀의 성은 송씨이며 은진(恩津) 사람으로 학생 희인(希仁)의 딸이며 현감 지식(之軾)의 손녀이자 쌍청당(雙淸堂) 유(愉)의 후손이다. 일찍 부친을 잃고 모친을 지극히 효성스럽게 봉양하였다. 모친이 병에 걸리자 잠을 자지도 않고 밥을 먹지도 않으며 반드시 약을 먼저 맛보았고, 모친의 병이 나은 뒤에야 평소대로 돌아왔다. 숙부와 형제 사이에서 공경과 사랑을 다하였고, 누군가 불의하게 구차하게 살았다는 말을 들으면 개돼지보다 못하게 여겼으니, 천성이 그러하였다.

나이 18세에 사인(士人) 우도흥(禹道興)에게 시집가서 시부모를 섬기며 며느리의 도를 다하였고, 남편을 대할 적에 뜻을 어기지 않았다. 남편의 친척을 만나면 모두 예의가 있었으며, 노비를 다스릴 적에는 자애를 베풀었다. 동서 구씨(具氏)에게는 더욱 환심을 얻었다. 남편도 효자로 일컬어져 어려서부터 집안에서 자제의 잘못을 저지른 적이 없었다. 기해년(1719, 숙종45) 여름 향시에서 높은 성적으로 합격하였으나 회시에 응시하기 전에 갑자기 독한 홍역에 걸려 증세가 몹시 위중하였다. 송씨는 정성을 다해 간호하고 밤낮으로 눈물을 흘리며 하늘에 호소하며 대신 죽기를 바랐다. 그러나 병든 남편이 보는 곳에서는 조금도 걱정하는 낯빛을 보이지 않았다. 남편은 마침내 이 병 때문에 세상을 떠났다.

송씨는 가슴 치고 발 구르며 통곡하다가 기절하고 다시 깨어났다. 칼을 가져다 자결하려 하였으나 옆사람이 만류하며 위로하였다. 송씨가 말하기를,

"나이가 젊으니 죽어 마땅하고, 아들이 없으니 죽어 마땅하며, 시부모님은 달리 모시는 자식이 있으니 죽어 마땅하다. 내 뜻은 정해졌다. 다만 내가 시집온 지 오래지 않았는데 갑자기 이런 화를 당하여 평소 남편을 섬기는 도리에 직분을 다하지 못하였다. 하루라도 살아 있다면 어찌 마음을 다하지 않을 수 있겠는가."

하고, 마침내 칼과 자를 가져다가 염습할 도구를 마름질하고 꿰맸으며, 아침 저녁 제수도 반드시 직접 만들며 노비의 손에 맡기지 않았다. 상복을 벗지 않고 잠자리도 깔지 않았다. 음식을 올릴 적에는 통곡할 때마다 피눈물을 흘렸기에 영궤(靈几) 앞에 핏자국이 얼룩덜룩하였다. 때때로 《열녀전(列女傳)》을 보며 마음을 담았다. 이웃에 홀로 사는 고모가 있었는데, 편지를 보내 한 번 만나 영결하기를 원하였으나, 장례를 치르기 전에는 예의상 출입할 수 없다고 사양하고 끝내 가지 않았다.

장사지낼 때 중부(仲父)가 만나러 와서 노모의 뜻이라며 갖가지로 위로하였으나 고개를 숙인 채 대답하지 않고 그저 눈물만 흘렸다. 장례를 치르고 졸곡이 지난 뒤 남편이 생전에 쓰던 물건을 수습하여 주머니에 보관하고, 옷을 빨고 목욕한 뒤 무덤에 올라가 극진히 슬퍼하며 통곡하였다. 돌아와서는 슬퍼하는 기색이 없었기에 집안 사람들이 믿

고서 방비를 게을리 하였다. 캄캄할 때 남편의 영전에 가서 머리카락으로 자기 목을 단단히 묶고 옷깃으로 덮었으며, 또 교대(絞帶)로 그 밖을 묶어 단정히 두 손을 맞잡고 선 채로 죽었다.

고을 사람들이 그 행실을 훌륭하게 여겨 진사 이필기(李弼基), 박세봉(朴世鳳) 등이 그 실상에 근거하여 잇따라 감영에 보고하여 마침내 조정에 알려지게 되었다. 성상이 가상히 여겨 특별히 정려문을 내려 표창하였다.

삼가 보건대, 송씨는 시골에서 태어났으나 자질이 몹시 남달랐고, 명을 받은 적이 없으나 지조가 몹시 확고하였다. 집에 있을 적에는 어머니 섬기는 정성을 다하였고, 시집가서는 남편 섬기는 도리를 다하였으며, 남편이 죽자 바르고 매서운 절개로 조용히 죽음에 처하여 지하의 남편을 따랐다. 그 뜻이 늠름하고 그 행실이 탁월하니, 이는 실로 말세에 드문 일이다. 아, 어질도다. 나는 경모하는 마음을 이기지 못하여 전말을 대략 기록하니, 훗날 여사(女史)를 짓는 사람이 채집하여 수록하기를 바란다.-우도홍의 부친 이름은 정명(鼎命)이니, 인조조 공신 전(甸)의 손자이며 전주(全州) 양정포(良井浦)에 산다.-

고산 삼열부전

高山三烈婦傳

호남 고산(高山) 땅에 세 열부가 있었으니, 사인(士人) 김두현(金斗賢)의 모친 백씨(白氏)와 아내 정씨(丁氏), 며느리 김씨(金氏)이다. 평소 집에 있을 적에 시어머니는 자애롭고 며느리는 순종하여 모두 부인의 덕이 있었기에 온 집안 사람들이 효성스럽고 의롭다고 칭송하였다. 하루는 김두현이 외출하여 돌아오지 않았는데, 이웃 사람이 불을 내서 김두현의 집까지 번졌다. 불길이 거세고 바람이 맹렬하여 사람들이 감히 가까이 갈 수 없기에 구하러 온 같은 보오(保伍)[13] 사람은 수수방관하며 둘러싸고 보기만 하였다. 모친이 말하기를,

"비록 죽더라도 사당은 구하지 않을 수 없다."

하고, 연기와 불을 무릅쓰고 들어갔다. 며느리가 말하기를,

"어찌 차마 우리 시어머니 홀로 불에 타 죽게 하겠는가."

하고, 따라서 들어갔다. 손자며느리가 말하기를,

"시어머니와 시할머니가 모두 죽었는데, 내가 어찌 차마 홀로 살겠는가."

하고, 또 뛰어들어가서 모두 일시에 타죽었다. 김두현이 돌아와서는 가슴을 치고 통곡하며 잿더미에서 시신을 찾으니, 시어머니와 며느리, 손자며느리 세 부인이 신주를 안고 한 곳에 모여 죽어 있었다. 아, 이는 고금의 사서에서 보기 드문 일이다. 고을 수령 이도현(李道顯) 후(侯)가 그 실상에 근거하여 조정에 아뢰니, 특별히 정려하는

13 보오(保伍) : 민가 5호 또는 10호를 묶은 조직이다.

은전을 시행하여 표창하였다.

내가 보건대 이 세 열부는 시골 여염집에서 나고 자랐으니 반드시 옛 여사(女師)의 훈계를 듣지는 못하였을 것이다. 다만 하늘에서 타고난 효성스러운 마음으로 화재를 만나 곧고 바른 지조를 가다듬어 맹렬한 불속으로 뛰어들기를 마치 시원한 곳으로 가는 것처럼 여기고, 목숨 버리기를 터럭 태우듯이 쉽게 여겼다. 시어머니는 사당을 구하다가 죽고, 며느리는 시어머니를 구하다 죽고, 손자며느리는 또 시어머니와 시할머니를 구하다 죽어 구차하게 죽음을 두려워하는 마음이 전혀 없었으니, 천지 사이의 바른 기운이 김씨 집 규문 안에 모여 있다는 것을 알겠다. 백희(伯姬)가 화재를 당한 일[14]에 비해 더욱 찬란하다.

아, 목숨을 버리고 의리를 취하는 것은 남자도 하기 어려운 일인데 부인이 능히 하였다. 온 고을에 한 사람이 있어도 기특한데, 더구나 한 집안에 이 세 사람이 있으니 어떻겠는가. 몸은 비록 불에 탔지만 행실은 불에 타지 않았고, 몸은 비록 죽었으나 이름은 죽지 않아 고을에서 칭송하고 조정에서 포상하였으니, 참으로 옛사람이 이른바 '난초가 재 속에 들어가면 더욱 향기롭다.'라는 말과 같다. 아, 열렬하도다. 비록 그러하나, 어진 이후(李侯)가 아니었다면 세 사람의 일이 어떻게 지금과 후세에 드러날 수 있었겠는가. 이 또한 김씨 집안이 한 번 기회를 만났다 하겠다.

14 백희(伯姬)가……일 : 백희는 춘추 시대 때 노 선공(魯宣公)의 딸로 송 공공(宋恭公)에게 시집갔다. 송나라 궁궐에 불이 나자 사람들이 피하라고 하였으나 백희는 "부인의 의리는 보모가 없으면 밤에 당을 내려가지 않는다." 하고 나오지 않다가 그대로 불에 타죽었다. 《春秋穀梁傳 襄公 30年》

지은이 **김간(金幹)**

본관은 청풍(淸風), 자는 직경(直卿), 호는 후재(厚齋)이다. 송시열(宋時烈)과 박세채(朴世采)의 문인이다. 1646년(인조24)에 경기도 광주 사천촌(沙川村)에서 출생하였다. 생부는 김도(金濤)이며, 출생 직후 후사가 없었던 백부 김수(金洙)의 양자로 들어갔다. 1664년(현종5) 공도회(公都會) 초시(初試)에 급제하였고, 1668년에는 증광감시(增廣監試) 초시와 대과(大科) 초시에 급제했지만, 회시(會試)에는 합격하지 못했다. 이후 과거를 포기하고 평생을 학문 연구와 저술에 집중하였다. 1694년(숙종20)에 학행(學行)으로 천거되어 전설사 별검에 임명된 이후 계속해서 관직에 제수되었으나 1701년(숙종27) 예산 현감(禮山縣監)과 1708년(숙종34) 연산 현감(連山縣監) 두 차례 지방 수령 직에만 나아가고, 나머지 관직은 거의 다 사양하였다. 일생의 거의 전 시기를 재야의 학자로 살다 1732년(영조8) 7월 26일에 87세로 세상을 떠났다. 시호는 문경(文敬)이다.

옮긴이

최예심(崔禮心)

1967년 충북 제천 출생. 민족문화추진회 국역연수원 연수부 및 상임연구부를 졸업하였다. 민족문화추진회를 거쳐 단국대학교 동양학연구원 연구교수로 재직 중이다. 《승정원일기》(공역), 《월정집》(공역), 《용주유고》(공역), 《어우집》(공역) 등을 번역하였다.

이라나

1971년 전북 군산 출생. 서울예술대학교 극작과, 동덕여자대학교 문예창작과를 거쳐 성균관대학교 동아시아학술원에서 석사학위를 받고 박사과정을 수료하였다. 한국고전번역원 고전번역교육원의 전문과정을 마치고 한국고전번역원 번역위원을 거쳐 현재 단국대학교 동양학연구원에 연구원으로 재직 중이다. 《일성록》(공역), 《월정집》(공역), 《동강유고》(공역), 《용주유고》(공역), 《낙전당집》(공역) 등을 번역하였다.

장유승(張裕昇)

1976년 서울 출생. 성균관대학교 한문학과를 졸업하고, 한국학중앙연구원 한국학대학원을 거쳐 서울대학교 국어국문학과에서 〈조선후기 서북지역 문인 연구〉로 박사학위를 받았다. 한국고전번역원 고전번역교육원 전문과정을 마치고 한국고전번역원 번역위원, 단국대학교 동양학연구원 연구교수를 거쳐 현재 성균관대학교 한문학과 조교수로 재직 중이다. 《정조어찰첩》(공역), 《영조 승정원일기》(공역), 《동국세시기》, 《현고기》, 《한국산문선》(공역) 등을 번역하였다.

권역별거점연구소협동번역사업 연구진

연구책임자 **김문식**(단국대학교 사학과)
공동연구원 **윤재환**(단국대학교 국어국문학과)
김우정(단국대학교 한문교육과)
책임연구원 **허호구**(단국대학교 동양학연구원)
최예심(단국대학교 동양학연구원)
이라나(단국대학교 동양학연구원)
이승용(단국대학교 동양학연구원)
선임연구원 **김종하**(단국대학교 동양학연구원)

후재집 7

김간 지음 | 최예심 · 이라나 · 장유승 옮김

2025년 12월 31일 초판 1쇄 발행

편집 · 발행 학자원

등록 2011.4.6 제2011-14호

주소 (05355) 서울시 강동구 천호대로 1121

전화 02-6403-1000 | 팩스 02-6338-1001 | 이메일 hakjaone@daum.net

값 40,000원

ISBN 979-11-6247-392-4 94810
979-11-6247-316-0 (세트)